国际贸易操作能力实用教程

Workbook for Proficiency Test on International Trade Operation

祝卫 程洁 谈英 著

上海人民出版社

前　言

本书是继《出口贸易模拟操作教程》之后又一本针对国际贸易操作的培训用书。《出口贸易模拟操作教程》出版于1999年，七年来随着"国际贸易模拟实习"项目在国内各高等院校的推广，拥有了广阔的读者群。读者纷纷反映，通过《出口贸易模拟操作教程》的学习和训练，对于国际贸易、特别是出口商品交易的基本程序和主要操作技能有了一定的认识和掌握，有一种脚踏实地的感觉。

作为与《出口贸易模拟操作教程》的配套与延伸拓展，也为了满足在国际贸易操作能力方面的教学与培训的广泛需求，加强并提升有关人员从事进出口贸易的实际操作能力，我们根据"国际贸易操作能力考试（Proficiency Test on International Trade Operation, PTITO）"的要求以及业界对国际贸易操作知识与能力需要，编写了这本教材。

"国际贸易操作能力考试(Proficiency Test on International Trade Operation, PTITO)"于1997年由上海市教育委员会、上海对外贸易学院、上海高校国际商务实习中心共同推出。该考试分为初级(Junior)和中级(Senior)两个级别。其中，初级考试考核出口贸易的各项操作技能，中级考试全面测试进行出口贸易及进口贸易的操作能力。"国际贸易操作能力考试"包含"贸易函电操作"、"价格核算操作"、"贸易合同操作"、"信用证操作"、"贸易单据操作"、"贸易流程分析"六大模块。

通过"国际贸易操作能力考试"(PTITO)，不仅能够获得由上述三家机构联合颁发的《国际贸易操作能力证书》，而且源自贸易实践的试题和贴近实际运作手段的考试形式更切实增强了考生的国际贸易实际操作能力，从而有效地提升了求职和就业的竞争力。迄今已有5000多位考生通过了不同级别的PTITO考试，在高校和相关行业内形成了一定的知名度和影响力。

本书作为国际贸易操作能力考试的培训教材，内容基于考试，但并未局限于考试。每章的"实例评析"、"技能操练"基本根据考纲编写，读者通过充分操练、认真对照"参考答案"的方式可以达到有效备考的目的，而"自助链接"则更多地涉及了相关知识领域，读者可根据个人水平和需要自主选取理解掌握。

本书着重训练读者的国际贸易操作技能，强调“用手思考”的理念，它可以作为“国际贸易操作能力考试”的备考教材，也可以作为有志从事进出口贸易的人员自我夯实操作技能的良师益友。

出于贴近业务实际的需要，本书中的商品图片、合同、单证等一般都仿照了真实文件的外观样式，但涉及的原交易内容、当事人等关键信息均已隐去，换之以虚拟的公司机构名址、价格信息、交易情况等。所述内容如不慎与真实生活中的人物、组织或事件发生雷同之处，实属巧合，谨此声明。

感谢上海高校国际商务实习中心全体同仁对本书编写的贡献和支持，特别感谢王良先生、王开德先生、张伟先生、吴澍先生、邬海滨先生、李克俭先生、郑陵军先生、胡振华先生、徐晓颖女士、翟卉女士、邢华女士、刘勤女士、刘晨女士、甄文女士、魏薇女士、谢晶女士、郑斯女士、王坚平女士、万艳女士、叶茵女士等众多上海对外贸易学院校友热忱地为本书提供了大量的实务素材和建议。

作　者

2006 年 5 月

目　　录

第一章　国际贸易操作流程

【实例评析】

❶ 国际货物买卖的基本流程

交易前准备

出口商：

通过市场调查、刊登广告、参加展览会、交易会、网上发布供货信息、机构推荐、客户介绍等多种途径寻找国外买家信息，主动与其联系以建立业务关系(establish business relations)

进口商：

通过市场调查、接受客户委托等途径明确国内买家；

通过浏览供货信息、参加展览会/交易会、网上发布求购信息、机构推荐、客户介绍等多种途径寻找国外卖家信息，主动与国外卖家建立联系或在收到国外卖家来函后积极回应

交易磋商

询盘(Inquiry)：交易的一方向另一方询问进行交易的条件

发盘(Offer)：交易的一方向另一方提出达成交易的各项条件

还盘(Counter Offer)：交易的一方对另一方的交易条件提出变更或修改

接受(Acceptance)：交易的一方对另一方的交易条件表示同意

合同签订

进口商寄送订单(Purchase Order, P/O)➔出口商会签(countersign)

或

出口商寄送售货确认书(Sales Confirmation, S/C)➔进口商会签

或

进口商寄送购货确认书(Purchase Confirmation, P/C)➔出口商会签

合同履行

出口商：交付货物并收取货款

进口商：支付货款并收取货物

相关链接

订单 第 16 页
售货确认书 第 95 页
购货确认书 第 101 页

❷ 出口合同履行的基本环节

出口

（以 CIF 术语成交、集装箱班轮运输为例）

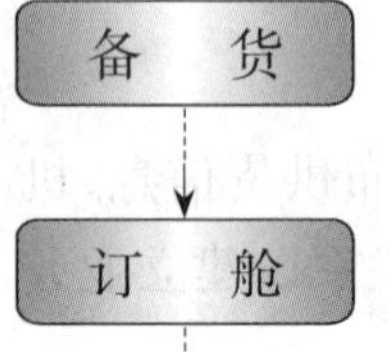

备　货　安排生产或向供应商采购

订　舱　缮制《集装箱货物托运单》（又称十联单），向船公司或其代理订舱

如委托货代订舱，需提交《出口货物订舱委托书》，随附《商业发票》、《装箱单》

船公司接受订舱后，在《集装箱货物托运单》的“装货单”联上加盖船公司签单章后，连同“配舱回单”等其他联一并退还

通常，在出口订舱的同时，就应安排出口报检

报　检　如货物属于法定检验范围，或进口商要求提交相应检验证书，则需办理出口报检

在规定的时间内，向出入境检验检疫机构（Entry-Exit Inspection and Quarantine Bureau）提交《出境货物报检单》，并随附《商业发票》、《装箱单》，办理货物出境报检手续

如委托工厂报检，则需同时提交《报检授权委托书》

货物经检验合格后，出入境检验检疫机构签发《出境货物通关单》和/或《商检证书》

通常，在订妥舱位后，便可同时安排出口投保和出口认证

投　保　填制《出口货物投保单》，随附《商业发票》，向保险公司投保

保险公司接受投保申请后，收取保险费并出具《保险单》

认　证

根据进口商要求，办理出口认证、出证手续

例如：进口商要求提交《原产地证明》
填制《一般原产地证明书申请书》和《原产地证明》

在规定的时间内，持《一般原产地证明书申请书》和《原产地证明》至中国国际贸易促进委员会（CCPIT，简称中国贸促会）申请出证

中国贸促会审核确认无误后，即在《原产地证明》上签字确认并退还

例如：进口商要求提交《普惠制原产地证明》
填制《普惠制原产地证明书申请书》和《普惠制原产地证明》

在规定的时间内，持《普惠制原产地证明书申请书》和《普惠制原产地证明》至出入境检验检疫局申请出证

出入境检验检疫局审核确认无误后，即在《普惠原产地证明》上签字确认并退还

进　港

出具《集装箱装箱单》（Container Load Plan，CLP），并派集装箱卡车至指定地点装运货物

货物运抵海关监管区（港区），场站人员根据 CLP 核对实际装箱情况并签收

报　关

在规定的时间内，向海关递交《出口货物报关单》、《集装箱货物托运单》中的“装货单”、“大副联”、“场站收据”三联、《出口收汇核销单》，并随附《商业发票》、《装箱单》，申报货物出口

如是法定检验商品，则需同时提交《出境货物通关单》

如委托货代报关，则需同时提交《报关授权委托书》

海关查验完毕后，在《集装箱货物托运单》的“装货单”联上加盖海关放行章、连同“大副联”、“场站收据”等联一并退还，在《出口收汇核销单》上加盖海关验讫章后退还

装　船

将《集装箱货物托运单》的“装货单”和“大副联”交给船公司，凭此装货

船方装妥货物，在“大副联”上签字后返还

凭经船方签署的“大副联”向船公司换取正本已装船《提单》

通　知

向进口商发出装船通知(Shipping Advice)
(也有出口商习惯在装船之前发出装船通知)

核　销

货款收妥后，收到银行加盖“出口收汇核销专用章”的结汇水单

结关后，收到海关加盖验讫章的《出口货物报关单》“收汇核销联”以及“出口退税专用”联

在规定的时间内，持银行出具的盖有“出口收汇核销专用章”的结汇水单、盖有验讫章的《出口收汇核销单》及《出口货物报关单》“收汇核销联”，向外汇管理部门办理出口收汇核销

受理核销后，外汇管理部门在《出口收汇核销单》“出口退税专用联”和银行结汇水单上加盖已核销章后退还

退　税

向税务机关提供购进货物时的《增值税专用发票》“抵扣联”、盖有验讫章的《出口货物报关单》“出口退税专用”联、盖有已核销章的《出口收汇核销单》“出口退税专用联”，办理出口退税手续

税务机关核准后退税

相关链接

- **集装箱货物托运单** 第 17 页
- **出口货物订舱委托书** 第 19 页
- **商业发票** 第237页
- **装箱单** 第238页
- **托运单的“装货单”联（船公司配舱后）** 第 20 页
- **出境货物报检单** 第 21 页
- **出境货物通关单** 第 22 页

- 出口货物投保单　第 23 页
- 保险单　第251页
- 一般原产地证明书申请书　第 24 页
- 原产地证明　第240页
- 普惠制原产地证明书申请书　第 25 页
- 普惠制原产地证明　第252页
- 集装箱装箱单　第 26 页
- 出口货物报关单　第 27 页
- 出口收汇核销单（海关验讫后）　第 28 页
- 托运单的“装货单”联（海关放行后）　第 29 页
- 提单　第239页
- 装船通知　第345页
- 银行结汇水单　第 30 页
- 出口货物报关单“收汇核销联”　第 31 页
- 出口货物报关单“出口退税专用”联　第 32 页
- 增值税专用发票“发票联”、“抵扣联”　第 33 页

❸ 进口合同履行的基本环节　　进口

（以 FOB 术语成交、集装箱班轮运输为例）

订　舱

联系出口商、明确备货情况后，及时向船公司办理订舱手续

↓

待船公司返还“配舱回单”后，向出口商发出装运指示（Shipping Instructions），明确船名、航次、船期等

或

委托出口商代办订舱手续，及时获取配舱信息

投　保

如与保险公司已事先订立《进口预约保险合同》（Open Cover），则凭出口商发来的装船通知，向保险公司办妥投保手续

↓

如无预约保险合同，则在进口货物装船前先与保险公司签订《暂保单》（Cover Note），待出口商发来装船通知后，再向保险公司换取正式《保险单》

换　单

按合同规定安排付款，取得正本《提单》

↓

货抵目的港后，凭正本《提单》到船公司或其代理处换取《提货单》（Delivery Order）

报　检

如进口货物属法定检验商品

↓

向出入境检验检疫局递交《入境货物报检单》、《提货单》，随附《商业发票》等单证，办理进口货物报检

出入境检验检疫局签发《入境货物通关单》

报　关

在规定的时间内，向海关递交《进口货物报关单》、《提货单》，随附《商业发票》、《装箱单》、《付汇情况表》、副本《提单》等，办理进口报关手续

↓

如进口货物属法定检验商品，则需同时提交《入境货物通关单》

↓

缴纳进口税费

↓

海关验讫，在《提货单》上盖章放行

提　货

凭海关盖章放行的《提货单》提取货物

如进口货物属法定检验商品，则提货后至港区指定地点验货

货物出港

相关链接

- 提货单　　第34页
- 入境货物报检单　　第35页
- 入境货物通关单　　第36页
- 进口货物报关单　　第37页
- 海关专用缴款书　　第38页

❹ 电汇(Telegraphic Transfer, T/T)结算方式的业务流程

1. 交货前电汇付款。

① 进出口双方在合同中约定采用交货前电汇付款的方式结算

② 在合同规定的期限内，进口商向进口地银行申请电汇

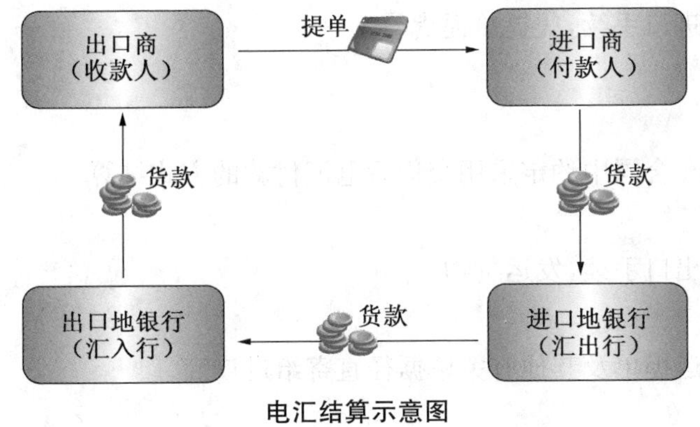

电汇结算示意图

③ 进口地银行(汇出行)通过电报/电传/SWIFT 方式向出口地银行(汇入行)发出付款指示

④ 出口地银行(汇入行)通知出口商汇款到账

⑤ 出口商办理出口手续,发运货物

⑥ 出口商将海运提单及其他有关单据径直寄给进口商

⑦ 进口商办理进口手续,凭提单提货

2. 交货时电汇付款。

① 进出口双方在合同中约定采用交货时电汇付款的方式结算

② 出口商办理出口手续,发运货物

③ 出口商将正本提单通过传真/电子邮件方式发送给进口商

④ 进口商确认无误后,向进口地银行申请电汇

⑤ 进口地银行(汇出行)通过电报/电传/SWIFT 方式向出口地银行(汇入行)发出付款指示

⑥ 出口地银行(汇入行)通知出口商汇款到账

⑦ 出口商将正本提单及其他有关单据径直寄给进口商

⑧ 进口商办理进口手续，凭提单提货

3. 交货后电汇付款。

① 进出口双方在合同中约定采用交货后电汇付款的方式结算

↓

② 出口商办理出口手续，发运货物

↓

③ 出口商将海运提单及其他有关单据径直寄给进口商

↓

④ 进口商办理进口手续，凭提单提货

↓

⑤ 在合同规定的期限内，进口商向进口地银行申请电汇

↓

⑥ 进口地银行(汇出行)通过电报/电传/SWIFT 方式向出口地银行(汇入行)发出付款指示

↓

⑦ 出口地银行(汇入行)通知出口商汇款到账

相关链接

前 T/T 与后 T/T　　第 39 页
信汇　　第 39 页
票汇　　第 39 页

❺ 付款交单(Documents against Payment, D/P)结算方式的业务流程

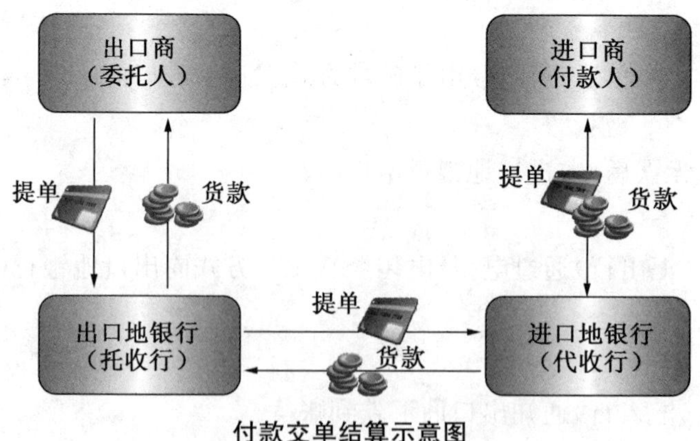

付款交单结算示意图

1. 即期付款交单(D/P at sight)。

① 进出口双方在合同中约定采用即期付款交单的方式结算

② 出口商办理出口手续，发运货物

③ 出口商将托收申请书、即期汇票、提单及其他单据提交给出口地银行，申请托收

④ 出口地银行(托收行)将汇票及单据寄送至进口地银行(代收行)，委托其代收货款

⑤ 进口地银行(代收行)向进口商提示汇票及单据，要求付款

⑥ 进口商审核单据确认无误后，向进口地银行(代收行)付款

⑦ 进口地银行(代收行)向进口商交单

⑧ 进口商办理进口手续，凭提单提货

⑨ 进口地银行(代收行)向出口地银行(托收行)转交货款

⑩ 出口地银行(托收行)向出口商转交货款

2. 远期付款交单(D/P at ××× days' sight)。

① 进出口双方在合同中约定采用远期付款交单的方式结算

② 出口商办理出口手续，发运货物

③ 出口商将托收申请书、远期汇票、提单及其他单据提交给出口地银行，申请托收

④ 出口地银行(托收行)将汇票及单据寄送至进口地银行(代收行)，委托其代收货款

⑤ 进口地银行(代收行)向进口商提示汇票及单据，要求承兑

⑥ 进口商审核单据确认无误后，在汇票上做承兑

⑦ 远期汇票到期时，进口地银行(代收行)向进口商提示汇票，要求付款

⑧ 进口商向进口地银行(代收行)付款

⑨ 进口地银行(代收行)向进口商交单

↓

⑩ 进口商办理进口手续,凭提单提货

↓

⑪ 进口地银行(代收行)向出口地银行(托收行)转交货款

⑫ 出口地银行(托收行)向出口商转交货款

相关链接

即期付款交单与远期付款交单的比较　　　　第 39 页

❻ 承兑交单(Documents against Acceptance, D/A)结算方式的业务流程

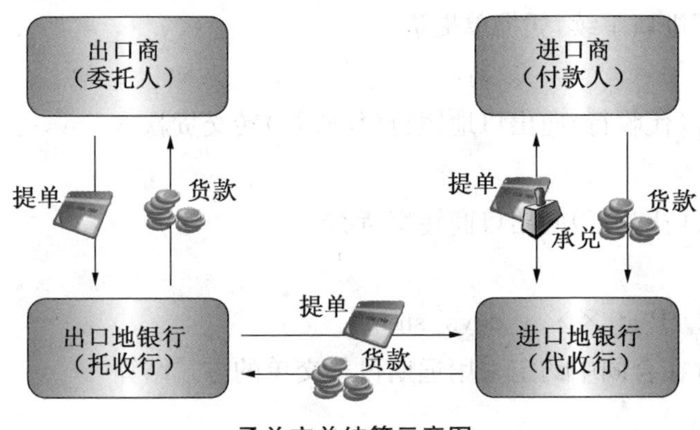

承兑交单结算示意图

① 进出口双方在合同中约定采用承兑交单的方式结算

② 出口商办理出口手续,发运货物

③ 出口商将托收申请书、远期汇票、提单及其他单据提交给出口地银行,申请托收

④ 出口地银行(托收行)将汇票及单据寄送至进口地银行(代收行),委托其代收货款

⑤ 进口地银行(代收行)向进口商提示汇票及单据,要求承兑

⑥ 进口商审核单据确认无误后,在汇票上做承兑

⑦ 进口地银行(代收行)向进口商交单

⑧ 进口商办理进口手续，凭提单提货

⑨ 远期汇票到期时，进口地银行（代收行）向进口商提示汇票，要求付款

⑩ 进口商向进口地银行（代收行）付款

⑪ 进口地银行（代收行）向出口地银行（托收行）转交货款

⑫ 出口地银行（托收行）向出口商转交货款

相关链接

远期付款交单与远期承兑交单的比较 第 39 页

❼ 即期议付信用证（L/C at sight by negotiation）结算方式的业务流程

① 进出口双方在合同中约定以即期议付信用证的方式结算

② 进口商向进口地银行（开证行）申请开立信用证

③ 进口地银行（开证行）将信用证开抵出口地银行（通知行）

④ 出口地银行（通知行）向出口商通知信用证

⑤ 出口商审核信用证（如发现信用证有问题即联系进口商，通过开证行修改）

⑥ 出口商办理出口手续，发运货物

⑦ 出口商准备信用证项下单据，提交出口地银行（议付行），请求议付

⑧ 出口地银行（议付行）审核单据无误后，将款项垫付给出口商

⑨ 出口地银行（议付行）将单据寄交进口地银行（开证行），请求付款

⑩ 进口地银行（开证行）审核单据无误后，向出口地银行（议付行）付款

⑪ 进口商向进口地银行（开证行）付款

⑫ 进口商取得单据，办理进口手续，凭提单提货

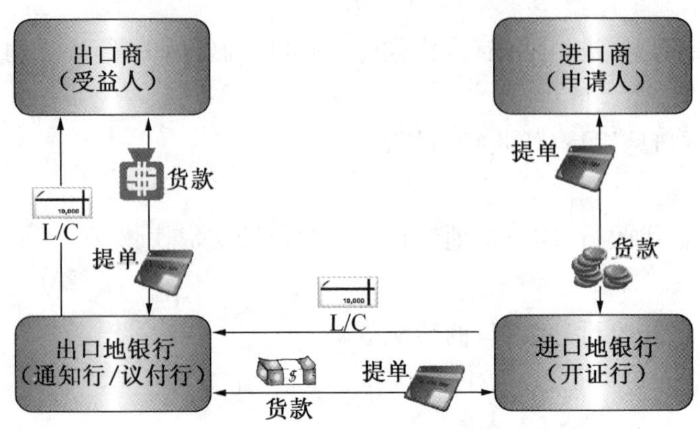

即期议付信用证结算示意图

❽ 远期议付信用证（L/C at ××× days' sight by negotiation）**结算方式的业务流程**

（注：以下以海运为例，描述远期议付信用证结算方式的业务流程；在空运情况下，运输单据为航空运单，但航空运单不是物权凭证，进口商凭到货通知提货）

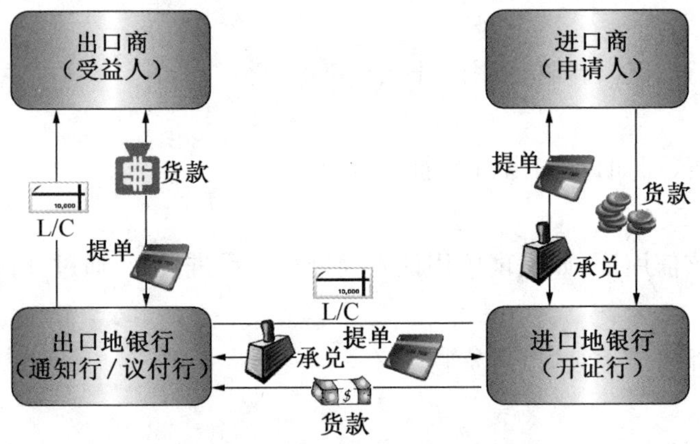

远期议付信用证结算示意图

① 进出口双方在合同中约定以远期议付信用证的方式结算

② 进口商向进口地银行（开证行）申请开立信用证

③ 进口地银行（开证行）将信用证开抵出口地银行（通知行）

④ 出口地银行（通知行）向出口商通知信用证

↓

⑤ 出口商审核信用证(如发现信用证有问题即联系进口商,通过开证行修改)

⑥ 出口商办理出口手续,发运货物

⑦ 出口商准备信用证项下单据,提交出口地银行(议付行),请求议付

⑧ 出口地银行(议付行)审核单据无误后,将扣除远期利息后的款项垫付给出口商

⑨ 出口地银行(议付行)将单据寄交进口地银行(开证行),要求承兑

⑩ 进口地银行(开证行)审核单据无误后,向出口地银行(议付行)承兑

⑫ 进口商向进口地银行(开证行)承兑

⑬ 进口商取得单据,办理进口手续,凭提单提货

⑭ 汇票到期时,进口地银行(开证行)向出口地银行(议付行)付款

⑮ 进口商向开证行付款

相关链接

- 开证申请书　　第154页
- 信用证　　第141页
- 议付与付款的区别　　第39页
- 即期议付信用证与远期议付信用证的比较　　第39页
- 不同结算方式的业务流程图　　第40页

【技能操练】

1. 简要说明国际货物买卖的基本流程。

2. 简要说明进出口交易磋商的四个环节。

3. 根据以下业务背景,简要说明出口商的履约流程。

出口商:上海盛达贸易公司(下称"上海盛达")

进口商:美国 JB 贸易公司(下称"美国 JB")

合　同:法定检验商品,集装箱海运,CIF 汉堡,必须提供商会原产地证明,即期议付信用证结算

(1) 信用证开到,上海盛达审核、修改。

……

4. 根据以下业务背景,简要说明进口商的履约流程。

出口商:德国 FLS 贸易公司(下称"德国 FLS")

进口商:上海利普贸易公司(下称"上海利普")

合　同:法定检验商品,集装箱海运,FOB 汉堡,即期议付信用证结算

(1) 上海利普向银行申请开立信用证。

……

5. 选择合适的当事人完成即期议付信用证完整的货物交付及货款收付流程。

甲:出口商　　乙:进口商

丙:出口地银行　　丁:进口地银行

(1) (　　)签订销售合同,规定以即期议付信用证的方式结算货款。

(A) 甲与乙　(B) 甲与丁　(C) 乙与丁　(D) 丙与丁

(2) (　　)申请开立即期议付信用证。

(A) 甲向乙　(B) 乙向丁　(C) 乙向丙　(D) 甲向丁

(3) (　　)开立信用证并委托其通知。

(A) 丁向丙　(B) 丁向甲　(C) 丁向乙　(D) 丙向乙

(4) (　　)提交信用证。

(A) 丙向甲　(B) 乙向甲　(C) 丁向甲　(D) 乙向丙

(5) 在审证无误后,(　　)发运货物并准备单据。

(A) 甲向乙　(B) 甲向丁　(C) 丙向乙　(D) 丙向丁

(6) (　　)提交信用证规定的单据,要求议付。

(A) 甲向丁　　(B) 甲向丙　　(C) 甲向乙　　(D) 丙向丁

(7) 在审单无误后,(　　)垫付货款。

(A) 乙向丙　　(B) 丁向丙　　(C) 丙向甲　　(D) 丙向乙

(8) (　　)交付单据,提出索偿。

(A) 丁向乙　　(B) 甲向丙　　(C) 丙向乙　　(D) 丙向丁

(9) 在审单无误后,(　　)偿付货款。

(A) 丁向甲　　(B) 乙向丁　　(C) 丁向丙　　(D) 丙向甲

(10) (　　)提示单据,要求付款。

(A) 乙向丙　　(B) 丙向丁　　(C) 丙向乙　　(D) 丁向乙

6. 根据以下业务背景,简要写出货物交付与货款结算的完整流程。

出口商:上海鑫威进出口公司(简称"上海鑫威")

往来银行:中国银行上海分行(简称"中行上海")

进口商:法国查得斯玩具有限公司(简称"法国查得斯")

往来银行:国民银行马赛分行(简称"国民马赛")

合同规定:海运,即期付款交单(D/P at sight)结算方式

(1) 上海鑫威与法国查得斯签订售货合同,约定以即期付款交单为结算方式。

(2) 上海鑫威________________________________。

(3) 上海鑫威________________________________。

(4) 中行上海________________________________。

(5) 国民马赛________________________________。

(6) 法国查尔斯________________________________。

(7) 法国查尔斯________________________________。

(8) 国民马赛________________________________。

(9) 中行上海________________________________。

7. 根据以下业务背景,简要写出货物交付与货款结算的完整流程。

出口商:澳大利亚 BHP 公司(简称"澳洲 BHP")

往来银行:澳新银行悉尼分行(简称"澳新悉尼")

进口商:上海祥源贸易公司(简称"上海祥源")

往来银行:交通银行上海分行(简称"交行上海")

合同规定:海运,30 天远期承兑交单(D/A at 30 days' sight)结算

(1) 上海祥源与澳洲 BHP 签订购货合同,约定以 30 天远期承兑交单为结算方式。

……

【自助链接】

订单

Purchase Order	RS Trading Company 2673 South Park Lane, Pembroke Park, Florida 33009, U.S.A. Tel: 1-954-964-3064 Fax: 1-954-964-6015
Seller Shanghai Shenlian Trading Co., Ltd. 220 Yuyuan Road Shanghai 200040 Contact Person Mr. David Xiang Tel. No. 86-21-62485757 Fax No. 86-21-62485800 Email: xiangweidong@shenlian.sh.cn	**P.O. No. SS285 Date 18th Dec. 2005** **Conditions** • No name, address or marks of factory shall appear on the goods, boxes, cartons and any packaging. • Any claims resulting from delayed shipment and/or inferior quality and/or any other deviations from contract terms shall be borne by Seller. • Please see additional Terms and Conditions overleaf.

Terms of Delivery	Total Amount	Terms of Payment
FOB Shanghai	US$16,000.00	D/P at Sight

Delivery Date	Delivery To
No later than Feb. 28, 2006	Miami, FL, U.S.A.

Item No.	Description of Goods	Quantity	Unit Price	Amount	Packing
TH009	Wooden Tool Box	200 pcs	@US$30.00	US$6,000.00	4pcs/ctn
TH005	Metal Tool Box	100 pcs	@US$50.00	US$5,000.00	1pc/case
FJ002	First Aid Box	500pcs	@US$10.00	US$5,000.00	12pcs/ctn
Total Amount in Words: Say US Dollars Sixteen Thousand Only					

RS Trading Company	Confirmed by Seller	Date
Authorized Signatures		20th Dec. 2005

集装箱货物托运单

Shipper (发货人) MINGZHOU TRADING CO., LTD ADD: NO 4516, ZHONG SHAN RD., SHANGHAI, CHINA	D/R No.(编号)
Consignee (收货人) TO SHIPPER'S ORDER	集装箱货物托运单 货主留底 第一联
Notify Party (通知人) NIGROS-GENOSSENSCHAFTS-BUND LIMMATSTRASSE 526 POSTEACH 266 CH-8031 ZURICH SWITZERLAND	

Pre-carriage by(前程运输)	Place of Receipt (收货地点)	
Vessel (船名) Voy. No. (航次)	Port of Loading (装货港) SHANGHAI	
Port of Discharge(卸货港) HAMBURG	Place of Delivery (交货地点)	Final Destination for the Merchant's Reference (目的地)

Container No. (集装箱号)	Seal No.(封志号) Marks & Nos. (标志与号码)	No. of containers or p'kgs (箱数或件数)	Kind of Packages: Description of Goods (包装种类与货名)	Gross Weight 毛重(千克)	Measurement 尺码(立方米)
	SCHEKERC 06CI-SCH96B HAMBURG C/NO.1-309	309 CARTONS	STUFFED TOYS	1527 KGS	14.813 CBM

TOTAL NUMBER OF CONTAINERS OR PACKAGES (IN WORDS) 集装箱数或件数合计(大写)	SAY THREE HUNDRED AND NINE CARTONS ONLY

FREIGHT & CHARGES (运费与附加费)	Revenue Tons (运费吨)	Rate (运费率)	Per (每)	Prepaid (运费预付)	Collect (到付)

Ex.Rate.(兑换率)	Prepaid at (预付地点)	Payable at (到付地点)	Place of Issue (签发地点) SHANGHAI
	Total Prepaid (预付总额)	No. of Original B(s)/L (正本提单份数) THREE	

Service Type on Receiving ☒-CY ☐-CFS ☐-DOOR	Service Type on Delivery ☒-CY ☐-CFS ☐-DOOR	Reefer Temperature Required (冷藏温度)	℉	℃
TYPE OF GOODS (种类)	☒ Ordinary (普通) ☐ Reefer (冷藏) ☐ Dangerous (危险品) ☐ Auto. (裸装车辆) ☐ Liquid (液体) ☐ Live Animal (活动物) ☐ Bulk (散装) ☐ ______	危险品	Class: Property: IMDG Code Page UN No.	

可否转船：YES	可否分批：YES
装　期：NOV. 31, 2005	效　期：DEC. 20, 2005
金　额：US$ 65,590.00	
制单日期：OCT. 5, 2005	

《集装箱货物托运单》共分十联,因此又称为"十联单"。

第一联:集装箱货物托运单(货主留底)

第二联:集装箱货物托运单(船代留底)

第三联:运费通知(1)

第四联:运费通知(2)

第五联:装货单 场站收据副本(Shipping Order, S/O)

附页:缴纳出口货物港务申请书

第六联:场站收据副本 大副联(Mate's Receipt, M/R)

第七联:场站收据 (Dock Receipt, D/R)

第八联:货代留底

第九联:配舱回单(1)

第十联:配舱回单(2)

十联单的流转程序如下:

(1) 托运人(出口商/货运代理)填制托运单,留下货主留底联,其余各联提交船公司订舱签单。

(2) 船公司接受订舱后,在十联单上加注船名、航次和D/R(Dock Receipt,场站收据)号码,在第五联(装货单)上加盖船公司签单章并做装船日期批注(或电告装船日期),然后将十联单的第五至十联返还托运人。

(3) 货运代理可留存第八联(货代留底),第五、六、七、九、十联交给出口商。

(4) 报关人(出口商/报关行)将第五联(装货单)、第六联(大副联)、第七联(场站收据)提交报关。

(5) 海关核实查验完毕后,在第五联(装货单)上加盖海关放行章,并将第五至七联退还报关人。

(6) 出口商留存第七联(场站收据),将第五联(装货单)和第六联(大副联)交给船公司凭以装货。

(7) 船方装妥货物后,在第六联(大副联)上签字,返还出口商。

(8) 出口商凭经船方签署的第六联(大副联)向船公司换取正本提单。

出口货物订舱委托书

出口货物订舱委托书

日期

<table>
<tr><td rowspan="5">1）发货人</td><td colspan="2">4）信用证号码</td></tr>
<tr><td colspan="2">5）开证银行</td></tr>
<tr><td>6）合同号码</td><td>7）成交金额</td></tr>
<tr><td>8）装运口岸</td><td>9）目的港</td></tr>
<tr><td>10）转船运输</td><td>11）分批装运</td></tr>
<tr><td rowspan="4">2）收货人</td><td>12）信用证效期</td><td>13）装船期限</td></tr>
<tr><td>14）运费</td><td>15）成交条件</td></tr>
<tr><td>16）联系人</td><td>17）电话/传真</td></tr>
<tr><td>18）开户行</td><td>19）账号</td></tr>
<tr><td>3）通知人</td><td colspan="2">20）特别要求</td></tr>
</table>

21）标记唛码	22）货号规格	23）包装件数	24）毛重	25）净重	26）数量	27）单价	28）总价

29）总件数　30）总毛重　31）总净重　32）总尺码　33）总金额

34）备注

托运单的"装货单"联（船公司配舱后）

Shipper (发货人)
MINGZHOU TRADING CO., LTD
ADD: NO 4516, ZHONG SHAN RD., SHANGHAI, CHINA

D/R No.(编号)
PONLSHA01836944

装 货 单

第五联

Consignee (收货人)
TO SHIPPER'S ORDER

场站收据副本

Notify Party (通知人)
NIGROS-GENOSSENSCHAFTS-BUND LIMMATSTRASSE 526
POSTEACH 266 CH-8031 ZURICH SWITZERLAND

Received by the Carrier the Total number of containers or other packages or units stated below to be transported subject to the terms and conditions of the Carrier's regular form of Bill of Lading (for Combined Transport or port to Port Shipment) which

Date (日期)： OCT. 5, 2005

Pre-carriage by(前程运输) | Place of Receipt (收货地点)

场站章

Vessel (船名) Voy. No. (航次)
OOCL LONG BEACH V.04W49

Port of Loading (装货港)
SHANGHAI

Port of Discharge(卸货港)
HAMBURG

Place of Delivery (交货地点)

Final Destination for the Merchant's Reference (目的地)

Container No. (集装箱号)	Seal No.(封志号) Marks & Nos. (标志与号码)	No. of containers or p'kgs (箱数或件数)	Kind of Packages: Description of Goods (包装种类与货名)	Gross Weight 毛重(千克)	Measurement 尺码(立方米)
	SCHEKERC 06CI-SCH96B HAMBURG C/NO.1-309	309 CARTONS	STUFFED TOYS	1527 KGS	14.813 CBM

TOTAL NUMBER OF CONTAINERS OR PACKAGES (IN WORDS) 集装箱数或件数合计(大写): SAY THREE HUNDRED AND NINE CARTONS ONLY

Container No.(箱号) | Seal No.(封志号) | Pkgs.(件数) | Container No.(箱号) | Seal No.(封志号) | Pkgs.(件数)

装船日期：2005年11月15日

Received(实收) By Terminal Clerk(场站员签字)

FREIGHT & CHARGES

Prepaid at (预付地点) | Payable at (到付地点) | Place of Issue (签发地点) SHANGHAI

Total Prepaid (预付总额) | No. of Original B(s)/L (正本提单份数) THREE | Booking (订舱确认) APPROVED BY

CHINA MARINE SHIPPING AGENCY SHANGHAI CO., LTD 上海中外运船务代理有限公司 签单章 (20)

Service Type on Receiving: ☒-CY ☐-CFS ☐-DOOR
Service Type on Delivery: ☒-CY ☐-CFS ☐-DOOR
Reefer Temperature Required (冷藏温度) °F °C

TYPE OF GOODS (种类):
☒ Ordinary (普通) ☐ Reefer (冷藏) ☐ Dangerous (危险品) ☐ Auto. (裸装车辆)
☐ Liquid (液体) ☐ Live Animal (活动物) ☐ Bulk (散装) ☐ ______

危险品: Class: / Property: / IMDG Code Page / UN No.

出境货物报检单

中华人民共和国出入境检验检疫
出境货物报检单

报检单位(加盖公章)：　　　　　　　　　　　　　　　　　　＊编　　号________

报检单位登记号：　　　　　联系人：　　　　电话：　　　　　　报检日期：　　年　　月　　日

发货人	(中文)
	(外文)
收货人	(中文)
	(外文)

货物名称(中/外文)	H.S.编码	产地	数/重量	货物总值	包装种类及数量

运输工具名称号码		贸易方式		货物存放地点	
合同号		信用证号		用途	
发货日期		输往国家(地区)		许可证/审批号	
启运地		到达口岸		生产单位注册号	
集装箱规格、数量及号码					

合同、信用证订立的检验检疫条款或特殊要求	标记及号码	随附单据(划"√"或补填)
		□合同 □信用证 □发票 □换证凭证 □装箱单 □厂检单 □包装性能结果单 □许可/审批文件 □ □ □ □

需要证单名称(划"√"或补填)		＊检验检疫费	
□品质证书　__正__副 □重量证书　__正__副 □数量证书　__正__副 □兽医卫生证书　__正__副 □健康证书　__正__副 □卫生证书　__正__副 □动物卫生证书　__正__副	□植物检疫证书　__正__副 □熏蒸/消毒证书　__正__副 □出境货物换证凭单 □出境货物通关单 □ □ □	总金额(人民币元)	
		计费人	
		收费人	

报检人郑重声明	领取证单	
1. 本人被授权报验； 2. 上列填写内容正确属实，货物无伪造或冒用他人的厂名、标志、认证标志，并承担货物质量责任。 签名：__________	日期	
	签名	

注：有"＊"号栏由出入境检验检疫机关填写　　　　◆国家出入境检验检疫局制

[1-2(2005.1.1)]

出境货物通关单

中华人民共和国出入境检验检疫
出境货物通关单

编号：

<table>
<tr><td colspan="3">1. 发货人</td><td rowspan="3">5. 标记及号码</td></tr>
<tr><td colspan="3">2. 收货人</td></tr>
<tr><td>3. 合同/信用证号</td><td colspan="2">4. 输往国家或地区</td></tr>
<tr><td>6. 运输工具名称及号码</td><td colspan="2">7. 发货日期</td><td>8. 集装箱规格及数量</td></tr>
<tr><td>9. 货物名称及规格</td><td>10. H. S. 编码</td><td>11. 申报总值</td><td>12. 数/重量、包装数量及种类</td></tr>
<tr><td colspan="4">13. 证明

上述货物业经检验检疫，请海关予以放行
本通关单有效期至　　年　月　日

签字　　　　　　日期：　　年　月　日</td></tr>
<tr><td colspan="4">14. 备注
* * *</td></tr>
</table>

① 货物通关　　　　[2-2(2000. 1. 1)]

出口货物投保单

海运出口货物投保单

1）保险人：　　　　　　　　　　　　　　　　　　2）被保险人：

3）标记	4）包装及数量	5）保险货物项目	6）保险货物金额
7）总保险金额：(大写)			

8）运输工具：　　　　（船名）　　　　（航次）

9）装运港：　　　　　　　　　　　　10）目的港：

11）投保险别：　　　　　　　　　　　12）货物起运日期：

13）投保日期：　　　　　　　　　　　14）投保人签字：

一般原产地证明书申请书

中国贸促会上海市分会

中国国际商会上海商会

一般原产地证明书/加工装配证明书

申 请 书

申请单位注册号：＿＿＿＿＿＿ 证书号：＿＿＿＿＿＿

全部国产填上 P 含进口成分填上 W	

申请人郑重声明： 发票号：＿＿＿＿＿＿

本人被授权代表本企业办理和签署本申请书。

本申请书及一般原产地证书/加工装配证明书所列内容正确无误，如发现弄虚作假，冒充证书所列货物，擅改证书，愿按《中华人民共和国出口货物原产地规则》有关规定接受惩处并承担法律责任。现将有关情况申报如下：

<table>
<tr><td>商品名称</td><td></td><td>H. S. 编码(八位数)</td><td></td></tr>
<tr><td colspan="2">商品生产、制造、加工单位、地点</td><td colspan="2"></td></tr>
<tr><td colspan="2">含进口成份产品主要制造加工工序</td><td colspan="2"></td></tr>
<tr><td>商品 FOB 总值(以美元计)</td><td></td><td>最终目的地国/地区</td><td></td></tr>
<tr><td>拟出运日期</td><td></td><td>转口国(地区)</td><td></td></tr>
<tr><td colspan="2">包装数量或毛重或其他数量</td><td colspan="2"></td></tr>
<tr><td colspan="4">贸易方式和企业性质</td></tr>
<tr><td colspan="2">贸易方式</td><td colspan="2">企业性质</td></tr>
<tr><td colspan="2"></td><td colspan="2"></td></tr>
<tr><td colspan="4">现提交中国出口货物商业发票副本一份，报关单一份或合同/信用证影印件，一般原产地证明书/加工装配证明书一正三副，以及其他附件　　份，请予审核签证。
申领人(签名)
申请单位盖章：　　电话：
日期：　　年　　月　　日</td></tr>
</table>

如有补发，重发或更改 C. O. 证书，请填写背面申请单。

普惠制原产地证明书申请书

普惠制原产地证明书申请书

申请单位(盖章)：　　　　　　　　　　　　　　　　　　　　　　证书号：__________

申请人郑重声明：　　　　　　　　　　　　　　　　　　　　　　注册号：..........

本人是被正式授权代表出口单位办理和签署本申请书的。

本申请书及普惠制产地证格式A所列内容正确无误，如发现弄虚作假，冒充格式A所列货物，擅改证书，自愿接受签证机关的处罚及负法律责任。现将有关情况申报如下：

<table>
<tr><td>生产单位</td><td colspan="4"></td><td colspan="2">生产单位联系人电话</td><td colspan="2"></td></tr>
<tr><td>商品名称
(中英文)</td><td colspan="4"></td><td colspan="2">H. S. 税目号
(以八位数码计)</td><td colspan="2"></td></tr>
<tr><td colspan="3">商品(FOB)总值(以美元计)</td><td colspan="2"></td><td>发票号</td><td colspan="3"></td></tr>
<tr><td colspan="2">最终销售国</td><td></td><td colspan="2">证书种类划“√”</td><td colspan="2">(　　)加急证书</td><td colspan="2">(　　)普通证书</td></tr>
<tr><td colspan="3">货物拟出运日期</td><td colspan="6"></td></tr>
<tr><td colspan="9">贸易方式和企业性质(请在适用处划“√”)</td></tr>
<tr><td>正常贸易
C</td><td>来料加工
进　L</td><td>补偿贸易
B</td><td>中外合资
H</td><td>中外合作
Z</td><td>外商独资
D</td><td>其他</td><td colspan="2"></td></tr>
<tr><td></td><td></td><td></td><td></td><td></td><td></td><td></td><td colspan="2"></td></tr>
<tr><td colspan="3">包装数量或毛重或其他数量</td><td colspan="6"></td></tr>
<tr><td colspan="9">原产地标准：
本项商品系在中国生产，完全符合该给惠国方案规定，其原产地情况符合以下第　　条；
(1)“P”(完全国产，未使用任何进口原材料)；
(2)“W”其 H. S. 税目号为..........(含进口成份)；
(3)“F”(对加拿大出口产品，其进口成份不超过产品出厂价值的 40%)。
本批产品系：1. 直接运输从..........到..........；
2. 转口运输从..........中转国(地区)..........到..........；</td></tr>
<tr><td colspan="6">申请人说明</td><td colspan="3">领证人(签名)
电话：
日期：　　　年　　　月　　　日</td></tr>
</table>

现提交中国出口商业发票副本一份，普惠制产地证明书格式A(FORM A)一正二副，以及其他附件　　份，请予审核签证。

注：凡含有进口成份的商品，必须按要求提交《含进口成份受惠商品成本明细单》。

检验检疫局联系记录

上海出入境检验检疫局制

SB1-5

集装箱装箱单

CONTAINER LOAD PLAN

装 箱 单

Sinotrans 上海中外运船务代理有限公司

CHINA MARINE SHIPPING AGENCY SHANGHAI CO.

（5）Shipper's/Packer's Copy
发货人/装箱人联

Reefer Temperature Required. 冷藏温度 ℃. ℉.			
Class 等级	IMDG Page 危规页码	UN No. 联合国编号	Flashpoint 闪点

Ship's Name / Voy No. 船名/航次	Port of Loading 装运	Port of Discharge 卸港	Place of Delivery 交货地	SHIPPER'S / PACKER'S DECLARATIONS: We hereby declare that the contianer has been thoroughly cleaned without any evidence of cargoes of previous shipment prior to vanning and cargoes has been properly stuffed amd secured.		
Container No. 箱号	Bill of Lading No. 提单号	Packages & Packing 件数与包装	Gross Weight 毛 重	Measurements 尺 码	Description of Goods 货 名	Marks & Numbers 唛 头
Seal. No. 封号	Front 前					
Cont.Size 20' ( ) 40' ( ) 45' ( ) — Cont.type.箱类 DC=普通箱( )OT=开顶箱( ) HC=高箱( )FR=框架箱( ) HT=挂衣箱( )PF=平板箱( ) RE=冷藏箱( )TK=油罐箱( ) RH=冷藏箱( )高箱LC=45'( )						
ISO Code For Container Size/Type. 箱型/箱类 ISO 标准代码						
Packer's Name/Address. 装箱人名称/地址 TEL No. 电话号码	Door 门					
Packing Date. 装箱日期	Received By Drayman 驾驶员签收及车号	Total Packages 总件数	Total Cargo Wt 总货重	Total Meas. 总尺码	Remarks: 备注	
Packed By:	Received By Terminals / Date of Receipt 码头收箱签收和收箱日期		Cont Tare. Wt 集装箱皮重	Cgo/Cont Total Wt 货/箱总重量		

出口货物报关单

中华人民共和国海关出口货物报关单

预录入编号：　　　　　　　　　　　　　　　　　　　　海关编号：

出口口岸		备案号	出口日期	申报日期
经营单位		运输方式	运输工具名称	提运单号
发货单位		贸易方式	征免性质	结汇方式
许可证号	运抵国(地区)		指运港	境内货源地
批准文号	成交方式	运费	保费	杂费
合同协议号	件数	包装种类	毛重(千克)	净重(千克)
集装箱号	随附单据			生产厂家

标记唛码及备注

项号	商品编号	商品名称、规格型号	数量及单位	最终目的国(地区)	单价	总价	币制	征免

税费征收情况

录入员　　　录入单位	兹声明以上申报无讹并承担法律责任	海关审单批注及放行日期(签章)
报关员		审单　　　审价
单位地址	申报单位(签章)	征税　　　统计
邮编　　　电话	填制日期	查验　　　放行

出口收汇核销单（海关验讫后）

出口收汇核销单 存根

编号：037252056

出口单位：上海晨星贸易有限公司
单位代码：13224937-9
出口币种总价：US$29,760
收汇方式：信用证
预计收款日期：
报关日期：NOV. 24, 2005
备注： 发票号码：YT-UTO7239
此单报关有效期截止到

（出口单位盖章）

出口收汇核销单

编号：037252056

出口单位：上海晨星贸易有限公司

单位代码：13224937-9

	类别	币种金额	日期	盖章
银行签注栏				

海关签注栏：

外汇局签注栏：

年　月　日（盖章）

（出口单位盖章）

出口收汇核销单 出口退税专用

编号：037252056

出口单位：上海晨星贸易有限公司

单位代码：13224937-9

货物名称	数量	币种总价
皮具	2480 SETS	US$29,760

报关单编号：295830583

外汇局签注栏：

年　月　日（盖章）

（海关盖章）

未经核销此联不得撕开

托运单的"装货单"联（海关放行后）

Shipper (发货人)
MINGZHOU TRADING CO., LTD
ADD: NO 4516, ZHONG SHAN RD., SHANGHAI, CHINA

D/R No.(编号)
PONLSHA01836944

装　货　单

第五联

Consignee (收货人)
TO SHIPPER'S ORDER

场站收据副本

Notify Party (通知人)
NIGROS-GENOSSENSCHAFTS-BUND LIMMATSTRASSE 526
POSTEACH 266 CH-8031 ZURICH SWITZERLAND

Received by the Carrier the Total number of containers or other packages or units stated below to be transported subject to the terms and conditions of the Carrier's regular form of Bill of Lading (for Combined Transport or port to Port Shipment) which

Date（日期）：OCT. 5, 2005

场站章

Pre-carriage by(前程运输)	Place of Receipt (收货地点)	
Vessel (船名) Voy. No. (航次) OOCL LONG BEACH V.04W49	Port of Loading (装货港) SHANGHAI	
Port of Discharge(卸货港) HAMBURG	Place of Delivery (交货地点)	Final Destination for the Merchant's Reference (目的地)

Container No. (集装箱号)	Seal No.(封志号) Marks & Nos. (标志与号码)	No. of containers or p'kgs (箱数或件数)	Kind of Packages: Description of Goods (包装种类与货名)	Gross Weight 毛重(公斤)	Measurement 尺码(立方米)
	SCHEKERC 06CI-SCH96B HAMBURG C/NO.1-309	309 CARTONS	STUFFED TOYS	1527 KGS	14.813 CBM

TOTAL NUMBER OF CONTAINERS OR PACKAGES (IN WORDS) 集装箱数或件数合计(大写): SAY THREE HUNDRED AND NINE CARTONS ONLY

中华人民共和国上海海关 放行章

Container No.(箱号)	Seal No.(封志号)	Pkgs.(件数)	Container No.(箱号)	Seal No.(封志号)	Pkgs.(件数)

装船日期：2005年11月15日

Received(实收)　By Terminal Clerk(场站员签字)

FREIGHT & CHARGES	Prepaid at (预付地点)	Payable at (到付地点)	Place of Issue (签发地点) SHANGHAI
	Total Prepaid (预付总额)	No. of Original B(s)/L (正本提单份数) THREE	Booking (订舱确认) APPROVED BY

CHINA MARINE SHIPPING AGENCY 上海中外运船务代理有限公司 签单章 (20) SHANGHAI CO., LTD

Service Type on Receiving ☒-CY ☐-CFS ☐-DOOR	Service Type on Delivery ☒-CY ☐-CFS ☐-DOOR	Reefer Temperature Required (冷藏温度) °F °C

TYPE OF GOODS (种类)	☒ Ordinary (普通)	☐ Reefer (冷藏)	☐ Dangerous (危险品)	☐ Auto. (裸装车辆)	危险品	Class: Property:
	☐ Liquid (液体)	☐ Live Animal (活动物)	☐ Bulk (散装)	☐ ______		IMDG Code Page UN No.

银行结汇水单

Shanghai Branch
39th Floor, Shanghai Senmao Int'l Building
101 Yincheng East Road, Pudong
Shanghai 200120, P.R.China
Tel: (021) 6841 0111 Fax: (021) 6841 0722
Telex: 33093 ANZSH CN
Swift: ANZBCNSH

澳新银行上海分行出口结汇水单

Payment Advice

出口单位：

SHANGHAI MORNING STAR TRADING CO., LTD.

日期： 16JAN2006

我行编号： NO039502/01

出口发票号： 05JD7905

合约号：

出口核销单号： 05879056

	出口币种及金额	：	USD ********50623.00
减去	国外银行费用	：	USD **********200.00
	信用证通知费	：	USD ************0.00
	信用证修改费	：	USD ************0.00
	议付费	：	USD ***********75.93
	兑换手续费	：	USD ***********75.93
	邮费	：	USD ***********25.00
	电报费	：	USD ***********20.00
	其他费用	：	USD ***********92.58

	净外汇金额	：	USD ********50133.56
	结汇牌价@	：	----------------------------
	人民币金额	：	----------------------------

PLEASE BE NOTED THE PAYMENT TT/CREDITED TO YOUR ACCOUNT NO. 0566235 00230400125 WITH BOC SHANGHAI BRANCH

摘要： 上述款项已于______年______月______日划入贵司在____________银行______________分行______________的账户。

备注：其他费用包括

经办： 复核： 核销章：

第一联：出口核销专用联

出口货物报关单“收汇核销联”

中华人民共和国海关出口货物报关单 收汇核销联

预录入编号：　　　　　　　　　　　　　　　　海关编号：

出口口岸		备案号	出口日期	申报日期
经营单位		运输方式	运输工具名称	提运单号
发货单位		贸易方式	征免性质	结汇方式
许可证号	运抵国（地区）	指运港		境内货源地
批准文号	成交方式	运费	保费	杂费
合同协议号	件数	包装种类	毛重（千克）	净重（千克）
集装箱号	随附单据			生产厂家
标记唛码及备注				
项号　商品编号　商品名称、规格型号　数量及单位　最终目的国（地区）　单价　总价　币制　征免				
税费征收情况				
录入员　录入单位	兹声明以上申报无讹并承担法律责任		海关审单批注及放行日期（签章）	
报关员			审单	审价
单位地址	申报单位（签章）		征税	统计
邮编　电话	填制日期		查验	放行

出口货物报关单“出口退税专用”联

中华人民共和国海关出口货物报关单 出口退税专用

预录入编号：　　　　　　　　　　　　　　　　　　　　海关编号：

<table>
<tr><td colspan="2">出口口岸</td><td colspan="2">备案号</td><td>出口日期</td><td>申报日期</td></tr>
<tr><td colspan="2">经营单位</td><td colspan="2">运输方式</td><td>运输工具名称</td><td>提运单号</td></tr>
<tr><td colspan="2">发货单位</td><td colspan="2">贸易方式</td><td>征免性质</td><td>结汇方式</td></tr>
<tr><td>许可证号</td><td colspan="2">运抵国(地区)</td><td colspan="2">指运港</td><td>境内货源地</td></tr>
<tr><td>批准文号</td><td>成交方式</td><td colspan="2">运费</td><td>保费</td><td>杂费</td></tr>
<tr><td>合同协议号</td><td>件数</td><td colspan="2">包装种类</td><td>毛重(千克)</td><td>净重(千克)</td></tr>
<tr><td>集装箱号</td><td colspan="4">随附单据</td><td>生产厂家</td></tr>
<tr><td colspan="6">标记唛码及备注</td></tr>
<tr><td colspan="6">项号　商品编号　商品名称、规格型号　数量及单位　最终目的国(地区)　单价　总价　币制　征免</td></tr>
<tr><td colspan="6"></td></tr>
<tr><td colspan="6"></td></tr>
<tr><td colspan="6"></td></tr>
<tr><td colspan="6"></td></tr>
<tr><td colspan="6"></td></tr>
<tr><td colspan="6">税费征收情况</td></tr>
<tr><td colspan="2">录入员　　录入单位</td><td colspan="2">兹声明以上申报无讹并承担法律责任</td><td colspan="2">海关审单批注及放行日期(签章)</td></tr>
<tr><td colspan="4">报关员</td><td colspan="2">审单　　审价</td></tr>
<tr><td colspan="2">单位地址</td><td colspan="2">申报单位(签章)</td><td colspan="2">征税　　统计</td></tr>
<tr><td colspan="2">邮编　　电话</td><td colspan="2">填制日期</td><td colspan="2">查验　　放行</td></tr>
</table>

增值税专用发票“发票联”、“抵扣联”

增值税专用发票一式四联，第一联是存根联，第二联是发票联，第三联是抵扣联，第四联是记账联。第一联和第四联由销售方留存，其中第四联是销售方交纳销项增值税的依据，第二联和第三联交给购买方，其中第三联是购买方向税务机关申请抵扣进项增值税的依据。

3100058960

№ 05072699

开 票 日 期：2005-11-20

购货单位		密码区	
名　　称：	上海晨星贸易有限公司		<*4-7*2/*-/+43755->>8
纳税人识别号：	310115132549670		3*4/23->74<13*<>69*89
地 址、电 话：	上海市东大名路375号65960332		3891/6>996*8>0-80*1<3
开户行及账号：	中国银行上海分行044285-12396808091023		668*2/6>>69<1>654>><9

货物或应税劳务名称	规格型号	单位	数　量	单　价	金　额	税率	税　额
瓷餐具	CXD47-93A	套	164	410.25641	67,282.05	17%	11,437.95
	CXD47-57B	套	82	363.24786	29,786.32		5,063.68
	CXD20-569	套	248	311.96581	77,367.52		13,152.48
	CXD20-610	套	500	350.42735	175,213.68		29,786.32
合　　计					¥349,649.57		¥59,440.43
价 税 合 计（大 写）	⊗ 肆拾万玖仟零玖拾圆整				（小 写）¥409,090.00		

销货单位		备注
名　　称：	上海瑞振陶瓷有限责任公司	
纳税人识别号：	310229123654445	
地 址、电 话：	青浦区青安路101号59218002	
开户行及账号：	上海市青浦区青浦联社327410-02011002654	

收款人：　　　　开票人：张震　　　　销货单位：（章）

上海瑞振陶瓷有限责任公司 310229123654445 发票专用章

3100058960

上海增值税专用发票

上　海　国家税务总局监制

抵　扣　联

№ 05072699

开 票 日 期：2005-11-20

购货单位		密码区	
名　　称：	上海晨星贸易有限公司		<*4-7*2/*-/+43755->>8
纳税人识别号：	310115132549670		3*4/23->74<13*<>69*89
地 址、电 话：	上海市东大名路375号65960332		3891/6>996*8>0-80*1<3
开户行及账号：	中国银行上海分行044285-12396808091023		668*2/6>>69<1>654>><9

货物或应税劳务名称	规格型号	单位	数　量	单　价	金　额	税率	税　额
瓷餐具	CXD47-93A	套	164	410.25641	67,282.05	17%	11,437.95
	CXD47-57B	套	82	363.24786	29,786.32		5,063.68
	CXD20-569	套	248	311.96581	77,367.52		13,152.48
	CXD20-610	套	500	350.42735	175,213.68		29,786.32
合　　计					¥349,649.57		¥59,440.43
价 税 合 计（大 写）	⊗ 肆拾万玖仟零玖拾圆整				（小 写）¥409,090.00		

销货单位		备注
名　　称：	上海瑞振陶瓷有限责任公司	
纳税人识别号：	310229123654445	
地 址、电 话：	青浦区青安路101号59218002	
开户行及账号：	上海市青浦区青浦联社327410-02011002654	

收款人：　　　　开票人：张震　　　　销货单位：（章）

上海瑞振陶瓷有限责任公司 310229123654445 发票专用章

提货单

上海中远集装箱船务代理公司

COSCO SHANGHAI CONTAINER SHIPPING AGENCY CO., LTD.

进口集装箱货物提货单

No. 0138450

港区场站　　　　　　　　　　　　　　　　　　　　　　　　船档号

收货人名称		收货人开户 银行与账号		
船名	航次	起运港	目的港	船舶预计到达时间
提单号	交付条款	卸货地点	进库场日期	第一程运输
标记与集装箱号	货名	集装箱数或件数	重量(KGS)	体积(M^3)

船代公司重要提示： 1) 本提货单中有关船、货内容按照提单的相关显示填制； 2) 请当场核查本提货单内容错误之处，否则本公司不承担由此产生的责任和损失；(Error And Omission Excepted) 3) 本提货单仅为向承运人或承运人委托的雇佣人或替承运人保管货物订立合同的人提货的凭证，不得买卖转让；(Non-negotiable) 4) 在本提货单下，承运人代理人及雇佣人的任何行为，均应被视为代表承运人的行为，均应享受承运人享有的免责、责任限制和其他任何抗辩理由；(Himalaya Clause) 5) 本提货单所列的船舶预计到达时间，不作为申报进境和计算滞报金、滞箱费、疏港费等起算的依据，货主不及时换单和提货造成的损失，责任自负； 6) 本提货单中的中文译文仅供参考。 上海中远集装箱船务代理公司 （盖章有效） 年　　月　　日	收货人章 1 检验检疫章 3	海关章 2 4
注意事项： 1) 本提货单需盖有船代放货章和海关放行章后方始有效。凡属法定检验、检疫的进口商品，必须向检验检疫机构申报。 2) 提货人到码头公司办理提货手续时，应出示单位证明或经办人身份证明。提货人若非本提货单记名收货人时，还应当出示提货单记名收货人开具的证明，以表明其为有权提货的人。 3) 货物超过港存期，码头公司可以按《上海港口货物疏运管理条例》的有关规定处理。在规定期间无人提取的货物，按《海关法》和国家有关规定处理。	5	6

《提货单》共有五联，其分别为：提货单(D/O)、交货记录、费用账单(1)、费用账单(2)、提货单留存联。

入境货物报检单

中华人民共和国出入境检验检疫
入境货物报检单

报检单位(加盖公章)：　　　　　　　　　　　　　　　　　　　　*编　　号＿＿＿＿＿＿
报检单位登记号：　　　　　联系人：　　　电话：　　　　　　　报检日期：　　年　　月　　日

<table>
<tr><td rowspan="2">收货人</td><td colspan="5">(中文)</td><td colspan="2">企业性质(划"√")</td><td colspan="2">□合资　□合作　□外资</td></tr>
<tr><td colspan="9">(外文)</td></tr>
<tr><td rowspan="2">发货人</td><td colspan="9">(中文)</td></tr>
<tr><td colspan="9">(外文)</td></tr>
<tr><td colspan="2">货物名称(中/外文)</td><td>H. S. 编码</td><td colspan="2">原产国(地区)</td><td>数/重量</td><td>货物总值</td><td colspan="3">包装种类及数量</td></tr>
<tr><td colspan="2"></td><td></td><td colspan="2"></td><td></td><td></td><td colspan="3"></td></tr>
<tr><td colspan="2">运输工具名称号码</td><td colspan="5"></td><td colspan="2">合同号</td><td></td></tr>
<tr><td>贸易方式</td><td colspan="2"></td><td>贸易国别(地区)</td><td colspan="3"></td><td colspan="2">提单/运单号</td><td></td></tr>
<tr><td>到货日期</td><td colspan="2"></td><td>启运国家(地区)</td><td colspan="3"></td><td colspan="2">许可证/审批号</td><td></td></tr>
<tr><td>卸毕日期</td><td colspan="2"></td><td>启运口岸</td><td colspan="3"></td><td colspan="2">入境口岸</td><td></td></tr>
<tr><td>索赔有效期至</td><td colspan="2"></td><td>经停口岸</td><td colspan="3"></td><td colspan="2">目的地</td><td></td></tr>
<tr><td colspan="2">集装箱规格、数量及号码</td><td colspan="8"></td></tr>
<tr><td colspan="2" rowspan="2">合同订立的特殊条款
以及其他要求</td><td colspan="5" rowspan="2"></td><td colspan="2">货物存放地点</td><td></td></tr>
<tr><td colspan="2">用　　途</td><td></td></tr>
<tr><td colspan="3">随附单据(划"√"或补填)</td><td colspan="4">标记及号码</td><td colspan="2">*外商投资财产(划"√")</td><td>□是□否</td></tr>
<tr><td colspan="3" rowspan="4">□合同　　　　　□到货通知
□发票　　　　　□装箱单
□提/运单　　　　□质保书
□兽医卫生证书　□理货清单
□植物检疫证书　□磅码单
□动物检疫证书　□验收报告
□卫生证书　　　□
□原产地证　　　□
□许可/审批文件　□</td><td colspan="4" rowspan="4"></td><td colspan="3">*检验检疫费</td></tr>
<tr><td colspan="2">总金额
(人民币元)</td><td></td></tr>
<tr><td colspan="2">计费人</td><td></td></tr>
<tr><td colspan="2">收费人</td><td></td></tr>
<tr><td colspan="6" rowspan="3">报检人郑重声明
1. 本人被授权报验；
2. 上列填写内容正确属实。
签名：＿＿＿＿＿＿</td><td colspan="4">领取证单</td></tr>
<tr><td>日期</td><td colspan="3"></td></tr>
<tr><td>签名</td><td colspan="3"></td></tr>
</table>

注：有"*"号栏由出入境检验检疫机关填写　　　　　　　　　　◆国家出入境检验检疫局制

[1-2(2000. 1. 1)]

入境货物通关单

中华人民共和国出入境检验检疫

入境货物通关单

编号：

<table>
<tr><td colspan="4">1. 收货人</td><td rowspan="3">5. 标记及号码</td></tr>
<tr><td colspan="4">2. 发货人</td></tr>
<tr><td colspan="2">3. 合同/提(运)单号</td><td colspan="2">4. 输出国家或地区</td></tr>
<tr><td colspan="2">6. 运输工具名称及号码</td><td colspan="2">7. 目的地</td><td>8. 集装箱规格及数量</td></tr>
<tr><td>9. 货物名称及规格</td><td colspan="2">10. H.S.编码</td><td>11. 申报总值</td><td>12. 数/重量、包装数量及种类</td></tr>
<tr><td colspan="5">13. 内容
上述货物办完海关手续后，请及时联系落实检验检疫事宜。未经检验检疫，不得销售、使用。对未经检验检疫而擅自销售或使用的，检验检疫机构将按照法律法规规定予以处罚。
签字　　　　日期：　　年　　月　　日</td></tr>
<tr><td colspan="5">14. 备注</td></tr>
</table>

① 货主须知　　　　[2-1-1(2002.1.1)*1]

进口货物报关单

中华人民共和国海关进口货物报关单

预录入编号：　　　　　　　　　　　　海关编号：

<table>
<tr><td colspan="2">进口口岸</td><td colspan="2">备案号</td><td>进口日期</td><td>申报日期</td></tr>
<tr><td colspan="2">经营单位</td><td colspan="2">运输方式</td><td>运输工具名称</td><td>提运单号</td></tr>
<tr><td colspan="2">收货单位</td><td colspan="2">贸易方式</td><td>征免性质</td><td>征税比例</td></tr>
<tr><td>许可证号</td><td colspan="2">起运国(地区)</td><td colspan="2">装货港</td><td>境内目的地</td></tr>
<tr><td>批准文号</td><td>成交方式</td><td>运费</td><td colspan="2">保费</td><td>杂费</td></tr>
<tr><td>合同协议号</td><td>件数</td><td>包装种类</td><td colspan="2">毛重(千克)</td><td>净重(千克)</td></tr>
<tr><td>集装箱号</td><td colspan="4">随附单据</td><td>用途</td></tr>
<tr><td colspan="6">标记唛码及备注</td></tr>
<tr><td colspan="6">项号　商品编号　商品名称、规格型号　数量及单位　原产国(地区)　单价　总价　币制　征免</td></tr>
<tr><td colspan="6"></td></tr>
<tr><td colspan="6">税费征收情况</td></tr>
<tr><td colspan="4">录入员　录入单位　兹声明以上申报无讹并承担法律责任
报关员
单位地址　申报单位(签章)
邮编　电话　填制日期</td><td colspan="2">海关审单批注及放行日期(签章)
审单　审价
征税　统计
查验　放行</td></tr>
</table>

海关专用缴款书

上海　海关　进口关税　专用缴款书

收入系统：　海关系统　　填发日期：　2005 年 9 月 22 日　　号码 No.（0309）038520451-A01 46

收款单位	收入机关	中央金库			缴款单位（人）	名　称	上海东汇贸易有限公司
	科　目	进口关税	预算级次	中央		账　号	
	收款国库	043023—工行市分营业部				开户银行	

税 号	货　物　名　称	数　量	单位	完税价格(¥)	税率(%)	税款金额(¥)
1. 84829900	轴套	1, 350. 26	千克	220, 630	6. 0	13, 237. 80
金额人民币（大写）	壹万叁仟贰佰叁拾柒元捌角正				合计（¥）	13, 237. 80

申请单位编号	3848295598	报关单编号	0838948244	填制单位	收款国库(银行)
合同(批文)号		运输工具(号)	EVER BRIGHT/02	中华人民共和国上海海关 单证专用章	交通银行上海分行 黄浦支行 2005. 09. 22 业务章
缴款期限	2005年10月8日前	提/装货单号	SH3859305801580	制单人　2967	
备注	一般征税　照章征税　20050918　进 USD　8. 0123000 国标代码：384729593724632 成交：CIF (1)48935			复核人	

第一联：（收据）国库收款签章后交缴单位或交纳人

从填发缴款书之日起限15日缴纳（期末遇法定节假日顺延），逾期按日征收税款总额万分之五的滞纳金。

上海　海关　代征增值税　专用缴款书

收入系统：　税务系统　　填发日期：　2005 年 9 月 22 日　　号码 No.（0309）038520451-L02 59

收款单位	收入机关	中央金库			缴款单位（人）	名　称	上海东汇贸易有限公司
	科　目	代征增值税	预算级次	中央		账　号	
	收款国库	043023—工行市分营业部				开户银行	

税 号	货　物　名　称	数　量	单位	完税价格(¥)	税率(%)	税款金额(¥)
1. 84829900	轴套	1, 350. 26	千克	233, 868	17. 0	39, 757. 56
金额人民币（大写）	叁万玖仟柒佰伍拾柒元伍角陆分				合计（¥）	39, 757. 56

申请单位编号	3848295598	报关单编号	0838948244	填制单位	收款国库(银行)
合同(批文)号		运输工具(号)	EVER BRIGHT/02	中华人民共和国上海海关 单证专用章	交通银行上海分行 黄浦支行 2005. 09. 22 业务章
缴款期限	2005年10月8日前	提/装货单号	SH3859305801580	制单人　2967	
备注	一般征税　照章征税　20050918　进 USD　8. 0123000 国标代码：384729593724632 成交：CIF (1)48935			复核人	

第一联：（收据）国库收款签章后交缴单位或交纳人

从填发缴款书之日起限15日缴纳（期末遇法定节假日顺延），逾期按日征收税款总额万分之五的滞纳金。

前T/T与后T/T

交货前电汇付款在贸易界俗称"前T/T"，交货后电汇付款俗称"后T/T"，而交货时电汇付款，即进口商在收到提单传真件后电汇货款，一般也被称为"前T/T"。

信汇

信汇(Mail Transfer, M/T)结算方式与电汇结算方式的业务流程基本一致，主要区别在于汇出行以邮寄信汇委托书(M/T Advice)的方式向汇入行发出付款指示。与电汇相比，信汇周期较长，收费较低。

票汇

票汇结算的一般程序为：进口商向进口地银行申请开立银行汇票/银行本票，或自行签发支票，然后将票据自行邮寄或亲自带给出口商。在进出口业务中，票汇常用于小额货款结算或支付订金、费用等。出口商在收到票据后，如付款人在国外，必须通过出口地银行办理票据托收来收取款项。

即期付款交单与远期付款交单的比较

远期付款交单和即期付款交单的交单条件是相同的，即进口商必须付款，才能取得代表货物所有权的单据。但是两者的付款时间不同。在即期付款交单(D/P at sight)条件下，代收银行向进口商提示单据后，进口商将见票(和单据)立即付款赎单；而在远期付款交单(D/P at XXX days' sight)条件下，代收银行向进口商提示后，进口商将见票(和单据)先承兑，于汇票到期日再付款赎单。

远期付款交单与远期承兑交单的比较

远期付款交单和远期承兑交单的付款时间是相同的，即在汇票到期日，进口商才向代收银行支付款项。但是两者的交单条件不同。在远期付款交单(D/P at XXX days' sight)条件下，当进口商在汇票到期日完成付款后，代收银行才将代表货物所有权的单据交给进口商；而在远期承兑交单(D/A at XXX days' sight)条件下，当进口商在远期汇票上做承兑后，代收银行就将代表货物所有权的单据交给进口商。

议付与付款的区别

出口商所在地的银行收到出口商交来的单据，经与信用证核对相符后，即将汇票金额在扣除议付日到估计收款日的利息和手续费后，付给出口方。出口地银行的这一审单、买单、垫款过程称为"议付"，办理议付的银行则叫做议付行。议付行议付单据后，即可根据信用证的规定向开证行或其指定的银行索偿。由于议付行的议付属垫款性质，所以当开证行拒付时，议付行可以向出口商行使追索权。而开证行或付款行的付款是终局性的，一旦支付，不得追索。

即期议付信用证与远期议付信用证的比较

受益人(出口商)取得议付的时间相同，只要出口商将全套单据提交给议付行，议付行审单无误后，立即向受益人议付。但是，议付行可从开证行获得偿付的时间是不同的。在即期议付信用证条件下，开证行见票、审单无误后立即向议付行进行偿付；而在远期议付信用证条件下，开证行见票、审单无误后则先向议付行承兑，在汇票到期日才进行偿付。开证申请人（进口商）取得信用证项下单据的条件也是不同的。在即期议付信用证条件下，申请人必须向开证行付款后才能取得单据；而在远期议付信用证条件下，通常申请人在承兑后即可取得单据。

不同结算方式的业务流程图

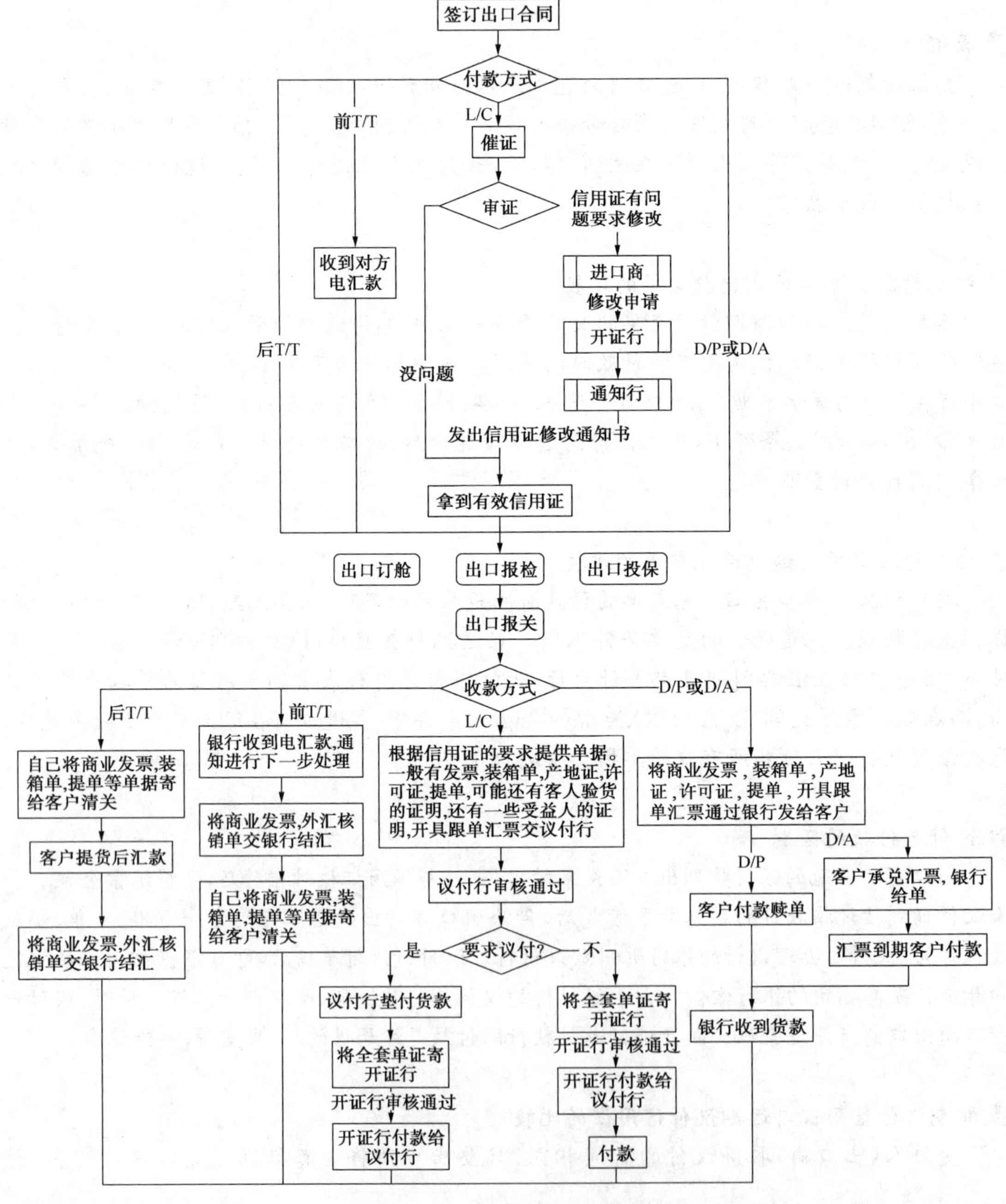

第二章　进出口价格核算

【实例评析】

❶ 出口价格核算(LCL报价、还价、成交)　　出口 ➲

品名：	Hammer Style Brass Padlock 锤型铜挂锁			
货号：	BH870			
计量单位：	打	包装：	纸箱	
包装方式：	5	打/纸箱		
每个纸箱尺码：	49.5 (长)	25 (宽)	19.5 (高)	厘米
每个纸箱毛/净重：	37 (毛重)	33 (净重)	千克	
报价数量/起订量：	200打			

核算数据

采购成本：96元人民币/打(含增值税)

出口费用：	单位商品出口的包干费约为：	¥2.50	
	20英尺集装箱的包干费率为：	¥750.00	
	40英尺集装箱的包干费率为：	¥1400.00	
	件杂货/拼箱海运费率为：(计费标准"W")	US$62.00	(每运费吨)
	20英尺集装箱的海运包箱费率为：	US$980.00	
	40英尺集装箱的海运包箱费率为：	US$1700.00	
	出口定额费率为：(按采购成本计)	3.50%	
	垫款周期为：	30天	
	银行贷款年利率为：(1年按360天计)	6.00%	
	海运货物保险费率为：	0.70%	
	投保加成率为：	10.00%	
	增值税率为：	17.00%	
	出口退税率为：	13.00%	
	国外客户的佣金为：(按报价计)	3.00%	
	银行手续费率为：(按报价计)	0.35%	
	汇率为：(1美元兑换人民币)	¥8.01	
	预期利润：销售利润率为：	10.00%	

核算要求

(1) 填写下列核算表,用数字列出计算过程并将计算结果填入规定的栏目内,例如:

计算过程	计算结果
(100+45)×20/(1-10%)	3222.2222

(2) 计算时请务必保留 4 位小数,小于 1 的数值保留 5 位小数。

解　　答

报价核算:

	计算过程	计算结果	
货物总体积	200/5×(49.5×25×19.5)/1000000	0.9653	立方米
货物总毛重	200/5×37/1000	1.4800	公吨
实际成本	96×(1+17%-13%)/(1+17%)	85.3333	人民币元/打
退税收入	96×13%/(1+17%)	10.6667	人民币元/打
贷款利息	96×6%×30/360	0.4800	人民币元/打
海洋运费	1.48×62/200×8.01	3.6750	人民币元/打
海运保险费	13.8608×(1+10%)×0.7%×8.01	0.8549	人民币元/打
FOB 报价	(85.3333+0.48+3.36+2.5)/(1-3%-0.35%-10%)/8.01	13.2081	美元/打
CFR 报价	(85.3333+0.48+3.36+2.5+3.675)/(1-3%-0.35%-10%)/8.01	13.7376	美元/打
CIF 报价	(85.3333+0.48+3.36+2.5+3.675)/(1-(1+10%)×0.7%-3%-0.35%-10%)/8.01	13.8608	美元/打

还价核算 1: 出口商报价后收到客户还价,表示其能够接受的单价为 US$13.10 CIFC3%,订购数量为 200 打。试根据客户还价进行以下利润核算(按总量计):

	计算过程	计算结果	
销售收入	13.1×200×8.01	20986.2000	人民币元
退税收入	96×200×13%/(1+17%)	2133.3333	人民币元
实际成本	96×200×(1+17%-13%)/(1+17%)	17066.6667	人民币元
贷款利息	96×200×6%×30/360	96.0000	人民币元
定额费	96×200×3.5%	672.0000	人民币元
海洋运费	200/5×37/1000×62×8.01	734.9976	人民币元
海运保险费	13.1×200×(1+10%)×0.7%×8.01	161.5937	人民币元
客户佣金	13.1×200×3%×8.01	629.5860	人民币元
银行费用	13.1×200×0.35%×8.01	73.4517	人民币元
利润总额	20986.2-17066.6667-96-672-2.5×200-734.9976-161.5937-629.586-73.4517	1051.9043	人民币元
销售利润率	1051.9043/20986.2	5.01%	(百分比)
成本利润率	1051.9043/(96×200)	5.48%	(百分比)

还价核算 2:如果接受客户还价,同时出口商又必须保持 10%的销售利润率,在其他费用和订购数量保持不变的情况下,试进行以下还价成本核算(按单位商品计):

	计算过程	计算结果	
销售收入	13.1×8.01	104.9310	人民币元/打
退税收入	90.3657×13%/(1+17%)	10.0406	人民币元/打
海洋运费	37/1000/5×62×8.01	3.6750	人民币元/打
海运保险费	13.1×(1+10%)×0.7%×8.01	0.8080	人民币元/打
客户佣金	13.1×3%×8.01	3.1479	人民币元/打
银行费用	13.1×0.35%×8.01	0.3673	人民币元/打
利润额	13.1×10%×8.01	10.4931	人民币元/打
贷款利息	90.3657×6%×30/360	0.4518	人民币元/打
定额费	90.3657×3.5%	3.1628	人民币元/打
实际成本	90.3657×(1+17%−13%)/(1+17%)	80.3251	人民币元/打
采购成本	(104.931−3.675−0.8080−3.1479−0.3673−2.5−10.4931)/(1−13%/(1+17%)+3.5%+6%×30/360)	90.3657	人民币元/打

成交核算:经过磋商,买卖双方最终以每打 US$13.50 CIFC3%达成交易,成交数量为 300 打。试根据成交条件进行以下利润核算(按总量计):

	计算过程	计算结果	
销售收入	13.5×300×8.01	32440.5000	人民币元
退税收入	96×300×13%/(1+17%)	3200.0000	人民币元
实际成本	96×300×(1+17%−13%)/(1+17%)	25600.0000	人民币元
采购成本	96×300	28800.0000	人民币元
贷款利息	96×300×6%×30/360	144.0000	人民币元
定额费	96×300×3.5%	1008.0000	人民币元
包干费	2.5×300	750.0000	人民币元
海洋运费	300/5×37/1000×62×8.01	1102.4964	人民币元
海运保险费	13.5×300×(1+10%)×0.7%×8.01	249.7919	人民币元
客户佣金	13.5×300×3%×8.01	973.2150	人民币元
银行费用	13.5×300×0.35%×8.01	113.5418	人民币元
利润总额	32440.5−25600−144−1008−750−1102.4964−249.7919−973.215−113.5418	2499.4549	人民币元
销售利润率	2499.4549/32440.5	7.70%	(百分比)
成本利润率	2499.4549/28800	8.68%	(百分比)

❷ 出口价格核算(LCL 报价、FCL 还价、FCL 成交)　　出口 ➲

品名： Baby Stroller 童车

货号： TH-BS705C

计量单位： 辆　包装： 纸箱

包装方式： 1 辆/纸箱

每个纸箱尺码： 47（长）　36.5（宽）　84.5（高）　厘米

每个纸箱毛/净重： 14（毛重）　12（净重）　千克

报价数量/起订量： 100 辆

核算数据

采购成本：170 元人民币/辆(含增值税)

出口费用：	
单位商品出口的包干费约为：	￥5.50
20 英尺集装箱的包干费率为：	￥800.00
40 英尺集装箱的包干费率为：	￥1400.00
件杂货/拼箱海运费率为：(计费标准“M”)	US＄75.00　(每运费吨)
20 英尺集装箱的海运包箱费率为：	US＄1200.00
40 英尺集装箱的海运包箱费率为：	US＄2100.00
出口定额费率为：(按采购成本计)	4.00％
垫款周期为：	30 天
银行贷款年利率为：(1 年按 360 天计)	6.00％
海运货物保险费率为：	0.65％
投保加成率为：	10.00％
增值税率为：	17.00％
出口退税率为：	13.00％
银行手续费额为：(按每笔交易计)	US＄80.00
汇率为：(1 美元兑换人民币)	￥8.01
预期利润：成本利润率为：(按采购成本计)	10.00％

核算要求

(1) 填写下列核算表，用数字列出计算过程并将计算结果填入规定的栏目内，例如：

计算过程	计算结果
(100＋45)×20/(1－10％)	3222.2222

(2) 计算时请务必保留 4 位小数，小于 1 的数值保留 5 位小数。

解　　答

报价核算：

	计算过程	计算结果	
货物总体积	100/1×(47×36.5×84.5)/1000000	14.4960	立方米
货物总毛重	100/1×14/1000	1.4000	公吨
实际成本	170×(1＋17%－13%)/(1＋17%)	151.1111	人民币元/辆
退税收入	170×13%/(1＋17%)	18.8889	人民币元/辆
贷款利息	170×6%×30/360	0.8500	人民币元/辆
银行费用	80×8.01/100	6.4080	人民币元/辆
海洋运费	14.496×75/100×8.01	87.0847	人民币元/辆
海运保险费	34.5484×(1＋10%)×0.65%×8.01	1.9786	人民币元/辆
利润额	170×10%	17.0000	人民币元/辆
FOB 报价	(151.1111＋0.85＋6.408＋5.5＋170×4%＋17)/8.01	23.4294	美元/辆
CFR 报价	(151.1111＋0.85＋6.408＋5.5＋170×4%＋17＋87.0847)/8.01	34.3013	美元/辆
CIF 报价	(151.1111＋0.85＋6.408＋5.5＋170×4%＋17＋87.0847)/(1－(1＋10%)×0.65%)/8.01	34.5484	美元/辆

还价核算 1：出口商报价后收到客户还价，表示其能够接受的单价为 US＄29.50 CIF，订购数量为 1 个 20 英尺集装箱。试根据客户还价进行以下利润核算(按总量计)：

	计算过程	计算结果	
还价数量	25000000/(47×36.5×84.5)＝172.4617 取整 172 箱 172×1×1＝	172.0000	辆
销售收入	172×29.5×8.01	40642.7400	人民币元
退税收入	172×170×13%/(1＋17%)	3248.8889	人民币元
实际成本	172×170×(1＋17%－13%)/(1＋17%)	25991.1111	人民币元
采购成本	172×170	29240.0000	人民币元
贷款利息	170×172×6%×30/360	146.2000	人民币元
定额费	170×172×4%	1169.6000	人民币元
海洋运费	1200×1×8.01	9612.0000	人民币元
海运保险费	172×29.5×8.01×(1＋10%)×0.65%	290.5956	人民币元
银行费用	80×8.01	640.8000	人民币元
利润额	40642.74－25991.1111－146.2－1169.6－800－9612－290.5956－640.8	1992.4333	人民币元
销售利润率	1992.4333/40642.74	4.90%	(百分比)
成本利润率	1992.4333/29240	6.81%	(百分比)

还价核算 2：如果接受客户还价，同时出口商又必须保持 10%的成本利润率，在其他费用和订购数量保持不变的情况下，试进行以下还价成本核算（按单位商品计）：

	计算过程	计算结果	
销售收入	29.5×8.01	236.2950	人民币元/辆
退税收入	164.7614×13%/(1+17%)	18.3068	人民币元/辆
海洋运费	1200×8.01/172	55.8837	人民币元/辆
海运保险费	29.5×(1+10%)×0.65%×8.01	1.6895	人民币元/辆
银行费用	80×8.01/172	3.7256	人民币元/辆
包干费	800/172	4.6512	人民币元/辆
利润额	164.7614×10%	16.4761	人民币元/辆
贷款利息	164.7614×6%×30/360	0.8238	人民币元/辆
定额费	164.7614×4%	6.5905	人民币元/辆
实际成本	164.7614×(1+17%−13%)/(1+17%)	146.4546	人民币元/辆
采购成本	(236.295 − 55.8837 − 1.6895 − 3.7256 − 4.6512)/(1 − 13%/(1+17%)+4%+6%×30/360+10%)	164.7614	人民币元/辆

成交核算：经过磋商，买卖双方最终以每辆 US＄28.50 CIF 达成交易，成交数量为 1 个 40 英尺集装箱。试根据成交条件进行以下利润核算（按总量计）：

	计算过程	计算结果	
成交数量	55000000/(47×36.5×84.5) = 379.416 取整 379 箱 379×1×1＝	379.0000	辆
销售收入	28.5×379×8.01	86520.0150	人民币元
退税收入	170×379×13%/(1+17%)	7158.8889	人民币元
实际成本	170×379×(1+17%−13%)/(1+17%)	57271.1111	人民币元
采购成本	170×379	64430.0000	人民币元
贷款利息	170×379×6%×30/360	322.1500	人民币元
定额费	170×379×4%	2577.2000	人民币元
包干费	1400×1	1400.0000	人民币元
海洋运费	2100×1×8.01	16821.0000	人民币元
海运保险费	28.5×379×(1+10%)×0.65%×8.01	618.6181	人民币元
银行费用	80×8.01	640.8000	人民币元
利润总额	86520.015−57271.1111−322.15−2577.2−1400−16821−618.6181−640.8	6869.1358	人民币元
销售利润率	6869.1358/86520.015	7.94%	（百分比）
成本利润率	6869.1358/64430	10.66%	（百分比）

❸ 出口价格核算(FCL 报价、还价、成交) 出口

品名：七件套搪瓷厨具
货号：NLF-1107

计量单位：	套	包装：	纸箱	
包装方式：	6	套/纸箱		
每个纸箱尺码：	49.5（长）	42（宽）	58（高）	厘米
每个纸箱毛/净重：	22（毛重）	19.5（净重）	千克	

装箱数量：1 个 20 英尺整箱可装 1100 套，1 个 40 英尺整箱可装 2400 套
报价数量/起订量：一个 20 英尺集装箱

核算数据

采购成本：88 元人民币/套(含增值税)

出口费用：		
单位商品出口的包干费约为：	￥2.50	
20 英尺集装箱的包干费率为：	￥850.00	
40 英尺集装箱的包干费率为：	￥1500.00	
件杂货/拼箱海运费率为：(计费标准 W/M)	US$68.00	(每运费吨)
20 英尺集装箱的海运包箱费率为：	US$1300.00	
40 英尺集装箱的海运包箱费率为：	US$2250.00	
出口定额费率为：(按采购成本计)	3.00%	
垫款周期为：	60 天	
银行贷款年利率为：(1 年按 360 天计)	7.00%	
海运货物保险费率为：	0.75%	
投保加成率为：	10.00%	
增值税率为：	17.00%	
出口退税率为：	13.00%	
银行手续费率为：(按报价计)	0.35%	
汇率为：(1 美元兑换人民币)	￥8.01	
预期利润：销售利润率为：	8.00%	

核算要求

(1) 填写下列核算表，用数字列出计算过程并将计算结果填入规定的栏目内，例如：

计算过程	计算结果
(100＋45)×20/(1－10%)	3222.2222

(2) 计算时请务必保留 4 位小数，小于 1 的数值保留 5 位小数。

解　答

报价核算:

	计算过程	计算结果	
实际成本	88×(1+17%－13%)/(1+17%)	78.2222	人民币元/套
退税收入	88×13%/(1+17%)	9.7778	人民币元/套
贷款利息	88×7%×60/360	1.0267	人民币元/套
包干费	850×1/1100	0.7727	人民币元/套
海洋运费	1300×1/1100×8.01	9.4664	人民币元/套
海运保险费	12.6635×(1+10%)×0.75%×8.01	0.8368	人民币元/套
FOB 报价	(78.2222＋1.0267＋88×3%＋0.7727)/(1－0.35%－8%)/8.01	11.2600	美元/套
CFR 报价	(78.2222＋1.0267＋88×3%＋0.7727＋9.4664)/(1－0.35%－8%)/8.01	12.5495	美元/套
CIF 报价	(78.2222＋1.0267＋88×3%＋0.7727＋9.4664)/(1－(1+10%)×0.75%－0.35%－8%)/8.01	12.6635	美元/套

还价核算 1: 出口商报价后收到客户还价，表示其能够接受的单价为 US＄11.80 CIF，订购数量为 1 个 40 英尺集装箱。试根据客户还价进行以下利润核算(按总量计)：

	计算过程	计算结果	
销售收入	2400×11.8×8.01	226843.2000	人民币元
退税收入	2400×88×13%/(1+17%)	23466.6667	人民币元
实际成本	2400×88×(1+17%－13%)/(1+17%)	187733.3333	人民币元
贷款利息	88×2400×7%×60/360	2464.0000	人民币元
定额费	88×2400×3%	6336.0000	人民币元
海运保险费	2400×11.8×8.01×(1+10%)×0.75%	1871.4564	人民币元
银行费用	11.8×8.01×0.35%×2400	793.9512	人民币元
利润额	226843.2－187733.3333－2464－6336－1500－2250×8.01－1871.4564－793.9512	8121.9591	人民币元
销售利润率	8121.9591/226843.2	3.58%	(百分比)
成本利润率	8121.9591/(88×2400)	3.85%	(百分比)

还价核算 2:如果接受客户还价,同时出口商又必须保持8%的销售利润率,在其他费用和订购数量保持不变的情况下,试进行以下还价成本核算(按单位商品计):

	计算过程	计算结果	
销售收入	11.8×8.01	94.5180	人民币元/套
退税收入	83.511×13%/(1+17%)	9.2790	人民币元/套
海洋运费	2250×1/2400×8.01	7.5094	人民币元/套
海运保险费	11.8×(1+10%)×0.75%×8.01	0.7798	人民币元/套
银行费用	11.8×8.01×0.35%	0.3308	人民币元/套
包干费	1500×1/2400	0.6250	人民币元/套
利润额	11.8×8.01×8%	7.5614	人民币元/套
贷款利息	83.511×7%×60/360	0.9743	人民币元/套
定额费	83.511×3%	2.5053	人民币元/套
实际成本	83.511×(1+17%−13%)/(1+17%)	74.2320	人民币元/套
采购成本	(94.518−7.5094−0.7798−0.3308−0.625−7.5614)/(1−13%/(1+17%)+3%+7%×60/360)	83.5110	人民币元/套

成交核算:经过磋商,买卖双方最终以每套US＄12.00 CIF达成交易,成交数量为1个40英尺集装箱。试根据成交条件进行以下利润核算(按总量计):

	计算过程	计算结果	
成交数量	2400×1	2400.0000	套
销售收入	12×2400×8.01	230688.0000	人民币元
退税收入	88×2400×13%/(1+17%)	23466.6667	人民币元
实际成本	88×2400×(1+17%−13%)/(1+17%)	187733.3333	人民币元
采购成本	88×2400	211200.0000	人民币元
贷款利息	88×2400×7%×60/360	2464.0000	人民币元
定额费	88×2400×3%	6336.0000	人民币元
包干费	1500×1	1500.0000	人民币元
海洋运费	2250×1×8.01	18022.5000	人民币元
海运保险费	12×2400×(1+10%)×0.75%×8.01	1903.1760	人民币元
银行费用	12×2400×0.35%×8.01	807.4080	人民币元
利润总额	230688−187733.3333−2464−6336−1500−18022.5−1903.176−807.408	11921.5827	人民币元
销售利润率	11921.5827/230688	5.17%	(百分比)
成本利润率	11921.5827/(88×2400)	5.64%	(百分比)

评　析

这是三个颇为典型的出口价格核算综合操作实例。它们均由三段式核算组成:报价核算、还价核算、成交核算,展现了出口交易中价格磋商的基本过程,同时也汇集了出口价格核算的一些基本要素。

一、报价核算

商品的价格(报价或称售价)由成本、费用和利润三要素合并构成。

1. 成本核算。

出口价格中的成本可以是生产成本、加工成本或是采购(购货)成本。从贸易商的角度看,出口的成本就是其从供货商手中买进货物时所支付的金额,即采购成本。一般而言,国内供货价格除了货物价值外,还会包含增值税,所以采购(购货)成本又常常被称为“含税采购成本”或“税前成本”。增值税是以商品进入流通环节所发生的增值额为课税对象的一种流转税。由于出口商品通常是进入国外的流通领域,因此,国家为鼓励出口,对出口商品根据不同类别,采取增值税款全额或按一定比例退还的政策。这样,就产生了“退税收入”和“实际成本”(又称为“不含税成本”或“税后成本”)的概念。

由于增值税的征收及返还是根据货物本身的价格(即货价),而不是含税的采购成本,因此我们必须先明确采购成本与货价之间的关系:

因为　采购成本　＝货价＋增值税额

而　增值税额　＝货价×增值税率

退税额(退税收入)＝货价×退税率

这样,采购成本　＝货价＋货价×增值税率

＝货价×(1＋增值税率)

而　货价　＝采购成本/(1＋增值税率)

又因为实际成本　＝采购成本－退税额

＝货价×(1＋增值税率)－货价×退税率

＝货价×(1＋增值税率－退税率)

＝采购成本/(1＋增值税率)×(1＋增值税率－退税率)

因此,采购成本　＝实际成本/(1＋增值税率－退税率)×(1＋增值税率)

由此,可得出如下公式:

采购成本＝实际成本×(1＋增值税率)/(1＋增值税率－退税率)

实际成本＝采购成本×(1＋增值税率－退税率)/(1＋增值税率)

退税收入＝采购成本/(1＋增值税率)×退税率

比如,在实例❶中:

实际成本＝采购成本×(1＋增值税率－退税率)/(1＋增值税率)

＝96×(1＋17%－13%)/(1＋17%)＝85.33元/打

退税收入＝采购成本/(1＋增值税率)×退税率

＝96/(1＋17%)×13%＝10.67元/打

我们再通过一张增值税发票来看货价、税额和发票金额之间的关系。

3100058960　　**上海增值税专用发票**　　No. 05072699

上海　国家税务总局监制

发　票　联

开 票 日 期: 2005-11-20

购货单位	名　称: 上海晨星贸易有限公司 纳税人识别号: 310115132549670 地址、电话: 上海市东大名路375号65960332 开户行及账号: 中国银行上海分行044285-12396808091023				密码区	<*4-7*2/*-/+43755->>8 3*4/23->74<13*<>69*89 3891/6>996*8>0-80*1<3 668*2/6>>69<1>654>><9		
货物或应税劳务名称	规格型号	单位	数量	单价	金额	税率	税额	
瓷餐具	CXD4793A	套	100	410.25641	41,025.64	17%	6,974.36	
合　计					¥41,025.64		¥6,974.36	
价税合计(大写)	⊗肆万捌仟圆整				(小写) ¥48,000.00			
销货单位	名　称: 上海瑞振陶瓷有限责任公司 纳税人识别号: 310229123654445 地址、电话: 青浦区青安路101号59218002 开户行及账号: 上海市青浦区青浦联社327410-02011002654				备注	上海瑞振陶瓷有限责任公司 310229123654445 发票专用章		

收款人:　　　　开票人: 张震　　　　销货单位: (章)

● 该增值税发票的货款为¥41025.64,票款为¥48000.00,税款为¥6974.36。

● 货款的计算算式为 48000/(1+17%),税款的计算算式为 48000/(1+17%)×17%。

● 若工厂开具的是普通发票(非增值税发票),则发票额应为¥48000.00。

● 该批瓷餐具的含税价为¥48000.00,采购成本为¥48000.00,购货成本为¥48000.00。

● 若瓷餐具的出口退税率为 13%,则出口退税收入为 48000/(1+17%)×13%=¥5333.33,实际成本为 48000/(1+17%)×(1+17%−13%)=¥42666.67。

2. 费用核算。

(1) 垫款利息。

垫款利息是出口商自国内采购至收到国外客户货款期间所产生的利息支出,因此其计算方法是:

垫款利息=采购价格(采购成本)×贷款年利率×具体垫款天数/一年的天数

如在实例❶中,垫款利息=96×6%×30/360=0.48元/打。

(2) 银行手续费。

银行手续费是银行向客户提供汇兑、结算等相关服务时所收取的费用。其计费方式一般有两种:按次(即每笔交易)收取,例如每笔交易的银行手续费为80美元(实例❷);按委托收款金额(即报价或成交价格)的一定的百分比收取,例如银行手续费为委托收款金额的0.35%(实例❶、❸)。

(3) 业务定额费。

业务定额费率是出口商对业务操作中诸如邮电通讯、交通差旅、招待客户等业务费用，按历年实际支出状况规定一个百分比，以方便估算出口业务费用。它的计算基数通常是出口商的采购成本。有时，该项费用也被称为经营管理费。

定额费 = 采购成本 × 定额费率

如在实例❶中，出口业务定额费 = 96 × 3.5% = 3.36 元 / 打。

(4) 包干费。

包干费是货运代理或其他服务营运商提供进出口清关服务所发生的费用，通常包括运输、装卸、商检、报关、单证、港口码头费用等。如在实例❶中，包干费为每打约 2.5 元、每 20 英尺集装箱 750 元、每 40 英尺集装箱 1400 元。

(5) 保险费。

保险费是按照货物的保险金额乘以一定的百分比(保险费率)来计算的。

保险费 = 保险金额 × 保险费率

保险金额 = CIF × (1 + 投保加成率)

如在实例❶中，保险费 = CIF × (1 + 投保加成率) × 保险费率，即 CIF × (1 + 10%) × 0.7%。

在进出口贸易中，根据贸易习惯，投保加成率通常为 10%。当然，卖方也可以根据买方的要求与保险公司约定不同的投保加成率。

(6) 佣金。

佣金是买方或卖方付给中间商的报酬。包含佣金的价格即为含佣价，价格中不包括佣金的则称为净价(NET PRICE)。实际业务中佣金的计算往往是以出口报价或成交价格为基数的。如在实例❶中，报价中要求包含 3%佣金率。

我们用以下例题来简要说明出口费用的计算过程。

某工厂就某商品向出口商报价人民币 500.00 元/套；该出口商对外报价 USD65.00/set CIFC5，报价数量为 500 套；该商品的增值税率为 17%，出口退税率为 13%，美元对人民币汇率为 8.0，则：

● 若该笔交易预计将产生国内运杂费 1200 元，商检费 200 元，报关费 100 元，港区港杂费 800 元，业务交际费 1000 元，则单位商品的国内费用为每套人民币多少元？

(1200 + 200 + 100 + 800 + 1000)/500 = 6.6 元 / 套

● 若出口定额费率为 5%(按含税采购成本计)，则单位商品的出口定额费为每套人民币多少元？

500 × 5% = 25 元 / 套

● 若该笔交易预计垫款周期为 90 天，银行贷款年利率为 9%(一年按 360 天计)，则单位商品的垫款利息为每套人民币多少元？

500 × 90/360 × 9% = 11.25 元 / 套

● 若银行费用率为 0.5%(按成交价计),则单位商品的银行费用为每套人民币多少元?

65 × 8 × 0.5% = 2.6 元 / 套

● 若投保加成率为 10%,保险费率为 0.25%,出口商需支付的保险费为每套人民币多少元?

65 × 8 × 110% × 0.25% = 1.43 元 / 套

● 出口商需支付的佣金为每套人民币多少元?

65 × 8 × 5% = 26 元 / 套

(7) 海洋运费。

海洋运费的计算,分为件杂货物/散装货物海洋运费和集装箱货物运费用两类。实例❶中由于报价数量不满整箱,故采用件杂货/散装/集装箱拼箱货物海洋运费的计算方式;实例❸则采用集装箱整箱海洋运费的计算方式。

在计算海洋运费时,首先应当明确的是运费的计算标准。海洋运费的计算标准有许多种类,其中重量法、体积法和选择法是最为常见的三种。

● 重量法:按货物毛重来计算,以每公吨即 1000 千克为运费计算单位,又称重量吨(weight ton);吨以下取小数三位,货物等级表或运价表上用"W"表示。

● 体积法:按货物的体积来计算,以每立方米为运费计算单位,又称尺码吨(measurement ton);立方米以下取小数三位,货物等级表或运价表上用"M"表示。

● 选择法:在重量法、体积法之间择高收取运费。该方法在货物等级表或运价表上用"W/M"表示。例如,某商品以纸箱包装,每个纸箱的尺码为 47 × 36.5 × 84.5 cm,每个纸箱的毛重为 18 千克,如果该商品的运费计算标准是"W/M",则比较方法如下:将每箱的尺码换算为立方米,即 0.47 × 0.365 × 0.845 = 0.145 立方米;将每箱的毛重换算为吨,即 18/1000 = 0.018 吨;由于尺码(M)大于重量(W),所以应按尺码计算运费。

在明确计费标准的基础上,根据船公司公布的运费率即可计算出单位商品的运费。件杂货物/散装货物/集装箱拼箱货物的运费率是以每运费吨(以重量吨或尺码吨计算运费的统称为运费吨,freight ton, FT)多少美元来表示,而集装箱整箱货物的运费则是用包箱费率,即每个集装箱多少美元来表示。

实例❶中,锤形铜挂锁的运费计算标准为"W"(即采用重量法),运费率为每个运费吨 62 美元,所以海洋运费为:37/1000 × 62 × 8.01/5 = 3.6750 元 / 打。

在已知包箱费率的前提下,要计算单件货物的运费,就必须确定集装箱(整箱)的装货数量。在进出口交易中,集装箱货物的装箱方法对于贸易商减少运费开支起着很大的作用。货物外包装箱的尺码、重量,货物在集装箱内的配装、排放以及堆叠都有一定的讲究,需要在实践中摸索,通常这些也和货物的种类、特性以及客户的要求有关。在进行运费核算时,如不清楚实际装货数量,我们可以用一个理论限额来测算 20 英尺和 40 英尺集装箱的装货数量,即:20 英尺集装箱的最大载货重量为 17500 千克;40 英尺集装箱的最大载货重量为 24500 千克;20 英尺集装箱的最大有效容积为 25 立方米;40 英尺集装箱的最大有效容积为 55 立方米。

我们可以通过以下示例,来说明理论装箱数量的确定过程。

某种货物是8台装1个纸箱,纸箱的尺码是54×44×40厘米,纸箱的毛重为每箱53千克,试确定该货物在20英尺和40英尺整箱装运时的装箱数量。

每个20英尺集装箱可装件数为:

按重量计:17500/53 = 330.189箱,取整为330箱;

按体积计:25/(0.54×0.44×0.4) = 263.047箱,取整为263箱;

故20英尺集装箱的最大装箱件数为263箱,即2104台。

每个40英尺集装箱可装件数为:

按重量计:24500/53 = 462.264箱,取整为462箱;

按体积计:55/(0.54×0.44×0.4) = 578.704箱,取整为578箱;

故40英尺集装箱的最大装箱件数为462箱,即3696台。

我们可以通过以下例题,来熟悉出口海洋运费的计算。

根据运价表回答问题:

欧 洲 运 价 表

执行日期2005年1月24日 (货币:美元)

航线	港 口	货类	预付运价	条款
欧洲	ROTTERDAM HAMBURG ANTWERP BREMEN FELIXSTOWE	GC	LCL(W/M):60 20'FCL/40'FCL:1350/2500	CFS/CFS CY/CY

FELIXSTOWE另外加收BAF:USD5/100/100

WEIGHT LIMITED: 18/TONS/TEU OVER WEITHTED CNTR SHOULD BE CASE BY CASE

● 某货物的包装方式为4台装1个纸箱,纸箱尺码为60×60×45 cm,毛重为每箱25 kg,净重为每箱23 kg,若出口400台该货物至FELIXSTOWE,总运费和每台的单位运费分别是多少?若出口1个20英尺整箱该货物至FELIXSTOWE,总运费和每台的单位运费又分别是多少?

若出口400台:

$400/4 \times 0.6 \times 0.6 \times 0.45 = 16.2\ m^3$, $400/4 \times 0.025 = 2.5\ t$, $16.2 > 2.5$

所以,总运费为(60 + 5) × 16.2 = US$1053.00,每台的单位运费为1053/400 = US$2.63。

若出口1个20'FCL:

25/(0.6×0.6×0.45) = 154箱,17500/25 = 700箱,154 < 700

所以,出口数量为154×4 = 616台,总运费为1350+100 = US$1450.00,每台的单位

运费为 1450/616 = US$2.35。

● 某货物的包装方式为 6 只装 1 个木箱，木箱尺码为 40 × 50 × 60 cm，毛重为每箱 125 kg，净重为每箱 110 kg，若出口 600 只该货物至 ANTWERP，总运费和每只的单位运费分别是多少？

600/6 × 0.4 × 0.5 × 0.6 = 12 m^3，600/6 × 0.125 = 12.5 t，12.5 > 12

所以，总运费为 60 × 12.5 = US$750.00，每台的单位运费为 750/600 = US$1.25。

● 某货物的包装方式为 6 只装 1 个木箱，木箱尺码为 40 × 50 × 60 cm，毛重为每箱 90 kg，净重为每箱 80 kg，若出口 600 只该货物至 ANTWERP，总运费和每只的单位运费分别是多少？若出口 1 个 40 英尺整箱的货物至 ANTWERP，总运费和每只的单位运费又分别是多少？

若出口 600 台：

600/6 × 0.4 × 0.5 × 0.6 = 12 m^3，600/6 × 0.090 = 9 t，12 > 9

所以，总运费为 60 × 12 = US$720.00，每只的单位运费为 720/600 = US$1.20。

若出口 1 个 40'FCL：

55/(0.4 × 0.5 × 0.6) = 458 箱，24500/90 = 272 箱，272 < 458

所以，出口数量为 272 × 6 = 1632 只，总运费为 US$2500.00，每台的单位运费为 2500/1632 = US$1.53。

下面以实例❷为例，分析海洋运费的计算。

拼箱货物运费：

单件包装体积：(47 × 36.5 × 84.5)/1000000 = 0.14496 立方米

单件包装毛重：14/1000 = 0.014 吨

选择按尺码计算运费：0.14496 × 75 × 8.01/1 = 87.0847 元 / 辆

20 英尺整箱货物运费：

按尺码装箱件数：25/0.14496 = 172.4614 箱，取整可装 172 箱

按重量装箱件数：17500/14 = 1250 箱

故可装 172 箱

计算运费：1200 × 8.01/172/1 = 55.8837 元 / 辆

40 英尺整箱货物运费：

按尺码装箱件数：55/0.14496 = 379.415 箱，取整可装 379 箱

按重量装箱件数：24500/14 = 1750 箱

故可装 379 箱

计算运费：2100 × 8.01/379/1 = 44.3826 元 / 辆

(8) 出口关税。

出口关税由海关依照海关进出口税则征收。我国出口业务中必须征收出口关税的货品种类较少，关税的征收根据以下公式：

关税税额 = 关税完税价格 × 关税税率

完税价格是指海关按照《海关法》和《进出口关税条例》的有关规定，凭以计算应征关税的进出口货物的价格。

出口关税完税价格 = FOB/(1 + 关税率)。

我们举下例来说明出口关税的计算方法。

海湾资源贸易公司出口一批锰铁矿石给某国外客户。该矿石的国内含税供货价格为每吨 2800 元人民币，公司的出口定额费率为采购成本的 3%，国内费用为每吨 75 元；锰铁矿石出口需要缴纳 20%的出口关税，增值税率为 17%，出口退税率为 5%；出口商进行此项交易需要垫款 30 天，银行贷款年利率为 8%(一年按 360 天计)；公司要求的销售利润率为 9%，人民币对美元的汇率是 8.01∶1；客户要求在报价中包括其 3.5%的佣金。试报出正确的 FOB 出口价格，并计算每出口一吨锰铁矿石应当缴纳多少出口关税。

实际成本 = 2800 × (1 + 17% − 5%)/(1 + 17%) = 2680.3419 元 / 吨

国内费用 = 2800 × 3% + 2800 × 8%/12 + 75 = 177.6667 元 / 吨

出口关税 = FOB/(1 + 20%) × 20% = FOB × 16.6667%

所以：

FOB 报价 = (2680.3419 + 177.6667)/(1 − 9% − 3.5% − 16.6667%)

=4034.8376 元 / 吨

=503.73 美元 / 吨

出口关税 =4034.8376/(1 + 20%) × 20% = 672.47 元 / 吨

3. 利润核算。

利润是价格构成的三要素之一，也是贸易商最为关注的要素。贸易商计算利润的方法不尽相同，有的以某一固定的数额作为单位商品的利润，有的用一定的百分比作为经营的利润率。在用利润率来核算利润额时，应当注意明确利润率的计算依据：用采购成本作为利润计算依据的，称为成本利润率；用销售价格作为利润计算依据的，则称为销售利润率。例如，实例❶、❸采用了销售利润率，而实例❷采用了成本利润率。

4. 出口报价核算。

由于报价(售价)等于成本、费用及利润之和，而成本有含税与不含税之分，费用有可以直接得到的具体数额，也有以某一项目为基数的费用率，或根据售价变化的费用率，再加上利润额和利润率(成本利润率或销售利润率)，这样就使得出口价格核算变得复杂起来。因此，在进行出口价格核算时，必须特别注意实际成本的计算、各项费用和利润的计算方式和计算依据，还应当特别注意报价的计量单位以及货币、汇率的转换。

我们以实例❶为例，分析如下：

● FOB 报价(含佣金 3%)

= 实际成本 + 垫款利息 + 定额费 + 包干费 + 客户佣金 + 银行费用 + 出口利润

= 实际成本 + 垫款利息 + 定额费 + 包干费 + FOB 报价 × 佣金率 + FOB 报价 × 银行费用率 + FOB 报价 × 销售利润率

所以，

FOB 报价－FOB 报价×佣金率－FOB 报价×银行费用率－FOB 报价×销售利润率
＝实际成本＋垫款利息＋定额费＋包干费
FOB 报价×(1－佣金率－银行费用率－销售利润率)
＝实际成本＋垫款利息＋定额费＋包干费

$$\text{FOB 报价} = \frac{\text{实际成本} + \text{垫款利息} + \text{定额费} + \text{包干费}}{1 - \text{佣金率} - \text{银行费用率} - \text{销售利润率}} / \text{汇率}$$

＝(85.3333＋0.48＋3.36＋2.5)/(1－3%－0.35%－10%)/8.01
＝13.2081 美元/打

● CFR 报价(含佣金 3%)
＝实际成本＋垫款利息＋定额费＋包干费＋海洋运费＋客户佣金＋银行费用＋出口利润
＝实际成本＋垫款利息＋定额费＋包干费＋海洋运费＋CFR 报价×佣金率＋CFR 报价×银行费用率＋CFR 报价×销售利润率
所以，
CFR 报价－CFR 报价×佣金率－CFR 报价×银行费用率－CFR 报价×销售利润率
＝实际成本＋垫款利息＋定额费＋包干费＋海洋运费
CFR 报价×(1－佣金率－银行费用率－销售利润率)
＝实际成本＋垫款利息＋定额费＋包干费＋海洋运费

$$\text{CFR 报价} = \frac{\text{实际成本} + \text{垫款利息} + \text{定额费} + \text{包干费} + \text{海洋运费}}{1 - \text{佣金率} - \text{银行费用率} - \text{销售利润率}} / \text{汇率}$$

＝(85.3333＋0.48＋3.36＋2.5＋3.6750)/(1－3%－0.35%－10%)/8.01
＝13.7376 美元/打

● CIF 报价(含佣金 3%)
＝实际成本＋垫款利息＋定额费＋包干费＋海洋运费＋海运保险费＋客户佣金＋银行费用＋出口利润
＝实际成本＋垫款利息＋定额费＋包干费＋海洋运费＋CIF 报价×(1＋投保加成率)×保险费率＋CIF 报价×佣金率＋CIF 报价×银行费用率＋CIF 报价×销售利润率
所以，
CIF 报价－CIF 报价×(1＋投保加成率)×保险费率－CIF 报价×佣金率－CIF 报价×银行费用率－CIF 报价×销售利润率
＝实际成本＋垫款利息＋定额费＋包干费＋海洋运费
CIF 报价×[1－(1＋投保加成率)×保险费率－佣金率－银行费用率－销售利润率]

= 实际成本 + 垫款利息 + 定额费 + 包干费 + 海洋运费

$$\text{CIF 报价} = \frac{\text{实际成本} + \text{垫款利息} + \text{定额费} + \text{包干费} + \text{海洋运费}}{1 - (1 + \text{投保加成率}) \times \text{保险费率} - \text{佣金率} - \text{银行费用率} - \text{销售利润率}} / \text{汇率}$$

=(85.3333 + 0.48 + 3.36 + 2.5 + 3.675)/[1 − (1 + 10%) × 0.7% − 3% − 0.35% − 10%]/8.01

=13.8608 美元 / 打

二、还价核算和成交核算

出口报价由成本、费用和利润三要素构成，如果报价被改变，即遭到了对方的还价，就意味着构成价格的各要素之间可能会发生变化。在实际业务中，面对买家的还价，出口商可以采取的对策有：

● 努力说服客户接受原报价，不作让步。出口商采取这种策略的最大风险是可能会失去成交的机会甚至会失去客户。

● 减少公司的利润，以满足客户的降价要求。这虽然是最直接和最简便的方法，但它牺牲了出口商自身的经济利益，因而往往是出口商最不愿意采取的对策。

● 压缩费用开支。如果出口商希望缩小公司业务费用以外的费用，例如运费等，则必须和有关方面进行新的价格磋商。

● 降低采购成本。出口商要想降低采购成本，通常需要与供货商进行讨价还价。

出口价格核算有顺算法和逆算法之分：顺算法主要用于成本、费用和利润的叠加，以得出正确的报价；逆算法则是在报价产生之后，用收入减去支出和利润的原理来验算报价是否正确无误。

在进行出口还价核算时，出口商通常首先要考虑根据客户的还价，自己是否还有利润，利润额是多少；计算利润额时，可能是单一商品的利润额（"单价法"），或是一个品种、一个集装箱或整个订单的利润额（"总价法"）。在业务实践中，总价法比较直观，而且又比较精确，所以在计算经还价后的利润以及成交核算时，一般宜用总价法。

除了计算利润额以外，有时出口商还会进行利润率的核算。在进行利润率的核算时，应当特别注意明确利润率的计算依据，即是成本利润率还是销售利润率。

如果客户的还价使得出口商无法承受由此带来利润的缩水，出口商往往会努力降低采购成本，以期达成交易。计算经还价后的采购成本应采用单价法，即推算单位商品的采购成本。

还价及成交核算的计算原理可以用下面的通用公式来表达：

利润 = 收入（销售收入 + 退税收入）− 支出（采购成本 + 各项费用）

成本 = 收入（销售收入 + 退税收入）− 各项费用 − 利润

我们以实例❷为例，来分析出口还价核算的方法。

● 出口商报价后收到客户还价，表示其能够接受的单价为 US＄29.50 CIF，订购数量为一个 20 英尺集装箱。试根据客户还价，进行还价利润核算（按总量计）。

还价数量　＝25000000/(47×36.5×84.5)＝172.4617，取整172箱

故数量为172×1＝172辆

销售收入　＝172×29.5×8.01＝40642.74元

退税收入　＝172×170×13%/(1＋17%)＝3248.8889元

采购成本　＝172×170＝29240元

贷款利息　＝170×172×6%×30/360＝146.2元

定额费　＝170×172×4%＝1169.6元

包干费　＝800元

海洋运费　＝1200×1×8.01＝9612元

海运保险费＝172×29.5×8.01×(1＋10%)×0.65%＝290.5956元

银行费用　＝80×8.01＝640.8元

还价利润　＝收入(销售收入＋退税收入)－支出(采购成本＋各项费用)

＝销售收入＋退税收入－采购成本－贷款利息－定额费－包干费－海洋运费－海运保险费－银行费用

＝40642.74＋3248.8889－29240－146.2－1169.6－800－9612－290.5956－640.8

＝1992.4333元

销售利润率＝1992.4333/40642.74＝4.90%

成本利润率＝1992.4333/29240＝6.81%

● 如果接受客户每辆US$29.50 CIF的还价，同时出口商又要保持其10%的成本利润率，在其他费用和订购数量保持不变的情况下，试计算出口商的国内采购成本应为每辆多少元人民币。

销售收入　＝29.5×8.01＝236.2950元/辆

退税收入　＝采购成本×13%/(1＋17%)

贷款利息　＝采购成本×6%×30/360

定额费　＝采购成本×4%

包干费　＝800/172＝4.6512元/辆

海洋运费　＝1200×8.01/172＝55.8837元/辆

海运保险费＝29.5×8.01×(1＋10%)×0.65%＝1.6895元/辆

银行费用　＝80×8.01/172＝3.7256元/辆

利润　＝采购成本×10%

还价成本(采购成本)＝收入(销售收入＋退税收入)－各项费用－利润

＝销售收入＋退税收入－贷款利息－定额费－包干费－海洋运费－海运保险费－银行费用－利润

＝236.2950＋采购成本×13%/(1＋17%)－采购成本×6%×30/360－采购成本×4%－4.6512－55.8837－

1.6895－3.7256－采购成本×10%

$$采购成本 = \frac{236.2950 - 4.6512 - 55.8837 - 1.6895 - 3.7256}{1 - 13\%/(1+17\%) + 6\% \times 30/360 + 4\% + 10\%} = 164.7614 元/辆$$

我们再来变更一下实例❷中的数据。如果出口商要保持的是10%销售利润率，而非10%成本利润率，那么此时的还价成本计算将为：

销售收入　＝29.5×8.01＝236.2950元/辆

退税收入　＝采购成本×13%/(1＋17%)

贷款利息　＝采购成本×6%×30/360

定额费　　＝采购成本×4%

包干费　　＝800/172＝4.6512元/辆

海洋运费　＝1200×8.01/172＝55.8837元/辆

海运保险费＝29.5×8.01×(1＋10%)×0.65%＝1.6895元/辆

银行费用　＝80×8.01/172＝3.7256元/辆

利润　　　＝29.5×8.01×10%＝23.6295元/辆

还价成本(采购成本)＝收入(销售收入＋退税收入)－各项费用－利润

＝销售收入＋退税收入－贷款利息－定额费－包干费－海洋运费－海运保险费－银行费用－利润

＝236.2950＋采购成本×13%/(1＋17%)－采购成本×6%×30/360－采购成本×4%－4.6512－55.8837－1.6895－3.7256－23.6295

$$采购成本 = \frac{236.2950 - 4.6512 - 55.8837 - 1.6895 - 3.7256 - 23.6295}{1 - 13\%/(1+17\%) + 6\% \times 30/360 + 4\%}$$

＝157.1017元/辆

由此我们可以看到，根据客户还价推算国内采购成本的计算过程有时会比较复杂。这主要是因为实际操作中一部分费用(例如出口商的业务定额费、垫款利息等)，甚至利润(在采用成本利润率确定利润的情况下)的计算是以国内采购成本为基数的，在采购成本发生变化的时候，这部分费用、利润也会随之发生变化。

实例❸是一个以整箱(FCL)报价、还价和成交的示例。其中，比较特别的是实例中已经明确了20英尺集装箱和40英尺集装箱整箱货物的确切装箱数量，即1100套和2400套。在这种情况下，核算时就应以此数量为准，而不必再用理论方法去推算装箱数量了。

相关链接

价格表示方法　　第85页

常用计量单位　　第85页

常见价格术语　　第85页

价格构成　第 85 页
增值税发票　第 86 页
件杂货物（散货）/拼箱货物运费　第 86 页
集装箱种类、集装箱货物的交接方式　第 87 页
集装箱包箱运费　第 87 页
佣金　第 89 页
利润　第 89 页
出口价格核算通用公式　第 90 页

❹ 进口价格核算（FOB 术语、不征消费税的商品）　进口

晨星公司拟从德国依莱姆公司进口 WH22 检测仪 100 台，每台的进口价格是 130 美元 FOB 汉堡。仪器为纸箱包装，每箱装 1 台，每箱毛重 20 千克，纸箱尺码为 50×50×54 厘米，海洋运费按尺码计，每个运费吨的基本运费为 96 美元；保险按 CIF 金额的 110%投保，费率为 0.85%；银行贷款年利率为 9%，预计垫款时间为 2 个月；银行费用为进口成交金额的0.45%；进口关税税率为 25%，增值税率为 17%；进口的其他费用，还包括领证费 800 元人民币（整批货，下同），报关费 60 元，货物检验费 200 元，业务费用 1000 元，国内运杂费 840 元。如果晨星公司期望的利润率为 20%（按进口价格计），人民币与美元的汇率为 8.01 比 1：

(1) 试核算晨星公司在国内销售该仪器的人民币单价。

成本：

130×8.01＝1041.3 元/台

费用：

海洋运费＝0.5×0.5×0.54×96×8.01＝103.8096 元/台

海运保险费＝(1041.3＋103.8096)/(1－110%×0.85%)×110%×0.85%
＝10.8078 元/台

根据 FOB 报价得出的 CIF 价格为：

CIF＝(FOB＋进口运费)/[1－(1＋保险加成率)×保险费率]
＝(1041.3＋103.8096)/(1－1.1×0.85%)＝1155.9174 元/台

贷款利息＝130×8.01×9%×2/12＝15.6195 元/台

银行费用＝130×8.01×0.45%＝4.6859 元/台

进口关税＝1155.9174×25%＝288.9794 元/台

其他费用＝(800＋60＋200＋1000＋840)/100＝29 元/台

利润：

130×20%×8.01＝208.26 元/台

国内销售价格＝货价×(1＋增值税率)
＝(采购成本＋进口费用＋预期利润)×(1＋增值税率)

=(1041.3+103.8096+10.8078+15.6195+4.6859+288.9794+29+208.26)×(1+17%)
=1702.4622×1.17
=1991.8808元/台

(2) 当国内客户收到晨星公司的销售报价后，提出其仅能以每台1950元的价格成交。试计算如果晨星公司接受国内客户的还价以每台1950元的价格成交，则此项交易晨星公司的利润总额为多少元人民币。

收入：

销售收入 = 1950 × 100 = 195000 元

去税收入(货价) = 195000/1.17 = 166666.6667 元

成本：

采购成本 = 130 × 100 × 8.01 = 104130 元

费用：

海洋运费 = 103.8096 × 100 = 10380.96 元

CIF 价格 = (104130+10380.96)/(1−1.1×0.85%) = 115591.7428 元

海运保险费 = (104130+10380.96)/(1−1.1×0.85%)×1.1×0.85%
= 1080.7828 元

贷款利息 = 130 × 8.01 × 9% × 2/12 × 100 = 1561.95 元

银行费用 = 130 × 8.01 × 0.45% × 100 = 468.585 元

进口关税 = 115591.7428 × 25% = 28897.9357 元

其他费用 = 800 + 60 + 200 + 1000 + 840 = 2900 元

利润：

国内销售价格 /(1+增值税率) − 采购成本 − 进口费用
=166666.6667−104130−10380.96−1080.7828−1561.95−468.585−28897.9357−2900
=17246.4532 元

(3) 如果晨星公司在满足国内用户降价要求的同时，又要保持公司20%的进口利润率，那么其进口采购成本(FOB价格)应为每台多少美元。

成本：FOB×8.01

费用：

海洋运费 = 0.5 × 0.5 × 0.54 × 96 × 8.01 = 103.8096 元/台

海运保险费 = (FOB+103.8096)/(1−110%×0.85%)×110%×0.85%

根据FOB报价得出的CIF价格为：

CIF = (FOB×8.01+103.8096)/(1−1.1×0.85%)

贷款利息 ＝ FOB × 8.01 × 9% × 2/12

银行费用 ＝ FOB × 8.01 × 0.45%

进口关税＝ CIF × 25%

＝（FOB × 8.01 ＋ 103.8096）/（1 － 1.1 × 0.85%）× 25%

其他费用 ＝（800 ＋ 60 ＋ 200 ＋ 1000 ＋ 840）/100 ＝ 29 元 / 台

利润：FOB × 20% × 8.01

国内销售价格：1950 元 / 台

国内销售价格 /（1 ＋ 增值税率）＝ 成本 ＋ 费用 ＋ 利润

国内销售价格 /（1 ＋ 增值税率）

＝采购成本＋海洋运费＋保险费＋贷款利息＋银行费用＋进口关税＋其他费用＋利润

＝ CIF 价格 ＋ 贷款利息 ＋ 银行费用 ＋ 进口关税 ＋ 其他费用 ＋ 利润

1950/1.17 ＝（FOB×8.01＋103.8096）/（1－110%×0.85%）＋FOB×8.01×9%×2/12 ＋ FOB×8.01×0.45%＋（FOB×8.01＋103.8096）/（1－1.1×0.85%）×25%＋29 ＋ FOB × 20% × 8.01

1666.6667 － 103.8096/（1 － 110% × 0.85%）－ 103.8096/（1 － 1.1 × 0.85%）× 25% －29 ＝［1/（1－110%×0.85%）＋9%×2/12＋0.45%＋25%/（1－1.1×0.85%）＋20%］× 8.01 × FOB

FOB 价格 ＝ 1017.1351/8.01 ＝ 126.9832 美元 / 台

❺ 进口价格核算（FOB 术语、征收消费税的商品） 进口

品名：	成套化妆品			
货号：	PC1010			
拟购数量：	320 套			
包装方式：	8 套/纸箱			
每个纸箱尺码：	64 （长）	44 （宽）	54 （高）	厘米
每个纸箱毛/净重：	18	15	千克	

核算数据

国外客户报价：US＄48.00/套 FOB

各项进口费用：

此项交易的进口包干费用（不含税收）为：	￥2560.00
航空运费为每箱：	US＄52.00
银行费用为每笔交易：	US＄180.00
公司业务费用总额约为：	￥6510.00
保险费率为：	0.90%
投保加成率为：	10.00%

进口关税税率为：	10.00%
增值税税率为：	17.00%
消费税税率为：	30.00%
汇率为：(1美元兑换人民币)	8.01
预期利润率：进口成本的	10.00%

核算要求

(1) 填写下列核算表，用数字列出计算过程并将计算结果填入规定的栏目内，例如：

计算过程	计算结果
(100＋45)×20/(1－10%)	3222.2222

(2) 计算时请务必保留4位小数，小于1的数值保留5位小数。

解　　答

报价核算：

	计算过程	计算结果	
进口运费	52×8.01/8	52.0650	人民币元/套
进口保险费	(48×8.01＋52.0650)/(1－1.1×0.9%)×1.1×0.9%	4.3650	人民币元/套
进口包干费	2560/320	8.0000	人民币元/套
业务费用	6510/320	20.3438	人民币元/套
银行费用	180×8.01/320	4.5056	人民币元/套
关税完税价格	(48×8.01＋52.0650)/(1－1.1×0.9%)	440.9100	人民币元/套
关税额	440.91×10%	44.0910	人民币元/套
消费税完税价格	(440.91＋44.091)/(1－30%)	692.8586	人民币元/套
消费税额	692.8586×30%	207.8576	人民币元/套
代缴增值税完税价格	440.91＋44.091＋207.8576	692.8586	人民币元/套
代缴增值税额	692.8586×17%	117.7860	人民币元/套
进口利润额	48×8.01×10%	38.4480	人民币元/套
国内销售价格	(440.91＋44.091＋207.8576＋8＋20.3438＋4.5056＋38.4480)×1.17	894.0625	人民币元/套
销售税款	894.0625/1.17×0.17	129.9065	人民币元/套
实缴增值税额	129.9065－117.786	12.1205	人民币元/套
销售利润率	38.448/894.0625	4.30%	(百分比)

还价核算1： 进口商向国内用户报价后随即收到还价，称其能够接受的价格为每套￥860.00，订购数量为320套。试根据客户还价进行以下利润核算(按总量计)：

	计算过程	计算结果	
销售收入	860×320	275200.0000	人民币元
销售税款	275200/1.17×17%	39986.3248	人民币元
采购成本	48×8.01×320	123033.6000	人民币元
包干费用	2560.0000	2560.0000	人民币元
进口运费	52×8.01×320/8	16660.8000	人民币元
进口保险费	(123033.6+16660.8)/(1−1.1×0.9%)×1.1×0.9%	1396.8029	人民币元
银行费用	180×8.01	1441.8000	人民币元
业务费用	6510.0000	6510.0000	人民币元
关税完税价格	(123033.6+16660.8)/(1−1.1×0.9%)	141091.2029	人民币元
关税税额	141091.2029×10%	14109.1203	人民币元
消费税完税价格	(141091.2029+14109.1203)/(1−30%)	221714.7474	人民币元
消费税额	221714.7474×30%	66514.4242	人民币元
代缴增值税完税价格	141091.2029+14109.1203+66514.4242	221714.7474	人民币元
代缴增值税额	221714.7474×17%	37691.5071	人民币元
进口利润额	275200 − 39986.3248 − 123033.6 − 2560 − 16660.8 − 1396.8029−1441.8−6510−14109.1203−66514.4242	2987.1278	人民币元
销售利润率	2987.1278/275200	1.09%	(百分比)

还价核算 2:如果接受客户还价,同时进口商又必须保证10%的成本利润率,在其他费用和订购数量保持不变的情况下,试进行以下还价成本核算(按单位商品计):

	计算过程	计算结果	
销售税款	860/(1+17%)×17%	124.9573	人民币元/套
进口利润额	45.8457×8.01×10%	36.7224	人民币元/套
包干费用	2560/320	8.0000	人民币元/套
业务费用	6510/320	20.3438	人民币元/套
进口运费	52×8.01/8	52.0650	人民币元/套
进口保险费	(45.8457×8.01+52.065)/(1−1.1×0.9%)×1.1×0.9%	4.1925	人民币元/套
银行费用	180×8.01/320	4.5056	人民币元/套
关税完税价格	(45.8457×8.01+52.065)/(1−1.1×0.9%)	423.4815	人民币元/套
关税额	423.4815×10%	42.3482	人民币元/套
消费税完税价格	(423.4815+42.3482)/(1−30%)	665.4710	人民币元/套
消费税额	665.471×30%	199.6413	人民币元/套
代缴增值税完税价格	423.4815+42.3482+199.6413	665.4710	人民币元/套
代缴增值税额	665.471×17%	113.1301	人民币元/套
实缴增值税税额	124.9573−113.1301	11.8272	人民币元/套
FOB 采购成本	(860/(1+17%)−52.0650×(1+10%)/((1−(1+10%)×0.9%)×(1−30%))−8−20.3438−4.5056)/((1+10%)/((1−(1+10%)×0.9%)×(1−30%))+10%)/8.01	45.8457	美元/套

评　　析

进口价格核算与出口价格核算的原理完全相同，构成进口价格的三个要素也是进口成本、进口费用和进口利润，而核算过程也是我们通常所面对的进口报价核算、还价后的利润以及成本核算再加上成交核算。

进口价格核算与出口价格核算的区别，主要有以下几个方面：

● 进口价格核算中的采购成本是国外出口商的报价。该成本没有含税和去税的区别，有的仅仅是包含某些费用与不包含某些费用的区别，例如 FOB 采购成本、CFR 采购成本和 CIF 采购成本。

● 进口价格核算还涉及关税的计算（征收出口关税的商品较少，所以一般出口核算较少涉及关税计算，而征收进口关税的商品较多，进口价格核算大多都包含关税计算）、海关代征税（增值税、消费税）的计算，以及国内销售时实际缴纳增值税税额的计算等。

● 进口商对于利润的核算通常采用成本利润率，即以进口成本作为计算利润率的依据，而出口商对于利润则较多地采用销售利润率来核算。

● 进口报价核算是根据国外出口商的报价，加上进口的各项税费以及进口商的利润，然后向国内买家（用户）报出的销售价格。

进口价格核算项目中比较复杂的是进口关税和代征税的计算，以及国内销售时实际缴纳增值税额的计算。

我们首先来看进口关税及代征税的计算。

我们知道：关税税额 ＝ 关税完税价格 × 关税税率，而进口关税的完税价格是以海关审定的成交价格为基础的到岸价格，即 CIF 价格，所以，进口关税税额 ＝ CIF × 进口关税率。

进口消费税（海关代征）的完税价格是：（进口关税的完税价格 ＋ 进口关税）/（1 － 消费税税率），所以，进口消费税税额 ＝（关税完税价格 ＋ 关税税额）/（1 － 消费税税率）× 消费税率。

进口增值税（海关代征）的完税价格是：进口关税的完税价格 ＋ 进口关税税额 ＋ 消费税额，所以，进口增值税税额 ＝（关税完税价格 ＋ 关税税额 ＋ 消费税额）× 增值税率。

接下来看国内销售时实际缴纳增值税额的计算。

进口商在按国内销售价格向国内客户销售进口商品时，必须按国内销售价格中的货价部分缴纳增值税。

应缴增值税额＝ 货价 × 增值税率

＝ 国内销售价格 /（1 ＋ 增值税率）× 增值税率

事实上，进口商在开给国内客户的增值税发票上会将货价和增值税款分项列出，国内销售价格就是货款加上税款的增值税发票金额。

由于进口商在进口报关时海关就已预先代征了一部分增值税（海关代征进口增值税），根据规定，进口商代缴的这部分增值税款在实际销售货物时是可以抵扣的，所以，进口商在销售时实际缴纳的增值税款即为：

实缴增值税额＝ 销售应缴增值税 － 进口代缴增值税

＝ 国内销售价格 /（1 ＋ 增值税率）× 增值税率 － 进口代缴增值税

现在我们再来分析进口报价的计算。进口商向国内客户报出的国内销售价格同样也是按照“成本＋费用＋利润”的原理得出的，即为：

国内销售价格＝成本＋费用＋利润

＝采购成本＋进口关税＋进口消费税＋进口代缴增值税＋其他进口费用＋实缴增值税＋进口利润

又因为：

实缴增值税＝国内销售价格/(1＋增值税率)×增值税率－进口代缴增值税

所以：

国内销售价格＝采购成本＋进口关税＋进口消费税＋进口代缴增值税＋其他进口费用＋国内销售价格/(1＋增值税率)×增值税率－进口代缴增值税＋进口利润

国内销售价格＝采购成本＋进口关税＋进口消费税＋其他进口费用＋国内销售价格/(1＋增值税率)×增值税率＋进口利润

国内销售价格－国内销售价格/(1＋增值税率)×增值税率＝采购成本＋进口关税＋进口消费税＋其他进口费用＋进口利润

国内销售价格/(1＋增值税率)＝采购成本＋进口关税＋进口消费税＋其他进口费用＋进口利润

国内销售价格＝(采购成本＋进口关税＋进口消费税＋其他进口费用＋进口利润)×(1＋增值税率)

由此我们可以看出，在进口报价时，由于进口代缴增值税在销售时可以获得抵扣(即从销售时应缴增值税中扣除)，所以，如果将除去进口代缴增值税以外的所有费用，加上成本和利润，便形成了国内销售价格的货价部分，再将此货价乘以“1＋增值税率”后，就可直接得出国内销售的报价。

比起进口报价核算和进口还价利润核算，根据国内买家(用户)的还价去推算进口成本(即可接受的国外客户报价)，也就是进口还价成本核算，是相当复杂的。因为在进口时，进口关税、消费税、进口增值税等等一系列费用均是以CIF价格为计算基数的，在进口成本未知的情况下，这些费用都变成了未知数额而无法直接从价格中扣除。

下面以实例❺为例，演绎进口还价成本的计算过程。

成本：FOB采购成本

费用：

进口运费＝52×8.01/8＝52.065元/套

CIF价格＝(FOB＋52.065)/(1－(1＋10%)×0.9%)

进口保险费＝(FOB＋52.065)/(1－(1＋10%)×0.9%)×(1＋10%)×0.9%

进口包干费＝2560/320＝8.0000元/套

银行费用＝180×8.01/320＝4.5056元/套

业务费用＝6510/320＝20.3438元/套

进口关税＝CIF×10%＝(FOB＋52.065)/(1－(1＋10%)×0.9%)×10%

消费税＝(CIF＋进口关税)/(1－30%)×30%＝CIF×(1＋10%)/(1－30%)×30%

＝(FOB＋52.065)/(1－(1＋10%)×0.9%)×(1＋10%)/(1－30%)×30%

利润：FOB×成本利润率＝FOB×10%

因为，货价＝成本＋费用＋利润，货价≐销售价格/(1＋增值税率)

所以，销售价格/(1＋增值税率)

＝FOB＋进口运费＋进口保险费＋进口包干费＋银行费用＋业务费用＋进口关税＋消费税＋利润

＝CIF＋进口包干费＋银行费用＋业务费用＋进口关税＋消费税＋利润。

860/1.17＝(FOB＋52.065)/(1－(1＋10%)×0.9%)＋8＋4.5056＋20.3438＋(FOB＋52.065)/(1－(1＋10%)×0.9%)×10%＋(FOB＋52.065)/(1－(1＋10%)×0.9%)×(1＋10%)/(1－30%)×30%＋FOB×10%

735.0427－8－4.5056－20.3438＝FOB/(1－1.1×0.9%)＋52.065/(1－1.1×0.9%)＋FOB/(1－1.1×0.9%)×10%＋52.065/(1－1.1×0.9%)×10%＋FOB/(1－1.1×0.9%)×(1＋10%)/(1－30%)×30%＋52.065/(1－1.1×0.9%)×(1＋10%)/(1－30%)×30%＋FOB×10%

702.1933＝FOB/0.9901＋52.5856＋FOB/0.9901×10%＋5.2586＋FOB/0.9901×(1＋10%)/(1－30%)×30%＋24.7904＋FOB×10%

702.1933－52.5856－5.2586－24.7904＝1.01×FOB＋0.101×FOB＋0.47614×FOB＋0.1×FOB

619.5587＝1.68714×FOB

FOB＝367.2242 人民币元/套＝45.8457 美元/套

相关链接

进出口税收　　第 91 页
进口价格核算通用公式　　第 92 页

❻ 进口价格核算(CFR 术语报价)　　进口

景天粮油食品公司从国外进口大豆一批，共计 500 吨，每吨的进口价格为 280 美元 CFR 上海。每吨大豆的进口运费为 25 美元；货运保险按 CIF 金额的 110%投保，保险费率为 0.8%；银行贷款的年利率为 8%，预计贷款时间为 3 个月；银行费用为成交金额的0.4%；进口关税税率为 3%，增值税率为 13%；景天公司的进口费用有：卸货费 11000 元(整批货，下同)，进口检验检疫费 2500 元，港杂费 6000 元，入库短途运费 10000 元，其他杂费5000元。如果景天公司期望的利润率为进口价格的 15%，汇率为 8.00 元人民币兑换 1 美元，试进行以下进口价格综合计算。

(1) 该批大豆的国内销售价格为每吨多少元人民币。

成本：

280 × 8 = 2240 元 / 吨

费用：

CIF = CFR/[1 −(1 + 保险加成率)] = 2240/(1 − 1.1 × 0.8%)

= 2259.8870 元 / 吨

保险费 = 2259.887 × 110% × 0.8% = 19.8870 元 / 吨

贷款利息 = 280 × 8 × 8% × 3/12 = 44.8 元 / 吨

银行费用 = 280 × 8 × 0.4% = 8.96 元 / 吨

进口关税 = 2259.887 × 3% = 67.7966 元 / 吨

其他费用 = (11000 + 2500 + 6000 + 10000 + 5000)/500 = 69 元 / 吨

利润：

280 × 8 × 15% = 336 元 / 吨

国内销售价格:货价 ×(1 + 增值税率)

= [成本(国外报价) + 费用 + 利润] ×(1 + 增值税率)

= (2240 + 19.887 + 44.8 + 8.96 + 67.7966 + 69 + 336) × (1 + 13%)

= 3148.68 元 / 吨

(2) 国内客户收到景天公司的报价后,提出其能够接受的价格为每吨3000 元。如果按客户还价成交,此笔交易景天公司的利润总额为多少元人民币。

收入：

销售收入 = 3000 × 500 = 1500000.00 元

货价 = 3000 × 500/(1 + 13%) = 1327433.63 元

成本：CFR = 280 × 500 × 8 = 1120000.00 元

费用：

CIF = CFR/[1 −(1 + 投保加成率) × 保险费率] = 1120000/(1 − 1.1 × 0.8%)

= 1129943.5028 元

进口保费 = CIF ×(1 + 投保加成率) × 保险费率 = 1129943.5028 × 1.1 × 0.8%

= 9943.50 元

进口关税 = CIF × 进口关税率 = 1129943.5028 × 3% = 33898.31 元

贷款利息 = CFR × 8% × 3/12 = 1120000 × 8% × 3/12 = 22400.00 元

银行费用 = CFR × 0.4% = 1120000 × 0.4% = 4480.00 元

其他费用 = 11000 + 2500 + 6000 + 10000 + 5000 = 34500.00 元

利润：货价 − 成本 − 费用

= 货价 − 采购成本 − 进口保费 − 进口关税 − 贷款利息 − 银行费用 − 其他费用

= 1327433.63 − 1120000 − 9943.5 − 33898.31 − 22400 − 4480 − 34500

= 102211.82 元

(3) 如果景天公司在满足国内客户降价要求的同时，又要保持公司 15%的进口成本利润率，试计算进口成本(CFR 价格)应控制在每吨多少美元。

收入：

销售收入 = 3000 元 / 吨

货价 = 3000/(1 + 13%) = 2654.87 元 / 吨

成本：CFR

费用：

CIF = CFR/[1 −(1 + 投保加成率) × 保险费率] = CFR/(1 − 1.1 × 0.8%)

进口关税 = CIF × 进口关税率 = CFR/(1 − 1.1 × 0.8%) × 3%

贷款利息 = CFR × 8% × 3/12

银行费用 = CFR × 0.4%

其他费用 = (11000 + 2500 + 6000 + 10000 + 5000)/500 = 69 元

利润:CFR × 15%

货价 = 成本 + 费用 + 利润

货价 = CFR + 进口保费 + 进口关税 + 贷款利息 + 银行费用 + 其他费用 + 利润

货价 = CIF + 进口关税 + 贷款利息 + 银行费用 + 其他费用 + 利润

2654.87 = CFR/(1−1.1×0.8%)+CFR/(1−1.1×0.8%)×3%+CFR×8%×3/12 + CFR × 0.4% + 69 + CFR × 15%

2654.87 − 69 = 1.0089 × CFR + 0.03027 × CFR + 0.02 × CFR + 0.004 × CFR + 0.15 × CFR

CFR = 2131.4985 人民币元 / 吨 = 266.44 美元 / 吨

(4) 景天公司最终与国内客户达成协议，以每吨 3050 元人民币成交，数量为 500 吨，试计算此笔交易景天公司的利润总额为多少元人民币，利润率为多少。

收入：

3050 × 500 = 1525000.00 元

支出：

销售税款 = 3050 × 500/(1 + 13%) × 13% = 175442.48 元

采购成本 = 280 × 500 × 8 = 1120000.00 元

CIF 价 = 1120000/(1 − 110% × 0.8%) = 1129943.5028 元

进口保费= CIF×(1+投保加成率)×保险费率 = 1129943.5028×1.1×0.8%
= 9943.50 元

进口关税 = CIF × 进口关税率 = 1129943.5028 × 3% = 33898.31 元

贷款利息 = CFR × 8% × 3/12 = 1120000 × 8% × 3/12 = 22400.00 元

银行费用 = CFR × 0.4% = 1120000 × 0.4% = 4480.00 元

其他费用 = 11000 + 2500 + 6000 + 10000 + 5000 = 34500.00 元

利润：

收入 − 支出

= 销售收入 − 销售税款 − 采购成本 − 费用

= 1525000 − 175442.48 − 1120000 − 9943.5 − 33898.31 − 22400 − 4480 − 34500

= 124335.71 元

利润率：

成本利润率 = 124335.71/1120000 = 11.10%

销售利润率 = 124335.71/1525000 = 8.15%

❼ 进口价格核算（CIF 术语报价）　　进口

天成公司从国外进口一批冷轧卷材，共计 150 吨。每吨冷轧卷材的进口价格是 490 美元 CIF 上海；每吨冷轧卷材的运费为 40 美元；保险按 CIF 金额加成 10%投保，保险费率为 0.6%；银行贷款年利率为 8%，预计垫款时间为 45 天；银行费用为成交金额的 0.3%；进口关税税率为 6%，增值税率为 17%；另外，商检报关费为 750 元，国内运输费为 1800 元，其他费用为 2850 元；天成公司期望的销售利润率为 18%（按国内销售价格计）；人民币与美元的汇率为 8.01 比 1。

（1）试计算天成公司在国内销售每吨冷轧卷材的人民币价格以及销售时实际缴纳的增值税额。

成本：

490 × 8.01 = 3924.9 元 / 吨

费用：

贷款利息 = 3924.9 × 8% × 45/360 = 39.249 元 / 吨

银行费用 = 3924.9 × 0.3% = 11.7747 元 / 吨

进口关税 = 3924.9 × 6% = 235.494 元 / 吨

进口增值税 = (3924.9 + 235.494) × 17% = 707.2670 元 / 吨

其他费用 = (1500 + 750 + 1800 + 1350)/150 = 36 元 / 吨

利润：

国内销售价格 × 18%

所以：

国内销售价格 = 货价 ×（1 + 增值税率）=（成本 + 费用 + 利润）×（1 + 增值税率）

=（3924.9 + 39.249 + 11.7747 + 235.494 + 36 + 国内销售价格 × 18%）×（1 + 17%）

国内销售价格 /1.17 = 4247.4177 + 国内销售价格 × 18%

国内销售价格 = 6295.26 元 / 吨

销售税款 = 6295.26/(1+17%)×17% = 914.6959 元/吨

实缴增值税 = 914.6959 − 707.2670 = 207.4289 元/吨

所以，天成公司在国内销售每吨冷轧卷材的人民币价格为 6295.26 元，销售时实际缴纳的增值税额为每吨 207.43 元。

(2) 国内用户收到天成公司上述报价后，提出其仅能以每吨 5500 元的价格成交。如果天成公司接受用户还价，试计算此笔交易天成公司的利润总额为多少元人民币，销售利润率为多少。

收入：

销售收入 = 5500×150 = 825000 元

销售税额 = 825000/1.17×17% = 119871.79 元

货价 = 825000 − 119871.79 = 705128.21 元

成本：

490×8.01×150 = 588735 元

费用：

贷款利息 = 588735×8%×45/360 = 5887.35 元

银行费用 = 588735×0.3% = 1766.21 元

进口关税 = 588735×6% = 35324.1 元

其他费用 = 1500+750+1800+1350 = 5400 元

利润：

利润 = 货价 − 成本 − 费用

= 705128.21 − 588735 − 5887.35 − 1766.21 − 35324.1 − 5400

= 68015.55 元

销售利润率 = 68015.55/825000 = 8.24%

所以，如接受客户还价，天成公司此笔交易的利润总额为 68015.55 元人民币，销售利润率为 8.24%。

(3) 如果天成公司在满足用户降价要求的同时，又希望保持公司 18%的销售利润率，试计算此时的进口成本(CIF 价格)应为每吨多少美元。

成本：

CIF

费用：

贷款利息 = CIF×8%×45/360

银行费用 = CIF×0.3%

进口关税 = CIF×6%

其他费用 = (1500+750+1800+1350)/150 = 36 元/吨

利润：

$$5500 \times 18\% = 990\text{ 元 / 吨}$$

所以：

$$\text{国内销售价格} = \text{货价} \times (1+\text{增值税率}) = (\text{成本}+\text{费用}+\text{利润}) \times (1+\text{增值税率})$$

$$5500 = (\text{CIF}+\text{CIF}\times 8\% \times 45/360+\text{CIF}\times 0.3\%+\text{CIF}\times 6\%+36+990)\times 1.17$$

$$4700.8547 - 36 - 990 = (1+0.01+0.003+0.06)\times \text{CIF}$$

$$\text{CIF} = 3424.8413\text{ 元 / 吨} = 427.57\text{ 美元 / 吨}$$

所以，此时的进口成本(CIF价格)应为每吨427.57美元。

评　析

当以CIF术语进口商品时，进口成本(即CIF价格)中已包含了进口运费和进口保险费，因此在计算进口费用项目时不应重复叠加。同样地，当以CFR术语进口商品时，在进口费用项目中应加上进口保险费，但不应计入进口运费。

在本例中还需特别注意的是进口商的利润是以国内销售价格为基数(即销售利润率)来计算的，这样，在按"成本＋费用＋利润"的方法计算报价时，利润部分就变成了未知数。

$$\text{国内销售价格} = (\text{成本}+\text{费用}+\text{国内销售价格}\times\text{销售利润率})\times(1+\text{增值税率})$$

$$\text{国内销售价格} = (\text{成本}+\text{费用})\times(1+\text{增值税率})+(\text{国内销售价格}\times\text{销售利润率})\times(1+\text{增值税率})$$

$$\text{国内销售价格}-(\text{国内销售价格}\times\text{销售利润率})\times(1+\text{增值税率}) = (\text{成本}+\text{费用})\times(1+\text{增值税率})$$

$$\text{国内销售价格}\times(1-\text{销售利润率}\times(1+\text{增值税率})) = (\text{成本}+\text{费用})\times(1+\text{增值税率})$$

$$\text{国内销售价格} = \frac{(\text{成本}+\text{费用})\times(1+\text{增值税率})}{1-\text{销售利润率}\times(1+\text{增值税率})}$$

【技能操练】

1.

商品名称:Aluminum Stair (7′×6′×4″)

包装方式:4 把/纸箱

纸箱尺码:320×78×65 cm (长×宽×高)

纸箱重量:136/132 kg (毛重/净重)

国内采购成本:¥1200.00/把 (含增值税 17%)

各项出口费用如下:每票货物报关费¥100.00,商检费¥150.00,认证费¥100.00,公司的出口定额费用率为 3.00%;国内包干费为每运费吨¥55.00,每 20 英尺集装箱¥800.00,每 40 英尺集装箱¥1300.00;海洋运费为每运费吨 US$70.00(W/M),每 20 英尺集装箱 US$1000.00,每 40 英尺集装箱 US$1600.00;该笔交易预计垫款周期为 1 个月,贷款年利率为 6%,保险费率为 0.30%,投保加成率为 10.00%;出口退税率为 13.00%,银行手续费率为 0.10%(按结汇价计);客户要求报价中的佣金率为 3.00%,公司预期利润率为出口报价的 10%;汇率按 1 美元兑换人民币 8.11 元计算。

根据上述核算资料,向客户分别报出订购 40 把、1 个 20 英尺整箱、1 个 40 尺整箱时的 FOB、CFR、CIF 价(计算过程请保留 4 位小数,计算结果保留 2 位小数)。

2.

商品名称:Electric Winch

包装方式:1 pc/ctn

纸箱尺码:61×20×48 cm (长×宽×高)

纸箱重量:38/33 kg (毛重/净重)

国内采购成本:¥2800.00/pc (含增值税 17%)

各项出口费用如下:国内运输费 20'FCL ¥1000.00、40'FCL ¥1200.00,港区港杂费 20'FCL ¥800.00、40'FLC¥1000.00,每笔交易报关费¥100.00,商检费¥150.00,认证费¥100.00,业务费用¥1500.00,海洋运费 20'FCL US$1000.00、40'FCL US$1500.00;保险费率为 0.20%,投保加成率为 10.00%;出口退税率为 13.00%,客户要求报价中的佣金率为 5.00%,汇率按 1 美元兑换人民币 8.10 元计算。我方报价:若订购数量为 1 个 20 英尺整箱,则单价为 US$365.00 CIFC5,后收到客户还价 US$350.00 CIFC5。

根据上述核算资料,完成以下还价核算(计算过程请保留 4 位小数,计算结果保留 2 位小数)。

(1) 若接受客户还价,则该笔交易我方利润为人民币多少元,销售利润率为多少。

(2) 若接受客户还价,又要保证我方 10%的销售利润率,则工厂的采购成本必须控制在每只人民币多少元。

(3) 若希望说服客户将采购数量增加为 1 个 40 英尺整箱,同时保证我方 8%的销售利润率,则我方的 CIFC5 新报价为每只多少美元。

3.

商品名称：电动滑板车

包装方式：1 台/纸箱

纸箱尺码：109 × 35 × 48 cm（长 × 宽 × 高）

纸箱重量：26/24 kg（毛重/净重）

国内采购成本：￥780.00/台（含增值税 17%）

各项出口费用如下：每票货物报关费￥150.00，商检费￥200.00，认证费￥100.00，公司的出口定额费用率为 3.50%，内运包干费为每 20 英尺集装箱￥900.00、每 40 英尺集装箱￥1200.00，海洋运费为每 20 英尺集装箱US$1100.00、每 40 英尺集装箱 US$1600.00，该笔交易预计垫款周期为 2 个月，贷款年利率为 6%，保险费率为 0.25%，投保加成率为 10.00%，出口退税率为13.00%，银行手续费率为 0.15%(按结汇价计)，客户要求报价中的佣金率为 3.00%。公司按预期销售利润率 8%、1 美元兑换人民币 8.10 元的汇率报价后，收到客户的还价：US$105.00 CIFC3 per set 订购 1 个 20 英尺整箱。

根据上述核算资料，完成以下还价核算(计算过程请保留 4 位小数，计算结果保留 2 位小数)。

(1) 若接受客户还价，则该笔交易我方利润为人民币多少元，销售利润率为多少。

(2) 若接受客户还价，又要保证我方 8%的销售利润率，则工厂的采购成本必须控制在每台人民币多少元。

4.

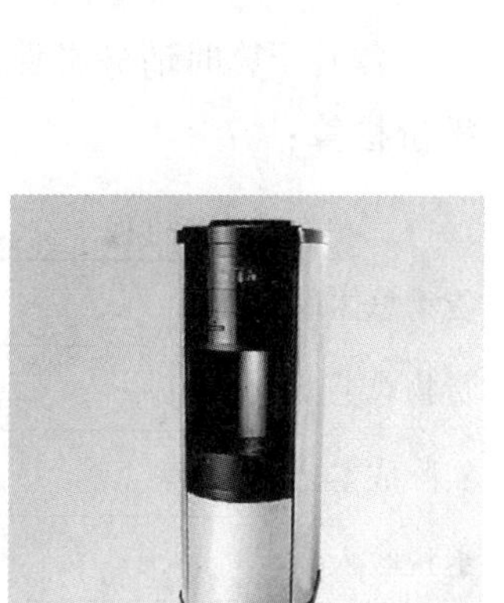

品名：	饮水机			
货号：	YLR2-5-V116A			
计量单位：	台			
包装方式：	1 台/纸箱			
每个纸箱尺码：	36.5 （长）	33 （宽）	88 （高）	厘米
每个纸箱毛/净重：	20.5 （毛重）	18.5 （净重）	千克	
报价数量/起订量：	100 台			

核算数据

采购成本：110 元人民币/台（含增值税）

出口费用：

单位商品出口的包干费约为：	￥4.50	
20 英尺集装箱的包干费率为：	￥680.00	
40 英尺集装箱的包干费率为：	￥1150.00	
件杂货/拼箱海运费率为：(计费标准 W/M)	US$52.00	（每运费吨）

20 英尺集装箱的海运包箱费率为：	US$1050.00
40 英尺集装箱的海运包箱费率为：	US$1800.00
出口定额费率为：(按采购成本计)	3.00%
垫款周期为：	30 天
银行贷款年利率为：(1 年按 360 天计)	7.00%
海运货物保险费率为：	0.65%
投保加成率为：	10.00%
增值税率为：	17.00%
出口退税率为：	13.00%
国外客户的佣金率为：(按报价计)	2.00%
银行手续费率为：(按报价计)	0.30%
汇率为：(1 美元兑换人民币)	¥8.01
预期利润：销售利润率为：(按报价计)	7.00%

核算要求

(1) 填写下列核算表，用数字列出计算过程并将计算结果填入规定的栏目内，例如：

计算过程	计算结果
(100＋45)×20/(1－10%)	3222.2222

(2) 计算时请务必保留 4 位小数，小于 1 的数值保留 5 位小数。

报价核算：

	计算过程	计算结果	
货物总体积			立方米
货物总毛重			公吨
实际成本			人民币元/台
退税收入			人民币元/台
贷款利息			人民币元/台
定额费			人民币元/台
包干费			人民币元/台
海洋运费			人民币元/台
海运保险费			人民币元/台
FOB 报价			美元/台
CFR 报价			美元/台
CIF 报价			美元/台

还价核算1: 出口商报价后收到客户还价,表示其能够接受的单价为US＄20.00 CIFC2,订购数量为100台。试完成以下还价利润核算(按总量计):

	计算过程	计算结果	
销售收入			人民币元
退税收入			人民币元
实际成本			人民币元
采购成本			人民币元
贷款利息			人民币元
定额费			人民币元
包干费			人民币元
海洋运费			人民币元
海运保险费			人民币元
客户佣金			人民币元
银行费用			人民币元
利润总额			人民币元
销售利润率			(百分比)
成本利润率			(百分比)

还价核算2: 如果接受客户还价,同时出口商又必须保持7%的销售利润率,在其他费用和订购数量不变的情况下,完成以下还价成本核算(按单位商品计):

	计算过程	计算结果	
销售收入			人民币元/台
退税收入			人民币元/台
海洋运费			人民币元/台
海运保险费			人民币元/台
客户佣金			人民币元/台
银行费用			人民币元/台
包干费			人民币元/台
利润额			人民币元/台
贷款利息			人民币元/台
定额费			人民币元/台
实际成本			人民币元/台
采购成本			人民币元/台

成交核算:经过磋商,买卖双方最终以每台 US＄18.00 CIFC2 达成交易,成交数量为 1 个 40 英尺集装箱。试完成以下成交核算(按总量计):

	计算过程	计算结果	
成交数量			台
销售收入			人民币元
退税收入			人民币元
实际成本			人民币元
采购成本			人民币元
贷款利息			人民币元
定额费			人民币元
包干费			人民币元
海洋运费			人民币元
海运保险费			人民币元
客户佣金			人民币元
银行费用			人民币元
利润总额			人民币元
销售利润率			(百分比)
成本利润率			(百分比)

5.

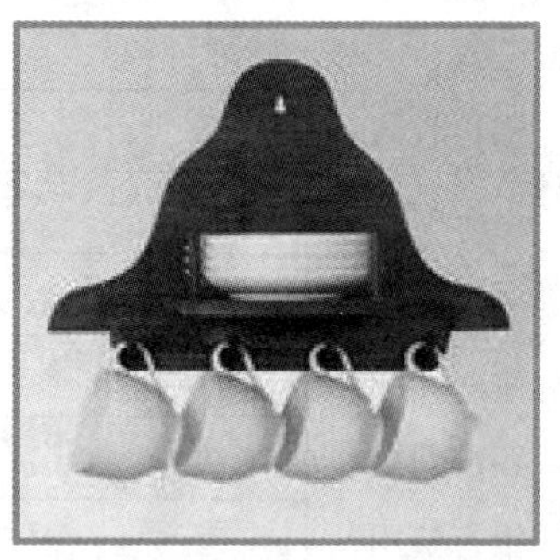

品名:咖啡杯碟

货号:CJ051

订购数量:一个 20 英尺集装箱

包装方式:3 打/纸箱

每个纸箱尺码:66×54×46 厘米

每个纸箱毛/净重:19.9/14.5 千克

国内采购成本:120 元/打(含税)

各项出口费用:

每个 20 英尺集装箱的国内包干费率为:	￥880.00	
每个 40 英尺集装箱的国内包干费率为:	￥1400.00	
件杂货物/拼箱海运费每运费吨为:	US＄75.00	计费标准 W/M
海运 20 英尺集装箱的美元包箱费率是:	US＄1500.00	
海运 40 英尺集装箱的美元包箱费率是:	US＄2600.00	
出口定额费率为:	4.00％	

垫款期限为：　30 天
银行贷款年利率为：　8.00%
银行费用率为：　0.45%
海运货物保险费率为：　0.85%
投保加成率为：　10.00%
增值税率为：　17.00%
出口退税率为：　13.00%
客户要求报价中的佣金率为：　5.00%
汇率为：(1 美元兑换人民币)　￥8.00
预期利润率：出口报价的　8.00%

经过反复磋商后，进口商同意将订购数量增加至 335 箱，即一个 40 英尺整箱，双方最终以每打 19.20 美元的 CIFC5 价格达成交易。试进行以下出口成交核算(计算时请务必保留 4 位小数，小于 1 的数值保留 5 位小数)。

货币单位：人民币元

核算项目	核算过程	核算结果
总收入		
总销售收入		
总退税收入		
总支出		
贷款利息支出		
定额费支出		
包干费支出		
海洋运费支出		
保险费支出		
客户佣金支出		
银行费用支出		
采购成本支出		
总利润		
销售利润率(%)		

6. 航文贸易公司与曼谷一公司就出口茶餐具进行磋商。商品信息如下：

货号：　S8310
计量单位：　套

包装方式：　　纸箱包装，每箱装10套

纸箱尺码：　　62×24×46厘米

纸箱毛/净重：　15/10千克

该商品的国内采购成本为每套60元(含17%增值税)，出口包干费为每套4.5元，件杂货物/拼箱海运费为每运费吨62美元(计费标准W/M)，公司业务费为每套5元，出口包装费为每箱10元。商检报关费用共计500元，出口定额费率为3.00%，垫款周期为45天(银行贷款年利率为6%)，银行费用为成交价格的0.3%，投保加成率为10%，保险费率为0.9%。该商品的出口退税率为13%，客户要求报价中含4%的佣金。此笔交易航文贸易有限公司的预期利润率为出口报价的7%，汇率为1美元兑换8.01元人民币。

根据上述资料，试进行以下核算(计算时务必保留4位小数，小于1数值保留5位小数)。

(1) 若客户订购600套，采用拼箱方式运输，试计算每套的FOBC4、CFRC4、CIFC4美元报价。

(2) 出口商报价后收到国外客户回复，提出CIFC4的美元接受单价为每套9.5美元，订购数量增加至2000套。试计算如果接受客户还价，出口商此笔交易的总利润额为多少元人民币。

(3) 试计算如果接受客户还价，而航文贸易公司又要保持7%的销售利润率，在其他费用保持不变的情况下，国内采购成本应为每套多少元人民币。

(4) 经双方协商，最终以每套US$9.20 CIFC4成交，成交数量增加至1个20英尺集装箱。试根据成交条件进行成交总利润额的核算。

(注：海运20英尺集装箱的美元包箱费率是USD 1450.00，每个20英尺集装箱的国内包干费率为820元)

7. 天宇进出口公司拟从德国进口五台专用通讯设备，试根据资料进行以下进口核算(计算时务必保留4位小数，小于1数值保留5位小数)。

德国客户报价：	US$8900.00/台　(FOB汉堡)
公司业务费用：	￥18000.00
进口利润率：	7.00%(以进口成本计)
进口手续费：	￥1750.00
进口运费：	US$1235.00/台
银行费用：	US$350.00
投保加成率：	10.00%
银行贷款年利率：	6.00%(一年按360天计)
保险费率：	0.85%
垫款时间：	30天
进口关税税率：	18.00%

增值税率：　　　　　　17.00%

汇率：　　　　　　　　USD1.00 = CNY8.01

(1) 报价核算。

关税完税价格(元/台)：

进口保险费(元/台)：

关税税额(元/台)：

进口增值税(海关代征)(元/台)：

垫款利息(元/台)：

共缴增值税税额(元/台)：

实缴增值税额(元/台)：

国内销售价格(元/台)：

(2) 当天宇公司报出销售价格后随即收到用户答复，称其能够接受的单价为￥123000.00/台。试计算，如接受用户还价，天宇公司此笔交易的总利润额为多少元人民币，销售利润率和成本利润率分别为多少。

(3) 如接受上述还价，同时天宇公司又必须保持4.00%的销售利润率，在其他费用和订购数量保持不变的情况下，试计算进口商品的美元单价应为FOB汉堡多少美元。

8. 上海爱亚公司拟从国外进口一个20英尺集装箱的商品。商品信息如下：

包装方式：　　　　　20盒/纸箱

每个纸箱尺码：　　　66×34×28厘米

每个纸箱重量：　　　10/8千克

国外客户报价为US$2.00/盒CFR上海；该业务的进口包干费为￥1600，进口手续费为￥1200，银行费用为进口成本的0.35%，投保保险加成率为10%，保险费率为0.6%；爱亚公司的预期利润率为进口成本的12%；进口商品的增值税率为17%，进口关税率为10%；人民币对美元的汇率为8∶1。试进行以下核算(计算时务必保留4位小数，小于1数值保留5位小数)。

(1) 爱亚公司报出的国内销售价格为每盒多少元人民币。

(2) 爱亚公司报价后收到国内用户的还价，称其能够接受的单价为每盒23元，试计算如果接受客户还价，爱亚公司的总利润额为多少元人民币。

(3) 如果接受上述客户还价，同时爱亚公司必须保持其12%的成本利润率，在其他费用和订购数量保持不变的情况下，试计算进口CFR价应为每盒多少美元。

(4) 如果接受上述客户还价，同时爱亚公司必须保证其12%的销售利润率，在其他费用和订购数量保持不变的情况下，试计算进口CFR价应为每盒多少美元。

9. 根据以下信息填写进口核算表格。

(计算时务必保留4位小数，小于1数值保留5位小数)

客户报价： US＄568.00/吨 CIF 报价
报价数量： 10 吨
进口运费： US＄88.00 （每运费吨）
投保加成率： 10.00％
保险费率： 0.86％
进口关税税率： 22.00％
增值税率： 17.00％
进口消费税税率： 30.00％
进口定额费： 6.00％ （按进口成本计）
进口包干费： ￥2000.00
进口手续费： ￥1500.00
港杂费： ￥600.00
银行费用率： 0.65％ （按进口成本计）
汇率：(1 美元兑换人民币) ￥8.00

(1) 若进口商的预期成本利润率为 10.00％，试计算进口商报出的国内销售价格为每吨多少元人民币。

单位：人民币元/吨

核算项目	核算过程	结　果
关税完税价格		
关税税额		
消费税税额		
海关代征增值税		
进口包干费		
进口手续费		
港杂费		
银行费用		
定额费用		
国内销售价格		
共缴增值税税额		
实缴增值税税额		

(2) 若进口商的预期销售利润率为 10.00％，试计算进口商报出的国内销售价格为每吨多少元人民币。

单位:人民币元/吨

核算项目	核算过程	结　　果
关税完税价格		
关税税额		
消费税税额		
海关代征增值税		
进口包干费		
进口手续费		
港杂费		
银行费用		
定额费用		
国内销售价格		
共缴增值税税额		
实缴增值税税额		

(3) 进口商报价后收到国内用户还价,称其能接受的单价为￥10000/吨,并增加数量至25吨。试计算在其他费用不变的情况下,如果接受客户还价,进口商此笔交易的总利润额为多少元人民币。

单位:人民币元

核算项目	核算过程	结　　果
销售收入		
共缴增值税		
采购成本		
关税完税价格		
关税税额		
消费税税额		
海关代征增值税		
银行费用		
定额费用		
利润额		
成本利润率(%)		
销售利润率(%)		

(4) 如果接受客户的还价价格和还价数量,同时进口商必须保持其10%的成本利润率,在其他费用不变的情况下,试计算进口商品的CIF价格应为每吨多少美元。

单位:人民币元/吨

核算项目	核算过程	结　果
进口包干费		
进口手续费		
港杂费		
关税税额		
消费税税额		
银行费用		
定额费用		
CIF采购成本(美元/吨)		

(5) 如果接受客户的还价价格和还价数量,同时进口商必须保持其10%的销售利润率,在其他费用不变的情况下,试计算进口商品的CIF价格应为每吨多少美元。

单位:人民币元/吨

核算项目	核算过程	结　果
进口包干费		
进口手续费		
港杂费		
关税税额		
消费税税额		
银行费用		
定额费用		
CIF采购成本(美元/吨)		

【自助链接】

价格表示方法

进出口商品的价格可以用单价(UNIT PRICE)和总值(TOTAL VALUE)来表示，总值是单价和数量的乘积，而单价则由计价的数量单位、金额、计价货币和成交的贸易术语(价格术语)四个部分组成。例如，每件75美元上海港船上交货(US＄75.00 PER PIECE FOB SHANGHAI)。

常用计量单位

- 重量　gram, g. 克　kilogram, kg. 千克　ounce, oz. 盎司
  pound, lb. 磅　metric ton, M/T 公吨
- 个数　piece, pc. 个/只　pair pr. 对/副　dozen, doz. 打
  gross, gr. 罗　set 台/套　carton, ctn. 纸箱
  case 箱　package, pkg. 件
- 长度　metre, m. 米/公尺　foot, ft. 英尺　yard, yd. 码
- 面积　square metre, sq. m. 平方米　square foot, sq. ft. 平方英尺
  square yard, sq. yd. 平方码
- 体积　cubic metre, cu. m. 立方米　cubic foot, cu. ft. 立方英尺
  cubic yard, cu. yd. 立方码
- 容积　litre, l. 升　gallon, gal. 加仑　bushel, bu. 蒲式耳

常见价格术语

- FOB　Free on board　装运港船上交货价

该价格包含了货价以及卖方在出口地将货物装上船之前的所有费用，又被称为离岸价格。

- CFR　Cost and freight　成本加运费

该价格是在离岸价格的基础上加上出口运费后得出的出口报价。

- CIF　Cost, insurance and freight　成本加保险费、运费

该价格中除了包含货价以及卖方在出口地将货物装上船之前的所有费用以外，还包括了货物由装运地至目的地的运输费用和保险费用，因此通常又被称为到岸价格。

价格构成

进出口商品价格构成的三大要素是成本、费用和利润。进出口交易中的成本通常是指贸易商买进卖出时的采购(购货/进货)成本。费用在进出口商品价格中所占的比重虽然不是很大，但因其内容繁多，并且计算方法又不尽相同，因而成为价格核算中较为复杂的一个方面。进出口价格中的费用，通常有包装费、检验费、仓储费、内陆运输费、认证费、港口码头费、捐税、垫款(贷款)利息、银行手续费、客户佣金、报关费、进出口运费及货物运输保险费等等。各贸易商计算利润的方法不尽相同，有的以某个固定的数额作为利润，有的则用一定的百分比来计算利

润(利润率)，以采购成本为基础的称为成本利润率，以销售价格为基础的则称为销售利润率。

增值税发票

3100058960

No. 05072699

开 票 日 期: 2005-11-20

购货单位	名　　称	上海晨星贸易有限公司	密码区	<*4-7*2/*-/+43755->>8
	纳税人识别号:	310115132549670		3*4/23->74<13*<>69*89
	地址、电话:	上海市东大名路375号65960332		3891/6>996*8>0-80*1<3
	开户行及账号:	中国银行上海分行044285-12396808091023		668*2/6>>69<1>654>><9

货物或应税劳务名称	规格型号	单位	数量	单价	金额	税率	税额
瓷餐具	CXD4793A	套	100	410.25641	41,025.64	17%	6,974.36
合　　计					¥41,025.64		¥6,974.36
价税合计(大写)	⊗肆万捌仟圆整				(小写) ¥48,000.00		

销货单位	名　　称:	上海瑞振陶瓷有限责任公司	备注	
	纳税人识别号:	310229123654445		
	地址、电话:	青浦区青安路101号59218002		
	开户行及账号:	上海市青浦区青浦联社327410-02011002654		

收款人:　　　　开票人: 张震　　　　销货单位: (章)

上海瑞振陶瓷有限责任公司 310229123654445 发票专用章

可见，采购价格(发票款)，即增值税发票中的“价税合计”栏，由“货价”和“税额”两部分组成。三者关系可以用以下公式表示：

票款 ＝ 货价＋增值税额 ＝ 货价＋货价／增值税率 ＝ 货价×(1＋增值税率)

件杂货物（散货）/拼箱货物运费

1. 运费构成。

件杂货物海运运费主要由基本运费和附加运费两部分组成。基本运费一般不常发生变动，但由于构成海运运费的各种因素会经常发生变化，各船公司就采取征收各种附加费的办法以维护其营运成本。附加运费主要有燃油附加费、港口拥挤费、转船附加费、货币附加费、港口附加费等等。

2. 运费计算标准。

最为常见的海洋运费计算标准是重量法、体积法和选择法三种。

3. 运费计算。

(1) 根据货物名称，在运价本中的货物分级表上查到货物的等级(CLASS)和运费计算标准(BASIS)。

(2) 根据货物的装运港、目的港，找到相应的航线，按货物的等级查到基本运价，即每个运费吨多少美元；集装箱拼箱货物，则需查找拼箱费率(LCL 或 CFS)栏目。

(3) 查出该航线和港口所要收取的附加费项目和数额(或百分比)及货币种类。

(4) 根据基本运价和附加费算出实际运价(单位运价)。

(5) 根据货物的托运数量算出应付的运费总额。

集装箱种类、集装箱货物的交接方式

在国际货物运输中经常使用的是 20 英尺和 40 英尺集装箱，其型号和具体规格如下：

1A 型　8 英尺×8 英尺×40 英尺

【外径】(2438×2438×12191 mm)

【内径】(238×238×1205 cm)

1C 型　8 英尺×8 英尺×20 英尺

【外径】(2438×2438×6058 mm)

【内径】(238×238×590 cm)

集装箱货物运输有整箱货(FULL CONTAINER LOAD, 简称 FCL)和拼箱货(LESS THAN CONTAINER LOAD, 简称 LCL)之分。整箱货由货方在工厂和仓库进行装箱，货物装箱后直接交运集装箱堆场等待装运，货到目的地(港)后，收货人可直接从目的地(港)集装箱堆场提取货物。拼箱货是指货量不足一整箱，必须由发货人将货物送到集装箱货运站，再由承运人在集装箱货运站负责将不同发货人的少量货物拼装在一个集装箱内，货到目的地(港)后，由承运人拆箱后分拨给各收货人。

通用的集装箱货物运输交接方式可以分为下列三个基本类型：

● 门到门(DOOR TO DOOR)。由发货人货仓或工厂仓库至收货人的货仓或工厂仓库。这种方式通常适用于整箱货的运输。

● 场到场(CY TO CY)。由起运地或装箱港的堆场(CONTAINER YARD, 即 CY)至目的地或卸箱港的堆场，一般也为整箱货的运输。

● 站到站(CFS TO CFS)。由起运地或装箱港的集装箱货运站(CONTAINER FREIGHT STATION, 即 CFS)至目的地或卸箱港的集装箱货运站。这种方式通常用于拼箱货的运输。

集装箱包箱运费

海运集装箱货物运输通常会发生的费用有内陆运输费、堆场服务费、拼箱服务费、设备使用费和海运运费等等。集装箱货物海运费用根据货量的大小，可分为拼箱货运费和整箱货运费。拼箱货物运费是以每运费吨为计算单位，根据运价表中的拼箱费率收取基本运费外，再加收一定的附加费。整箱货物运费则采用包箱费率，即以每个集装箱为计费单位。常见的集装箱包箱费率有下列三种形式：

● FAK 包箱费率(FREIGHT FOR ALL KINDS)，即对每一集装箱不分货物级别统一收取的费率。

装运港 LOADING PORT	货物种类 COMMODITIES	拼箱(重量/尺码) LCL(W/M)	20英尺整箱 20′ FCL	40英尺整箱 40′FCL
黄浦 HUANGPU	普通货物 GENERAL CARGO	63.00	800.00	1450.00
	半危险品 SEMI-HAZARDOUS	86.00	1250.00	2300.00
	全危险品 HAZARDOUS		1550.00	2850.00
	冷藏货物 REEFER		2200.00	4050.00
上海 SHANGHAI	普通货物 GENERAL CARGO	78.00	1100.00	2050.00
	半危险品 SEMI-HAZARDOUS	97.00	1450.00	2700.00
	全危险品 HAZARDOUS		1850.00	3400.00
	冷藏货物 REEFER		2700.00	5000.00
青岛 QINGDAO 新港 XINGANG	普通货物 GENERAL CARGO	80.00	1150.00	2150.00
	半危险品 SEMI-HAZARDOUS	120.00	1550.00	2850.00
	全危险品 HAZARDOUS		1900.00	3550.00
	冷藏货物 REEFER		2700.00	5000.00

● FCS包箱费率(FREIGHT FOR CLASS),即按不同货物等级制订的费率。

等　级 CLASS	LCL W/M	CY/CY 20′	40′
1—7	55.00	770.00	1460.00
8—10	58.00	820.00	1560.00
11—15	61.00	870.00	1650.00
16—20	64.00	920.00	1750.00
CHEMICALS, N. H.	61.00	870.00	1650.00
SEMI-HAZARDOUS	68.00	1200.00	2280.00
HAZARDOUS		1650.00	3100.00
REEFER		2530.00	4800.00

● FCB包箱费率(FREIGHT FOR CLASS & BASIS),即按不同货物等级或货类以及计费标准制订的费率。

等 级 CLASS	计算标准 BASIS	拼箱 CFS/CFS	CY/CY 整箱 20′	 / 40′
1—7	M	90	1750	3500
8—10	M	94	1900	3800
11—15	M	101	2050	4100
16—20	M	107	2200	4400
1—7	W	118	1750	3500
8—10	W	127	1900	3800
11—15	W	136	2050	4100
16—20	W	145	2200	4400
CHEMICAL	W/M	128	2050	4100
SEMI-HAZARDOUS CARGO	W/M	166	2550	5100
HAZARDOUS CARGO	W/M	224	3550	7100
REFRIGERATED CARGO	W/M	246	3900	7850

整箱货物运费计算的步骤如下:

(1) 确定货物的装箱数量。如果可以明确实际装箱的数量,则无需采用理论计算方法。

(2) 根据货物名称,在运价本中的货物分级表上查到货物的等级(CLASS)和运费计算标准(BASIS)。

(3) 根据货物的装运港、目的港,找到相应航线的整箱费率后除以装箱件数和每个包装箱内的商品数量,即可得到单位商品的出口运费。

佣金

佣金(COMMISSION)是买方或卖方付给中间商的报酬。包含佣金的价格即为含佣价。价格中不包括佣金的则称为净价(NET PRICE)。净价与含佣价之间的换算关系是:

净价 = 含佣价 − 佣金　　　　佣金 = 含佣价 × 佣金率

净价= 含佣价 − 含佣价 × 佣金率

　　= 含佣价 ×(1 − 佣金率)

$$含佣价 = \frac{净价}{1 - 佣金率}$$

利润

利润是价格构成的三要素之一。价格中所包含的利润的多少,往往根据商品、行业、市场竞争状况以及企业的价格策略等因素来决定。贸易商计算利润的方法不尽相同，有的以某一固定的数额作为单位商品的利润，有的用一定的百分比作为经营的利润率。在用利润率来核算利润额时，应当注意确定利润率计算的依据。用采购成本作为利润计算依据的，称为成本利润率；用销售价格作为利润计算依据的，则称为销售利润率。

例如，某产品的采购成本为75元，利润率为20%，试计算其销售价格和利润额。

以采购成本为利润计算依据(即成本利润率为20%)时：

售价＝成本＋利润额

＝成本＋成本×利润率

＝成本×(1＋利润率)

＝75×(1＋20%)

＝90元

利润＝成本×利润率

＝75×20%

＝15元

以销售价格为利润计算依据(即销售利润率为20%)时：

售价＝成本＋利润额

＝成本＋售价×利润率

售价＝成本/(1－利润率)＝75/(1－20%)＝93.75元

利润＝售价×利润率

＝93.75×20%

＝18.75元

由上可见，因为利润率计算的依据不同，销售价格和利润额都将不一样。因此，在进行价格核算时，必须特别注意利润率的计算依据。

出口价格核算通用公式

1. 出口报价核算。

报价(售价、成交价)＝出口成本＋出口费用＋出口利润

退税收入＝采购成本÷(1＋增值税率)×出口退税率

实际成本＝采购成本÷(1＋增值税率)×(1＋增值税率－出口退税率)

采购成本＝实际成本÷(1＋增值税率－出口退税率)×(1＋增值税率)

FOB/CFR/CIF报价＝

$$\frac{\text{采购成本}\times\dfrac{1+\text{增值税率}-\text{出口退税率}}{1+\text{增值税率}}+\text{各项费用额}+\text{利润额}}{1-(\text{以报价为基数的})\text{费用率}-\text{销售利润率}}$$

2. 出口还价、成交(合同)核算。

利润＝收入－支出＝销售收入＋退税收入－各项费用－采购成本

某项费用 ＝ 销售收入 ＋ 退税收入 － 采购成本 － 其他费用 － 利润

采购成本 ＝ 销售收入 ＋ 退税收入 － 各项费用 － 利润

采购成本 ＝

$$\frac{销售收入-费用额-利润额}{(1+增值税率-退税率)/(1+增值税率)+(以采购成本为基数的)费用率+成本利润率}$$

进出口税收

1. 关税。

根据海关法和进出口关税的有关规定，进出口的货物除国家另有规定的以外，均应征收关税。关税由海关依照海关进出口税则征收。

关税税额 ＝ 完税价格 × 关税税率

完税价格是指海关按照《海关法》和《进出口关税条例》的有关规定，凭以计征关税的进出口货物的价格。

出口完税价格 ＝ FOB/(1 ＋ 关税率)

进口完税价格 ＝ 以海关审定的成交价格为基础的到岸价格，即 CIF 价格

出口关税税额 ＝ FOB/(1 ＋ 关税率) × 出口关税率

进口关税税额 ＝ CIF × 进口关税率

说明：

● 完税价格计算到元为止，元以下四舍五入。

● 进口关税税率有普通税率和优惠税率两栏，出口税率只有一种。根据《进出口关税条例》第六条规定，对原产于与中华人民共和国未订有关税互惠协议的国家或者地区的进口货物按照普通税率征税，对原产于与中华人民共和国订有关税互惠协议的国家或者地区的进口货物按照优惠税率征税；对原产于对我国出口货物征收歧视性关税或者给予其他歧视性待遇的国家或者地区的进口货物，可以征收特别关税。

2. 进口环节征收的税费。

我国对进口货物除征收关税外，还要征收增值税，少数商品要征收消费税。根据国家法律规定，这两种税款由税务机关征收。为简化征收手续、方便货物进出口，同时又可有效地避免货物进口后另行征收可能造成的漏征，国家规定进口货物的增值税和消费税，由海关在进口环节代税务机关征收，因此在实际工作中又常常称为海关代征税。

进口增值税(海关代征) ＝(关税完税价格 ＋ 关税税额 ＋ 消费税额) × 增值税率

进口消费税(海关代征) 分为以下两种：

从价消费税额 ＝(关税完税价格 ＋ 关税)/(1 － 消费税率) × 消费税率

从量消费税额 ＝ 应税消费品数量 × 消费税单位税额

说明：

● 税费额计算到分为止，分以下四舍五入。

● 税费额的起征点均在人民币 10 元，人民币 10 元以下的免征。

● 对进出口货物纳税义务人未在规定的缴纳期限内缴纳税费的，由海关自到期的次日起至缴清税、费款日止，按日征收滞纳金。

进口价格核算通用公式

1. 进口报价核算。

报价(国内售价、成交价)＝进口成本＋进口费用＋进口利润

进口关税完税价＝CIF＝CFR÷［1－(1＋投保加成率)×保险费率］

＝(FOB＋运费)÷［1－(1＋投保加成率)×保险费率］

进口关税额＝CIF×进口关税率

进口消费税完税价＝(CIF＋进口关税额)÷(1－消费税率)

＝CIF×(1＋进口关税率)÷(1－消费税率)

进口消费税额＝CIF×(1＋进口关税率)÷(1－消费税率)×消费税率

进口增值税完税价＝CIF＋进口关税额＋进口消费税额

进口增值税额(代缴)＝(CIF＋进口关税额＋进口消费税额)×增值税率

＝CIF×(1＋进口关税率)÷(1－消费税率)×增值税率

报价(国内售价)＝

$$\frac{[\text{进口成本(FOB/CFR/CIF)}+\text{各项费用(不含代缴增值税)}+\text{利润额}]\times(1+\text{增值税率})}{1-\text{销售利润率}\times(1+\text{增值税率})}$$

2. 进口还价、成交(合同)核算。

利润＝收入－支出＝销售收入－各项费用－进口成本

某项费用＝销售收入－进口成本－其他费用－利润

根据国内用户还价核算进口成本：

销售收入/(1＋增值税率)

＝FOB＋进口运费＋进口保险费＋关税＋消费税＋银行费用＋垫款利息＋定额费＋其他费用＋进口利润额

＝(FOB价格＋进口运费)/［1－(1＋投保加成率)×保险费率］＋(FOB价格＋进口运费)/［1－(1＋投保加成率)×保险费率］×进口关税率＋(FOB价格＋进口运费)/［1－(1＋投保加成率)×保险费率］×(1＋进口关税率)/(1－消费税率)×消费税率＋FOB价格×银行费用率＋FOB价格×银行贷款利率×贷款天数/360＋FOB价格×定额费率＋其他进口费用＋FOB价格×成本利润率

＝(FOB价格＋进口运费)/［1－(1＋投保加成率)×保险费率］×(1＋进口关税率)/(1－消费税率)＋FOB价格×银行费用率＋FOB价格×银行贷款利率×贷款天数/360＋FOB价格×定额费率＋其他进口费用＋进口利润额＋FOB价格×成本利润率

由此：

FOB价格＝

$$\frac{\text{销售收入}/(1+\text{增值税率})-\text{进口运费}\times(1+\text{进口关税率})/\{[1-(1+\text{投保加成率})\times\text{保险费率}]\times(1-\text{消费税率})\}-\text{其他费用}-\text{进口利润额}}{(1+\text{进口关税率})/\{[1-(1+\text{投保加成率})\times\text{保险费率}]\times(1-\text{消费税率})\}+(\text{以采购成本为基数的})\text{费用率}+\text{成本利润率}}$$

同理可得：

CFR 价格 =

$$\frac{\text{销售收入}/(1+\text{增值税率})-\text{其他费用}-\text{进口利润额}}{(1+\text{进口关税率})/\{[1-(1+\text{投保加成率})\times\text{保险费率}]\times(1-\text{消费税率})\}+(\text{以采购成本为基数的})\text{费用率}+\text{成本利润率}}$$

CIF 价格 =

$$\frac{\text{销售收入}/(1+\text{增值税率})-\text{其他费用}-\text{进口利润额}}{(1+\text{进口关税率})/(1-\text{消费税率})+(\text{以采购成本为基数的})\text{费用率}+\text{成本利润率}}$$

第三章　进出口合同签订

【实例评析】

❶ 填制销售确认书

出口 ➲

根据谈判纪要填制销售确认书，编号为 SHKEL-FL05515，日期为 2005 年 8 月 17 日。

上 海 兰 柯 国 际 贸 易 有 限 公 司

Shanghai Lanked International Trading Co. , Ltd.

地址：中国上海浦东黄杨路 18 号凤凰大厦 604B 室（邮政编码：201206）

Address: Rm. 604B Phoenix Building, No. 18 Huangyang Rd. , Pudong, Shanghai 201206, P. R. China

谈　判　纪　要

时间：	August 15, 2005	
地点：	业务谈判室	
客户：	IMMENSE INC	
	Suite 209, Keele St. , Toronto, Canada	
	Zip: M6M 3Z2	
	Tel: +1 416 901 9776 Fax: +1 416 901 9778	
主题：	出口家用品	
结果：	达成协议如下：	
	我公司将于 2005 年 11 月 20 日前一次性装运	
	货号/品名：	8065 / Coffee Pot 900 ML(900 毫升咖啡壶)
	价格：	23.95 美元/只　CIF 多伦多
	数量：	240 只
	包装：	12 只装一纸箱
	货号/品名：	116602 / Tea Kettel 600 ML(600 毫升水壶)
	价格：	28.00 美元/只　CIF 多伦多
	数量：	480 只
	包装：	24 只装一纸箱
	货号/品名：	119303 / S/S Cup 300 ML (300 毫升保温杯)
	价格：	6.50 美元/只　CIF 多伦多
	数量：	400 只
	包装：	40 只装一纸箱
	保险：	加一成投保协会货物险(B)险
	付款：	提单日后 30 天付款信用证，2005 年 9 月 15 日前开到

电话 Tel: 0086-21-58348433　传真 Fax: 0086-21-58380910

解　　答

SALES CONFIRMATION

S/C No.: SHKEL-FL05515
Date: Aug. 17, 2005

The Seller: Shanghai Lanked International Trading Co., Ltd.
Address: Rm.604B Phoenix Building, No.18 Huangyang Rd., Pudong, Shanghai 201206, P.R. China
Tel: 0086-21-58348433
Fax: 0086-21-58380910

The Buyer: IMMENSE INC.
Address: Suite 209, Keele St.,Toronto,Canada
Zip: M6M 3Z2
Tel: +1 416 901 9776
Fax: +1 416 901 9778

Art. No.	Name of Commodity & Specifications	Quantity	Unit Price	Amount
			CIF TORONTO	
8065	COFFEE POT 900ML	240 PCS	US$23.95	US$5,748.00
116602	TEA KETTLE 600ML	480 PCS	US$28.00	US$13,440.00
119303	S/S CUP 300ML	400 PCS	US$6.50	US$2,600.00
				US$21,788.00
Total Amount in Words:	SAY US DOLLARS TWENTY ONE THOUSAND SEVEN HUNDRED AND EIGHTY EIGHT ONLY			

TERMS OF PACKING: ART.NO. 8065 TO BE PACKED IN CARTONS OF 12 PCS EACH ONLY
ART.NO. 116602 TO BE PACKED IN CARTONS OF 24 PCS EACH ONLY
ART.NO. 119303 TO BE PACKED IN CARTONS OF 40 PCS EACH ONLY
TOTAL 50 CARTONS

TERMS OF SHIPMENT: FROM: SHANGHAI, CHINA
TO： TORONTO, CANADA
TO BE EFFECTED BEFORE NOV. 20, 2005
WITH PARTIAL SHIPMENTS NOT ALLOWED AND TRANSSHIPMENT ALLOWED

TERMS OF PAYMENT: THE BUYER SHOULD OPEN THROUGH A BANK ACCEPTABLE TO THE SELLER
AN IRREVOCABLE L/C PAYABLE AT 30 DAYS AFTER B/L DATE
FOR 100% OF TOTAL CONTRACT VALUE
TO REACH THE SELLER BEFORE SEP. 15, 2005
AND VALID FOR NEGOTIATION IN CHINA
UNTIL THE 15TH DAY AFTER THE DATE OF SHIPMENT

TERMS OF INSURANCE: THE SELLER SHOULD COVER INSURANCE
FOR 110% OF THE TOTAL INVOICE VALUE
AGAINST INSTITUTE CARGO CLAUSES(B)
AS PER I.C.C DATED 1/1/1982

The contract is made out in two original copies, one copy to be held by each party.

Confirmed by:

THE SELLER
Shanghai Lanked International Trading Co., Ltd.

(signature)

THE BUYER

(signature)

Remarks:

1. The buyer shall have the covering letter of credit reach the Seller 30 days before shipment, failing which the Seller reserves the right to rescind without further notice, or to regard as still valid whole or any part of this contract not fulfilled by the Buyer, or to lodge a claim for losses thus sustained, if any.
2. In case of any discrepancy in Quality, claims should be filed by the Buyer within 30 days after the arrival of the goods at port of destination; while for quantity discrepancy, claims should be filed by the Buyer within 15 days after the arrival of the goods at port of destination.
3. For transactions concluded on C.I.F. basis, it is understood that the insurance amount will be for 110% of the invoice value against the risks specified in the Sales Confirmation. If additional insurance amount or coverage required, the Buyer must have the consent of the Seller before Shipment, and the additional premium is to be borne by the Buyer.
4. The Seller shall not hold liable for non-delivery or delay in delivery of the entire lot or a portion of the goods hereunder by reason of natural disasters, war or other causes of Force Majeure. However, the Seller shall notify the Buyer as soon as possible and furnish the Buyer within 15 days by registered airmail with a certificate issued by the China Council for the Promotion of International Trade attesting such event(s).
5. All deputes arising out of the performance of, or relating to this contract, shall be settled through negotiation. In case no settlement can be reached through negotiation, the case shall then be submitted to the China International Economic and Trade Arbitration Commission for arbitration in accordance with its arbitral rules. The arbitration shall take place in Shanghai. The arbitral award is final and binding upon both parties.
6. The Buyer is requested to sign and return one copy of this contract immediately after receipt of the same. Objection, if any, should be raised by the Buyer within 3 working days, otherwise it is understood that the Buyer has accepted the terms and conditions of this contract.
7. Special conditions: (These shall prevail over all printed terms in case of any conflict.)

评　析

典型的销售合同一般由以下内容构成：

一、约首

SALES CONFIRMATION ——① 合同名称

SHKEL-FL05515 ——② 合同号码

AUG. 17, 2005 ——③ 合同日期

The Seller: Shanghai Lanked International Trading Co., Ltd.
Address: Rm. 604B Phoenix Building, No. 18 Huangyang Rd., Pudong, Shanghai 201206, P. R. China
The Buyer: IMMENSE INC
Address: Suite 209, Keele St., Toronto, Canada
} ④ 合同当事人信息

二、正文

1. 品质条款(Quality)。

8065 / 116602 / 119303 } ① 货号(Art. No.)

Coffee Pot 900 ML / Tea Kettle 600 ML / S/S Cup 300 ML } ② 商品名称、规格

2. 数量条款(Quantity)。

一般应写明商品各货号的数量和使用的计量单位。

8065	240	① 数量	PCS	② 计量单位
116602	480		PCS	
119303	400		PCS	

3. 价格条款(Price)。

	Unit Price		Amount	
			CIF TORONTO	——② 价格术语
8065	US$23.95	① 单价	US$5,748.00	
116602	US$28.00		US$13,440.00	
119303	US$6.50		US$2,600.00	
			US$21,788.00	——③ 合同金额(小写)

Total Amount in Words:——④ 合同金额(大写)

Say US Dollars Twenty One Thousand Seven Hundred and Eighty Eight Only.

4. 包装条款(Packing)。

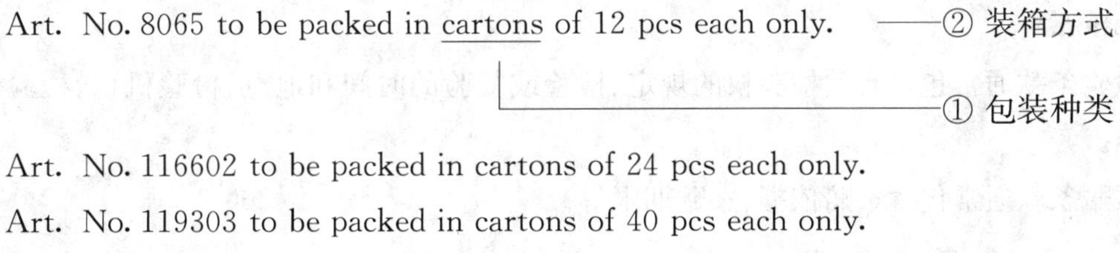

Art. No. 8065 to be packed in cartons of 12 pcs each only. ——② 装箱方式

(cartons) ——① 包装种类

Art. No. 116602 to be packed in cartons of 24 pcs each only.

Art. No. 119303 to be packed in cartons of 40 pcs each only.

Total 50 cartons ——③ 包装总件数

5. 装运条款(Shipment)。

FROM: Shanghai, China ——① 起运地/港

TO: Toronto, Canada ——② 目的地/港

To be effected before Nov. 20th, 2005 ——③ 装运期

with partial shipments not allowed and transshipment allowed.

——④ 对分批和转运的规定

6. 支付条款(Payment)。

The Buyer should open through a bank acceptable to the Seller

——① 开证银行

an Irrevocable L/C payable at 30 days after B/L date
——② 信用证种类及付款期限

for 100% of total contract value ——③ 信用证金额

to reach the Seller before Sep. 15th, 2005 ——④ 到证时间

valid for negotiation in China ——⑤ 到期地点

until the 15th day after the date of shipment. ——⑥ 到期日

7. 保险条款(Insurance)。

The Seller should cover insurance ——① 投保人

for 110% of the total invoice value ——② 保险金额

against Institute Cargo Clauses (B) ——③ 投保险别

as per I. C. C. dated 1/1/1982. ——④ 保险条款及生效时间

8. 检验和索赔(Inspection & Claims)。

In case of any discrepancy in Quality, claims should be filed by the Buyer within 30 days after the arrival of the goods at port of destination; while for quantity discrepancy, claims should be filed by the Buyer within 15 days after the arrival of the goods at port of destination.

检验条款通常包含有关检验权的规定、检验或复验的时间和地点、检验机构、检验证书等内容。

索赔条款通常包含索赔依据、索赔期限等。

9. 不可抗力(Force Majeure)。

The Seller shall not hold liable for non-delivery or delay in delivery of the entire lot or a portion of the goods hereunder by reason of natural disasters, war or other causes of Force Majeure. However, the Seller shall notify the Buyer as soon as possible and furnish the Buyer within 15 days by registered airmail with a certificate issued by the China Council for the Promotion of International Trade attesting such event(s).

通常包含不可抗力事件的范围、对不可抗力事件的处理原则和方法、不可抗力事件发生后通知对方的期限和方式、出具证明文件的机构等内容。

10. 争议解决(Depute Settlement)。

All deputes arising out of the performance of, or relating to this contract, shall be settled through negotiation. In case no settlement can be reached through negotiation, the case shall then be submitted to the China International Economic and Trade Arbitration Commission for arbitration in accordance with its arbitral rules. The arbitration shall take place in Shanghai. The arbitral award is final and binding upon both parties.

通常包含争议解决方式、提请仲裁的仲裁地点、仲裁机构、仲裁规则、裁决效力等内容。

三、约尾

1. The Contract is made out in two original copies, one copy to be held by each party.

——合同份数及归属

2.

——合同双方签字确认

相关链接

拟写合同条款的常用术语　第 130 页
拟订商务合同的注意要点　第 131 页
销售合同的一般交易条件（General Terms）　第 133 页

❷ 填制购货合同　　　　　　　　　　　　　　**进口**

2005 年 4 月初，上海驰林金属有限公司（地址：上海市共和新路 1000 弄 50 号，邮政编码：200071，电话：021-56723453，传真：021-56723464）收到国内客户求购 300 公吨重熔废钢 1 号的信息。据此，5 月到 6 月间，驰林公司同与其有长期业务往来的日本 GR-TRAG Co., Ltd（Address: A904 Wealth Building, Kando Jinbocho Chiyodaku, Tokyo, Japan, Tel.: +81-3-5283 6765, Fax.: +81-3-5283 6775）就进口重熔废钢进行商谈。双方于 7 月 6 日成交，具体信息如下：

商品：　重熔废钢 1 号
　　　　Heavy Melting Steel　　　SCRAP NO. 1
规格：　ISRI 200-202　　　长度小于 1.5 米
原产国：　菲律宾
数量：　300 公吨　　　包装：装 17 个 20 英尺集装箱
单价：　每公吨 200 美元 CFR SHANGHAI
运输方式：海洋运输
装运日：　不迟于 2005 年 11 月 15 日
起运港：　马尼拉　目的港：　上海
转运：　禁止　分批装运：　禁止
付款方式：即期信用证
　　信用证应不迟于 2005 年 10 月 15 日达到受益人所在地的通知银行
　　开证费用以外的所有银行费用由卖方承担
信用证项下单据清单：

1. 已签署的商业发票 1 份正本、2 份副本
2. 全套已装船海运提单 3 份正本、3 份副本，做成空白抬头空白背书，通知开证申请人，并标注“运费已付”
3. 装箱单 1 式 2 份
4. 受益人证明申明以下单据均在装运日后 2 个工作日内通过快递寄交给开证申请人
   ——出口地商会出具的原产地证明
   ——受益人出具的装运重量记录，标明货物总净重、总毛重
   ——非木质包装证明书
   ——由中国检验认证集团 China Certification and Inspection (Group) Co., Ltd 出具的装船前检验证明
5. 受益人发送至开证申请人的装船通知传真件
   该传真应于装船后 24 小时内发出，告知装运细节，包括提单号码、提单日期、船名、航次及船舶预计到港的时间

海运保险：由买方自行办理
补充内容：信用证项下单据必须在提单日后 15 天内提交通知银行

试根据上述信息填制购货合同，合同号码为 SHSL-GR050707，合同日期为 2005 年 7 月 7 日。

解　　答

Purchase Contract

Contract No.:	SHSL-GR050707	**Date:**	2005-7-7
The Buyer:	Shanghai Chilin Metals Co., Ltd.	**Tel.:**	+86-21-56723453
Add:	No. 50, Lane 1000, Gonghexin Road, Shanghai 200071, China	**Fax:**	+86-21-56723464
The Seller:	GR-TRAG Co., Ltd	**Tel.:**	+81-3-5283-6765
Add:	A904 Wealth Building, Kando Jinbocho Chiyodaku, Tokyo, Japan	**Fax:**	+81-3-5283-6775

This contract is made by and between the seller and the buyer whereby the seller agrees to sell and the buyer agrees to buy the under-mentioned goods according to the terms and conditions stipulated below:

Description of Commodity	***Quantity***	***Unit Price***	***Amount***
Heavy Melting Steel SCRAP NO.1 ISRI 200-202 Length: less than 1.5 M	300 MT	USD 200.00/MT CFR Shanghai, China	USD 60,000.00

Total Value: SAY US DOLLARS SIXTY THOUSAND ONLY.

Country of origin: Philippines

Packing: Loaded in 17 20' FCL

Shipment: To be effected from Manilia, Philippines to Shanghai, China not later than 15 Nov. 2005 with partial shipments and transshipment not allowed.

Payment: By an irrevocable Letter of Credit payable at sight for 100% of total contract value to reach the beneficiary's advising bank not later than 15 Oct. 2005.

All banking charges except L/C issurance fee are for beneficiary's account.

Documents:

1. Signed commercial invoice in 1 original and 2 copies.
2. Full set of shipped on board Bills of Lading in 3 originals and 3 non-negotiable copies made out to order and blank endorsed notifying applicant, marked 'freight prepaid'.
3. Packing list in 2 copies.
4. Beneficiary's certificate certifying that Certificate of Origin issued by Local Chamber of Commerce, Weight Records at the Loading Port issued by beneficiary showing total net weight and total gross wight, Declaration of Non-wood Packing and Certificate of Pre-shipment Inspection issued by China Certification and Inspection (Group)Co., Ltd. will be sent to the applicant within two working days after shipment by courier service.
5. Beneficiary's Fax sent to the applicant advising shipment details indicating B/L date, B/L Number, Vessel's Name, Voyage Number and ETA within 24 hours after the date of shipment.

Insurance: To be covered by the Buyer

Others:

L/C documents to be presented within 15 days after B/L date at the advising bank's counters.

This contract consists of 2 pages and will be set in force after counter signature of both parties.

The Buyer
SHANGHAI CHILIN METALS CO., LTD

Representative:

The Seller

Representative:

Remarks:

Inspection & Claims: The Buyer shall have the right to apply to SGS and/or CIQ for inspection after discharge of the goods at the port of destination at the Buyer's cost and the report issued by SGS and/or CIQ at discharge port to be considered as final.
Should the quality and weight inspected by SGS and/or CIQ be found not in conformity with the contract or invoice, the Buyer shall be entitled to lodge claims with the Seller on the basis of the inspection certificate issued by SGS and/or CIQ at discharge port, with the exception, however, of those claims for which the shipping company and/or the insurance company are to be held responsible.

Force Majeure: In case of force majeure in accordance with international law, the Seller shall not be held responsible for the delay in the delivery or non-delivery of the goods caused by or resulting from any cause beyond the Seller's control or the carrier of the material, including calamities of nature (heavy rain, heavy wind storms, tsunami or water flood) strikes, war, riots, embargoes. In such event preventing the Seller from shipping or delivering, such shipments of deliveries shall be suspended in the duration of contingency, and immediate notification should be given to the Buyer certificate to this effect to be issued by Government, Authorities or Chamber of Commerce and presented to the Buyer. If the shipment is delayed for more than 30 days, the Buyer shall have the right to cancel this contract.

Arbitration: All disputes in connection with the execution of this contract may be settled through friendly negotiations. Failing the friendly negotiation does not relieve both or any of the parties of their respective contractual obligations. In the event of any disputes which the parties fail to resolve amicably, such disputes shall be referred to and finally resolved by arbitration at the China International Economic and Trade Arbitration Commission in Beijing, China. The award of arbitration shall be accepted by both parties hereto as final and binding for both parties.

评　　析

典型的购货合同一般由以下内容构成：

一、约首

二、正文

1. 品质条款。

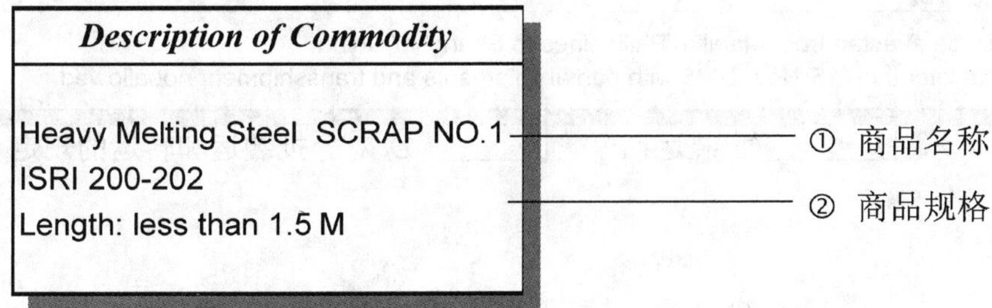

2. 数量条款。

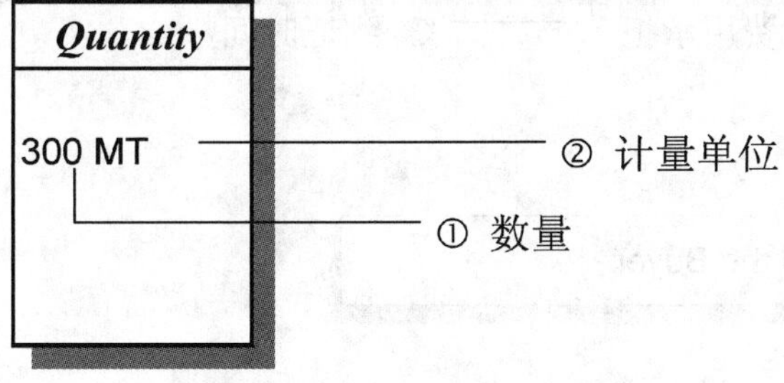

3. 价格条款。

① 单价（货币种类、金额、计价单位）

Unit Price	Amount
USD 200.00/MT CFR Shanghai, China	USD 60,000.00
Total Value:	SAY US DOLLARS SIXTY THOUSAND ONLY.

③ 合同金额（小写）
② 贸易术语
④ 合同金额（大写）

4. 包装条款。

Packing:	Loaded in 17 20' FCL

包装件数及包装种类

5. 装运条款。

① 起运港　② 目的港

Shipment:	To be effected from Manilia, Philippines to Shanghai,China not later than 15 Nov. 2005 with partial shipments and transshipment not allowed.

③ 装运期　④ 对分批装运和转运的规定

6. 支付条款。

① 付款方式　② 付款期限和金额

Payment:	By an irrevocable Letter of Credit payable at sight for 100% of total contract value to reach the beneficiary's advising bank not later than 15 Oct. 2005. All banking charges except L/C issurance are for beneficiary's account.

④ 银行费用承担　③ 到证时间

7. 保险条款。

Insurance:	To be covered by the Buyer

8. 附加条款。

(1) 货物的原产地/国。

Country of origin:	Philippines

(2) 卖方必须提交的单据列表。

Documents:	1. Signed commercial invoice in 1 original and 2 copies. 2. Full set of shipped on board Bills of Lading in 3 originals and 3 non-negotiable copies made out to order and blank endorsed notifying applicant, marked 'freight prepaid'. 3. Packing list in 2 copies. 4. Beneficiary's certificate certifying that Certificate of Origin issued byLocal Chamber of Commerce, Weight Records at the Loading Port issued by beneficiary showing total net weight and total gross wight, Declaration of Non-wood Packing and Certificate of Pre-shipment Inspection issued by China Certification and Inspection (Group)Co., Ltd. will be sent to the applicant within two working days after shipment by courier service. 5. Beneficiary's Fax sent to the applicant advising shipment details indicating B/L date, B/L Number, Vessel's Name, Voyage Number and ETA within 24 hours after the date of shipment.

(3) 对卖方交单的要求。

L/C documents to be presented within 15 days after B/L date at the advising bank's counters.

9. 一般条款。

(1) 检验和索赔。

Inspection & Claims:	The Buyer shall have the right to apply to SGS and/or CIQ for inspection after discharge of the goods at the port of destination at the Buyer's cost and the report issued by SGS and/or CIQ at discharge port to be considered as final. Should the quality and weight inspected by SGS and/or CIQ be found not in conformity with the contract or invoice, the Buyer shall be entitled to lodge claims with the Seller on the basis of the inspection certificate issued by SGS and/or CIQ at discharge port, with the exception, however, of those claims for which the shipping company and/or the insurance company are to be held responsible.

(2) 不可抗力。

Force Majeure:	In case of force majeure in accordance with international law, the Seller shall not be held responsible for the delay in the delivery or non-delivery of the goods caused by or resulting from any cause beyond the Seller's control or the carrier of the material, including calamities of nature (heavy rain, heavy wind storms, tsunami or water flood) strikes, war, riots, embargoes. In such event preventing the Seller from shipping or delivering, such shipments of deliveries shall be suspended in the duration of contingency, and immediate notification should be given to the Buyer certificate to this effect to be issued by Government, Authorities or Chamber of Commerce and presented to the Buyer. If the shipment is delayed for more than 30 days, the Buyer shall have the right to cancel this contract.

（3）仲裁。

Arbitration:	All disputes in connection with the execution of this contract may be settled through friendly negotiations. Failing the friendly negotiation does not relieve both or any of the parties of their respective contractual obligations. In the event of any disputes which the parties fail to resolve amicably, such disputes shall be referred to and finally resolved by arbitration at the China International Economic and Trade Arbitration Commission in Beijing, China. The award of arbitration shall be accepted by both parties hereto as final and binding for both parties.

三、约尾

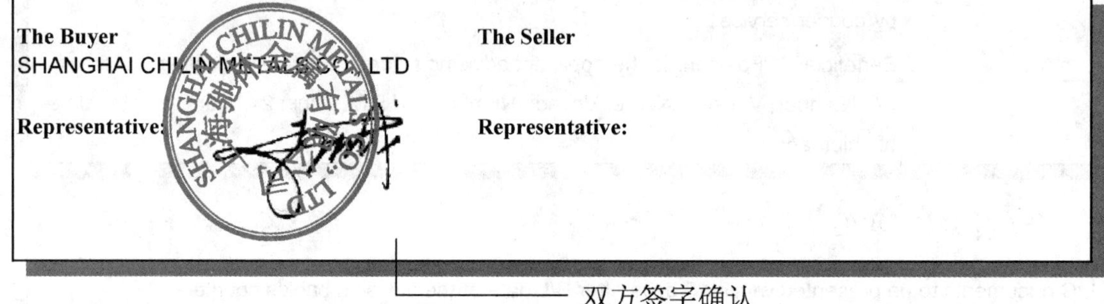

双方签字确认

相关链接

购货合同的一般交易条件（General Terms） 第 137 页

【技能操练】

1. 翻译以下品质条款。

(1) 货号 KB2043 长毛兔,质量必须与卖方第 3SC4 号样品相同。

(2) 大米,长型,碎粒为最高 25%,杂质为最高 0.25%。

(3) 12 厘米婚礼对熊,品质和样式与 2005 年 1 月 18 日买方提供的样品一致。

(4) Deluxe Tile

81903　2 mm×300 mm×300 mm

1109　2 mm×300 mm×300 mm

2. 翻译以下数量条款。

(1) 中国东北大米,6000 公吨,允许卖方有 4%溢短装。

(2) Seamless Steel Casing, 20000ft, with 5% more or less at seller's option.

3. 翻译以下价格条款。

(1) 每公吨 200 美元成本加保险费运费至旧金山,含 2%的佣金。

(2) 每套 150 欧元成本加运费至伦敦。

(3) 每打 75000 日元大连港船上交货之净价。

(4) Unit Price: EUR7,737.40 per set CIF Shanghai

Total Value:

(in figure)EUR23,212.20

(in words)Say Euro Twenty Three Thousand Two Hundred and Twelve and Cents Twenty Only

(5) US$65.00 per piece FOBC3 Tokyo

Total:US$16,250.00

(Say US Dollars Sixteen Thousand Two Hundred and Fifty Only)

4. 指出下列中方出口单价中的错漏,并用英文完整、正确地表述,可做合理的补充。

(1) 每码 5.4 元 CIFC 神户。

(2) 430 欧元 CFR 汉堡,含 5%佣金。

(3) 每辆 34.6 美元 FOB 洛杉矶。

5. 翻译以下包装条款。

(1) 货号 SB55-883 和 SB57-020, 4 打装一纸箱;货号 SB55-880, 2 打装一纸箱;共计 850 箱。

(2) 每 20 件装一盒,10 盒装一出口纸箱,共 500 箱。

(3) In cartons each containing 4 boxes of 9lbs., with each piece waxed and wrapped with paper.

(4) In new single gunny bags of about 100kgs each.

(5) To be packed in new strong wooden case(s)/carton(s) suitable for long distance ocean transportation and well protected against dampness, moisture, shock and rust. The seller shall be liable for any damage to the goods on account of improper packing and in such cases any and all losses and/or expenses incurred in consequence thereof shall be borne by the seller.

(6) The measurement, gross weight, net weight and the cautions such as "Do not stack up side down", "Keep away from moisture", "Handle with care" shall be stenciled on the surface of each package with fadeless pigment.

6. 指出运输标志(Shipping Marks)通常由哪几个部分组成,并举一实例。

7. 指出合同装运条款(Terms of Shipment)一般应包含哪些内容,并举一实例。

8. 翻译以下装运条款。

(1) 货物最晚不迟于2005年8月31日由上海通过海运运往美国纽约,允许分批装运,但不允许转运。

(2) 2005年11月间由大连运往荷兰鹿特丹,禁止分批装运和转运。

(3) 货物于2005年4月/5月/6月间从宁波经海运运往澳大利亚悉尼港,每月装一批且数量均等,不允许转运。

(4) Time of Shipment/Delivery: Before July 10th, 2005

Port of Loading: Rotterdam or Amsterdam port, the Netherlands

Method of Transportation: By sea

Port of Destination: Shanghai port, China

Partial Shipment: Not allowed

Transshipment: Allowed

(5) The Seller shall, 30 days before the shipment date specified in the Contract, advise the Buyer by fax of the Contract No., commodity, quantity, amount, packages, gross weight, measurement, and the date of shipment in order that the Buyer can charter a vessel/book shipping space. In the event of the Seller's failure to effect loading when the vessel arrives duly at the loading port, all expenses including dead freight and/or demurrage charges thus incurred shall be for the Seller's account.

(6) The Seller shall ship the goods duly within the shipping duration from the port of loading to the port of destination. Under CFR terms, the Seller shall advise the Buyer by fax of the Contract No., commodity, invoice value and the date of dispatch 2 days before the shipment for the Buyer to arrange insurance in time.

(7) For the term of FOB or FCA, the shipping forwarder must be arranged and appointed by the Buyer of which the Seller shall get confirmation from the Buyer at least 2 weeks prior to shipment.
(8) The Seller has to send one set of shipping documents to the Buyer by fax such as B/L, signed commercial invoice and packing list, etc. within 2 days from the date of B/L.
(9) The Seller must forward at least one original B/L plus three copies of signed commercial invoice and packing list and the fumigation certificate of the wooden packing and etc. directly to the Buyer by express couriers like DHL, within 3 days from the date of B/L.

9. 翻译以下保险条款。
(1) 保险由买方自行办理。
(2) 卖方按发票金额的120%，根据中国人民保险公司1981年1月1日的海运货物保险条款，投保一切险。
(3) To be covered by the Seller for 110% of total invoice value against ICC (A) and Institute War Clauses — Cargo as per and subject to Institute Cargo Clauses dated 1/1/1982.
(4) For transactions concluded on C. I. F. basis it is understood that the insurance amount will be for 110% of the invoice value against the risks specified in the Sales Confirmation. If additional insurance coverage is required, the buyers must have the consent of the sellers before shipment and the additional premium is to be borne by the buyers.
(5) Except in cases where the insurance is covered by the Buyers as arranged, insurance is to be covered by the Sellers with a Chinese insurance company for 110% of invoice value. If insurance for additional amount and /or for other insurance terms is required by the Buyers, prior notice to this effect must reach the Sellers before shipment and is subject to the Sellers' agreement, and the extra insurance premium shall be for the Buyers' account.

10. 翻译以下支付条款。
(1) 买方应不迟于2005年2月底(即本合同生效后三周内)将100%货款用电汇的方式预付给卖方。
(2) 买方应于收到卖方发送的正本提单传真件后，立即将100%货款用电汇付给卖方。
(3) 货物装运后，卖方出具以买方为付款人的即期汇票，并通过卖方银行和代收行向买方提示全套单据，在其付款后放单，即付款交单。买方应于首次提示汇票时立即付款，以取得全套单据。
(4) 买方对卖方开具的见票后60天付款的跟单汇票，应于提示时立即承兑，并应于汇票到期日即予付款。买方承兑后即可取得货运单据。

(5) 买方对于卖方开具的提单日后 30 天付款的跟单汇票，应于提示时立即承兑，并应于汇票到期日即予付款。买方只有在付款后方可取得货运单据。

(6) 买方应通过一家卖方接受的银行开立不可撤销即期信用证，并于装运月份的 30 天前开抵卖方，有效至装运日后第 15 天在中国议付。

(7) 买方应通过一流银行开立不可撤销见票后 45 天付款的信用证，并于 2005 年 9 月底前开抵卖方，有效至装运日后第 21 天在中国议付。

(8) Payment by L/C: One month before shipment, the Buyer shall establish with Bank of China, an Irrevocable Sight L/C in favour of the Seller, to be available against presentation of the shipping documents specified in Clause 14 hereof.

(9) Payment by Documentary Collection: After shipment being made, the Sellers shall send through their bank a sight draft drawn on the Buyers together with the shipping documents specified in Clause 14 hereof to the Buyers through Bank of China, Shanghai Branch for payment.

11. 请将以下合同条款译成中文。

(1) The Seller shall guarantee that the commodity must be in conformity with the quality, specifications and quantity specified in this Contract and Letter of Quality Guarantee. The guarantee period shall be 2 months after the arrival of the goods at the port of destination, and during the period the Seller shall be responsible for the damage due to the defects in designing and manufacturing of the manufacturer.

(2) The Seller shall guarantee all shipment to conform to samples submitted with regard to quality. Should goods be slightly inferior in quality to the sample, the Buyer shall take delivery of goods on condition that a reasonable allowance be made on the contract price by subsequent mutual negotiation. Goods must not be returned except by permission of the Seller.

(3) It is mutually agreed that the Inspection Certificate of Quality and/or Quantity (Weight) issued by the China Entry-Exit Inspection and Quarantine Bureau at the port of shipment shall be part of the documents to be presented for negotiation under the relevant L/C. The Buyers shall have the right to re-inspect the quality and quantity (weight) of the cargo. The re-inspection fees shall be borne by the Buyers. Should the quality and/or quantity (weight) be found not in conformity with that of the contract, the Buyers are entitled to lodge with the Sellers a claim which should be supported by survey reports issued by a recognized surveyor approved by the Sellers.

(4) Should the seller deliver to the buyer a quantity of goods larger than he has contracted to sell, the buyer may accept the goods included in the contract and reject the rest. If

the buyer accepts the whole of the goods so delivered, he must pay for them at the contract rate.

(5) In case the quality, quantity or weight of the goods be found not in conformity with those as stipulated in this Contract upon re-inspection by the China Entry-Exit Inspection and Quarantine Bureau within 60 days after completion of the discharge of the goods at the port of destination or, if goods are shipped in containers, 60 days after the opening of such containers, the Buyer shall have the right to request the Seller to take back the goods or lodge claims against the Seller for compensation for losses upon the strength of the Inspection Certificate issued by the said Bureau, with the exception of those claims for which the insurers or owners of the carrying vessel are liable. All expenses including but not limited to inspection fees, interest, losses arising from the return of the goods or claims shall be borne by the Seller.

(6) With the exception of late delivery or non-delivery due to 'Force Majeure' causes, if the Seller fails to make delivery of the goods in accordance with the terms and conditions of this Contract, the Seller shall be liable to the Buyer and indemnify the Buyer for all losses, damages, including but not limited to, purchase price and/or purchase price differentials, dead freight, demurrage, and all consequential direct or indirect losses. The Buyer shall nevertheless have the right to cancel in part or in whole of the contract without prejudice to the Buyer's right to claim compensations.

(7) Force Majeure: Neither the Seller nor the Buyer shall be held responsible for late delivery or non-delivery owing to generally recognized 'Force Majeure' causes. However in such a case, the Seller shall immediately advise by fax or email the Buyer of the accident and airmail to the Buyer within 15 days after the accident, a certificate of the accident issued by the competent government authority or the chamber of commerce which is located at the place where the accident occurs as evidence thereof. If the said 'Force Majeure' cause lasts over 60 days, the Buyer shall have the right to cancel the whole or the undelivered part of the order for the goods as stipulated in Contract.

(8) Arbitration: Both parties agree to attempt to resolve all disputes between the parties with respect to the application or interpretation of any term hereof, through amicable negotiation. If a dispute cannot be resolved in this manner to the satisfaction of the Seller and the Buyer within a reasonable period of time, maximum not exceeding 90 days after the date of the notification of such dispute, the case under dispute shall be submitted to arbitration if the Buyer should decide not to take the case to court at a place of jurisdiction that the Buyer may deem appropriate. Unless otherwise agreed upon by both parties, such arbitration shall be held in Beijing, and shall be governed by the rules and procedures of arbitration stipulated by the Foreign Trade Arbitration

Commission of the China Council for the Promotion of International Trade. The decision by such arbitration shall be accepted as final and binding upon both parties. The arbitration fees shall be borne by the losing party unless otherwise awarded.

12. 根据以下成交资料，用英文完整、正确地拟写售货合同的主要条款。

货号：BC-HLG-20

品名：童车(Baby Carriage)

价格：72.8 美元/辆 CIF 汉堡(遵循 2000 年国际贸易术语解释通则)

数量：360 辆

包装：每辆装一纸箱

装运：2005 年 11 月从浙江宁波出运

支付：即期议付信用证，2005 年 8 月底前开抵卖方

保险：加一成投保水渍险及战争险

(1) Name of Commodity and Specifications:

(2) Unit Price:

(3) Quantity:

(4) Total Amount (both in figures and words):

(5) Packing:

(6) Shipment:

(7) Insurance:

(8) Payment:

13. 日本 Highland International Co., Ltd. 与上海景远贸易有限公司经以下电文达成交易，试用中文简要概括成交条件，然后用英文填制售货确认书(Sales Confirmation)。

卖方：上海景远贸易有限公司（Shanghai Jingyuan Trading Co., Ltd.）

地址：上海虹桥路 1688 号鸿运大厦 1809—1819 室

买方：Highland International Co., Ltd.

地址：2-15-1 Koenjikita, Suginaki-Ku, Tokyo, Japan

Jul. 10, 2005(Incoming)

PLS QUOTE 14LED FLASHLIGHT ART NO. HL-199 AND 5LED ALUMINIUM ALLOY FLASHLIGHT ART NO. HL-197 CIF TOKYO NOV SHIPMT

Jul. 12, 2005(Outgoing)

YR 10TH HL-199 USD12.30/PC 150 PCS/CTN MIN ORD 3000PCS HL-197 USD23.5/PC 100 PCS/CTN MIN ORD 1500PCS SIGHT L/C

Jul. 16, 2005(Incoming)

YR 12TH HL-199 USD12.00/PC HL-197 USD20.00/PC EACH MIN QTY SIGHT D/P

Jul. 19, 2005(Outgoing)

YR 16TH ACCEPT YOUR PRICE IF PAYMENT BY L/C

Jul. 22, 2005(Incoming)

YR 19TH AGREED LATEST SHIPMT NOV20 PARTIAL SHIPMT NOT ALLOWED INSURANCE 120PCT INV VALUE AGAINST ICC(A) PLS RUSH S/C

Jul. 23, 2005(Outgoing)

YR 22ND S/C 05-JY045 BY UPS

(1) 用中文概括成交条件。

品名：

货号：

数量：

价格：

包装：

装运：

保险：

支付：

(2) 用英文填制售货确认书(Sales Confirmation)。

SALES CONFIRMATION

S/C No.: ______________________

Date: ______________________

The Seller:

Address:

The Buyer:

Address:

Art. No.	Name of Commodity & Specifications	Quantity	Unit Price	Amount
Total Amount in Words:				

PACKING:

SHIPMENT:

INSURANCE:

PAYMENT:

Confirmed by:

THE SELLER ______________________

(signature)

THE BUYER ______________________

(signature)

14. 请根据下列谈判纪要，填制销售确认书，号码为 ZYWBJ-MA139，日期为 2005 年 3 月 18 日。

浙 江 义 乌 佳 贝 贸 易 公 司
Zhejiang Yiwu Jia Bei Trading Company
地址：浙江省义乌市稠州北路 643 号 4-7 楼(邮政编码：322000)
Address: Floor 4-7, No. 643 ChouZhou N. Road, Yiwu, Zhejiang Province 322000, P. R. C.

谈 判 纪 要

时间：	March 15, 2005
地点：	四楼业务谈判室
客户：	Miami Cordage Co. , Inc.
	4000 Northwest 31st Avenue, Miami, FL 33142
	U. S. A.
主题：	皮手套出口
结果：	达成交易如下：
	2005 年 7 月间由宁波港海运至美国迈阿密港，禁止分批装运和转运

货号/品名：AN-103 蓝色皮手套(Leather Gloves in Blue)
价格：7.68 美元/打 CIF 迈阿密
数量：1320 打
包装：12 打装一纸箱

货号/品名：AN-105 红色皮手套(Leather Gloves in Red)
价格：8.4 美元/打 CIF 迈阿密
数量：1560 打
包装：12 打装一纸箱

保险：加一成投保协会货物 B 险
付款：不可撤销见票后 30 天付款信用证，2005 年 4 月底前开到

电话 Tel: 0086-579-5428395 传真 Fax: 0086-579-5428385

SALES CONFIRMATION

S/C No.:

Date:

The Seller:

Address:

The Buyer:

Address:

Art. No.	Name of Commodity and Specifications	Quantity	Unit Price	Amount
Total Amount in Words:				

PACKING:

SHIPMENT:

PAYMENT:

INSURANCE:

Confirmed by:

THE SELLER

(signature)

THE BUYER

(signature)

15. 根据以下价目表及谈判记录，填制销售合同，并将合同其他条款中的(1)、(3)、(5)和(6)译成中文。

宁 波 海 天 国 际 贸 易 有 限 公 司

NINGBO HAITIAN INTERNATIONAL TRADE CO., LTD

Price List

DC 12V Car Heated Mug

Art. No.:	FD-01	
Packing:	36 pcs per carton	
Min Order:	1800 pcs	
Unit Price:	EUR 4.28	CIF Hamburg (INCOTERMS 2000)

Plastic Travel Mug

Art. No.:	FD-303	
Packing:	40 pcs per carton	
Min Order:	3200 pcs	
Unit Price:	EUR 3.25	CIF Hamburg (INCOTERMS 2000)

General Terms:

Payment:	Sight L/C
Shipment:	Within 8 weeks from receipt of relevant L/C
Port of Loading:	Ningbo,China

The above information keeps valid until the end of 2005.

现有一德国客户 NICI AG (Address: Langheimer Str. 94, Altenkunstadt, Bavaria, Germany) 以我价目表中的报价和起订量采购，其他成交条件为：

1. 即期信用证，装运月份前30天开到；
2. 保险加成10%，投保协会货物B险和协会战争险；
3. 2005年12月间装运，允许转运，禁止分批；
4. 卖方必须提交检验检疫局签发的品质证明。

合同编号： ZFDAM-0509　　日期： 2005-9-4

地址：宁波市鄞奉路560弄14号星河湾789室(邮政编码：315000)

Add: Rm 789, Xinhewan, No.14, Lane 560,Yinfeng Road, Ningbo, Zhejiang 315000, China

销 售 合 同
SALES CONTRACT

卖方：
The Sellers:
地址：
Address:

编号：
No.:
日期：
Date:
地址：
Place:

买方：
The Buyers:
地址：
Address:

兹经买卖双方同意达成交易并订立下列条款：
The Buyers and the Sellers have agreed to conclude the following transaction according to the terms and conditions stipulated below:

(1) 商品名称及规格 Commodity and Specifications	(2) 数量 Quantity	(3) 单价 Unit Price	(4) 金额 Amount	(5) 装运期 Time of Shipment
金额和数量允许：　%　上下幅度 Percentage of allowance for amount and quantity:　% More or Less		(6) 总值 Total Amount		
(7) 起运地和目的地：从 Dispatch and Destination: From:		至： To:		装 By:

(8) 包装：
PACKING:

(9) 运输标志：
SHIPPING MARKS:　　WILL BE INDICATED IN THE LETTER OF CREDIT

(10) 付款：
PAYMENT:

凭不可撤销的____信用证付款，信用证以_____为受益人并_____分批装运和____转船。该信用证必须在__________________开到卖方，信用证的有效期应为上述装船期满后第______天，在中国______到期，否则卖方将有权无需另行通知就取消本合同，并保留因此而产生的一切损失的索赔权。

BY IRREVOCABLE LETTER OF CREDIT IN FAVOUR OF ___________ PAYABLE AT ____ SIGHT WITH PARTIAL SHIPMENT _________ AND TRANSSHIPMENT _________ . THE COVERING LETTER OF CREDIT MUST REACH THE SELLERS ______________________________ AND IS TO REMAIN VALID IN _______, CHINA UNTIL THE ____ DAY AFTER THE AFORESAID TIME OF SHIPMENT, FAILING WHICH THE SELLERS RESERVE THE RIGHT TO CANCEL THIS SALES CONTRACT WITHOUT FURTHER NOTICE AND TO CLAIM FROM THE BUYERS FOR LOSSES RESULTING THEREFROM.

(11) 保险：
INSURANCE:

由_______方负责，按本合同总值_________投保____________________险。如果买方要求加投险种或保险金额超出上述金额，必须提前征得卖方的同意；超出的保险费由买方承担。

TO BE COVERED BY THE SELLERS FOR_____OF THE INVOICE VALUE AGAINST ____________________________. IF THE BUYERS DESIRE TO COVER FOR ANY OTHER EXTRA RISKS BESIDES AFOREMENTIONED OR AMOUNT EXCEEDING THE AFOREMENTIONED LIMIT, THE SELLERS' APPROVAL MUST BE OBTAINED BEFOREHAND AND ALL THE ADDITIONAL PREMIUMS THUS INCURRED SHALL BE FOR THE BUYERS' ACCOUNT.

(12) 检验：
INSPECTION:

以中国__________所签发的品质/数量/重量/包装/卫生证明作为卖方的交货依据。

THE INSPECTION CERTIFICATE OF QUALITY / QUANTITY / WEIGHT / PACKING / SANITATION ISSUED BY ____ OF CHINA SHALL BE REGARDED AS EVIDENCE OF THE SELLERS' DELIVERY.

其他条款：

(1) Discrepancy：In case of quality discrepancy, claims should be lodged by the Buyers within 30 days after the arrival of the goods at the port of destination, while for quantity discrepancy, claims should be lodged by the Buyers within 15 days after the arrival of the goods at the port of destination. In all cases, claims must be accompanied by Survey Reports of Recognized Public Surveyors agreed to by the Sellers. Should the responsibility of the subject under claim be found to rest on the part of the Sellers, the Sellers shall, within 20 days after receipt of the claim, send their reply to the Buyers together with suggestion for settlement.

(2) The covering Letter of Credit shall stipulate the Sellers' option of shipping the indicated percentage more or less than the quantity hereby contracted and be negotiated for the amount covering the value of quantity actually shipped.
(The Buyers are requested to establish the L/C in amount with the indicated percentage over the total value of the order as per this Sales Contract.)

(3) The contents of the covering Letter of Credit shall be in strict conformity with the stipulations of the Sales Contract. In case of any variation thereof necessitating amendment of the L/C, the Buyers shall bear the expenses for effecting the amendment. The Sellers shall not be held responsible for the possible delay of shipment resulting from awaiting the amendment of the L/C and reserve the right to claim from the Buyers for the losses resulting therefrom.

(4) Except in cases where the insurance is covered by the Buyers as arranged, insurance is to be covered by the Sellers with a Chinese insurance company. If insurance for additional amount and /or for other insurance terms is required by the Buyers, the prior notice to this effect must reach the Sellers before shipment and is subject to the Sellers' agreement, and the extra insurance premium shall be for the Buyers' account.

(5) The Sellers shall not be held responsible if they fail, owing to Force Majeure cause or causes, to make delivery within the time stipulated in this Sales Contract or cannot deliver the goods. However, the Sellers shall inform immediately the Buyers by cable. The Sellers shall deliver to the Buyers by registered letter, if it is requested by the Buyers, a certificate issued by the China Council for the Promotion of International Trade or by any competent authorities, attesting the existence of the said cause or causes. The Buyers' failure to obtain the relative Import Licence is not to be treated as Force Majeure.

(6) Arbitration：All disputes arising in connection with this Sales Contract or the execution thereof shall be settled by way of amicable negotiation. In case no settlement can be reached, the case at issue shall then be submitted for arbitration to the China International Economic and Trade Arbitration Commission in accordance with the provisions of the said Commission. The award by the said Commission shall be deemed as final and binding upon both parties.

(7) Supplementary Condition(s)：(Should the articles stipulated in this Contract be in conflict with the following supplementary condition(s)，the supplementary condition(s) should be taken as valid and binding.)

Confirmed by:

卖方 **The Sellers**	买方 **The Buyers**
______________________ (signature)	______________________ (signature)

16. 根据以下成交资料审核销售确认书，一一指出其存在的问题并说明应如何修改。

交易双方

出口商： Shanghai Tianye Light Industry Trading Co., Ltd.
509 Tianmu W. Road, Shanghai 200071, China

进口商： Kelly & Miley Housing Company
600E Anton Boxrud Street, Los Angeles, USA

价格及包装

价格：

商　　品		价　格
		CIF 洛杉矶
54-pc Kitchen Set	S9420-7	USD35.00
3-pc Vacuum Mug Set	CK-05A1	USD31.00
16-pc Tableware	TS2020-28	USD16.00

包装：

货　号	包　装	件　数
S9420-7	1 set/ctn	200 cartons
CK-05A1	12 sets/ctn	100 cartons
TS2020-28	8 sets/ctn	300 cartons

其他成交条件

合同签订后 8 周内装运；
即期付款交单；
加一成投保一切险和战争险。

待审合同

SALES CONFIRMATION

S/C No.: KMHC12-01
Date: 20 DEC, 2005

The Seller: Shanghai Tianye Light industry
Address: Trading Co., Ltd.
509 Tianmu W. Road,
Shanghai 200071, China

The Buyer: Kely & Miley Housing Company
Address: 600E Anton Boxrud Street,
Los Angeles, USA

Art. No.	Name of Commodity & Specifications	Quantity	Unit Price	Amount
S9420-7	54-pc Kitchen Set	200 Sets	US$35.00	US$7,000.00
CK-05A1	5-pc Vacuum Mug Set	1200 Sets	US$31.00	US$37,200.00
TS2020-28	16-pc Tableware	2400 Sets	US$16.00	US$38,400.00
				US$82,600.00
TOTAL AMOUNT IN WORDS: Say U.S. Dollars Eighty Two Thousand Six Hundred Only				

PACKING: For S9420-7, 1 set to a carton
For CK-05A1, 12 sets to a carton
For TS2020-28, 8 sets to a carton
Total 600 cartons

SHIPMENT: Within 8 weeks after the Sales Confirmation coming into force.

PAYMENT: The Buyer should open through a bank acceptable to the Seller an Irrevocable L/C available by sight draft to reach the Seller by Jan. 16, 2006 and valid in China until the 15th day after the date of shipment.

INSURANCE: To be covered by the Seller for 120% invoice value against All Risks.

Confirmed by:

THE SELLER　　　　**THE BUYER**

(signature)　　　　(signature)

17. 上海宁飞贸易有限公司采购经理在参加2005年中国华东进出口商品交易会时，与意大利 Sam Hydraulik S. p. A.销售经理结识并交换了名片：

Shanghai Ningfei Trading Co., Ltd.
上海宁飞贸易有限公司

沈 小 坤 **Sean Shen**
Purchase Manager

地址：上海市斜土路117弄2号407室（邮政编码：200023）
Rm.407, No.2, Lane 117, Xietu Rd., Shanghai (200023)
Tel: 021-53520658 FAX: 021-53520659

Arduino Palm
Sales Manager

Sam Hydraulik S.p.A.
VIA MOSCOVA, 10-42100 REGGIO EMILIA, ITALY
TEL: 0038-522-270433
FAX: 0038-522-270434

之后，根据国内用户的需求，宁飞公司就采购下列产品与意大利 Sam Hydraulik S. p. A. 进行了磋商：

1. PUMP
型号：HCV125S D HL350 T1 MNBR TP 250＋ HCV70 S D HL 350 NMBR
包装方式：1台/木箱
2. MOTOR
型号：HIC75 S LM2 R M NBR VSC10F
包装方式：1台/木箱

最终，双方达成协议如下：
Pump: USD3500 Per Piece C&F SHANGHAI, Quantity:3 PCS
Motor: USD800 Per Piece C&F SHANGHAI, Quantity:3 PCS

2005年5月20日前交货，由意大利主要港口装运至上海港，禁止分批装运和转运；即期信用证付款，于4月10日前开抵卖方。卖方必须保证产品完全符合合同规定的品质、规格和功能。此项品质保证期为发票日起12个月。

此外，合同中必须注明：第一，商品的原产国及具体生产商；第二，包装必须适合长途运输，防潮、防锈、防震，凡由于包装不当所产生的任何费用和/或损失由卖方负担；第三，卖方必须在装船后48小时内将木箱熏蒸证明快递给买方。

根据上述信息，缮制购货合同，编号为05NF1/0614SM，日期为2005年3月27日。

PURCHASE CONTRACT

Contract No.:
Contract Date:

The Buyers:
Address:

The Sellers:
Address:

This Contract is made by and between the Buyers and the Sellers, whereby the Buyers agree to buy and the Sellers agree to sell the under-mentioned goods according to the terms and conditions stipulated below:

1.

Commodity	Qty.	Unit Price	Total

2. Country of Origin and Manufacturers:

3. Packing:

4. Time of shipment:

5. Port of Shipment:

6. Port of Discharging:

7. Partial Shipments / Transshipment:

8. Insurance:

9. Payment:

10. Remarks:

The Buyers:

The Sellers:

18. 青岛斯诺进出口有限公司向韩国 HanWha L&C Corporation 就进口瓷砖进行了询盘。以下为韩国出口商提供的报价单。

HANWHA L&C

HANWHA L&C CORPORATION

Commodity: Decorative Materials --- TILE

DELUXE TILE

Art. No. **81903**
Specification: **2mm x 300mm x 300mm**
Package: **50 PCS / BOX**
Mini Order: **1125 M^2**
C&F *Unit Price:* **USD 2.50 per M^2**

MVP TILE

Art. No. **815**
Specification: **3mm x 450mm x 450mm**
Package: **45 PCS / BOX**
Mini Order: **1620 M^2**
C&F *Unit Price:* **USD 4.00 per M^2**

DELUXE GOLD TILE

Art. No. **737**
Specification: **3mm x 450mm x 450mm**
Package: **45 PCS / BOX**
Mini Order: **1620 M^2**
C&F *Unit Price:* **USD 5.80 per M^2**

General Terms:

SHIPMENT: *DURING MARCH/APRIL/MAY 2005*
PAYMENT: *T/T IN ADVANCE PREFERRED*
PORT OF LOADING: *BUSAN, KOREA*

16F, Hanwha Bldg, Janggyo-Dong, Jung-Gu, Seoul, 049-800, Korea

经过多次磋商,双方就进口数量、价格和付款方式等达成如下协议:
Deluxe Tile Art. No. 81903: USD2.0/M^2 C&F, 2250 M^2
MVP Tile Art. No. 815: USD 3.8/M^2 C&F, 7290 M^2
Deluxe Gold Tile Art. No. 737: USD 5.68 / M^2 C&F, 7290 M^2
最迟交货期:2005 年 4 月 30 日
装运港:釜山
卸货港:青岛
付款方式:20%货款于合同签订后两周内电汇预付,剩余 80%采用即期信用证支付

包装特别要求:卖方应在包装上用不褪色油墨清楚地标刷件号、尺码、毛重、净重、"此端向上"、"小心轻放"等字样。

根据上述资料，填制以下购货合同，编号为 QD04147-HW，日期为 2005 年 2 月 2 日。

青岛斯诺进出口有限公司
QINGDAO SINUO IMPORT & EXPORT CO., LTD.

进　口　合　同
IMPORT　CONTRACT

合同编号：
Contract：
日期：
Date：

买方：
THE BUYERS：
青岛斯诺进出口有限公司
QINGDAO SINUO IMPORT & EXPORT CO., LTD.
NO.1245, FADA MANSION, NO.12
ZHONGSHAN ROAD, QINGDAO, SHANDONG, CHINA

卖方：
THE SELLERS：

本合同由买卖双方订立，根据本合同规定的条款，买方同意购买，卖方同意出售下列商品：
This Contract is made by and between the Buyers and the Sellers, whereby the Buyers agree to buy and the Sellers agree to sell the under-mentioned commodity on the terms and conditions:

(1) 品名规格 Commodity and Specifications	(2) 数量 Quantity	(3) 单价 Unit price	(4) 金额 Amount	(5) 装运期 Shipment
数量和总值允许有　　的增减 With　　more or less in quantity and amout allowed.				

(6) 生产国别和制造厂商：
Country of Origin and Manufactures:
(7) 装运口岸：
Port of Loading:
(8) 到货口岸：
Port of Destination:
(9) 包装：
Packing:

(10) 保险：
Insurance:
(11) 付款条件：
Term of Payment:

(12) 特别条款：（如特别条款与印刷条款有抵触时，应以此特别条款为准。）
Special Conditions: (These shall prevail over all printed terms in case of any conflict.)

本合同一式二份，买卖双方各执一份为证。
The Contract is made out in two original copies, one copy to be held by each party.

卖方
SELLERS

买方
BUYERS

19. 以下为湖北江永机械进出口公司与荷兰某贸易公司就进口液压汽缸进行商务谈判的记录。请据此填制购货订单(Purchase Order),编号为 HBMQ0523-KOV, 日期为 2005 年 4 月 17 日。

Negotiation Memo

时间:		2005年4月15日 下午2:00
地点:		湖北江永机械进出口公司1203会议室
客户名称地址:		KOVAKO Materials Handling B.V.
		P.O. Box 48, 2767 AA Waddinxveen
		The Netherlands
主题:		有关液压汽缸产品的进口
品名:		Complete Hydraulic Cylinder
规格:		Pos.1-14 Grw 600.400.351
原产国:		荷兰
数量:		一台(木箱装)
价格:		7740.00 欧元　CIF　上海
装运:		不迟于 2005年7月10日
		起运港: 鹿特丹
		目的港: 上海
付款:		100%电汇
		合同签订后1个月内预付10%定金，收到正本提单后1周内电汇80%，剩余10%待货到目的港后60天内付清。
特别要求:	(1)	卖方必须在装运后48小时内通过快递公司直接寄给买方至少1份正本提单、3份经签署的商业发票及装箱单和木质包装的熏蒸证明。
	(2)	卖方必须保证其提供的商品在材料和/或工艺上均无缺陷; 符合买方订单中规定的规格和要求; 质量保证期为买方收到货物后的3个月。
	(3)	卖方必须按发票金额的110%投保协会货物C险和罢工险。

湖北江永机械进出口公司

Hubei Jiangyong Machinery Import & Export Corporation

中国湖北省武汉市珞喻路804号 (邮政编码：430079) No.804 Luoyu Road, Wuhan, Hubei Province 430079, P.R.China

TEL: 0086-27-87409488 FAX: 0086-27-87409578

PURCHASE ORDER (订货单)

To Messrs(致): **Order No.(订单号):**

Date (日期):

We hereby place the order for the following goods with you on the terms and conditions set forth hereunder:

Item (项次)	Description (品名及规格)	Quantity (数量)	Unit Price (单价)	Amount (金额)

Delivery Term (交货条件):

Total Amount (合计金额):

Payment (付款) :

Shipment (装运):

Port of Loading (装运港):

Port of Destination (目的港):

Partial Shipments (分批装运):

Transshipment (转运):

Insurance (保险):

Special Clauses (特别条款):

Accepted and Confirmed by (双方签章确认):

Seller (卖方) **Buyer (买方)**

______________________ ______________________

【自助链接】

拟写合同条款的常用术语

1. 品质条款常用术语。

样品：　　Sample
原样：　　Original Sample
标准样品：　　Type Sample
留样：　　Keep Sample
回样：　　Return Sample
凭卖方样品买卖：Sale by Seller's Sample
凭买方样品买卖：Sale by Buyer's Sample
品质公差：　　Quality Tolerance

2. 常用计量单位。

千克	Kilogram, kg	公吨	Metric Ton, m/t	磅	Pound
公升	Litre, l.	加仑	Gallon, gal.	只	Piece, pc
双	Pair	台、套	Set	打	Dozen, doz.
桶	Barrel, Drum	袋	Bag	码	Yard, yd.
平方米	Square Metre, m^2	平方英尺	Square Foot, ft^2	立方米	Cubic Metre, m^3

3. 常用包装种类。

纸箱	Carton	木箱	Wooden Case
麻袋	Gunny bag	塑料袋	Plastic Bag
包	Bundle/bale	铁桶	Iron Drum
木桶	Wooden Cask	瓶	Bottle
钢瓶	Cylinder	罐	Can
托盘	Pallet	集装箱	Container

4. 常用警示性运输标志。

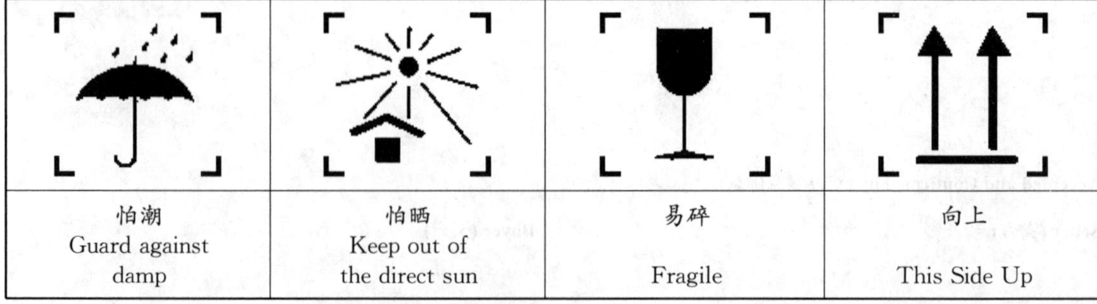

怕潮 Guard against damp	怕晒 Keep out of the direct sun	易碎 Fragile	向上 This Side Up

5. 保险条款常用术语。

	中国保险条款	协会货物条款
英文全称	China Insurance Clauses	Institute Cargo Clauses
英文缩写	C. I. C	I. C. C
颁布机构	中国人民保险公司	英国伦敦保险业协会
生效时间	1981年1月1日	1982年1月1日
基本险别	平安险 Free from Particular Average FPA	协会货物(A)险 Institute Cargo Clauses (A) ICC (A)
	水渍险 With Particular Average WPA	协会货物(B)险 Institute Cargo Clauses (B) ICC (B)
	一切险 All Risks	协会货物(C)险 Institute Cargo Clauses (C) ICC (C)
附加险	战争险 War Risks	协会战争险 Institute War Clauses — Cargo
	罢工险 Strike Risks	协会罢工险 Institute Strike Clauses — Cargo

拟订商务合同的注意要点

1. 酌情使用公文语惯用副词。

商务合同属于法律性公文，所以英译时，应酌情使用英语惯用的公文语副词，以使译文结构严谨、逻辑严密、言简意赅。这类副词为数不多，构词简单易记，通常由 here、there、where 等副词分别加上 after、by、in、of、on、to、under、upon、with 等副词构成。例如，从此以后、今后：hereafter；此后、以后：thereafter；在其上：thereon\thereupon；在其下：thereunder；对于这个：hereto；对于那个：whereto；在上文：hereinabove\hereinbefore；在下文：hereinafter\hereinbelow；在上文中、在上一部分中：thereinbefore；在下文中、在下一部分中：thereinafter。

以下用实例说明在英译合同中如何酌情使用上述副词。

例：兹经买卖双方同意，按照以下条款由买方购进，卖方售出以下商品。

This contract is made by and between the Buyers and the Sellers whereby the Buyers agree to buy and the Sellers agree to sell the under-mentioned goods subject to the terms and conditions as stipulated hereinafter.

2. 谨慎选用易混淆的词语。

英译商务合同时，常常由于选词不当而导致词不达意或者产生歧义，甚至表达了完全不同的含义。因此，了解与区分极易混淆的词语极为重要，这是提高英译质量的关键因素之一。以下举例对比五对常用且易混淆的词语。

(1) shipping advice 与 shipping instructions。

shipping advice 是“装运通知”,是由出口商(卖主)发给进口商(买主)、告知出运情况的通知。shipping instructions 则是“装运须知”,一般是进口商(买主)发给出口商(卖主)、明确装运安排的指示。

(2) abide by 与 comply with。

abide by 与 comply with 都是“遵守”的意思,其区别为当主语是“人”时应使用 abide by,当主语是“物”时则使用 comply with。

例:双方都应遵守合同规定。

Both parties shall abide by the contractual stipulations.

例:双方的一切活动都应遵守合同规定。

All the activities of both parties shall comply with the contractual stipulations.

(3) change A to B 与 change A into B。

“把 A 改为 B”英译为“change A to B”,“把 A 折合成/兑换成 B”英译为“change A into B”,两者不可混淆。

例:交货期改为 8 月,并将美元结算改为欧元结算。

Both parties agree to change the time of shipment to August and change US dollar into Euro.

(4) on/upon 与 after。

当英译“……到后,就……”、“一俟……,就……”时,用介词 on/upon,而不用 after,因为 after 表示“之后”的时间不明确。

例:发票款必须货到即付。

The invoice value is to be paid on/upon arrival of the goods.

(5) by 与 before。

当英译终止时间时,比如“在某月某日之前”,如果包括所写日期时,就用介词 by;如果不包括所写日期,即指到所写日期的前一天为止,就要用介词 before。

例:卖方必须不晚于 6 月 15 日将货交给买方。

The seller shall deliver the goods to the buyer by June 15.

例:卖方必须在 6 月 15 日前(不含 6 月 15 日)将货交给买方。

The seller shall deliver the goods to the buyer before June 15.

3. 慎重使用限定性结构处理合同的关键细目。

实践证明,英译合同中容易出现差错的地方,往往不是大的陈述性条款,而是一些关键的细目,例如价格、时间、数量等。为了避免出差错,在英译合同时,常常使用一些有限定作用的结构来界定细目所指定的确切范围。

(1) 限定责任。

为英译出双方责任的权限与范围,常常使用连词和介词的固定结构。常用的有 and/or、by and between 等。

例:如果上述货物对船舶和(或)船上其他货物造成任何损害,托运人应负全责。

The shipper shall be liable for all damage caused by such goods to the ship and/or cargo on board.

例:买卖双方同意按下述条款购买出售下列商品并签订本合同。

This Contract is made by and between the Buyer and the Seller, whereby the Buyer agrees to buy and the Seller agrees to sell the under-mentioned commodity subject to the terms and conditions stipulated below.

(2) 限定时间。

英译与时间有关的文字,应非常慎重,因为合同对时间的要求是准确无误。所以英译起止时间时,常用以下结构来限定准确的时间。

双介词——on and after, on or before

例:自 9 月 20 日起,甲方已无权接受任何订单或收取任何款项。

Party A shall be unauthorized to accept any orders or to collect any account on and after September 20.

例:我公司的条件是,3 个月内,即不得晚于 5 月 1 日,以现金支付。

Our terms are cash within three months, i. e. on or before May 1.

not(no)later than——用"not (no) later than +日期"英译"不迟于某月某日"。

例:本合同签字之日一个月内,即不迟于 12 月 15 日,乙方必须将货物装船。

Party B shall ship the goods within one month of the date of signing this Contract, i. e. not later than December 15.

Include——常用 include 的变形,如 inclusive、including 和 included,来限定含当日在内的时间。

例:本证在上海议付,有效期至 1 月 1 日。

This credit expires till January 1 (inclusive) for negotiation in Shanghai. (or: This credit expires till and including January 1 for negotiation in Shanghai.)

如果不包括 1 月 1 日在内,英译为 till and not including January 1。

(3) 限定金额。

为避免金额数量的差漏、伪造或涂改,英译时常用以下措施来严格把关。

大写文字重复金额——英译金额必须在小写之后、在括号内用大写文字重复该金额,即使原文合同中没有大写,英译时也有必要加上大写。在大写文字前加上"SAY",意为"大写",在最后加上"ONLY",意思为"整"。

例:甲方必须每月付给乙方 500 美元整。

Party A shall pay Party B a monthly salary of US$500 (SAY US DOLLARS FIVE HUNDRED ONLY).

正确使用货币符号——英译金额必须注意区分使用各种不同的货币名称符号。"$"既可代表美元,又可代表其他某些地方的货币,因此应用 US$ 或 US Dollar 来英译美元。另外,翻译时还要特别注意金额中是小数点(.)还是千分号(,),因为这两个符号极易引起笔误,稍有疏忽,后果不堪设想。

销售合同的一般交易条件 (General Terms)

销售合同
SALES CONTRACT

合同的一般交易条件

本合同是由营业地在不同国家或地区的当事人之间以书面形式订立的货物销售合同。

第一条： 质量标准：买卖双方对所成交的商品、所采取的质量标准应在合同中详细列明。

第二条： 支付方式：本合同项下的支付方式采用汇付、托收及信用证三大类。可采用其中的一种，经双方同意也可以结合使用。若为托收方式，买方应提供进口地代收银行的名称及地址。若为信用证方式，买方在合同签订后应按时开立不可撤销的信用证，以卖方为受益人，可分批、可转运，并注明合同编号，信用证有效期于装期后 15 天在出口地到期，其基本内容应与合同内容相符。选定的支付方式，应在合同上载明。

第三条： 货物保险：凡价格条件为 FOB、FCA、CFR（C&F）及 CPT 均由买方保险。凡价格条件为 CIF 或 CIP，保险由卖方按发票金额的 110％投保。投保一切险及战争险按中国保险条款。

第四条： 包装及装运标记：凡买方对包装及装运标记无特别要求，均按卖方一般出口包装和装运标记。

GENERAL TERMS AND CONDITIONS FOR THE CONTRACT

The contract is a written commodity sales contract concluded between the parties concerned at the place of business in different countries or regions.

Article 1: Quality standard: The standard of quality of the commodity in transaction between the Buyer and Seller shall be specified in the contract.

Article 2: Form of payment: The form of payment adopted in the contract shall be one of the following: remittance, collection or letter of credit. These can be adopted together if agreed by both parties. In case of collection the Buyer shall provide the name and address of the collecting bank at the place of import. If the letter of credit is used, the Buyer shall, after signing the contract, open in time irrevocable letter of credit and name the Seller as the beneficiary. It can be done in partial shipments or transferred shipment stating the number of the contract. The expiry date of the L/C shall be 15 days after the shipment at the exporting place. Its contents shall basically conform to the contents of the contract. The form of payment once determined shall be stated in the contract.

Article 3: Insurance of the commodity: When the prices are under FOB, FCA, CFR (C&F) and CPT, the commodity shall be insured by the Buyer. When the prices are under CIF or CIP insurance shall be covered by the Seller at 110% of the amount on the invoice. Insurance for all risks and war risk shall conform to China insurance clauses (C. I. C).

Article 4: Packing and mark of shipment: When there is no special request from the Buyer for packing and mark of shipment, the Seller shall pack and mark the shipment according to the general practice of export.

第五条：	商品检验：买卖双方同意以装运港(地)的中华人民共和国进出口商品检验局所属机构、委托机构及政府批准的其他商品检验机构所出具的各种证书为依据，买方可在货到目的地后予以复验，复验费由买方自行承担。	Article 5:	Commodity inspection: The Buyer and the Seller shall agree to base on the different certificates issued by the organizations subordinated to or entrusted by the Import and Export Commodity Inspection Bureau of the People's Republic of China or any other commodity inspection organization approved by the government for the Buyer to recheck the commodity when it arrives at the destination. The fee for rechecking shall be borne by the Buyer.
第六条：	异议与索赔：买方对于所装运货物的品质、重量或数量有异议并要求索赔时，必须于所装的该货物到达运输单据所注明的目的港(地)后60天内提出，并必须提供双方确认的公证机构或商品检验机构所出具的检验报告。如果买方对货物作了任何形式的处理或加工，买方丧失索赔的权利。凡属于自然原因造成损失及属于运输公司或保险公司责任范围之内的赔偿，卖方均不予赔偿。	Article 6:	Objections and claims for compensation: When the Buyer raises objection to the quality, weight or quantity of the commodity and claims for compensation, it shall put forward the matter within 60 days after the cargo has arrived at the destination port (place) as stated in the transport documents. It shall at the same time provide the inspection report issued by a public notary organization or a commodity inspection organization. In case the Buyer has treated or processed the commodity in whatever form it shall lose the right of claim for compensation. For losses subsequent to natural causes or within the responsibility for compensation by the transport company or the insurance company the Seller shall not agree to compensate.
第七条：	不可抗力：在履行本合同过程中，由于以下的不可抗力的原因，如自然灾害、战争、国家法令、法规对进出口所造成影响以及人们所无法控制的其他人为及自然因素所造成的无法履约，买卖双方均不承担责任。 但是当事人一方因不可抗力事件不能履行合同的全部或者部分，有义务毫不拖延地用传真、电传、电报等各种方式通知另一方，并必须在15天内用快递提交当地有关部门出具此类事件的证明书。即使在此情况下，买卖双方仍可商讨补救办法。	Article 7:	Force majeure: In performing the contract when the following force majeure occurs, such as natural calamities, war, impact from state laws and regulations affecting import and export and any other causes, man-made or natural, beyond the control of man that hinders the performance of the contract, both the Buyer and the Seller shall not bear any responsibility. However, in case of force majeure that one party is unable to carry out the whole or part of the contract, it shall be obliged to fax, telex or cable without any delay to notify the other party and shall within 15 days provide by express mail certification by the local departments concerned on such matters. Even under such circumstances the Buyer and the Seller may negotiate on measures for making up for the loss.

第八条：	仲裁：在履行本合同中发生争议时，首先由合同双方友好协商解决，若经协商不能达成协议，任何一方均可将有关争议提交中国国际经济贸易仲裁委员会上海分会，并根据该会仲裁法则和程序进行仲裁。仲裁裁决是终局的，对双方都有约束力。	Article 8:	Arbitration: In case of disputes arising in the performance of the contract these shall first be resolved through friendly negotiations. Shall negotiations fail to reach resolution, either party may raise the dispute to the Chinese International Economic and Trade Arbitration Commission, Shanghai Branch and request for arbitration according to the arbitration regulations and procedures of that organization. The decision of the arbitration is final, which has binding force on both parties.
第九条：	转让：本合同未经双方同意，任何一方不得转让。	Article 9:	Transfer: The contract shall not be transferred by either party without the agreement by both parties.
第十条：	变更、解除：本合同（除因第七条不可抗力外）未经双方同意，任何一方不得擅自变更或者解除合同。	Article 10:	Changes and termination: Either party shall not change or terminate the contract without the agreement of both parties (except for reasons of force majeure stated in Article 7).
第十一条：	违约及赔偿：任何一方（除因第七条不可抗力外）不履行合同义务即构成违约，根据不同情况和后果，另一方有权向违约方提出赔偿的要求。	Article 11:	Default and compensation: Should either of the two parties fail to carry out the contract (except for reasons of force majeure stated in Article 7), it shall be regarded as default, the other party reserves the right to claim from the default party for compensation in accordance with the different conditions and consequences.
第十二条：	合同生效：买卖双方经协商后同意签订本合同，并一经双方授权代表签署，本合同即生效，生效日期以合同签署日期为准，凡异地签署的以最后一方签署日期为生效日期。	Article 12:	Effectiveness of the contract: The Buyer and the Seller have through negotiations agreed to conclude the contract; once the contract is signed by the authorized representatives of both parties, it is effective as of the date of the signature. In case the contract has to be signed in different locations the date of effectiveness shall be the date when the later party has signed.
第十三条：	合同份数：本合同正本肆份，双方各执贰份。凡以前有关本批交易的信件、传真、电传、电报、口头磋商均以本合同的内容为准。	Article 13:	Copies of contract: There are four original copies of the contract, two of which shall be held by each party. All previous correspondences, facsimiles, telex, cables and verbal negotiations have to be referred to the contents of the contract as the criterion.
第十四条：	其他说明：凡上述条款未提及事宜或需要进一步补充说明，经双方同意可在合同中备注栏内说明，备注内容对双方均有约束力。	Article 14:	Other remarks: Any matters not covered, to be supplemented or be elaborated shall be stated, as agreed by both parties, in the Remarks column, which also have binding force on both parties.
第十五条：	文字效力：本合同中英文具有同等法律效力。	Article 15:	Effectiveness of languages: Both the Chinese and English version of the contract shall have equal legal effect.

购货合同的一般交易条件（General Terms）

购 货 合 同
PURCHASE CONTRACT

合同的一般交易条件	GENERAL TERMS AND CONDITIONS FOR THE CONTRACT
本合同是由营业地在不同国家或地区的当事人之间以书面形式订立的货物购买合同。	The contract is a written commodity purchase contract concluded between the parties concerned at the place of business in different countries or regions.
第一条： 质量标准：买卖双方对所成交的商品、所采取的质量标准应在合同中详细列明。	Article 1: Quality standard: The standard of quality of the commodity in transaction between the Buyer and Seller shall be specified in the contract.
第二条： 支付方式：本合同项下的支付方式采用汇付、托收及信用证三大类。可采用其中的一种，经双方同意也可以结合使用。若为托收方式，买方应提供进口地代收银行的名称及地址。若为信用证方式，买方在合同签订后应按时开立不可撤销的信用证，以卖方为受益人，可分批、可转运，并注明合同编号，信用证有效期于装期后 15 天在出口地到期，其基本内容应与合同内容相符。选定的支付方式，应在合同上载明。	Article 2: Form of payment: The form of payment adopted in the contract shall be one of the following: remittance, collection or letter of credit. These can be adopted together if agreed by both parties. In case of collection the Buyer shall provide the name and address of the collecting bank at the place of import. If the letter of credit is used, the Buyer shall, after signing the contract, open in time irrevocable letter of credit and names the Seller as the beneficiary. It can be done in partial shipments or transferred shipment stating the number of the contract. The expiry date of the L/C shall be 15 days after the shipment at the exporting place. Its contents shall basically conform to the contents of the contract. The form of payment once determined shall be stated in the contract.
第三条： 货物保险：凡价格条件为 FOB、FCA、CFR(C&F)及 CPT 均由买方保险。凡价格条件为 CIF 或 CIP，保险由卖方按发票金额的 110%投保。投保一切险及战争险按中国保险条款。	Article 3: Insurance of the commodity: When the prices are under FOB, FCA, CFR (C&F) and CPT, the commodity shall be insured by the Buyer. When the prices are under CIF or CIP insurance shall be covered by the Seller at 110% of the amount on the invoice. Insurance for all risks and war risk shall conform to China insurance Clauses (C. I. C).
第四条： 包装及装运标记：凡买方对包装及装运标记无特别要求，均按卖方一般出口包装和装运标记。	Article 4: Packing and mark of shipment: When there is no special request from the Buyer for packing and mark of shipment, the Seller shall pack and mark the shipment according to the general practice of export.

第五条：	商品检验：买卖双方同意的商品检验机构所出具的各种证书为依据，买方可在货到目的地后予以复验，复验费由买方自行承担。	Article 5:	Commodity inspection: Commodity inspection shall be on the strength of the documents issued by the mutually agreed commodity inspection organization. The Buyer has the right to inspect the commodity at the destination. The Buyer shall pay the cost of inspection.
第六条：	异议与索赔：买方对于所装运货物的品质、重量或数量有异议并要求索赔时，必须于所装的该货物到达运输单据所注明的目的港（地）后 60 天内提出，并必须提供双方确认的公证机构或商品检验机构所出具的检验报告。如果买方对货物作了任何形式的处理或加工，买方丧失索赔的权利。凡属于自然原因造成损失及属于运输公司或保险公司责任范围之内赔偿，卖方均不予赔偿。	Article 6:	Objections and claims for compensation: When the Buyer raises objection to the quality, weight or quantity of the commodity and claims for compensation, it shall put forward the matter within 60 days after the cargo has arrived at the destination port (place) as stated in the transport documents. It shall at the same time provide the inspection report issued by a public notary organization or a commodity inspection organization. In case the Buyer has treated or processed the commodity in whatever form it shall lose the right of claim for compensation. For losses subsequent to natural causes or within the responsibility for compensation by the transport company or the insurance company the Seller shall not agree to compensate.
第七条：	不可抗力：在履行本合同过程中，由于以下的不可抗力的原因，如自然灾害、战争、国家法令、法规对进出口所造成影响以及人们所无法控制的其他人为及自然因素所造成的无法履约，买卖双方均不承担责任。 但是当事人一方因不可抗力事件不能履行合同的全部或者部分，有义务毫不拖延地用传真、电传、电报等各种方式通知另一方，并必须在 15 天内用快递提交当地有关部门出具此类事件的证明书。即使在此情况下，买卖双方仍可商讨补救办法。	Article 7:	Force majeure: In performing the contract when the following force majerue occurs, such as natural calamities, war, impact from state laws and regulations affecting import and export and any other causes, man-made or natural, beyond the control of man that hinders the performance of the contract, both the Buyer and the Seller shall not bear any responsibility. However, in case of force majeure that one party is unable to carry out the whole or part of the contract, it shall be obliged to fax, telex or cable without any delay to notify the other party and shall within 15 days provide by express mail certification by the local departments concerned on such matters. Even under such circumstances the Buyer and the Seller may negotiate on measures for making up for the loss.
第八条：	仲裁：在履行本合同中发生争议时，首先由合同双方友好协商解决，若经协商仍不能达成协议，双方必须另行签订仲裁协议，并在该协议中指定仲裁机构，根据其仲裁法则和程序进行仲裁。仲裁裁决是终局的，对双方都有约束力。	Article 8:	Arbitration: All disputes arising from the execution of this contract shall be settled amicably through friendly negotiations. If failed, both parties shall sign another agreement of arbitration in which an arbitration organization shall be designated to conduct the arbitration in accordance with its arbitral rules of procedure. The arbitration award shall be final and binding upon both parties.

第九条：	转让：本合同未经双方同意，任何一方不得转让。	Article 9:	Transfer: The contract shall not be transferred by either party without the agreement by both parties.
第十条：	变更、解除：本合同(除因第七条不可抗力外)未经双方同意，任何一方不得擅自变更或者解除合同。	Article 10:	Changes and termination: Either party shall not change or terminate the contract without the agreement of both parties (except for reasons of force majeure stated in Article 7).
第十一条：	违约及赔偿：任何一方(除因第七条不可抗力外)不履行合同义务即构成违约，根据不同情况和后果，另一方有权向违约方提出赔偿的要求。	Article 11:	Default and compensation: Should either of the two parties fail to carry out the contract (except for reasons of force majeure stated in Article 7), it shall be regarded as default, the other party reserves the right to claim from the default party for compensation in accordance with the different conditions and consequences.
第十二条：	合同生效：买卖双方经协商后同意签订本合同，并一经双方授权代表签署，本合同即生效，生效日期以合同签署日期为准，凡异地签署的以最后一方签署日期为生效日期。	Article 12:	Effectiveness of the contract: The Buyer and the Seller have through negotiations agreed to conclude the contract; once the contract is signed by the authorized representatives of both parties, it is effective as of the date of the signature. In case the contract has to be signed in different locations the date of effectiveness shall be the date when the later party has signed.
第十三条：	合同份数：本合同正本肆份，双方各执贰份。凡以前有关本批交易的信件、传真、电传、电报、口头磋商均以本合同的内容为准。	Article 13:	Copies of contract: There are four original copies of the contract, two of which shall be held by each party. All previous correspondences, facsimiles, telex, cables and verbal negotiations have to be referred to the contents of the contract as the criterion.
第十四条：	其他说明：凡上述条款未提及事宜或需要进一步补充说明，经双方同意可在合同中备注栏内说明，备注内容对双方均有约束力。	Article 14:	Other remarks: Any matters not covered, to be supplemented or be elaborated shall be stated, as agreed by both parties, in the Remarks column, which also have binding force on both parties.
第十五条：	文字效力：本合同中英文具有同等法律效力。	Article 15:	Effectiveness of languages: Both the Chinese and English version of the contract shall have equal legal effect.

第四章　信用证业务操作

对出口商而言，信用证的操作主要涉及以下两个业务环节：

● 对信用证进行审核，以决定是否需要提出修改；

● 根据信用证(及信用证修改书)缮制单据，向银行提交请求付款。

对进口商而言，信用证的操作主要涉及以下两个业务环节：

● 向开证银行申请开立信用证；

● 根据信用证(及信用证修改书)，对银行转来的出口商(即信用证项下受益人)单据进行审核，以决定是否付款。

有关信用证项下出口单据的缮制技能和进口单据的审核技能将在第五章"单据缮制与审核"中讨论，而本章将着重针对信用证理解分析、信用证审核修改、信用证申请开立这三项操作技能进行评析和操练。

对信用证文本的翻译、理解和分析是掌握信用证业务操作技能的基础。只有在此基础上，进口商才能更加明确信用证各条款的真实含义，正确地填写开证申请书，清晰地对受益人提出恰如其分的交单要求，而出口商也才能有效地理解和掌握国外来证的规定，明确进口商的要求，从而决定是否需要对信用证条款提出合情合理的修改要求。

相关链接

信用证的基本概念　第 198 页

信用证的当事人　第 198 页

跟单信用证的操作流程　第 199 页

信用证付款方式的特点　第 204 页

信用证付款方式的风险　第 204 页

【实例评析】

❶ 信用证文本翻译　　**出口**

试将下面阿拉伯联合酋长国迪拜国民银行开给上海晨星公司的第 051204518 号信用证的全文翻译成中文。

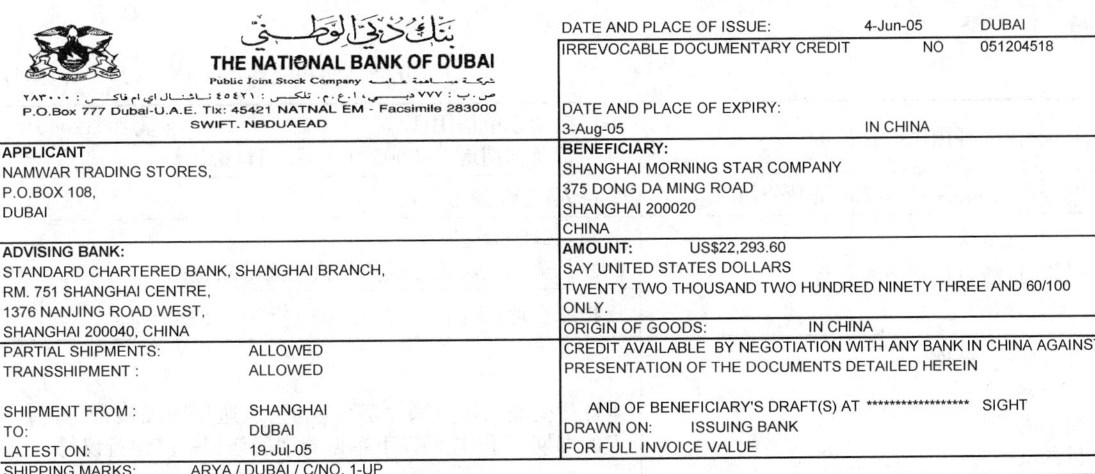

بنك دبي الوطني
THE NATIONAL BANK OF DUBAI
Public Joint Stock Company شركة مساهمة عامة
ص.ب : ٧٧٧ دبي، ا.ع.م. تلكس : ٤٥٤٢١ ناشنال اي ام فاكس : ٢٨٣٠٠٠
P.O.Box 777 Dubai-U.A.E. Tlx: 45421 NATNAL EM - Facsimile 283000
SWIFT. NBDUAEAD

	DATE AND PLACE OF ISSUE: 4-Jun-05 DUBAI
	IRREVOCABLE DOCUMENTARY CREDIT NO 051204518 DATE AND PLACE OF EXPIRY: 3-Aug-05 IN CHINA
APPLICANT NAMWAR TRADING STORES, P.O.BOX 108, DUBAI	**BENEFICIARY:** SHANGHAI MORNING STAR COMPANY 375 DONG DA MING ROAD SHANGHAI 200020 CHINA
ADVISING BANK: STANDARD CHARTERED BANK, SHANGHAI BRANCH, RM. 751 SHANGHAI CENTRE, 1376 NANJING ROAD WEST, SHANGHAI 200040, CHINA	**AMOUNT:** US$22,293.60 SAY UNITED STATES DOLLARS TWENTY TWO THOUSAND TWO HUNDRED NINETY THREE AND 60/100 ONLY. ORIGIN OF GOODS: IN CHINA
PARTIAL SHIPMENTS: ALLOWED TRANSSHIPMENT : ALLOWED SHIPMENT FROM : SHANGHAI TO: DUBAI LATEST ON: 19-Jul-05	CREDIT AVAILABLE BY NEGOTIATION WITH ANY BANK IN CHINA AGAINST PRESENTATION OF THE DOCUMENTS DETAILED HEREIN AND OF BENEFICIARY'S DRAFT(S) AT ****************** SIGHT DRAWN ON: ISSUING BANK FOR FULL INVOICE VALUE

SHIPPING MARKS: ARYA / DUBAI / C/NO. 1-UP
COVERING SHIPMENT OF: ARYA BRAND VACUUM FLASKS
ALL OTHER DETAILS AS PER INDENT NO. SSTE/149/CN-11 OF SALEM SAUD TRADING EST., DUBAI

- SIGNED COMMERCIAL INVOICE IN 3 FOLD CERTIFIED TO BE TRUE AND CORRECT STATING FULL NAME AND ADDRESS OF THE MANUFACTURERS.

- FULL SET OF (3/3) CLEAN ON BOARD OCEAN BILLS OF LADING ISSUED BY A SHIPPING COMPANY MADE OUT TO ORDER OF SHIPPER AND ENDORSED TO THE NATIONAL BANK OF DUBAI PJSC., DUBAI MARKED FREIGHT PREPAID AND NOTIFY APPLICANT

- CERTIFICATE OF ORIGIN IN 2 FOLD ISSUED BY THE CHINA COUNCIL FOR THE PROMOTION OF INTERNATIONAL TRADE STATING FULL NAME AND ADDRESS OF THE MANUFACTURERS.

- PACKING LIST IN 3 FOLD.

- A CERTIFICATE FROM THE SHIPPING COMPANY OR THEIR AGENTS OR OWNER / MASTER OF VESSEL CERTIFYING THAT THE CARRYING VESSEL IS ALLOWED TO ENTER THE PORTS OF ARAB STATES.

- BENEFICIARY SHOULD ADVISE BY REGISTERED AIRMAIL SHIPMENT DETAILS SUCH AS OUR L/C NO., SHIPPING MARKS, NAME OF THE VESSEL, GOODS AND THE AMOUNT TO IRAN INSURANCE CO., P.O.BOX 2004, DUBAI QUOTING THEIR OPEN POLICY NO. OMP/0329/05 DATED 10-Apr-05 AND A COPY OF SUCH ADVICE MUST ACCOMPANY THE ORIGINAL DOCUMENTS.

SPECIAL INSTRUCTIONS:

1. COMMISSION AT 1% OF C&F INVOICE VALUE TO BE DEDUCTED BY THE NEGOTIATING BANK FROM THE AMOUNT PAYABLE TO THE BENEFICIARY AT THE TIME OF NEGOTIATION FOR PAYMENT TO MR. C. H. B. MOHAMMED KUNHI, DUBAI AND THE NEGOTIATING BANK'S RELATIVE COVERING SCHEDULE TO SO EVIDENCE AND THE REIMBURSEMENT SHOULD BE CLAIMED FOR THE NET AMOUNT.

2. SHIPMENT TO BE EFFECTED IN 4O' HQ CONTAINER(S) AND BILLS OF LADING TO SO EVIDENCE.

DOCUMENTS TO BE PRESENTED WITHIN 15 DAYS AFTER THE DATE OF SHIPMENT BUT WITHIN THE VALIDITY OF THE CREDIT.

WE HEREBY ISSUE THIS DOCUMENTARY CREDIT AS DETAILED ABOVE. IT IS SUBJECT TO THE UNIFORM CUSTOMS AND PRACTICE FOR DOCUMENTARY CREDITS (1993 REVISION, INTERNATIONAL CHAMBER OF COMMERCE, PARIS, FRANCE, PUBLICATION NO.5OO) AND ENGAGES US IN ACCORDANCE WITH THE TERMS THEREOF.
THE NUMBER, THE DATE OF THE CREDIT AND THE NAME OF OUR BANK MUST BE QUOTED ON ALL DRAFTS.
ALL BANK CHARGES OUTSIDE UNITED ARAB EMIRATES AND THOSE OF THE REIMBURSING BANK ARE FOR BENEFICIARY'S ACCOUNT.
ALL DOCUMENTS TO BE DISPATCHED TO US IN TWO CONSECUTIVE SETS, THE ORIGINALS BY COURIER AND THE DUPLICATES BY AIRMAIL.
THE NEGOTIATING BANK IS AUTHORIZED TO CLAIM REIMBURSEMENT FROM THE NATIONAL BANK OF DUBAI PJSC, HEAD OFFICE, P.O.BOX 777, DUBAI BY AUTHENTICATED SWIFT (MT742) OR TESTED TELEX CONFIRMING THAT ALL TERMS AND CONDITIONS OF THE CREDIT HAVE BEEN COMPLIED WITH. EXCEPT OTHERWISE STATED, REIMBURSEMENT CLAIMS ARE SUBJECT TO THE UNIFORM RULES FOR BANK-TO-BANK REIMBURSEMENTS UNDER DOCUMENTARY CREDITS, ICC PUBLICATION NO.525.
PLEASE FORWARD THE ORIGINAL LETTER OF CREDIT TO THE BENEFICIARY RETAINING THE COPY FOR YOUR FILES.
PLEASE ACKNOWLEDGE RECEIPT.

FOR THE NATIONAL BANK OF DUBAI PJSC

AUTHORISED SIGNATORY　　AUTHORISED SIGNATORY

THIS DOCUMENT CONSISTS OF 1 SIGNED PAGE(S)

解　　答

开证日期和地点：2005 年 6 月 4 日，迪拜

开证行：迪拜国民银行	不可撤销跟单信用证　　号码：051204518 到期日及到期地点：2005 年 8 月 3 日，中国
开证申请人：NAMWAR 贸易公司	受益人：上海晨星公司
通知行：渣打银行上海分行	金额：22,293.6 美元 （大写：美元贰萬贰仟贰佰玖拾叁元陆角整） 货物原产地：中国
分批装运：允许 转运：允许 起运港：上海 目的港：迪拜 最迟装运日：2005 年 7 月 19 日	本证凭受益人按发票全额签发的、以迪拜国民银行为付款人的即期汇票，连同以下单据向中国任意一家银行议付
运输标志：ARYA/DUBAI/C/NO. 1-UP	

证明装运：
ARYA 牌保温瓶
所有其他细节与迪拜 SALEM SAUD 贸易公司的编号为 SSTE/149/CN-11 的订单一致。

——经签署的商业发票一式三份，必须注明制造商的全称和地址，并证明该发票的内容真实、正确。
——全套（3/3）由船公司出具的清洁已装船提单，做成凭发货人指示抬头，背书给迪拜国民银行，标注"运费已付"，并以开证申请人为被通知人。
——由中国国际贸易促进委员会签发的原产地证明一式两份，注明制造商的全称和地址。
——装箱单一式三份。
——由船公司或其代理或船主/船长出具的证明，证实装运船只被允许进入阿拉伯国家的港口。
——受益人需用航空挂号信向迪拜的伊朗保险公司（邮政信箱 2004）发出装运通知。该通知必须注明信用证号码、运输标志、船名、货物名称和金额，加注预约保单的号码 OMP/0329/05 及其日期 2005 年 4 月 10 日。该通知的副本将作为议付单据同其他正本单据交予议付。

特别条款：

1. 议付行向受益人议付时，应扣除 C&F 发票金额的 1%，作为佣金支付给迪拜的 C. H. B. MOHAMMED KUNHI 先生，并在议付行面函上作出标注。偿付金额为扣除佣金后的净值。
2. 货物将由 40 英尺高箱运送，海运提单上需作相应的标注。

所有单据需在实际装运日后 15 天内、并在信用证到期日前提交议付。

兹开立上述信用证，遵循法国巴黎国际商会第 500 号出版物即 1993 年修订的《跟单信用证统一惯例》。
所有汇票上必须注明信用证号码、日期、开证行名称。
所有发生在阿拉伯联合酋长国以外的和偿付行产生的银行费用均由受益人承担。
所有单据分两次寄交我行，正本单据通过快递方式，副本单据通过航空邮寄方式。
议付行通过经授权的 SWIFT（MT742）或加押电传方式向迪拜国民银行确认信用证项下所有条件和条款均已遵照办理，并被授权以此从迪拜国民银行获得偿付。偿付遵循国际商会第 525 号出版物《跟单信用证项下银行间偿付统一规则》。
请将正本信用证传递给受益人，副本留你方存档。
请告知收讫。

迪拜国民银行

授权签署人　　授权签署人

此信用证共 1 页（经签署）

相关链接

信用证的形式 第 204 页
信用证条款的内容 第 205 页

❷ 信用证条款翻译

出口

请将以下信用证条款翻译成中文，注意完整地写出条款中所包含的全部业务含义。

(1) If the credit is available by negotiation, each presentation must be noted on the reverse of this credit by the bank where the credit is available. A fee of USD 50.00 will be deducted from the reimbursement claim/proceeds upon each presentation of discrepant documents and acceptance of such documents does not in any way alter the terms and conditions of this credit.

(2) Insurance Policy or Certificate in duplicate endorsed in blank for 110 percent of the invoice value covering Institute Cargo Clauses A, Institute War Clauses(Cargo), Institute Strikes Clauses(Cargo), with claims payable at Singapore.

(3) We hereby establish our irrevocable Letter of Credit for account of Elazayat International Trade Enterprise, P.O. Box 367 Heliopolis, Horria-Cairo, Egypt in your favour for a sum not exceeding US$73,100.00(in words US Dollars Seventy-Three Thousand and One Hundred only) CIF value valid at our counter until May 10th, 2005 available against the presentation of your Draft(s) at 45 days' sight on us accompanied by the documents herein.

解　答

(1) 对于议付信用证，议付行在每一次交单后都必须在信用证背面作批注。如提交的单据中有不符点，则将从索偿金额中每次扣除 50 美元作为不符点费。开证行接受含有不符点的单据的行为，并不意味着对信用证中的条件和条款进行了任何修改。

(2) 保险单或保险凭证一式二份，空白背书，按发票金额的 110%投保协会货物(A)险和协会战争险、协会罢工险，在新加坡赔付。

(3) 我行应 Elazayat 国际贸易公司(地址：P. O. Box 367 Heliopolis, Horria-Cairo, Egypt)申请，兹开立以贵方为受益人的不可撤销信用证，总金额不超过 73100 美元(大写美元柒萬叁仟壹佰元整)的 CIF 价格，凭你方出具的、以我行为受票人的见票后 45 天汇票及所附下列单据付款，并于 2005 年 5 月 10 日前在我行柜台到期。

评　析

信用证中的汇票条款、单据条款、附加条款以及银行条款由于变化繁多，往往成为理解的难点。翻译时，准确运用信用证术语、完整列出条款的业务含义是最基本的要求，在此之上多加操练，才能形成专业流畅的表达。

相关链接

跟单信用证常见条款及短语　　第 208 页

❸ 分析信用证，完成选择

出口

请根据以下信用证，做出正确的选择。

05AUG26, 09:05:27　　LOGICAL TERMINALP05

ISSUE OF A DOCUMENTARY CREDIT　　PAGE 00001

FUNC SWPR3

UMR00574

MSGACK DWS765I AUTH OK, KEY C394680346023HD38603, BKCHCNBJ LUMIFRPP RECORD

BASIC HEADER		F 01 BKCHCNBJA300 8306 B41602
APPLICATION HEADER		0 700 1737 970825 LUMIFRPPAXXX 1952 217075 050825 2337 * BANQUE LEUMI FRANCE S. A. * PARIS
USER HEADER		SERVICE CODE 103: BANK PRIORITY 113: MSG USER REF. 108: ETRANGER/01296 INFO. FORM CI 115
SEQUENCE OF TOTAL	*27:	1/1
FORM OF DOC. CREDIT	*40A:	IRREVOCABLE
DOC. CREDIT NUMBER	*20:	55583
DATE OF ISSUE	*31C:	050826
EXPIRY	*31D:	DATE 051004 PLACE AT OUR COUNTERS
APPLICANT	*50:	BOUTONNERIE SAINT DENIS 193 RUE SAINT DENIS 75002 PARIS
BENEFICIARY	*59:	CHEN HUA IMPORT/EXPORT CO. NO.869 GUANGZHONG ROAD, SHANGHAI, CHINA
AMOUNT	*32B:	CURRENCY USD AMOUNT 52050,00
PERCENTAGE CREDIT AMOUNT TOLERANCE	*39B:	MAXIMUM
AVAILABLE WITH/BY	*41D:	AT SIGHT OF DOCUMENTS IN ORDER AT OUR COUNTERS BY PAYMENT
PARTIAL SHIPMENTS	43P:	PROHIBITED
TRANSSHIPMENT	43T:	PROHIBITED
LOADING IN CHARGE	44A:	CHINESE PORT
FOR TRANSPORT TO...	44B:	MARSEILLES
LATEST DATE OF SHIP.	44C:	050919 BY SINOTRANS
DESCRIPT. OF GOODS	45A:	NYLON HOOK AND LOOP FASTENERS SALES BASIS: CIF MARSEILLES
DOCUMENTS REQUIRED	46A:	

1/ ORIGINALLY MANUALLY SIGNED COMMERCIAL INVOICE IN 6 FOLD STATING GOODS, DESTINATION, QUANTITIES AND UNIT PRICE STRICTLY CONFORM TO PROFORMA INVOICE DATED 05.08.18

2/ PACKING LIST IN 4 FOLD

3/ WEIGHT NOTE IN 4 FOLD

4/ FULL SET CLEAN ON BOARD OCEAN BILL OF LADING MADE OUT TO THE ORDER OF BANQUE LEUMI FRANCE SA 100 RUE REAUMUR 75002 PARIS NOTIFY BOUTONNERIE SAINT DENIS 193 RUE SAINT DENIS 75002 PARIS MARKED FREIGHT PREPAID SHOWING ‘SHIPPED ON BOARD’ DULY DATED AND SIGNED BY THE CARRIER AND QUOTE BANQUE LEUMI FRANCE SA DOCUMENTARY CREDIT NO. 55583

05AUG26, 09:06:05

ISSUE OF A DOCUMENTARY CREDIT

LOGICAL TERMINALP05
PAGE 00002
FUNC SWPR3
UMR00574

5/ ORIGINAL PLUS COPY OR PHOTOCOPY CERTIFICATE OF ORIGIN FORM A GSP
6/ ORIGINAL PLUS DUPLICATE INSURANCE POLICY COVERING ALL RISKS FOR 110 PCT INVOICED GOODS VALUE. CLAIMS PAYABLE IN FRANCE BY USD
7/ BENEFICIARY'S STATEMENT IN 2 FOLD STATING NO MARK OF COUNTRY /ORIGIN INDICATED ON SHIPPED GOODS OR ON CARTONS

ADDITIONAL COND. 47A:
1 / IN CASE OF PRESENTATION OF DISCREPANT DOCUMENTS EUR 55 (OR COUNTER VALUE) HANDLING CHARGES FOR EACH SET OF DISCREPANT DOCUMENTS AND EUR 22 (OR COUNTER VALUE) FOR EACH TELEX OR SWIFT WILL BE ON BENEFICIARY'S ACCOUNT AND DEDUCTED FROM THE PROCEEDS
2 / ANY OF OUR PAYMENT EFFECTED AGAINST DISCREPANT DOCUMENTS NOT CONSTITUTE AN AMENDMENT OF THIS L/C, NOR OUR AUTHORIZATION TO NEGOTIATE / PAY WITH DISCREPANT DOCUMENTS APPLY TO FUTURE DRAWINGS
3 / 5PCT MORE OR LESS IN SHIPPING QUANTITY IS ACCEPTABLE.

DETAILS OF CHARGES 71B: ABROAD / BENEF. AS WELL AS OUR AMENDMENT CHARGES
PRESENTATION PERIOD 48: WITHIN 15 DAYS AFTER ON BOARD B/L DATE
CONFIRMATION *49: WITHOUT
INSTRUCTIONS 78:
ALL DOCUMENTS PRESENTED IN CONFORMITY WITH THE TERMS OF THE CREDIT IN ORDER AT OUR COUNTERS WE SHALL EFFECT PAYMENT
SEND. TO REC. INFO. 72: SUBJECT TO UCP 1993 ICC PUB. 500
PLS ACKNOWLEDGE RECEIPT OF THIS L/C QUOTING YOUR REFERENCE NUMBER BEST REGARDS DC DEPT SE
TRAILER ORDER IS 〈MAC:〉〈PAC:〉〈ENC:〉〈CHK:〉
〈TNG:〉〈PDE:〉
MAC: A6B46FB1
CHK: 006094029B56

(1) 这张信用证是由(　　)开立的。

A. BOUTONNERIE SAINT DENIS

B. BANQUE LEUMI FRANCE S. A.

C. BANK OF CHINA SHANGHAI BRANCH

(2) 这张信用证的类型为(　　)。

A. 不可撤销保兑信用证　B. 不可撤销议付信用证　C. 即期付款信用证

(3) CHEN HUA IMPORT/EXPORT CO. 是信用证的(　　)。

A. 开证申请人　B. 受益人　C. 开证银行

(4) 该信用证规定货物运达的目的港为(　　)。

A. 马赛　B. 巴黎　C. 没有规定

(5) 这张信用证项下对汇票的要求为(　　)。

A. 必须提交汇票　B. 无需提交汇票　C. 禁止提交汇票

(6) 根据这张信用证,出口运费应在(　　)支付。

A. 到目的港后由进口商　B. 到目的港后由出口商　C. 离起运港前由出口商

(7) 根据信用证规定,可以承运货物的船公司为(　　)。
A. COSCO
B. SINOTRANS
C. 没有具体规定
(8) 在这张信用证上规定受益人提交的原产地证明为(　　)。
A. 商会原产地证明
B. 普惠制产地证明
C. 受益人出具的原产地证明
(9) 按照这张信用证的规定,由(　　)承担单据不符点的费用。
A. 议付行
B. 开证申请人
C. 受益人
(10) 这张信用证规定受益人提交的提单上的收货人是(　　)。
A. 由开证行指定
B. 进口商代理
C. 进口商
(11) 这张信用证规定提单上必须注明(　　)。
A. 集装箱封志号
B. 通知人为 CHEN HUA IMPORT/EXPORT CO.
C. 信用证号码
(12) 信用证要求发票上的货物描述应与(　　)一致。
A. 合同规定
B. 形式发票
C. 买方订单
(13) 开证银行用(　　)的方式将信用证传递到通知行。
A. SWIFT
B. MAIL
C. COURIER SERVICE
(14) 这张信用证规定的到期地点为(　　)。
A. 通知行柜台前
B. 开证行柜台前
C. 受益人所在国家
(15) 根据这张信用证可以判断出(　　)。
A. 货运重量单共交八份
B. 改证费用由开证申请人支付
C. 数量允许有溢短装

(16) 这张信用证规定受益人向银行提交单据的期限为(　　)。

A. 信用证签发后 15 天

B. 提单签发后 15 天

C. 发票签发后 15 天

(17) 信用证中规定如有货损,可以(　　)赔付。

A. 在法国用欧元

B. 在法国用美元

C. 在中国用欧元

(18) 这张信用证规定提交保单份数为(　　)。

A. 三份副本

B. 一式二份

C. 一份正本和二份副本

(19) 这张信用证对货物运输的规定为(　　)。

A. 允许分运,不允许转运

B. 允许分运,允许转运

C. 不允许分运和转运

(20) 这张信用证中的保险单注明投保(　　)。

A. 中国人民保险公司的平安险

B. 中国人民保险公司的一切险

C. 英国伦敦保险业协会的协会货物险

解　答

题号	(1)	(2)	(3)	(4)	(5)	(6)	(7)	(8)	(9)	(10)
答题	B	C	B	A	B	C	B	B	C	A
题号	(11)	(12)	(13)	(14)	(15)	(16)	(17)	(18)	(19)	(20)
答题	C	B	A	B	C	B	B	B	C	B

相关链接

SWIFT　第 218 页

SWIFT 信用证及其基本内容　第 219 页

SWIFT 信用证修改及其内容　第 226 页

❹ 根据信用证填制分析单　**出口**

请根据第❶中阿拉伯联合酋长国迪拜国民银行开给上海晨星公司的第 051204518 号信用证(第 141 页),填写以下信用证分析单。

信用证分析单

1. 信用证文本格式 □ 信开 □ 电开 □ SWIFT
2. 信用证号码 ______
3. 通知银行编号 ______ □ 未注明
4. 开证日 ______
5. 到期日 ______
6. 到期地点 ______ □ 未注明
7. 付款方式 □ 付款 □ 承兑 □ 议付
8. 货币 ______
9. 金额(具体数额) ______
10. 最高限额规定(具体数额) ______ □ 未注明
11. 金额允许增减幅度 ______ □ 未注明
12. 交单期(中文) ______
13. 开证申请人(名称) ______
14. 受益人(名称) ______
15. 开证银行(名称) ______
16. 通知银行(名称) ______ □ 未注明
17. 议付银行(名称) ______ □ 未注明
18. 付款/偿付银行(名称) ______ □ 未注明
19. 货物名称 ______
20. 合同/订单/形式发票号码 ______ □ 未注明
21. 合同/订单/形式发票日期 ______ □ 未注明
22. 价格/交货/贸易术语 ______ □ 未注明
23. 最迟装运日 ______
24. 装运港 ______
25. 目的港 ______
26. 分批装运 □ 允许 □ 不允许
27. 转运 □ 允许 □ 不允许
28. 运输标志 ______ □ 未注明
29. 运输方式 □ 海运 □ 空运 □ 陆运
30. 向银行提交单据列表(用阿拉伯数字表示)

名称	汇票	发票	装箱单	重量单	尺码单	承运人证明	船公司证明	航程证明	受益人证明	寄单证明	装船通知
份数											
名称	海运提单	空运提单	产地证	贸促会产地证	普惠制产地证	商检证	官方商检证	商会商检证	保险单	投保通知	寄单快件收据
份数											

解 答

信用证分析单

1. 信用证文本格式 ☑ 信开 ☐ 电开 ☐ SWIFT
2. 信用证号码 051204518
3. 通知银行编号 ☑ 未注明
4. 开证日 2005年6月4日
5. 到期日 2005年8月3日
6. 到期地点 CHINA ☐ 未注明
7. 付款方式 ☐ 付款 ☐ 承兑 ☑ 议付
8. 货币 美元
9. 金额(具体数额) US$22,293.60
10. 最高限额规定(具体数额) ☑ 未注明
11. 金额允许增减幅度 ☑ 未注明
12. 交单期(中文) 实际装运日后15天内，且不超过信用证有效期
13. 开证申请人(名称) NAMWAR TRADING STORES
14. 受益人(名称) SHANGHAI MORNING STAR COMPANY
15. 开证银行(名称) THE NATIONAL BANK OF DUBAI
16. 通知银行(名称) STANDARD CHARTERED BANK, SHANGHAI BRANCH ☐ 未注明
17. 议付银行(名称) ANY BANK IN CHINA ☐ 未注明
18. 付款/偿付银行(名称) THE NATIONAL BANK OF DUBAI ☐ 未注明
19. 货物名称 ARYA BRAND VACUUM FLASKS
20. 合同/订单/形式发票号码 订单 SSTE/149/CN-11 ☐ 未注明
21. 合同/订单/形式发票日期 ☑ 未注明
22. 价格/交货/贸易术语 C&F ☐ 未注明
23. 最迟装运日 2005年7月19日
24. 装运港 SHANGHAI
25. 目的港 DUBAI
26. 分批装运 ☑ 允许 ☐ 不允许
27. 转运 ☑ 允许 ☐ 不允许
28. 运输标志 ARYA/DUBAI/C/NO.1-UP ☐ 未注明
29. 运输方式 ☑ 海运 ☐ 空运 ☐ 陆运
30. 向银行提交单据列表(用阿拉伯数字表示)

名称	汇票	发票	装箱单	重量单	尺码单	承运人证明	船公司证明	航程证明	受益人证明	寄单证明	装船通知
份数	2	3	3				1				
名称	海运提单	空运提单	产地证	贸促会产地证	普惠制产地证	商检证	官方商检证	商会商检证	保险单	投保通知	寄单快件收据
份数	3			2						1	

信用证分析单是出口商收到信用证后为了准确地理解国外来证的要求和规定而填制的，信用证分析单的格式不尽相同，但内容差异不大。

❺ 信用证审核

出口 ➲

请审核以下信用证，说明其存在的问题。

Phone: 2224497
Telex: 45429 MSHQCM EM
Fax: 2233546 / 2230554
SWIFT: BOMLAEAD

Foreign Trade Centre, Post Box 9271, Dubai, U.A.E.

REVOCABLE DOCUMENTARY CREDIT

CREDIT NO.	**DATE OF EXPIRY**	**PLACE OF EXPIRY**
IE40316	**30 DEC, 2005**	**IN DUBAI**

26 OCTOBER, 2005

ADVISING BANK :
BANK OF CHINA,
ZHONGSHAN DONG 1 LU 23,
SHANGHAI, CHINA

APPLICANT:
LAFA EMIRATES TRADING CO. LTD.
P.O. BOX 5239, DUBAI, U.A.E.
TEL 716677 FAX 739455

BENEFICIARY:
SHANGHAI HANCHENG TRADING COMPANY
443 HUASHAN ROAD, SHANGHAI, P.R.C.
TEL 63891234

AMOUNT: USD 14,277.50 (U.S. DOLLAR FOURTEEN THOUSAND ONE HUNDRED AND SEVENTY SEVEN AND 50/100)

DRAFT AT: 30 DAYS AFTER B/L DATE
DRAWN ON: MASHREQBANK PSC
FOR FULL VALUE OF THE AMOUNT
AND MARKED DRAWN UNDER MASHREQBANK PSC CREDIT NO. IE43016
AVAILABLE WITH: US BY ACCEPTANCE

PARTIAL SHIPMENTS ARE ALLOWED
TRANSHIPMENT IS PROHIBITED
TRANSPORTATION FROM: CHINA
TO : BANDAR ABBAS BY SEA
NOT LATER THAN: 15 DECEMBER, 2005
PRICE TERMS: CFR SHANGHAI

DOCUMENTS REQUIRED:
2/3 OF CLEAN 'SHIPPED ON BOARD' OCEAN BILLS OF LADING MADE OUT TO ISSUING BANK'S ORDER, MARKED 'FREIGHT TO COLLECT', NOTIFY APPLICANT (GIVING NAME AND FULL ADDRESS) SHOWING THE ABOVE LC NO., NAME, ADDRESS, TELEPHONE AND FAX NOS. OF THE VESSEL'S AGENT AT THE PORT OF DESTINATION.

INSURANCE POLICY OR CERTIFICATE IN DUPLICATE ENDORSED IN BLANK COVERING ALL RISKS AND WAR RISK FOR 140 PERCENT OF INVOICE VALUE SUBJECT TO C.I.C.DATED 1/1/1981

CERTIFICATE OF ORIGIN STATING THAT THE GOODS ARE OF CHINESE ORIGIN, SHOWING FULL NAME AND ADDRESS OF THE MANUFACTURER/PRODUCER ISSUED BY CHINA COUNCIL FOR THE PROMOTION OF INTERNATIONAL TRADE.

PACKING LIST IN ORIGINAL PLUS TWO COPIES DULY SIGNED BY BENEFICIARY

SIGNED INVOICES IN ORIGINAL PLUS TWO COPIES SHOWING THE NAME AND ADDRESS OF MANUFACTURER / PRODUCER / PROCESSOR AND CERTIFYING THAT GOODS AND ALL OTHER DETAILS ARE AS PER PROFORMA INVOICE NO. JX20009YN DATED 19.10.2005

COVERING:
ELECTRONIC GOODS AS PER S/C NO. IDJ8EI

MARKS:
LAFA\IDJ8EI\DUBAI\C/NO.1-UP

SPECIAL CONDITIONS:
1) GOODS MUST BE SHIPPED IN CONTAINERS AND BILL OF LADING TO EVIDENCE THE SAME AND TO SHOW CONTAINER NUMBER AND SEAL NUMBER

2) THIRD PARTY AS SHIPPER IS NOT ACCEPTABLE

3) REIMBURSEMENT UNDER THIS CREDIT ARE SUBJECT TO THE UNIFORM RULES FOR BANK TO BANK REIMBURSEMENTS UNDER DOCUMENTARY CREDITS, ICC PUBLICATION NO. 525.

4) ALL DOCUMENTS CALLED FOR IN THIS CREDIT SHOULD BE DATED AND ANY DOCUMENT DATED PRIOR TO L/C ISSUANCE DATE NOT ACCEPTABLE.

5)1/3 OF THE ORIGINAL BILLS OF LADING SHOULD BE MAILED TO THE APPLICANT DIRECTLY

INSTRUCTIONS TO NEGOTIATING BANK:
ALL DOCUMENTS ARE TO BE DESPATCHED IN ONE SET BY COURIER SERVICE TO MASHREQBANK PSC, FOREIGN TRADE CENTRE, OFFICE TOWER SUITE NO. 736/739, AL GHURAIR CENTRE, P.O.BOX 9271, DEIRA, DUBAI, U.A.E. COVERING SCHEDULE MUST CERTIFY THAT THE DOCUMENTS HAVE BEEN NEGOTIATED STRICTLY IN CONFORMITY WITH THE TERMS OF THE CREDIT.

DOCUMENTS TO BE PRESENTED WITHIN 3 DAYS OF ISSUANCE OF THE SHIPPING DOCUMENTS BUT WITHIN THE VALIDITY OF THE CREDIT.

ALL BANK CHARGES (EXCEPT OPENING CHARGES) REGARDING FEE AND COMMISSIONS OUTSIDE U.A.E. ARE TO BE BORNE BY BENEFICIARY.

THIS CREDIT IS SUBJECT TO THE UNIFORM CUSTOMS AND PRACTICE FOR DOCUMENTARY CREDITS 1993 (REVISION) ICC PUBLICATION 500.

THANK YOU.

YOURS FAITHFULLY
MASHREQBANK PSC

解　　答

经审核,该信用证存在如下问题:

(1) 信用证显示为可撤销信用证(Revocable)。

(2) 信用证的到期地点在国外(In Dubai)。

(3) 信用证金额大小写不一致。

(4) 信用证汇票条款中出现的信用证号码(IE43016)与信用证本身的号码(IE40316)不一致。

(5) 价格术语为 CFR Shanghai 明显有误,应为 CFR Bandar Abbas。

(6) CFR 术语下,相应提单上应注明的是"运费预付",而非"运费到付"。

(7) CFR 术语下,保险由买方办理,因此不应要求受益人提交保险单据。

(8) 1/3 正本提单直接寄交买方,风险较大,应改为向银行提交全套 3/3 正本提单。

(9) 信用证规定的交单期限(3 天)太短,应改为 10 天或 15 天。

评　　析

(1) 可撤销信用证意味着开证银行在不事先通知受益人的情况下可随时修改和取消信用证,这对受益人而言有很大的风险,因此通常应要求修改。

(2) 该信用证的到期地点在国外,易产生逾期交单的情况,受益人一般不予接受。

(3) 信用证中可能会有多处出现信用证号码,受益人在审核信用证时应该注意这些号码的一致性。如果发现有不符之处,最好要求开证银行予以明确,以防止由此产生制单错误。

(4) 审核信用证时,应注意将贸易术语与提交单据种类、要求联系起来。如出现不应由受益人履行的合同义务及相关单据,则应提出修改。

(5) 海运提单是物权凭证,任何一份正本都可凭以向承运人提取货物。所以,如果受益人已将 1/3 正本提单(即三份正本海运提单中的一份)直接寄交客户,那么一旦信用证项下付款失败,其将无法有效地控制货权,可能面临货、款两空的后果。

(6) 交单期是指运输单据出单日期后必须向信用证指定的银行提交单据要求付款、承兑或议付的特定期限。一般而言,合理的交单期应控制在 10 天或 10 天以上,交单期过短将不利于受益人汇集所有议付单据向银行交单,容易产生逾期交单。

相关链接

信用证的审核要点　　第 228 页

❻ 根据进口合同填制开证申请书　　进口

请根据以下开证要求和进口合同填制开证申请书,申请日期为 2005 年 10 月 26 日。

开证银行:中国工商银行上海分行

开证方式:SWIFT

所有单据一式三份,包括:

(1) 商业发票

(2) 装箱单

(3) 制造商(OCCIDENTAL CHEMICAL CORP)出具的品质证明

(4) 海运提单,做成凭开证银行指示抬头

(5) 装船后 24 小时内发出的装运通知副本

(6) 保险单,按发票金额加 10%投保一切险和战争险

其他要求:

装运港:休斯敦

目的港：上海

运输标志：　SMSC

UNIAM

DD-78458

SHANGHAI CHINA

SHANGHAI MORNING STAR COMPANY

375 DONG DA MING ROAD
SHANGHAI 200020
CHINA

PURCHASE CONTRACT

NO. DD-78458
DATE: 20-OCT-05

BUYER: SHANGHAI MORNING STAR COMPANY
375 DONG DA MING ROAD
SHANGHAI 200020
CHINA

SELLER: UNIAM CORPORATION
1200 LINCOLN HARBOUR BLVD.,
10TH FL., WEEHAWKEN,
N.J.07087, U.S.A.

COMMODITY: HIGH MOLECULAR WEIGHT PRIME HIGH DENSITY POLYETHYLENE RESIN FOR FILM
GRADE NO. ALATHON DE5005
SPECIFICATION: MELT INDEX - 0.055; DENSITY - 0.950

QUANTITY: 72.00 M/T (METRIC TONS)

PACKING: IN OXYCHEM ORIGINAL HEAVY DUTY PE BAG OF 25KG NET, LOOSE IN 20 FOOT CONTAINER (18.0MTS/20'FCL)

UNIT PRICE: US$700.00 PER M/T CIF SHANGHAI

AMOUNT: US$50,400.00

PAYMENT: BY IRREVOCABLE L/C AT SIGHT

DELIVERY: DURING NOVEMBER 2005

REMARK:
a. PARTIAL SHIPMENTS AND TRANSSHIPMENT NOT ALLOWED
b. THIRD PARTY DOCUMENTS ARE NOT ACCEPTABLE
c. ALL DOCUMENTS MUST BE PRESENTED IN SELLER'S COUNTRY WITHIN 15 DAYS AFTER B/L ISSUED BUT WITHIN VALIDITY OF L/C
d. L/C IS ONLY AVAILABLE WITH THE ADVISING BANK BY NEGOTIATION
e. ADVISING BANK:
FAR EAST NATIONAL BANK
41ST FLOOR, TWIN TOWER,
350S. GRAND AVENUE, LOS ANGELES,
CA90071, U.S.A.
SWIFT: FENBUS6L

SELLER: UNIAM CORPORATION
James Light

BUYER: SHANGHAI MORNING STAR COMPANY
陈汉斌

不可撤销跟单信用证申请书

APPLICATION FOR IRREVOCABLE DOCUMENTARY CREDIT

To: Please establish by: ______ （开证方式） Date ________

Applicant: (Full name & detailed address)	**IRREVOCABLE DOCUMENTARY CREDIT** No. Valid until Advising Bank: (If cannot specify, left for bank to fill)
Beneficiary: (Full name & detailed address)	Amount (In figures and words) Price term: ________

Credit available with ________ by ________
against the documents detailed herein and beneficiary's draft(s) for ______ of the invoice value
at ________ drawn on ________

Documents required: (marked with ☑)

- ☐ Signed commercial Invoice in ______ indicating L/C No. and Contract No.
- ☐ Full set of clean on board ocean Bills of Lading made out to ________ marked ________ and endorsed ________ showing freight amount notifying ________ as well as China National Foreign Trade Transportation Corp. at destination.
- ☐ Air Waybills showing ______ indicating freight amount and consigned to ________
- ☐ Forwarding agent's Cargo Receipt consigned to ________
- ☐ Insurance Policy / Certificate in ______ for ______ of the invoice value showing claims payable in China in currency of the draft endorsed ________ covering ________ as per ________ dated ________
- ☐ Packing List/Weight Memo in ______ indicating quantity/gross and net weight of each package and packing conditions as called for by the L/C.
- ☐ Certificate of Quantity /Weight in ______
- ☐ Certificate of Quality in ______ issued by ________
- ☐ Beneficiary's certified copy of Fax / Telex advising applicant within ______ hours after shipment indicating ________ ________
- ☐ Special Conditions:

Evidencing Shipment of:

Packing:
Manufacturer:
Shipping Mark:

Documents to be presented within ______ days after the date of issuance of the transport document(s) but within the validity of this credit.

Shipment from		Partial shipments	☐ Allowed	☐ Not allowed
to	latest on	Transhipment	☐ Allowed	☐ Not allowed

- ☐ Documents issued earlier than L/C issuing date are not acceptable.
- ☐ All banking charges except issuing charge and acceptance commission if any are for account of beneficiary.

For banks use only		我公司承担本申请书背面所列责任及承诺，并保证按照办理。 （申请人名称及印鉴章）
Seal and/or Signature	checked by	RMB A/C No.
L/C Margin %	checked by	
Credit Facility	checked by	USD or ( ) A/C No.
Ent Ver	App	联系人: 电话:

解 答

不可撤销跟单信用证申请书

APPLICATION FOR IRREVOCABLE DOCUMENTARY CREDIT

To: *INDUSTRIAL AND COMMERCIAL BANK OF CHINA SHANGHAI BR.* Please establish by: *SWIFT* （开证方式） Date *26-Oct-05*

Applicant: (Full name & detailed address) *SHANGHAI MORNING STAR COMPANY* *375 DONG DA MING ROAD* *SHANGHAI 200020* *CHINA*	**IRREVOCABLE DOCUMENTARY CREDIT** No. Valid *IN USA* until *15-Dec-05* Advising Bank: (If cannot specify, left for bank to fill) *FAR EAST NATIONAL BANK* *41ST FLOOR, TWIN TOWER,* *350S. GRAND AVENUE, LOS ANGELES,* *CA90071, U.S.A.* *SWIFT: FENBUS6L*
Beneficiary: (Full name & detailed address) *UNIAM CORPORATION* *1200 LINCOLN HARBOUR BLVD.,* *10TH FL., WEEHAWKEN,* *N.J.07087, U.S.A.*	Amount (In figures and words) *US$50,400.00* *SAY US DOLLARS FIFTY THOUSAND FOUR HUNDRED ONLY.* Price term: *CIF SHANGHAI*

Credit available with *ADVISING BANK ONLY* by *NEGOTIATION*
against the documents detailed herein and beneficiary's draft(s) for *100%* of the invoice value
at *SIGHT* drawn on *INDUSTRIAL AND COMMERCIAL BANK OF CHINA SHANGHAI BR.*

Documents required: (marked with ☑)

☑ Signed commercial Invoice in *3 COPIES* indicating L/C No. And Contract No.

☑ Full set of clean on board ocean Bills of Lading made out to *ORDER OF ISSUING BANK* marked *FREIGHT PREPAID* and endorsed / showing freight amount notifying *APPLICANT* as well as China National Foreign Trade Transportation Corp. at destination.

☐ Air Waybills showing ______ indicating freight amount and consigned to ______

☐ Forwarding agent's Cargo Receipt consigned to ______

☑ Insurance Policy / Certificate in *TRIPLICATE* for *110%* of the invoice value showing claims payable in China in currency of the draft endorsed *IN BLANK* covering *ALL RISKS AND WAR RISKS* as per *OCEAN MARINE CARGO CLAUSES OF PICC* dated *1/1/1981*

☑ Packing List/Weight Memo in *3 COPIES* indicating quantity/gross and net weight of each package and packing conditions as called for by the L/C.

☐ Certificate of Quantity /Weight in ______

☑ Certificate of Quality in *3 COPIES* issued by *OCCIDENTAL CHEMICAL CORP.*

☑ Beneficiary's certified copy of Fax / Telex advising applicant within *24* hours after shipment indicating *SHIPMENT DETAILS*

☑ Special Conditions: ***Third party documents are not acceptable***

Evidencing Shipment of: ***GOODS: HIGH MOLECULAR WEIGHT PRIME HIGH DENSITY POLYETHYLENE RESIN FOR FILM***
GRADE NO. ALATHON DE5005
SPECIFICATION: MELT INDEX - 0.055; DENSITY - 0.950

PRICE: US$700.00 PER M/T
QUANTITY: 72 M/T

Packing: ***IN OXYCHEM ORIGINAL HEAVY DUTY PE BAG OF 25KG NET, LOOSE IN 20 FOOT CONTAINER (18.0MTS/20'FCL)***
Manufacturer: ***OCCIDENTAL CHEMICAL CORP***
Shipping Mark: ***SMSC/UNIAM/DD-78458/SHANGHAI CHINA***

Documents to be presented within *15* days after the date of issuance of the transport document(s) but within the validity of this credit.

Shipment from *HOUSTON, USA*	Partial shipments ☐ Allowed ☑ Not allowed
to *SHANGHAI, CHINA* latest on *30-Nov-05*	Transhipment ☐ Allowed ☑ Not allowed

☐ Documents issued earlier than L/C issuing date are not acceptable.

☑ All banking charges except issuing charge and acceptance commission if any are for account of beneficiary.

For banks use only		我公司承担本申请书背面所列责任及承诺，并保证按照办理。
		（申请人名称及印鉴章） ***SHANGHAI MORNING STAR COMPANY***
Seal and/or Signature	checked by	RMB A/C No. 上海晨星公司
L/C Margin %	checked by	
Credit Facility	checked by	USD or ( ) A/C No. *04-83096852039562*
Ent Ver	App	联系人: 李海滨 电话: *56979088*

评　　析

在以信用证为付款方式的交易中，信用证的申请开立是进口商非常重要的业务环节。申请开立信用证的过程，是进口商将交易双方达成的协议确定在通过银行开立的信用证中，以确保进口合同的顺利履行。进口开证申请的依据有：

- 进口交易所达成的协议（合同、备忘录、成交记录、谈判纪要等）；
- 公司对于进口开证的一些规定和要求；
- 银行开证申请书的文本格式。

本例即为一个根据进口合同申请开证的操作。

首先看题目中提供的进口合同。应当说这是一份非常简要的进口合同，尽管如此，它还是包含了以下三方面的内容：

（1）进口合同本身的相关信息，包括当事人、合同名称、编号和日期。

SHANGHAI MORNING STAR COMPANY
375 DONG DA MING ROAD
SHANGHAI 200020
CHINA

PURCHASE CONTRACT　　　　**NO.** DD-78458
DATE: 20-Oct-05

BUYER:	SHANGHAI MORNING STAR COMPANY 375 DONG DA MING ROAD SHANGHAI 200020 CHINA	**SELLER:**	UNIAM CORPORATION 1200 LINCOLN HARBOUR BLVD., 10TH FL., WEEHAWKEN, N.J.07087, U.S.A.

（2）进口交易条件，包括品名规格、数量、包装、价格、付款及交货。

COMMODITY: HIGH MOLECULAR WEIGHT PRIME HIGH DENSITY POLYETHYLENE RESIN FOR FILM
GRADE NO. ALATHON DE5005
SPECIFICATION: MELT INDEX - 0.055; DENSITY - 0.950

QUANTITY: 72.00　　M/T　(METRIC TONS)

PACKING: IN OXYCHEM ORIGINAL HEAVY DUTY PE BAG OF 25KG NET, LOOSE IN 20 FOOT CONTAINER (18.0MTS/20'FCL)

UNIT PRICE: US$700.00　　PER M/T　CIF SHANGHAI

AMOUNT: US$50,400.00

PAYMENT: BY IRREVOCABLE L/C AT SIGHT

DELIVERY: DURING NOVEMBER 2005

（3）合同备注。在本例中涉及与开证申请相关的一些内容，包括不允许分批装运和转运、不接受第三方单据、交单期限的规定、限制信用证议付银行，以及指定通知银行等。

REMARK:
a. PARTIAL SHIPMENTS AND TRANSSHIPMENT NOT ALLOWED
b. THIRD PARTY DOCUMENTS ARE NOT ACCEPTABLE
c. ALL DOCUMENTS MUST BE PRESENTED IN SELLER'S COUNTRY WITHIN 15 DAYS AFTER B/L ISSUED BUT WITHIN VALIDITY OF L/C
d. L/C IS ONLY AVAILABLE WITH THE ADVISING BANK BY NEGOTIATION

e. ADVISING BANK:
FAR EAST NATIONAL BANK
41ST FLOOR, TWIN TOWER,
350S. GRAND AVENUE, LOS ANGELES,
CA90071, U.S.A.
SWIFT:　　FENBUS6L

公司对申请开证的要求在题目中表述得十分清晰，其中包括开证银行、开证方式、单据份数和具体要求，以及其他要求（装运港、目的港、运输标志）。

然后再来分析开证申请书的内容。进口开证申请操作的基本内容是填制开证申请书。在实际业务中，各银行都有自己的开证申请书格式，但其内容大同小异，主要包括以下几个方面：

（1）信用证本身的内容，包括各有关当事人的具体信息、信用证金额、信用证的到期日和到期地点、交单期限的规定，以及信用证项下付款方式和有关汇票的规定等；

（2）信用证项下货物的描述，可能涉及的信息有货物的名称、货号、规格、包装、单价、数量、交易术语与条件，运输标志、合同编号和日期等；

（3）关于装运的规定，如信用证项下货物的启运地和目的地、货物装运的时间以及对于分批装运和转运的具体规定等；

（4）关于受益人应向银行提交单据的规定，其中包括单据的种类、份数及具体规定和要求等；

（5）其他的特殊要求和规定。

在各银行提供的开证申请书中，许多条款，特别是单据条款，均有其固定的格式，填制时应当明确其是否与开证要求相符，是否需要进行必要的修改。如果固定格式条款无法满足开证要求，则可在其他条款或特殊条款中作特别的规定。

现就本例中的开证申请书做分解评析。

（1）关于信用证本身。

不可撤销跟单信用证申请书

APPLICATION FOR IRREVOCABLE DOCUMENTARY CREDIT

To: *INDUSTRIAL AND COMMERCIAL BANK OF CHINA SHANGHAI BR.*　　Please establish by: *SWIFT*　（开证方式）　Date *26-Oct-05*

Applicant: (Full name & detailed address) *SHANGHAI MORNING STAR COMPANY* *375 DONG DA MING ROAD* *SHANGHAI 200020* *CHINA*	**IRREVOCABLE DOCUMENTARY CREDIT**　No. Valid *IN USA*　until *15-Dec-05* Advising Bank: (If cannot specify, left for bank to fill) *FAR EAST NATIONAL BANK* *41ST FLOOR, TWIN TOWER,* *350S. GRAND AVENUE, LOS ANGELES,* *CA90071, U.S.A.*　*SWIFT: FENBUS6L*
Beneficiary: (Full name & detailed address) *UNIAM CORPORATION* *1200 LINCOLN HARBOUR BLVD.,* *10TH FL., WEEHAWKEN,* *N.J.07087, U.S.A.*	Amount (In figures and words)　*US$50,400.00* *SAY US DOLLARS FIFTY THOUSAND FOUR HUNDRED ONLY.* Price term: *CIF SHANGHAI*
Credit available with *ADVISING BANK ONLY* by *NEGOTIATION* against the documents detailed herein and beneficiary's draft(s) for *100%* of the invoice value at *SIGHT*　drawn on *INDUSTRIAL AND COMMERCIAL BANK OF CHINA SHANGHAI BR.*	

Documents to be presented within *15* days after the date of issuance of the transport document(s) but within the validity of this credit.

根据进口合同或开证背景中提供的当事人信息填写开证申请人和受益人栏目时，注意不要将公司名称、地址填错或是错将申请人和受益人颠倒。

对通知银行如果没有特别要求可以留空不填写，在此情况下，开证银行则会自行选择合适的出口地银行作为通知行。当然，本例中不仅规定了通知银行，而且还将其作为指定的议付银行。

填写信用证的开立金额时，要注意其与合同金额的一致性。如果合同中规定了涉及货物数量金额的溢短装条款，开证时就应当注意与合同规定的呼应，在申请书中同样加上金额的浮动条款，或按合同溢装时最高数量对应的金额填写。此外，金额大小写之间应保持一致并规范填写，如大写金额前的"SAY"和结束时的"ONLY"均是不能遗漏的。

填写价格条件(PRICE TERM)时，要特别注意不同的价格条件后面指明的是不同的地点，如FOB条件下是装运港，CFR和CIF条件下是目的港。

在填写信用证到期日时，要注意与合同装运期之间的对应关系。如合同或开证要求中未明确规定交单期限，则应将信用证的到期日规定在最后装运日后的10—15天，并且规定到期地点为受益人(即出口商)所在国家。

信用证本身内容中通常还包括关于付款方式及汇票的规定，其表述方式为：Credit available with... by...。By后面指定的是信用证的付款方式，即议付(negotiation)、付款(payment)还是承兑(acceptance)。如果没有特别要求，一般会填写议付(即by negotiation)。相应地，限制议付行时应在with后填写规定的议付银行名称，如为自由议付，则可写with any bank。

信用证项下汇票条款涉及对出票人、汇票金额以及汇票付款人的规定。汇票的出票人一般都是信用证的受益人，所以在开证申请书中一般都事先印制了(beneficiary's draft(s))，而汇票的金额往往会在申请书中留空给申请人填写，一般情况下填"100%/FULL INVOICE VALUE"(发票全额)。按照国际商会1993年修订的《跟单信用证统一惯例》(即国际商会第500号出版物，简称UCP500)的规定，信用证项下的汇票一般以开证行为付款人，所以在DRAWN ON后应将信用证的开证银行填写清楚。

信用证项下交单期限的规定也是信用证本身内容的一个重要方面，在背景条件中未涉及的情况下，一般均填10—15天，因为过短的交单期限规定会影响受益人及时向银行提交单据。

(2) 关于货物和运输。

Evidencing Shipment of: ***GOODS: HIGH MOLECULAR WEIGHT PRIME HIGH DENSITY POLYETHYLENE RESIN FOR FILM***
GRADE NO. ALATHON DE5005
SPECIFICATION: MELT INDEX - 0.055; DENSITY - 0.950

PRICE: US$700.00 PER M/T
QUANTITY: 72 M/T

Packing: ***IN OXYCHEM ORIGINAL HEAVY DUTY PE BAG OF 25KG NET, LOOSE IN 20 FOOT CONTAINER (18.0MTS/20'FCL)***
Manufacturer: ***OCCIDENTAL CHEMICAL CORP***
Shipping Mark: ***SMSC/UNIAM/DD-78458/SHANGHAI CHINA***

Shipment from HOUSTON, USA		Partial shipments	☐ Allowed	☑ Not allowed
to SHANGHAI, CHINA	latest on 30-Nov-05	Transhipment	☐ Allowed	☑ Not allowed

(3) 关于单据。

关于单据的规定主要涉及单据的份数和内容要求。如果在申请书的印制格式中未能包括某种要求受益人提交的单据,则可在特别条款中加列。填写单据要求时比较容易出错或混淆的地方是关于运输单据和保险单据的要求。

● 运输单据。

海运提单有正本和副本之分,正本提单通常是进口人提货的凭证。常见的"全套提单"(Full Set)的概念是指将船公司签发的所有正本悉数提交给银行。时常也有"3/3"或"2/2"的写法。其中,分子部分是指向银行提交的正本份数,分母部分是指船公司总共签发的正本份数,所以"3/3"即指要求受益人将船公司签发的三份正本提单全部提交给银行。而如果仅要求受益人提交三份正本提单中的两份给银行,则可写为"2/3"。

提单要求中还会对提单的收货人(Consignee),即提单的抬头人做出具体规定。如果指定具体的收货人,则应填写:*Consigned/Deliver/Made out* to ABC Company,此类提单被称为"记名提单"。如果收货人由托运人指示,则应填写:*Consigned/Deliver/Made out* to Order of Shipper,或仅填写:*Consigned/Deliver/Made out* to Order,俗称"空白抬头提单"。如果收货人由开证银行指示,则应填写:*Consigned/Deliver/Made out* to Order of Issuing Bank,此类提单被称为"指示提单"。本例的开证要求中规定"海运提单做成凭开证银行指示抬头",因此应填写:*Bill of lading made out* to Order of Issuing Bank。请注意,不要误写成 *made out* to Issuing Bank,这样就变成以开证银行为收货人的记名提单了。

需要特别说明的是,在空运或陆运方式下,由于航空运单和承运收据不是货物所有权的凭证,所以这类运输单据不会做成指示式,而只能做成记名式,即 *Consigned* to 开证银行或申请人。

与提单收货人相关联的是提单的背书(Endorsement)。在收货人由托运人指示的情况下,开证申请人应对托运人作背书的形式加以规定,是作空白背书(Blank Endorsed/Endorsed in Blank)还是记名背书(如 *Endorsed* to the order of Issuing Bank)。

除了对份数、抬头、背书的规定外,提单条款中还有对于运费支付情况的表述以及提单中被通知人的规定。采用 FOB 条件达成的交易中,提单应表明"运费到付"(Freight to Collect),而采用 CFR 或 CIF 达成的交易中,提单应注明"运费已付"(Freight Prepaid)。一般情况下,提单的被通知人为进口商(开证申请人)。

● 保险单据。

开证申请中对于保险单据的规定除了提交份数以外,还包括对于保险单据的种类、保险金额、投保险别、理赔地点、赔偿币种以及背书的规定。

保险单据通常有保险单(Insurance Policy)和保险凭证(Insurance Certificate)两种。保险单是保险公司在承保后签发的保险合同的正式书面文件,上面载有当事人的名称、保险标的、保险金额、保险期限、保险费率等事项，并印有规定当事人双方权利义务的保险条款，俗称“大保单”。保险凭证是保险公司签发给投保人的、证明保险合同已经订立的书面文件，一般只载明大保单正面的内容，不记载保险条款，实质上是一种简化的保险单，俗称“小保单”。

保险金额通常为发票金额加10%，即发票金额的110%(除非开证要求或合同中有更高的加成规定)，投保险别按双方商定的具体险别填入，理赔地点通常在目的地(Destination)或申请人所在国(In the Country of Applicant)，赔偿货币种类通常为信用证或汇票所用货币(In Currency of the Draft)。

在CIF或CIP价格条件下，被保险人为出口商(即信用证的受益人)，但是实际发生货损时，索赔的权责在进口商。因此，以受益人为被保险人的保险单在提交银行或进口商时，应在保险单的背面进行背书，以示保险权益的转让。所以在开证时，申请人会在开证申请书上要求保险单据作空白背书(Blank Endorsement)，有时也作记名背书(如 *Endorsed* to the order of Issuing Bank)。

Documents required: (marked with ☑)

☑ Signed commercial Invoice in ***3 COPIES*** indicating L/C No. And Contract No.

☑ Full set of clean on board ocean Bills of Lading made out to ***ORDER OF ISSUING BANK*** marked ***FREIGHT PREPAID*** and endorsed / showing freight amount notifying ***APPLICANT*** as well as China National Foreign Trade Transportation Corp. at destination.

☐ Air Waybills showing ______ indicating freight amount and consigned to ______

☐ Forwarding agent's Cargo Receipt consigned to ______

☑ Insurance Policy / Certificate in ***TRIPLICATE*** for ***110%*** of the invoice value showing claims payable in China in currency of the draft. endorsed ***IN BLANK*** covering ***ALL RISKS AND WAR RISKS*** as per ***OCEAN MARINE CARGO CLAUSES OF PICC*** dated ***1/1/1981***

☑ Packing List/Weight Memo in ***3 COPIES*** indicating quantity/gross and net weight of each package and packing conditions as called for by the L/C.

☐ Certificate of Quantity /Weight in ______

☑ Certificate of Quality in ***3 COPIES*** issued by ***OCCIDENTAL CHEMICAL CORP.***

☑ Beneficiary's certified copy of Fax / Telex advising applicant within ***24*** hours after shipment indicating ***SHIPMENT DETAILS***

☑ Special Conditions: ***Third party documents are not acceptable***

❼ 根据交易资料填制开证申请书 进口

根据以下业务背景资料填制开证申请书。

你公司 SHANGHAI MORNING STAR COMPANY
375 DONG DA MING ROAD
SHANGHAI 200020
CHINA

经过磋商，与德国 KARSTADT WARENHAUS AG
THEODOR-ALTHOFF-STRASSE 2
45133 ESSEN
GERMANY

于2005年5月10日达成了一笔进口交易，主要成交条件如下：

合同号：　G21F0510

货物名称：HIGH PRESSURE GENERATOR, PUMP AND MODULE

货号	品名	数量	单位	单价
AEM0049	HIGH PRESSURE GENERATOR	6	PIECE	US$3,200.00
AMN6759	PISTON PUMP	4	PIECE	US$910.00
AMN6761	PISTON PUMP	2	PIECE	US$1,350.00
AEK0140	MODULE	4	PIECE	US$1,850.00

包装：　每台装一个纸箱，共16箱

装运：　2005年7月20日前装运，不允许分批、转运

起运地：汉堡　　目的地：上海

付款：　不可撤销即期付款信用证

保险：　发票金额加20%投保协会货物(A)险和战争险

价格条款：CIP SHANGHAI AIRPORT

其他条件

申请日期：2005年5月20日

开证行：BANK OF CHINA SHANGHAI BRANCH

开证方式：SWIFT

通知行：DRESONER BANK AG IN ESSEN

费用：　开证费由开证申请人承担，其他银行费用由受益人承担

单据要求：经签署的商业发票一式两份

空运提单，以开证银行为收货人，注明运费已付

装箱单一式两份

制造商出具的品质证明一式两份

受益人于装运后24小时内发给申请人的装运通知副本，该通知内需注明装运详情

不接受第三方为托运人的运输单据

交单期为运输单据出单日后15天

IRREVOCABLE DOCUMENTARY CREDIT APPLICATION

To: issued by date(y-m-d)

Beneficiary (full name and address)		Applicant (full name and address)
Partial shipments	Transhipment	Date and place of expiry of the credit
Loading on board/dispatch/taking in charge at /from not later than for transporation to		Amount (both in figues and words)
Description of goods: Packing:		Credit avaible with ________ by ________ against the documents detailed herein and beneficiary's draft for ____ of the invoice value at ________ on ________ Price terms:

Documents required : (marked with ☑)

1 ☐ Signed commercial Invoice in ____ indicating L/C No. and Contract No. ____

2 ☐ Full set of ____ clean on board Bills of Lading made out to ________ and endorsed ____ marked ________ and notify ________

____

3 ☐ Air Waybills showing ________ indicating freight amount and consigned to ________

4 ☐ Memorandum issued by ________ consigned to ________

5 ☐ Insurance Policy / Certificate in ____ for ____ of the invoice value showing claims payable at destination in currency of the draft, endorsed ________ and covering ________

6 ☐ Packing List/Weight Memo in ____ indicating quantity/gross and net weights of each package and packing conditions as called for by the L/C.

7 ☐ Certificate of Quality/Weight in ____ issued by an independent surveyor at the loading port, indicating the actual surveyed quality /weight of shipped goods as well as the packing condition .

8 ☐ Certificate of quality in ____ issued by ________

9 ☐ Beneficiary's certified copy of cable /telex dispatched to the accountee within ____ hours after shipment advising ________

____

10 ☐ Beneficiary's Certificate certifying that extra copies of the document have been dispatched according to the contract terms.

11 ☐ Shipping Co.'s Certificate attesting that the carrying vessel is chartered or booked by accountee or their shipping agents: ________

____

12 ☐ Other documents, if any:

Additional instructions:

1 ☐ All banking charges outside the opening bank are for beneficiary's account.

2 ☐ Documents must be presented within ____ days after the date of issuance of the transport document but within the validity of this credit.

3 ☐ Third party as shipper is not acceptable. Short form/Blank back B/L is not acceptable .

4 ☐ Both quantity and amount ____ more or less are allowed.

5 ☐ Prepaid freight drawn in excess of L/C amount is acceptable against presentation of original charges voucher issued by shipping Co./Air Line/or it's agent.

6 ☐ All documents to be forwarded in one cover , unless otherwise stated above.

7 ☐ Other terms, if any:

Account No.: ________ with ________ (name of bank)

Transacted by : ________

Telephone No.: ________

(Applicant : name ,signature of authorized person)

解　答

IRREVOCABLE DOCUMENTARY CREDIT APPLICATION

To: **BANK OF CHINA SHANGHAI BRANCH** issued by **SWIFT** date(y-m-d) **2005-5-20**

Beneficiary (full name and address)		Applicant (full name and address)
KARSTADT WARENHAUS AG THEODOR-ALTHOFF-STRASSE 2 45133 ESSEN GERMANY		**SHANGHAI MORNING STAR COMPANY 375 DONG DA MING ROAD SHANGHAI 200020 CHINA**
Partial shipments **NOT ALLOWED**	Transhipment **NOT ALLOWED**	Date and place of expiry of the credit **3-Aug-05 IN GERMANY**
Loading on board/dispatch/taking in charge at /from **HAMBURG** not later than **20-Jul-05 (not including)** for transporation to **SHANGHAI AIRPORT**		Amount (both in figues and words) **US$32,940.00** **SAY US DOLLARS THIRTY TWO THOUSAND NINE HUNDRED AND FORTY ONLY.**
Description of goods: **HIGH PRESSURE GENERATOR, PUMP AND MODULE** Packing: **PACKED IN CARTONS OF ONE SET, TOTAL SIXTEEN CARTONS ONLY**		Credit avaible with **ANY BANK IN BENEFICIARY'S COUNTRY** by **PAYMENT** against the documents detailed herein and beneficiary's draft for **/** of the invoice value at **/** on **/** Price terms: **CIP SHANGHAI AIRPORT**

Documents required : (marked with ☑)

1 ☑ Signed commercial Invoice in **2 COPIES** indicating L/C No. and Contract No. **G21F0510**
2 ☐ Full set of ______ clean on board Bills of Lading made out to ______ and endorsed ______ marked ______ and notify ______
3 ☑ Air Waybills showing **FREIGHT PREPAID** indicating freight amount and consigned to **ISSUING BANK**
4 ☐ Memorandum issued by ______ consigned to ______
5 ☑ Insurance Policy / Certificate in **DUPLICATE** for **120%** of the invoice value showing claims payable at destination in currency of the draft, endorsed **IN BLANK** and covering **ICC (A) AND ICC WAR CLAUSES**
6 ☑ Packing List / Weight Memo in **2 COPIES** indicating quantity/gross and net weights of each package and packing conditions as called for by the L/C.
7 ☐ Certificate of Quality / Weight in ______ issued by an independent surveyor at the loading port, indicating the actual surveyed quality /weight of shipped goods as well as the packing condition.
8 ☑ Certificate of quality in **2 COPIES** issued by **MANUFACTURER**
9 ☑ Beneficiary's certified copy of cable /telex dispatched to the accountee within **24** hours after shipment advising **SHIPMENT DETAILS**
10 ☐ Beneficiary's Certificate certifying that extra copies of the document have been dispatched according to the contract terms.
11 ☐ Shipping Co.'s Certificate attesting that the carrying vessel is chartered or booked by accountee or their shipping agents: ______
12 ☐ Other documents, if any:

Additional instructions:
1 ☑ All banking charges outside the opening bank are for beneficiary's account.
2 ☑ Documents must be presented within **15** days after the date of issuance of the transport document but within the validity of this credit.
3 ☑ Third party as shipper is not acceptable. Short form/Blank back B/L is not acceptable.
4 ☐ Both quantity and amount ______ more or less are allowed.
5 ☐ Prepaid freight drawn in excess of L/C amount is acceptable against presentation of original charges voucher issued by shipping Co./Air Line/or it's agent.
6 ☐ All documents to be forwarded in one cover , unless otherwise stated above.
7 ☐ Other terms, if any:

Account No.: **06-039268034568093256** with **BANK OF CHINA SHANGHAI BRANCH** (name of bank)
Transacted by : **SHANGHAI MORNING STAR COMPANY**
Telephone No.: **56979088**

(Applicant : name ,signature of authorized person)

❽ 审核开证申请书　　进口

根据进口合同及开证要求审核开证申请书，指出其存在的问题并说明应如何修改。

进口合同
PURCHASE CONTRACT

卖方 The sellers:
INTERFOTO TRADING COMPANY
地址 Address:
2nd FLOOR, DEVONSHIRE HOUSE
49 JORISSEN STREET BRAAMFONTEIN
2001 RSA, JOHANNESBURG, SOUTH AFRICA

合同编号 Contract No: ***PC051202510***
签订日期 Date: ***AUG.10, 2005***
签订地点 Signed at: ***SHANGHAI***

买方 The buyers:
SHANGHAI MORNING STAR COMPANY
地址 Address:
375 DONG DA MING ROAD
SHANGHAI 200020
CHINA

经买卖双方确认根据下列条款订立合同:
The undersigned sellers and buyers have confirmed this contract in accordance with the terms and conditions stipulated below:

名称及规格 Descriptions	单位 Unit	数量 Quantity	单价 Unit price	金额 Amount
KD S4S IPE LUMPER ***20×100×600 MM***	***M³***	***120 M³***	***US$720.00***	***US$86,400.00***
总值（大写）Total amount (in words)： ***SAY US DOLLARS EIGHTY SIX THOUSAND FOUR HUNDRED ONLY.***				

1. 成交价格术语 Terms:
   ☐ ***FOB*** ☒ ***CFR*** ☐ ***CIF***
2. 出产国与制造商 Country of origin and manufacturers:
   SOUTH AFRICA
3. 装运唛头 Shipping marks:
   N/M
4. 装运港 Delivery port:
   DURBAN
5. 目的港 Destination port:
   SHANGHAI
6. 装运期 Shipment date:
   NOT LATER THAN SEPT. 30, 2005
7. 包装 Packing conditions:
   PACKED IN 60 BUNDLES ONLY
8. 保险 Insurance:
   COVERED BY THE BUYERS
9. 支付方式 Terms of payment:
   IRREVOCABLE L/C AT 40DAYS' SIGHT

合同共__2__份，自双方代表签字（盖章）之日起生效。
This contract is in ____2___ copies, effective since being signed/sealed by both parties.

卖方 Seller:
INTERFOTO TRADING COMPANY
代表人签字 Authorized signature:
Jefson Paudow

买方 Buyer:
SHANGHAI MORNING STAR COMPANY
代表人签字 Authorized signature:
沈洪宋

开证要求：

开证银行：中国建设银行上海分行

开证方式：SWIFT

单据种类及份数：商业发票一式三份

装箱单一式三份

权威机构签发的原产地证书一式两份

全套海运提单，做成凭指示抬头并作空白背书

受益人签发的品质证明

受益人出具的寄单证明，声明已将全套的单据副本寄交申请人

装船后24小时内发出的装运通知副本

Application for Documentary Credit

To: (Issuing Bank)
CHINA CONSTRUCTION BANK SHANGHAI

Date:
AUG. 20, 2005

Please issue an irrevocable Documentary Credit as set forth below and forward it to your correspondent for delivery to the beneficiary by:

☐ Airmail　☐ Full Telex　☑ SWIFT　☐ Full Cable　☐ Airmail with short preliminary telex advice

Applicant:
SHANGHAI MORNING STAR COMPANY
375 DONG DA MING ROAD
SHANGHAI 200020
CHINA

Beneficiary:
INTERFOTO TRADING COMPANY
12th FLOOR, DEVONSHIRE HOUSE
49 JORISSEN STREET BRAAMFONTEIN
2001 RSA, JOHANNESBURG, SOUTH AFRICA

Maximum Amount:
US$86,400.00
SAY US DOLLARS EIGHTY SIX THOUSAND FOUR HUNDRED ONLY

Date and place of expiry:
SEP. 30, 2005　IN CHINA

Available with **ANY BANK IN SOUTH AFRICA** by **NEGOTIATION**
against beneficiary's drafts at **40 DAYS AFTER SIGHT** for **100%** of invoice amount
drawn on **ISSUING BANK** accompanied by the following documents.

Partial shipments **NOT ALLOWED**　Transhipment **NOT ALLOWED**
Shipment from **DURBAN** for transportation to **SHANGHAI** not later than **SEP. 30, 2005**

Documents required (Marked ☑) to be presented (at least in duplicate unless otherwise specified):

☑ Signed Commercial Invoices in **3 FOLDS**

☑ Packing List in **3 FOLDS**

☑ Certificate of Origin in **DUPLICATE　ISSUED BY THE BENEFICIARY**

☑ Insurance Policy or Certificate issued in **TRIPLICATE** endorsed ____ for **110% of CIF invoice value**
covering **ICC (A) AND ICC WAR CLAUSES**
claims, if any, to be payable at **DESTINATION** in the currency of the drafts.

☑ Full set of **3/3** original Clean On-Board Ocean Bills of Lading plus two N/N copies issued to **ORDER**
endorsed ____ marked **FREIGHT PREPAID** and notify **APPLICANT**

☐ Clean Air Waybill issued by airline company and consigned to ______________
marked ______________ and notify ______________

☐ Official Cargo Receipt issued and signed by authorized signatory of applicant certifying that they have received the goods mentioned in subject D/C in good order and condition & indicating this credit number, quantity and value of goods.

☑ Certified copy of Beneficiary's telex to applicant advising shipping details **WITHIN 24 HOURS** after shipment.

☑ Other documents required: (please clearly list below)
CERTIFICATE OF QUALITY IN 2 FOLDS ISSUED BY THE BENEFICIARY

Covering shipment of:
GOODS: KD S4S IPE LUMPER
SIZE: 20×100×60 MM
PRICE: US$ 720.00 PER M^3
QUANTITY: 120 M^3
PACKING: PACKED IN 60 BUNDLES ONLY

Price terms **CFR DURBAN**

Documents to be presented within **15** days after the date of issuance of the transport document(s)/cargo receipt but within the validity of the credit.

Special instructions: (If any please list below)

☐ Insurance covered by APPLICANT / FINAL BUYER / Open policy no. ______

D/C opening commission are for account of the ☐ applicant ☑ beneficiary
All charges outside China are for account of the ☐ applicant ☑ beneficiary

In case this credit expires and is unutilized or cancelled, all opening charges will be for our account.

In consideration of your issuing a credit substantially conforming to the above request, I/We hereby agree and undertake to hold myself/ourselves liable to you as per provisions set forth in the documentary credit agreement signed by me/us and separately submitted to you.

Yours faithfully, **SHANGHAI MORNING STAR COMPANY** (Company name) 宋天寅 (Authorized Signature)

解　答

经审核，该开证申请书存在以下问题：

(1) 受益人地址有误，应为“2nd FLOOR”，而非“12th FLOOR”；

(2) 到期日不应离最迟装运日过近，更不能为同一天，一般应控制在最迟装运日后10—15天，所以，宜将到期日改为2005年10月15日；

(3) 到期地点不应在开证申请人所在国，而应在受益人所在国，即“South Africa”；

(4) 根据要求，原产地证明不应由出口商签发，而应改为由权威机构签发，即“issued by competent authority”；

(5) CFR交易中不应要求受益人提交保险单据，所以，不应填写保险单据条款；

(6) 根据开证要求,提单必须做空白背书,所以应明确填写 endorsed "in blank";

(7) 根据开证要求,受益人必须提交寄单证明,所以应在其他所需单据栏目中加列"Beneficiary's Certificate certifying that full set of non-negotiable documents have been sent to applicant";

(8) 货物描述中的货物规格有误,应为"20×100×600 MM",而非"20×100×60 MM";

(9) 价格术语有误,应为"CFR Shanghai",而非"CFR Durban";

(10) 开证费用一般由申请人承担,所以应将其从由"beneficiary"支付改为由"applicant"支付。

评　　析

这是一个根据进口合同及开证要求来审核已经填制的开证申请书的实例,这类操作在实际业务中也是经常会碰到的。在进行这类审核时,首先要明确进口合同或交易背景资料,特别要注意开证要求部分的规定,然后再对开证申请书进行逐条逐句的审核。

相关链接

申请开立信用证　　第 231 页
填制开证申请书　　第 232 页

【技能操练】

1. 试将以下信开信用证译成中文。

Phone: 2224497
Telex: 45429 MSHQCM EM
Fax: 2233546 / 2230554
SWIFT: BOMLAEAD

Foreign Trade Centre, Post Box 9271, Dubai, U.A.E.

IRREVOCABLE DOCUMENTARY CREDIT

CREDIT NO.	**EXPIRY DATE**	**PLACE OF EXPIRY**
IE40316	**30 DEC, 2005**	**IN THE BENEFICIARY'S COUNTRY**

26 OCTOBER, 2005

ADVISING BANK :
BANK OF CHINA,
ZHONGSHAN DONG 1 LU 23,
SHANGHAI, CHINA

APPLICANT:
LAFA EMIRATES TRADING CO. LTD.
P.O. BOX 5239, DUBAI, U.A.E.

BENEFICIARY:
SHANGHAI HANCHENG TRADING COMPANY
443 HUASHAN ROAD, SHANGHAI, P.R.C.

AMOUNT: USD 14,177.50 (U.S. DOLLAR FOURTEEN THOUSAND ONE HUNDRED AND SEVENTY SEVEN AND 50/100)

DRAFT AT: 30 DAYS AFTER B/L DATE
DRAWN ON: MASHREQBANK
FOR FULL VALUE OF THE INVOICE AMOUNT
AND MARKED DRAWN UNDER MASHREQBANK PSC CREDIT NO. IE40316
AVAILABLE WITH: BANK OF CHINA BY NEGOTIATION

PARTIAL SHIPMENTS ARE ALLOWED
TRANSSHIPMENT IS PROHIBITED
TRANSPORTATION FROM: CHINA
TO : BANDAR ABBAS BY SEA
NOT LATER THAN: 15 DECEMBER, 2005
PRICE TERMS: CFR

DOCUMENTS REQUIRED:
FULL SET OF CLEAN SHIPPED ON BOARD OCEAN BILLS OF LADING MADE OUT TO THE ORDER OF MASHREQBANK PSC, MARKED 'FREIGHT PREPAID', NOTIFY APPLICANT (GIVING NAME AND FULL ADDRESS) SHOWING THE ABOVE LC NO., NAME, ADDRESS, TELEPHONE AND FAX NO. OF THE VESSEL'S AGENT AT THE PORT OF DESTINATION.

INSURANCE COVERED BY APPLICANT. SHIPMENT ADVICE QUOTING THE ABOVE LC NUMBER AND REFERRING TO THEIR POLICY NO.64/MCO/2000/50475/000 TO BE SENT TO NASCO KARAOG, P.O. BOX 7108, DUBAI, U.A.E. FAX: 009714-3520544 WITHIN ONE DAY FROM SHIPMENT DATE BY FAX AND A COPY OF SUCH ADVICE TO ACCOMPANY THE DOCUMENTS.

CERTIFICATE OF ORIGIN IN ORIGINAL PLUS ONE COPY STATING THAT THE GOODS ARE OF CHINESE ORIGIN, SHOWING FULL NAME AND ADDRESS OF THE MANUFACTURER / PRODUCER ISSUED BY CHINA COUNCIL FOR THE PROMOTION OF INTERNATIONAL TRADE.

PACKING LIST IN ORIGINAL PLUS TWO COPIES DULY SIGNED BY BENEFICIARY.

SIGNED INVOICES IN ORIGINAL PLUS TWO COPIES SHOWING THE NAME AND ADDRESS OF MANUFACTURER / PRODUCER / PROCESSOR AND CERTIFYING THAT GOODS AND ALL OTHER DETAILS ARE AS PER PROFORMA INVOICE NO. JX20009YN DATED 19.10.2005.

COVERING:
ELECTRONICS GOODS AS PER S/C NO. IDJ8EI

MARKS:
LAFA\IDJ8EI\BANDAR ABBAS\C/NO.1-UP

SPECIAL CONDITIONS:
(1) GOODS MUST BE SHIPPED IN CONTAINERS AND BILL OF LADING TO EVIDENCE THE SAME AND TO SHOW CONTAINER NUMBER AND SEAL NUMBER.

(2) THIRD PARTY AS SHIPPER IS NOT ACCEPTABLE.

(3) REIMBURSEMENT UNDER THIS CREDIT ARE SUBJECT TO THE UNIFORM RULES FOR BANK TO BANK REIMBURSEMENTS UNDER DOCUMENTARY CREDITS, ICC PUBLICATION NO. 525.

(4) ALL DOCUMENTS CALLED FOR IN THIS CREDIT SHOULD BE DATED AND ANY DOCUMENT DATED PRIOR TO L/C ISSUANCE DATE NOT ACCEPTABLE.

INSTRUCTIONS TO NEGOTIATING BANK:
ALL DOCUMENTS ARE TO BE DISPATCHED IN ONE SET BY COURIER SERVICE TO MASHREQBANK PSC, FOREIGN TRADE CENTRE, OFFICE TOWER SUITE NO. 736/739, AL GHURAIR CENTRE, P.O.BOX 9271, DEIRA, DUBAI, U.A.E.. COVERING SCHEDULE MUST CERTIFY THAT THE DOCUMENTS HAVE BEEN NEGOTIATED STRICTLY IN CONFORMITY WITH THE TERMS OF THE CREDIT.

DOCUMENTS TO BE PRESENTED WITHIN 15 DAYS OF ISSUANCE OF THE SHIPPING DOCUMENTS BUT WITHIN THE VALIDITY OF THE CREDIT.

ALL BANK CHARGES (EXCEPT OPENING CHARGES) REGARDING FEE AND COMMISSIONS OUTSIDE U.A.E. ARE TO BE BORNE BY BENEFICIARY.

THIS CREDIT IS SUBJECT TO THE UNIFORM CUSTOMS AND PRACTICE FOR DOCUMENTARY CREDITS 1993 (REVISION) ICC PUBLICATION 500.

THANK YOU.

YOURS FAITHFULLY
MASHREQBANK PSC

2. 试将以下电开信用证译成中文。

363010 BOCSU CM
14027A LASD NL
100492 16.35
MSG.: 001
TO: BANK OF CHINA, SHANGHAI, CHINA
FM: F. VAN LANSCHOT BANKIERS N. V., AMSTERDAM, THE NETHERLANDS
DD: 9TH APRIL 2005

WE HEREWITH OPEN OUR IRREVOCABLE DOCUMEMTARY CPEDIT NO. AM/VAO515ILC

BY ORDER OF	:	TIVOLI PRODUCTS PLC BERSTOFSGADE 48, AMSTERDAM, THE NETHERLANDS
IN FAVOUR OF	:	UNIVERSAL TRADING CO., LTD. RM. 1201-1216 MAYLING PLAZA, 131 DONGFANG RD., SHANGHAI, CHINA
FOR AN AMOUNT OF	:	USD91, 061.90
EXPIRY-DATE	:	15TH JUNE 2005 FOR NEGOTIATION IN CHINA

THIS DOC. CREDIT IS AVAILABLE BY NEGOTIATION OF BENEFICIARY'S DRAFT(S) AT 45 DAYS AFTER SIGHT DRAWN ON F. VAN LANSCHOT BANKIERS N. V., AMSTERDAM, THE NETHERLANDS, ACCOMPANIED BY THE FOLLOWING DOCUMENTS:

(1) SIGNED COMMERCIAL INVOICE IN QUINTUPLICATE INDICATING BENEFICIARY'S CONTRACT NUMBER AND APPLICANT'S ORDER NO. 05-CS004.
(2) PACKING LIST/WEIGHT MEMO IN TRIPLICATE MENTIONING TOTAL NUMBER OF CARTONS, GROSS WEIGHT AND MEASUREMENTS PER EXPORT CARTON.
(3) 2/3 OF ORIGINAL CLEAN ON-BOARD MARINE BILLS OF LADING, PLUS 3 N. N. COPIES, MADE OUT 'TO ORDER', AND BLANK ENDORSED, MARKED 'FREIGHT PREPAID' NOTIFYING THE APPLICANT (GIVING FULL NAME, ADDRESS AND PHONE NUMBERS).
(4) FULL SET OF MARINE INSURANCE POLICY OR CERTIFICATE, ENDORSED IN BLANK

FOR 110 PERCENT OF FULL CIF VALUE, COVERING INSTITUTE CARGO CLAUSES (A) AND WAR CLAUSES OF INSTITUTE CARGO CLAUSES.

(5) G.S.P. CERTIFICATE OF ORIGIN FORM A IN DUPLICATE STATING THAT THE GOODS ARE OF CHINESE ORIGIN.

(6) BENEFICIARY'S CERTIFICATE STATING THAT ONE SET OF NON-NEGOTIABLE SHIPPING DOCUMENTS TOGETHER WITH THE 1/3 ORIGINAL B/L AND ORIGINAL FORM A HAVE BEEN SENT TO THE APPLICANT BY DHL WITHIN 48 HOURS AFTER SHIPMENT.

(7) COPY OF BENEFICIARY'S TELEX/FAX SENT TO APPLICANT (TELEX-NO.: 13174+TIV NL OR FAX-NO.:+(31)74 12 37 37) WITHIN TWO WORKING DAYS AFTER SHIPMENT INDICATING DATE OF DEPARTURE, SHIPPING MARKS, NUMBERS OF L/C, B/L, CONTRACT AND ORDER AS WELL AS NUMBER OF CARTONS TOGETHER WITH THE TOTAL GROSS WEIGHT AND GOODS VALUE.

COVERING:

5 ITEMS OF TOTAL 2960 SETS AND 8405 PCS. OF PLUSH TOYS AS PER:

APPLICANT'S ORDER NUMBER 05-CS004 AND BENEFICIARY'S CONTRACT NUMBER HY05CS004.

LABEL: CE/IMP.087 FOR ARTICLES KB7900, KP2273 AND KB0278 AND

LABEL: F-TOYS 2280 FOR ARTICLES KB0677 AND KC2048

PACKING IN NEUTRAL EXPORT CARTONS SUITABLE FOR LONG DISTANCE OCEAN TRANSPOPTATION

SHIPPING-MARKS TO READ AS FOLLOWS: CE/IMP.087
CHRISTIAENS
VIA AMSTERDAM
CARTON NO. 1 AND UP
FOLLOWED BY: ARTICIE NUMBER AND
F-TOYS 2280
GROBBENDONK
VIA AMSTERDAM
CARTON NO. 1 AND UP
FOLLOWED BY: ARTICLE NUMBER

TERMS OF DELIVERY : CIF AMSTERDAM (INCOTERMS 2000)

ALL OF THE ABOVE MUST BE STATED ON THE INVOICE AND PACKING LIST

PARTIAL SHIPMENTS : PROHIBITED

TRANSHIPMENT : PROHIBITED

LATEST DATE OF SHIPMENT : 31ST MAY 2005

SHIPMENT FROM : SHANGHAI

TO : AMSTERDAM

ALL BANKING CHARGES OUTSIDE THE NETHERLANDS ARE FOR BENEFICIARY'S ACCOUNT.

DOCUMENTS TO BE PRESENTED ULTIMATELY 15 DAYS AFTER THE DATE OF ISSUANCE OF

THE RELATIVE TRANSPORT-DOCUMENT(S) BUT WITHIN THE VALIDITY OF THIS DOC. CREDIT.

DOCUMENTS TO BE SENT AS FOLLOWS (INSTRUCTION MARKED 'X'):

(　　) IN ONE LOT BY REGISTERED AIRMAIL

(　　) IN TWO CONSECUTIVE REGISTERED AIRMAILS

(　　) IN ONE LOT BY INTERNATIONAL COURIER SERVICE

(X) 1ST MAIL BY COURIER SERVICE AND 2ND MAIL BY REGISTERED AIRMAIL

TO: F. VAN LANSCHOT BANKIERS N. V., POSTAL-ADDRESS: P. O. BOX 75509, 1070 AM AMSTERDAM, THE NETHERLANDS.

UPON RECEIPT OF CORRECT DOCUMENTS BY US, WE SHALL COVER THE NEGOTIATING BANK (AS PER THEIR INSTRUCTIONS), IN THE CURRENCY OF THIS DOC. CREDIT ONLY.

PLEASE ADVISE BENEFICIARY, WITHOUT ADDING YOUR CONFIRMATION.

THIS DOC. CREDIT IS SUBJECT TO THE UNIFORM CUSTOMS AND PRACTICE FOR DOCUMENTARY CREDITS (REVISION 1993, I.C.C. PUBLICATION NO. 500)

THIS TELEX IS THE OPERATIVE CREDIT-INSTRUMENT AND NO MAIL-ADVICE WILL FOLLOW.

3. 试将下列信用证条款译成中文。

(1) Insurance Policy covered for 110% of total invoice value against All Risks and War Risk as per and subject to the relevant Ocean Marine Cargo Clauses of the People's Insurance Company of China dated 1/1/1981.

(2) Insurance Policy covered for 110% of total invoice value against Institute Cargo Clauses (A) and Institute War Clauses (Cargo).

(3) Policy of Insurance in duplicate issued or endorsed to the order of ABC Co., Ltd. in the currency of the credit for the CIF value of the shipment plus 10 percent covering all risks and war risks of the People's Insurance Company of China.

(4) Insurance Policy/Certificate in 2 fold issued for 110% of the invoice value, covering Institute Cargo Clauses A and War Clauses, stating claims payable in Holland by claims paying agent.

(5) Full set of 3/3 originals plus 3 non-negotiable copies clean on board ocean B/L, consigned to order and blank endorsed, marked 'Freight Prepaid', showing shipping agent at destination, notifying applicant and evidencing the goods have been shipped by full container load.

(6) Full set 3/3 of clean on board bill of lading established to order and blank endorsed, notifying buyer, mentioning 'Freight Prepaid' and CIF Genoa in transit to Switzerland.

(7) Shipment must be effected in three equal lots by separate steamers with an inter-

val of at least 30 days between shipments. Documents must be separately negotiated.

(8) Third party as consigner B/L is not acceptable.

(9) Beneficiary's original signed commercial invoices in quintuplicate with indication of the merchandise names, country of origin and other relevant information.

(10) Signed commercial invoice in 6 copies, original of which must be certified by the Chamber of Commerce.

(11) Commercial Invoice in 8 copies CIF Bangkok price and showing FOB value, freight charges and insurance premium separately.

(12) The commercial invoice must show the actual price of the goods described and certify that no other invoices have been or will be issued and that all particulars are true and correct.

(13) Drafts in duplicate at sight bearing the clauses 'Drawn under XYZ Bank Credit No.34956'.

(14) Drafts to be drawn at 30 days' sight on us for 100% of invoice value.

(15) Bill of Exchange must be negotiated within 15 days from the date of Bill of Lading but not later than the L/C expiry date.

(16) Drafts drawn under this credit must be negotiated in China on or before August 12, 2005 after which date this credit expires.

(17) Documents to accompany drafts are listed below and must be presented for negotiation with 10 days of date of Bill of Lading or other document evidencing dispatch of goods.

4. 根据以下信用证做出正确选择。

Department: A　　SWT023B01　　Sep/No: 004951
Message　　Received On: 2005-03-14/15:56:50
14.03　15:38
33062 BOCSH A CN*
33062 BOCSH A CN
XXXXX
LOCAL TIME FRI MAR 14 15:09:20 2005
TO: BANK OF CHINA, SHANGHAI
SWIFT CODE: BKCHCNBJA300
FROM: NAT'L AGRICULTURAL COOPERATIVE FED'N, SEOUL
TEST-KEY: SEE 72 FIELD(CAL FOR 116188)
MUR: 000000000482161:
MESSAGE-TYPE: 700 ISSUE OF A DOCUMENTARY CREDIT
+27: SEQUENCE OF TOTAL　　1/1
+40A: FORM OF DOCUMENTARY CREDIT　　IRREVOCABLE
+20: DOCUMENTARY CREDIT NUMBER　　M0325703EU00146
:31C: DATE OF ISSUE　　050314
+31D: DATE AND PLACE OF EXPIRY　　: DATE　:PLACE

050420 CHINA

+50: APPLICANT　KABOOL LTD.
C.P.O. BOW 7875 SEOUL, KOREA

+59: BENEFICIARY　SHANGHAI JIN HUA INTERNATIONAL CO., LTD.
1125 HUI MIN ROAD
SHANGHAI CHINA

+32B: CURRENCY CODE, AMOUNT　:CURR.　: AMOUNT
USD 116188, 80

:39A: PERCENT CREDIT AMT TOLERANCE　05/05

+41D: AVAILABLE WITH...BY...　ANY BANK
BY NEGOTIATION

:42C: DRAFTS AT...　45DAYS AFTER SIGHT

:42A DRAWEE　AMERICAN EXPRESS BANK LTD., NEW YORK

:43P: PARTIAL SHIPMENTS　ALLOWED

:43T: TRANSSHIPMENT　NOT ALLOWED

:44A: LOADING ON BOARD/DISPATCH/
TAKING IN CHARGE AT / FROM...　CHINA PORT

:44B: FOR TRANSPORTATION TO...　BUSAN KOREA

:44C: LATEST DATE OF SHIPMENT　050330

:45A: DESCRIPTION OF GOODS AND/OR SERVICES
+TRADE TERMS: CIF BUSAN KOREA　ORIGIN: CHINA
+159,600 YD OF POLYESTER(S.D.) 65PCT COMBED COTTON 35PCT
BLENDED WOVEN FABRIC AT USD 0.728 PER YD
45'S×45'S/133×72, 63" WIDTH IN GREY (WARP:116G/YD, WEFT: 58G/YD
SIZING MATERIAL: 6G/YD, TOTAL: 180G/YD) P/LENGTH: 117YDS
90PCT, 40YDS UP 19PCT

: 46A: DOCUMENTS REQUIRED
+SIGNED COMMERCIAL INVOICE IN QUADRUPLICATE
+PACKING LIST IN QUADRUPLICATE SHOWING PIECE LENGTH PER PACKAGE
+FULL SET OF CLEAN ON BOARD OCEAN BILLS OF LADING MADE
OUT TO THE ORDER OF NATIONAL AGRICULTURAL COOPERATIVE
FEDERATION MARKED 'FREIGHT PREPAID' AND NOTIFY ACCOUNTEE
+INSURANCE POLICY OR CERTIFICATE IN DUPLICATE, ENDORSED
IN BLANK FOR 110PCT OF THE INVOICE VALUE, EXPRESSLY
STIPULATING THAT CLAIMS ARE PAYABLE IN THE
CURRENCY OF THE DRAFT, ALSO INDICATION A CLAIMS
SETTLING AGENT IN KOREA AND INSURANCE MUST INCLUDING
INSTITUTE CARGO CLAUSE: ALL RISKS, WAR RISKS AND SRCC
+COPY OF FAX/TLX SENT TO APPLICANT ON SHIPMENT DATE
ADVISING SHIPPING DETAILS

ADDITIONAL CONDITIONS

:47A:　+BILLS OF LADING ARE INDICATED NAME ADDRESS AND
TELEPHONE NUMBER OF CARRYING VESSEL'S AGENT AT PORT OF
DESTINATION.
+5PCT OF MORE OR LESS IN BOTH QUANTITY AND AMOUNT IS
ALLOWED

:71B: CHARGES　EXCEPT OTHERWISE STATED, ALL BANKING CHARGES
OUTSIDE KOREA INCLUDING REIMBURSING BANK'S
CHARGES ARE FOR BENEFICIARY'S ACCOUNT

:48: PERIOD FOR PRESENTATION　DOCUMENTS TO BE PRESENTED WITHIN 21 DAYS AFTER

	THE DATE OF SHIPMENT BUT IN ANY EVENTS WITHIN THE CREDIT VALIDITY
+49:CONFIRMATION INSTRUCTIONS	WITHOUT
:53A: REIMBURSING BANK	AMERICAN EXPRESS BANK LTD., NEW YORK

INSTRUCTIONS TO THE PAYING/ACCEPTING/NEGOTIATING BANK

:78:

+THIS CREDIT IS AVAILABLE AT SIGHT BASIS, WITH ACCEPTANCE COMM. AND DISCOUNT CHARGES FOR APPLICANT'S ACCOUNT

+PLS CLAIM REIMBURSEMENT BY FORWARDING BENEFICIARY'S TIME DRAFT AND A COPY OF B/L TO THE REIMBURSING BANK

+T/T REIMBURSEMENT NOT ALLOWED

+ALL DOCUMENTS MUST BE FORWARDED IN TWO CONSECUTIVE LOTS BY INT'L COURIER SERVICE TO THE FOLLOWING ADDRESS: NATIONAL AGRICULTURAL COOPERATIVE FEDERATION INTERNATIONAL BANKING DEPARTMENT 75, 1-KA, CHUNGJEDNG-RD, JUNG-KU, SEOUL, KOREA

+THIS CREDIT IS SUBJECT TO UCP, ICC PUBLICATIONS NO.500 (1993 REVISION)

:72: SENDER TO RECEIVER INFORMATION	TEST S70314 WITH HANIL BANK, SEOUL PLS CONTACT THEM FOR TESTKEY VERIFICATION

+END OF MESSAGE+

33062 BOCSH A CN

14-Mar-05 at 15:56 from EXTEL

(1) 开证银行用(　　)的方式将信用证经过通知银行给受益人。

A. 信开　　B. 快邮　　C. 电开

(2) 该信用证中规定汇票的付款期限为:

A. 见票后 45 天　　B. 提单日后 45 天　　C. 出单日后 45 天

(3) KABOOL LTD. 是该信用证的:

A. 卖方　　B. 开证申请人　　C. 开证行

(4) 该信用证要求汇票上的付款人为:

A. BANK OF CHINA, SHANGHAI

B. NAT'L AGRICULTURAL COOPERATIVE FED'N, SEOUL

C. AMERICAN EXPRESS BANK LTD., NEW YORK

(5) 该信用证允许受益人使用的最高金额是:

A. USD116,188.80　　B. USD121,998.24　　C. USD127,807.68

(6) 该信用证规定偿付费用由(　　)承担。

A. 议付行　　B. 开证申请人　　C. 受益人

(7) 该信用证规定的交单期限为:

A. 最迟装运日后 21 天　　B. 提单日后 21 天　　C. 装箱单后 21 天

(8) 该信用证中规定受益人需提交的提单是:

A. 清洁已装船提单　　B. 不清洁已装船提单　　C. 备运提单

(9) 该信用证项下的海运提单应由(　　)背书。

A. SHANGHAI JIN HUA INTERNATIONAL CO., LTD.

B. NATIONAL AGRICULTURAL COOPERATIVE FEDERATION

C. AMERICAN EXPRESS BANK LTD., NEW YORK

(10) 该信用证项下的海运提单上"通知人"一栏应填:

A. TO ORDER

B. SHANGHAI JIN HUA INTERNATIONAL CO., LTD.

C. KABOOL LTD.

(11) 该信用证规定,如有货损应用(　　)赔付。

A. 韩元　　B. 美元　　C. 人民币

(12) 按照信用证的规定,出口运费应在(　　)支付。

A. 货到目的港后由进口商

B. 货到目的港后由出口商

C. 货离起运港前由出口商

(13) 该信用证项下的海运提单必须注明(　　)。

A. 承运船公司在目的港代理的名称、地址和电话

B. 承运船公司在起运港代理的名称、地址和电话

C. 第三方托运人的名称、地址和电话

(14) 该信用证规定受益人提交的保险单据应为:

A. 保险单和保险凭证　　B. 保险单或保险凭证　　C. 预约保单

(15) 该信用证规定装船通知副本应:

A. 作为单据提交到银行议付

B. 直接寄给开证申请人

C. 未作具体规定

(16) 该信用证规定受益人需要提交的单据(不包括汇票)有:

A. 五种　　B. 六种　　C. 七种

(17) 按照信用证的规定,受益人可以在(　　)装运。

A. 31-MAR-05　　B. 25-MAR-05　　C. 26-FEB-05

(18) 这张信用证属于:

A. 假远期信用证　　B. 不可撤销即期信用证　　C. 远期承兑信用证

(19) NAT'L AGRICULTURAL COOPERATIVE FED'N, SEQUL 是本信用证的:

A. 开证行　　B. 保兑行　　C. 偿付行

(20) 该信用证中规定单据寄送至开证行的方式为:

A. 航空挂号邮件　　B. 航空普通邮件　　C. 特快专递

5. 根据迪拜商业银行的信用证完成选择。

COMMERCIAL BANK OF DUBAI P.S.C

DUBAI BRANCH
P.O.BOX 1709, DUBAI , U.A.E

IRREVOCABLE DOCUMENTARY

LETTER OF CREDIT NO. :	01DLC05003079	SWIFT	:	CBDUAEAD DER
DATE OF ISSUE :	OCTOBER 19, 2005	TELEX	:	45468 TRBNK EM.
DATE OF EXPIRY :	DECEMBER 17, 2005	TELEFAX	:	251089 / 254565
PLACE OF EXPIRY :	AT THE COUNTER OF ISSUING BANK	TELEPHONE:		253222 (10 LINES)

BENEFICIARY
SHANGHAI MORNING STAR COMPANY
375 DONG DA MING ROAD
SHANGHAI CHINA

APPLICANT
ALABRA HOME APPL. TRDG CO., LTD.
P.O.BOX 21352,
DUBAI UAE

DETAILS OF SHIPMENT

TRANSSHIPMENT :	NOT ALLOWED
PARTIAL SHIPMENT :	NOT ALLOWED
SHIPMENT FROM :	CHINESE PORT
TO :	DUBAI U.A.E.
NOT LATER THAN :	DECEMBER 02, 2005

CURRENCY AND AMOUNT
ABT.USD *******328,000.00
ABT.USD THREE HUNDRED AND TWENTY EIGHT THOUSAND ONLY

TERMS OF DELIVERY
CFR DUBAI

AVAILABLE WITH
Any bank by negotiation against presentation of the documents described herein and beneficiary's draft(s) at sight drawn on us.

DESCRIPTION OF GOODS:
Household wares.
All other details as per Indent No. SSTE/363/CN-9 of Alabra Home Appl. Trdg Co., Ltd. and invoice must certify to this effect
Packing: 6 sets in one export carton

SHIPPING MARKS: ALABRA / DUBAI / TEL : 266634 / C/NO. 1- UP

DOCUMENTS REQUIRED:
+Signed commercial invoice in three copies certified to be true and correct mentioning full name and address of the manufacturer and Terms of Delivery.
+Certificate of origin stating goods are of Chinese origin issued by China Council for the Promotion of International Trade, mentioning name and address of the exporter and the manufacturer / producer.
+Complete set of clean on board shipping company's Bill of lading issued to the order of Commercial Bank of Dubai p.s.c. (Dubai) marked 'Freight Prepaid' and notify opener of this credit.
+Inspection certificate signed by the authorized representative of the beneficiary.
+Packing list in three copies stating the actual number of the cartons.

OTHER CONDITIONS:
01- Goods must be shipped in 1×40Ft H.Q. Container and B/L must evidence the compliance.
02- B/L should bear Vessel agent's name , address and telephone number at port of destination.
03- Invoice & Transport documents should bear shipping marks.
04- Shipment must only be effected by Conference/Regular line vessel covered by Institute Classification Clause and a certificate signed by the shipping company to this effect must accompany the negotiated documents.
05- The Credit number & date must be quoted on all documents.
06- Insurance to be covered by the applicant in Dubai.

All banking charges outside the issuing bank's country are on account of beneficiary.

INSTRUCTIONS TO NEGOTIATION BANK:
----Note each presentation on the reverse of this Letter of Credit.
----Dispatch the full set of the negotiated documents to us in one lot by courier service.

SUBJECT TO U.C.P.(1993 REVISION) I.C.C PUBLICATION NO.500

For COMMERCIAL BANK OF DUBAI P. S. C.
Justin Smith
Authorized Signature

(1) 开证银行用(　　)的方式开立信用证并经过通知银行通知给受益人。

A. 电开　　B. 信开　　C. SWIFT

(2) 信用证中的受益人可以在(　　)议付。

A. 开证行　　B. 付款行　　C. 任何银行

(3) 这张信用证的受益人是:

A. COMMERCIAL BANK OF DUBAI P.S.C

B. SHANGHAI MORNING STAR COMPANY

C. ALABRA HOME APPL. TRDG CO., LTD.

(4) 这张信用证的金额的增减幅度为:

A. 5%　　B. 10%　　C. 没有增减幅度

(5) 这张信用证的付款期限是:

A. 即期　　B. 远期　　C. 假远期

(6) 这张信用证要求汇票的付款人为:

A. 进口商　　B. 开证银行　　C. 未作具体规定

(7) 这张信用证的到期日是:

A. 2005-12-2　　B. 2005-10-19　　C. 2005-12-17

(8) 这张信用证规定受益人需提交的单据(不包括汇票)共有:

A. 六种　　B. 五种　　C. 八种

(9) 全套正本海运提单一般有:

A. 一份　　B. 三份　　C. 五份

(10) 这张信用证项下提单的收货人为:

A. 进口商　　B. 开证行　　C. 由开证行指定

(11) 这张信用证项下要求提交的提单是:

A. 记名提单　　B. 指示提单　　C. 空白提单

(12) 鉴于(　　)原因,这张信用证要求提单上必须注明“运费预付”。

A. 价格　　B. 数量　　C. 品质

(13) 根据信用证规定,货物可能从(　　)装运。

A. DUBAI　　B. SHANGHAI　　C. BEIJING

(14) 根据信用证规定,(　　)分批装运。

A. 可以　　B. 不可以　　C. 没有硬性规定

(15) 根据信用证规定,发票和提单上必须注明(　　)。

A. 运输标志　　B. 开证行名称　　C. 生产商的名称

(16) 这张信用证中显示货物是由(　　)装运的。

A. 一个20英尺高箱　　B. 两个20英尺集装箱　　C. 一个40英尺高箱

(17) 这张信用证规定由(　　)投保。

A. 受益人　　B. 开证申请人　　C. 开证行

（18）这张信用证的到期地点是：

A. 开证行所在地

B. 受益人所在地

C. 议付行所在地

（19）这张信用证所遵循的国际惯例是：

A. INCOTERMS2000

B. UCP500

C. URC522

（20）这张信用证规定所有的单据上应注明：

A. 货物名称

B. 信用证号码和日期

C. 开证行的名称和地址

6. 根据渣打银行的信用证填制信用证分析单。

Standard Chartered　　**Irrevocable Documentary Credit**

<table>
<tr><td rowspan="3">STANDARD CHARTERED BANK, KUALA LUMPUR
2 JALAN AMPANG
50450 KUALA LUMPUR
MALAYSIA (TELEX MA30266)
MAIL ADVICE - OPERATIVE INSTRUMENT</td><td colspan="2">All drafts must quote this credit number and the name of our bank and branch</td></tr>
<tr><td>Credit number
312/901571</td><td>Date of Issue
17-Nov-05</td></tr>
<tr><td colspan="2">Date and Place of Expiry
15-Jan-06
IN THE COUNTRY OF BENEFICIARY</td></tr>
<tr><td>Applicant
G.S. GILL SDN BHD
106 JALAN TUANKU ABDUL RAHMAN
50100 KUALA LUMPUR
MALAYSIA</td><td colspan="2">Beneficiary
YUANDA STATIONERY & SPORTING
GOODS IMP & EXP. CORP.
128 CAIHONG N. ROAD, NINGBO 327004, ZHEJIANG
PEOPLE'S REPUBLIC OF CHINA</td></tr>
<tr><td>Advising Bank
STANDARD CHATERED BANK, SHANGHAI
35TH FLOOR, MERCHANT TOWER,
161 LUJIAZUI ROAD, SHANGHAI
PEOPLE'S REPUBLIC OF CHINA</td><td colspan="2">Amount
USD *******11,785.00
SAY US DOLLARS ELEVEN THOUSAND SEVEN HUNDRED
EIGHTY FIVE ONLY</td></tr>
<tr><td colspan="3">CREDIT AVAILABLE WITH THE ADVISING BANK ONLY BY NEGOTIATION AGAINST PRESENTATION OF THE DOCUMENTS AND OF YOUR DRAFT(S) AT SIGHT DRAWN ON US.

PARTIAL SHIPMENTS ALLOWED.　TRANSSHIPMENT ALLOWED.
SHIPMENT/TAKING IN CHARGE FROM/AT:　SHANGHAI
NOT LATER THAN 31DEC2005 FOR TRANSPORTATION TO PORT KELANG, MALAYSIA.
MARKS: GSG/J83KD/KELANG/C/NO.1-UP</td></tr>
</table>

COVERING SHIPMENT OF:

2500 DOZ. 'G.S. GILL' BRAND SHUTTLECOCKS CIF KELANG DETAILS AS PER CONTRACT NO. J83KD

DOCUMENTS REQUIRED:

SIGNED COMMERCIAL INVOICE IN 03 COPIES SHOWING VALUE IN U.S. DOLLARS AND INDICATING THE CREDIT NO. AND CONTRACT NO.

TRANSPORT DOCUMENTS:

3/3 SET OF CLEAN SHIPPED ON BOARD OCEAN BILLS OF LADING PLUS (1) NON-NEGOTIABLE COPY ISSUED BY THE MASTER OF THE CARRYING VESSEL OR HIS AGENT ISSUED TO OUR ORDER MARKED 'FREIGHT PREPAID' AND NOTIFY APPLICANT

INSURANCE DOCUMENTS:

MARINE INSURANCE POLICY OR CERTIFICATE IN DUPLICATE, FOR FULL CIF VALUE PLUS (10) PERCENT AGAINST ICC(A) AND ICC WAR RISK CLAUSES OF ICC DATED 1/1/1982. CLAIMS PAYABLE IN KUALA LUMPUR IN THE CURRENCY OF THE DRAFTS

CERTIFICATE OF ORIGIN IN 02 COPIES ISSUED BY COMPETENT AUTHORITY

PACKING LIST IN 03 COPIES SHOWING GROSS/NET WEIGHT AND MEASUREMENT OF EACH CARTON

DOCUMENTS TO BE PRESENTED WITHIN 15 DAYS AFTER THE DATE OF ISSUANCE OF THE TRANSPORT DOCUMENT(S) BUT WITHIN THE VALIDITY OF THE CREDIT.

CHARGES:

ALL BANKING CHARGES OUTSIDE MALAYSIA ARE FOR THE ACCOUNT OF BENEFICIARY.

REIMBURSING BANK :

NEGOTIATING BANK TO DRAW DRAFT ON STANDARD CHARTERED BANK, NEW YORK FOR REIMBURSEMENT PROVIDED THAT ALL TERMS & CONDITIONS OF THIS CREDIT HAVE BEEN COMPLIED WITH.

SPECIAL INSTRUCTION(S) FOR NEGOTIATING BANK :

THE NO., DATE AND ISSUING BANK OF THE CREDIT SHOULD BE INDICATED ON ALL THE DOCUMENTS.

DRAFTS TOGETHER WITH THE RELATING DOCUMENTS TO BE DISPATCHED TO US BY REGISTERED AIRMAIL UNDER SEPARATE COVER(S).

ADVISE BENEFICIARY WITHOUT ADDING YOUR CONFIRMATION.

***** END *****

We hereby issue this Documentary Credit in your favor which is except so far as otherwise expressly stated, subject to Uniform Customs and Practice for Documentary Credit (1993 Revision) International Chamber of Commerce, Publication No. 500 and engages us in accordance with the terms thereof, and especially in accordance with Article 10.	For Standard Chartered Bank Adam S. Greden Authorized signature

信用证分析单

<table>
<tr><td>信用证号码</td><td colspan="2"></td><td>开证
日期</td><td colspan="4"></td><td colspan="2">开证行</td><td colspan="2"></td></tr>
<tr><td>申请人</td><td colspan="2"></td><td>受益人</td><td colspan="4"></td><td colspan="2">合同号码</td><td colspan="2"></td></tr>
<tr><td>通知行</td><td colspan="2"></td><td>保兑行</td><td colspan="4"></td><td colspan="2">议付行</td><td colspan="2"></td></tr>
<tr><td>信用证金额</td><td></td><td>增减幅度</td><td colspan="2"></td><td colspan="2">有效期</td><td colspan="3"></td><td>到期地</td><td></td></tr>
<tr><td>是否需要
提交汇票</td><td></td><td>汇票
付款人</td><td colspan="2"></td><td colspan="2">汇票
付款期限</td><td colspan="3"></td><td>汇票金额</td><td></td></tr>
<tr><td>装运港</td><td></td><td>目的港</td><td colspan="2"></td><td colspan="2">可否转运</td><td colspan="3"></td><td>可否分批</td><td></td></tr>
<tr><td>装运期限</td><td></td><td>运输标志</td><td colspan="7"></td><td>交单期</td><td></td></tr>
<tr><td>货物描述</td><td colspan="11"></td></tr>
<tr><td>单据名称</td><td>提交
银行份数</td><td colspan="10">信用证项下单据条款的证明文句</td></tr>
<tr><td>发票</td><td></td><td colspan="10"></td></tr>
<tr><td>装箱单</td><td></td><td colspan="10"></td></tr>
<tr><td>提单</td><td></td><td>抬头</td><td></td><td>通知</td><td></td><td colspan="3">背书</td><td></td><td>证明文句</td><td></td></tr>
<tr><td>保单</td><td></td><td>加成</td><td></td><td>险别</td><td></td><td colspan="3">赔付规定</td><td></td><td>证明文句</td><td></td></tr>
<tr><td>商会产地证</td><td></td><td colspan="10"></td></tr>
<tr><td>From A</td><td></td><td colspan="10"></td></tr>
<tr><td>商检证</td><td></td><td colspan="10"></td></tr>
<tr><td>寄单证明</td><td></td><td colspan="10"></td></tr>
<tr><td>其他证明</td><td></td><td colspan="10"></td></tr>
<tr><td></td><td></td><td colspan="10"></td></tr>
<tr><td></td><td></td><td colspan="10"></td></tr>
<tr><td></td><td></td><td colspan="10"></td></tr>
<tr><td colspan="2">所有单据必须
注明的内容</td><td colspan="10"></td></tr>
</table>

7. 根据销售合同审核信用证,指出信用证存在的问题并说明应如何修改。

SALES CONFIRMATION

S/C No.: SAC059

Date: 2005-2-20

The seller: SHANGHAI TEXTILES IMP.& EXP. CORPORATION
Address: 455 NINGXIA ROAD, SHANGHAI, CHINA

The buyer: WBD & CO., LTD.
Address: NAKANOMACHI 1-10-15, MIYAKOJIMA-KU OSAKA, JAPAN

Item No.	Commodity & Specifications	Unit	Quantity	Unit Price	Amount
	APRON			CFR OSAKA	
1	ART NO. 49395(014426)	PC	2776	USD1.00	USD2,776.00
2	ART NO. 49394(014427)	PC	3312	USD1.00	USD3,312.00
3	ART NO. 49393(014428)	PC	3699	USD1.00	USD3,699.00
4	ART NO. 55305(014429)	PC	1600	USD1.25	USD2,000.00
					USD11,787.00
TOTAL CONTRACT VALUE: SAY US DOLLARS ELEVEN THOUSAND SEVEN HUNDRED EIGHTY SEVEN ONLY.					

PACKING: TO BE PACKED IN STRONG EXPORT CARTONS
ART NO.49395(014426) AND ART NO.55305(014429) IN CARTONS OF 8 PCS EACH
ART NO.49394(014427) & ART NO.49393(014428) IN CARTONS OF 9 PCS EACH
TOTAL 1326 CARTONS

PORT OF LOADING & DESTINATION: FROM: SHANGHAI, CHINA TO: OSAKA, JAPAN

TIME OF SHIPMENT: SHIPMENT TO BE EFFECTED BEFORE APR. 30, 2005
WITH PARTIAL SHIPMENT AND TRANSHIPMENT PROHIBITED

TERMS OF PAYMENT: THE BUYER SHALL OPEN THROUGH A BANK ACCEPTABLE TO THE SELLER AN IRREVOCABLE SIGHT LETTER OF CREDIT WHICH REMAIN VALID FOR NEGOTIATION IN CHINA UNTIL THE 15TH DAY AFTER THE DATE OF SHIPMENT.

INSURANCE: TO BE COVERED BY THE BUYER.

REMARKS: 10% MORE OR LESS IN QUANTITY AND AMOUNT IS ALLOWED.

Confirmed by:

THE SELLER
SHANGHAI TEXTILES IMP. & EXP. CORPORATION
蔡昌永
(signature)

THE BUYER
WBD & CO., LTD.
Takeru Takaishi
(signature)

2005FEB25 14:57:32		LOGICAL TERMINAL POO5
MT700	ISSUE OF A DOCUMENTARY CREDIT	PAGE 00001
		FUNC SWPR3
		UMR 00182387

MAGACK DWS765I AUTH OK, KEY B19604214FAEA9B2, BKCHCNBJ SAIB JPJT RECORD

BASIC HEADER	F 01 BKCHCNBJA300 8118 157214	
APPLICATION HEADER	0 700 1547 050225 SAIBJPJTCXXX 3846 992024 050225 1447 ★ASAHI BANK LTD, <FORMERLY THE ★KYOWA SAIYAMA BANK, LTD.> ★TOKYO	
USER HEADER	SERVICE CODE	103 :
	BANK PRIORITY	113 :
	MSG USER REF.	108 :
	INFO. FROM CI	115 :

SEQUENCE OF TOTAL	★27	: 1/1
FORM OF DOC, CREDIT	★40	: REVOCABLE
DOC, CREDIT NUMBER	★20	: LC-410-392216
DATE OF ISSUE	★31 C	: 050225
EXPIRY	★31 D	: DATE 050515 PLACE IN THE COUNTRY OF THE APPLICANT
APPLICANT	★50	: WBD & CO., LTD. NAKANOMACHI 1-10-15, MIYAKOJIMA-KU, OSAKA, JAPAN
BENEFICIARY	★59	: SHANGHAI TEXTILES IMP & EXP CORPORATION 455 NINGXIA ROAD, SHANGHAI, CHINA
AMOUNT	★32 B	: CURRENCY USD AMOUNT 11787,00
MAX. CREDIT AMOUNT	★39 B	: UP TO
AVAILABLE WITH/BY	★41 D	: ANY BANK BY NEGOTIATION
DRAFTS AT ...	★42 C	: DRAFTS AT SIGHT FOR FULL INVOICE VALUE
DRAWEE	★42 A	: ★ASAHI BANK LTD, <FORMERLY THE ★KYOWA SAIYAMA BANK, LTD.> ★TOKYO
PARTIAL SHIPMENTS	★43 P	: ALLOWED
TRANSSHIPMENT	★43 T	: NOT ALLOWED
LOADING IN CHARGE	★44 A	: SHIPMENT FROM CHINESE PORT(S)
FOR TRANSPORT TO ...	★44 B	: TO OSAKA, JAPAN
LATEST DATE OF SHIP.	★44 C	: 050430

DESCRIPT. OF GOODS ★45 A :
A> 2,766 PIECES OF APRON ART NO. 49395(014426) AT USD2,776.00
B> 8,611 PIECES OF APRON

ART NO.	QUANTITY	UNIT PRICE
49394(014427)	3,312 PIECES	USD1.00
49393(014428)	3,699 PIECES	USD1.00
55305(014429)	1,600 PIECES	USD1.25

PRICE TERM: CIF

DOCUMENTS REQUIRED ★46 A :
+ 3/3 SET OF ORIGINAL CLEAN ON BOARD OCEAN BILLS OF LADING MADE OUT TO ORDER OF SHIPPER AND BLANK ENDORSED, MARKED " FREIGHT PREPAID" AND NOTIFY APPLICANT

+ ORIGINAL SIGNED COMMERCIAL INVOICE IN 5 FOLD INDICATING CONTRACT NO.

+ INSURANCE POLICY OR CERTIFICATE, ENDORSED IN BLANK, FOR 110PCT OF THE INVOICE VALUE INCLUDING: THE INSTITUTE CARGO CLAUSES (A), THE INSTITUTE WAR CLAUSES AND THE INSTITUTE STRIKES, RIOTS AND CIVIL MOTIONS CLAUSES, INSURANCE CLAIMS TO BE PAYABLE IN JAPAN

+ CERTIFICATE OF ORIGIN IN 1 ORIGINAL AND 1 COPY.

+ PACKING LIST IN 3 FOLD

+ WEIGHT LIST IN 3 FOLD

ADDITIONAL COND. ★47 :
1. T.T. REIMBURSEMENT IS PROHIBITED.
2. 5PCT MORE OR LESS IN QUANTITY ACCEPTABLE.
3. THE GOODS TO BE PACKED IN STRONG EXPORT CARTONS.

DETAILS OF CHARGES ★71 B : ALL BANKING CHARGES OUTSIDE JAPAN INCLUDING REIMBURSEMENT COMMISSIONS ARE FOR ACCOUNT OF BENEFICIARY.

PRESENTATION PERIOD ★48 : DOCUMENTS TO BE PRESENTED WITHIN 5 DAY AFTER THE DATE OF SHIPMENT, BUT WITHIN THE VALIDITY OF THE CREDIT.

CONFIRMATION ★49 : WITHOUT

INSTRUCTIONS ★78 :
THIS CREDIT IS NON-OPERATIVE UNLESS THE OPENING BANK GIVE FURTHER ADVISE.
THE NEGOTIATION BANK MUST FORWARD THE DRAFTS AND ALL DOCUMENTS BY REGISTERED AIRMAIL DIRECT TO US (INT'L OPERATIONS CENTER MAIL ADDRESS: C.P.O.BOX NO. 800 TOKYO 100-91 JAPAN) IN TWO CONSECUTIVE LOTS, UPON RECEIPT OF THE DRAFTS AND DOCUMENTS IN ORDER, WE WILL REIMBURSE THE NEGOTIATING BANK IN ACCORDANCE WITH THEIR INSTRUCTIONS.

TRAILER : ORDER IS <MAC:> <PAC:> <ENC:> <CHK:> <TNG:>
MAC: 3CDFF763
CHK: 8A1AA1203070

8. 根据成交条件审核信用证，指出其存在的问题并加以修改。

成交条件 ▶▶

商品：YONEX BRAND TENNIS RACKETS MODEL R-3 AND R-10

金额：USD 222,768.00　CIF London

装运：2005 年 12 月出运，不可分批，可转运

付款：即期信用证支付

保险：加二成，投保协会货物 A 险和战争险

信用证 ▶▶

TO:　BANK OF CHINA SHANGHAI BRANCH

FROM: THE STANDARD CHARTERED BANK LONDON BRANCH

PLS TRANSMIT THIS MSG TO THE FOLLOWING BENEFICIARY

DATE: DEC. 6, 2005

IRREVOCABLE DOCUMENTARY CREDIT NO. GBLC050057

BENEFICIARY:　ANGEL TRADING COMPANY LIMITED,
77 GARDEN STREET,
SHANGHAI CHINA

APPLICANT:　ORIENTAL INTERNATIONAL (UK) LTD.
61 CHESTNUT AVENUE, BUCKHURST HILL, ESSEX IG9 6EP
JERSEY 07024 U.K.

DATE AND PLACE OF EXPIRY: DEC. 31, 2005 IN CHINA

AMOUNT:　USD 222,768.00

WORD:　U.S. DOLLARS TWO HUNDRED AND TWENTY TWO THOUSAND SEVEN HUNDRED AND SEVENTY EIGHT ONLY CIF LONDON

PARTIAL SHIPMENT:　NOT ALLOWED

TRANSHIPMENT:　NOT ALLOWED

SHIPMENT FROM SHANGHAI TO LONDON

CREDIT AVAILABLE BY NEGOTIATION WITH THE ADVISING BANK AGAINST PRESENTATION OF THE DOCUMENTS DETAILED HEREIN (IN TRIPLICATE UNLESS OTHERWISE STIPULATED) AND YOUR DRAFT (S) AT 30 DAYS' SIGHT FOR 100 PERCENT INVOICE VALUE DRAWN ON ISSUING BANK

— SIGNED COMMERCIAL INVOICE IN 4 COPIES INDICATING L/C NO. AND CONTRACT NO.

— 2/3 OF CLEAN ON BOARD OCEAN BILLS OF LADING MADE OUT TO ORDER AND BLANK ENDORSED MARKED 'FREIGHT PREPAID' NOTIFYING APPLICANT.

— INSURANCE POLICY OR CERTIFICATE IN DUPLICATE, ENDORSED IN BLANK, FOR 110 PERCENT OF THE INVOICE VALUE AGAINST INSTITUTE CARGO CLAUSES (A) AND WAR CLAUSES AS PER ICC DATED 1/1/1982 WITH CLAIMS TO BE PAYABLE IN UK IN THE CURRENCY OF DRAFT(S)

— CERTIFICATE OF ORIGIN ISSUED BY CHAMBER OF COMMERCE

— INSPECTION CERTIFICATE ISSUED BY THE APPLICANT OR HIS AGENT

— COPY OF BENEFICIARY'S TELEX/FAX ADVICE TO BUYER AFTER SHIPMENT INDICATING B/L NO., CONTAINER NO., L/C NO., GOODS NAME, QUANTITY, GROSS WT., INVOICE VALUE, VESSEL'S NAME, SAILING DATE AND LOADING PORT.

— PACKING LIST IN 2 COPIES SHOWING QUANTITY, GROSS WEIGHT, NET WEIGHT AND MEASUREMENT FOR EACH PACKAGE.

— BENEFICIARY'S CERTIFICATE ACCOMPANIED WITH THE RELATIVE SPEED POST OR DHL SIGNED RECEIPT CERTIFYING THAT THE FOLLOWING DOCUMENTS HAVE BEEN SENT TO APPLICANT DIRECTLY WITHIN 3 DAYS AFTER SHIPMENT:

(A) ONE SIGNED ORIGINAL COMMERCIAL INVOICE

(B) ONE ORIGINAL ON BOARD BILL OF LADING

(C) ONE SIGNED ORIGINAL PACKING LIST

EVIDENCING SHIPMENT OF: YONEX BRAND TENNIS RACKETS MODEL R-3 AND R-10 AS PER CONTRACT NO. 04-ORI101 OF NOV. 23, 2005

OTHER TERMS AND CONDITIONS:

— SHIPMENT TO BE EFFECTED BEFORE DEC. 15, 2005

— DOCUMENTS TO BE PRESENTED WITHIN 15 DAYS AFTER THE DATE OF ISSUANCE OF THE SHIPPING DOCUMENTS BUT WITHIN THE VALIDITY OF THE CREDIT.

— WE HEREBY ENGAGE WITH THE DRAWERS, ENDORSERS AND BONA FIDE HOLDERS OF DRAFT(S) DRAWN UNDER AND IN ACCORDANCE WITH THE TERMS OF THIS CREDIT THAT THE SAME SHALL MEET WITH DUE HONOUR ON PRESENTATION OF THE DOCUMENTS AS SPECIFIED TO STANDARD CHARTERED BANK LONDON BRANCH

— ALL DOCUMENTS TO BE DESPATCHED TO ISSUING BANK IN ONE LOT BY DHL.

— ON RECEIPT OF DOCUMENTS CONFORMING TO THE TERMS OF THIS DOCUMENTARY CREDIT, WE SHALL REIMBURSE THE NEGOTIATING BANK IN ACCORDANCE WITH THEIR INSTRUCTIONS.

— IN THE EVENT OF DOCUMENT PRESENTED WHICH DO NOT CONFORM TO THE TERMS OF THE CREDIT, WE SHALL DEDUCT A CHARGE OF USD50.00 (OR EQ) FOR EACH PRESENTATION.

— ALL BANKING CHARGES ARE FOR BENEFICIARY'S ACCOUNT.

— THIS CREDIT IS SUBJECT TO UCP (1993 REVISION) ICC PUBLICATION NO. 500.

— THIS IS AN OPERATIVE INSTRUMENT NO MAIL CONFIRMATION TO FOLLOW. PLS. ACKNOWLEDGE RECEIPT THIS TELEX UNDER ADVICE TO US.

9. 根据交易背景资料审核信用证，指出其存在的问题并说明应如何修改。

OVERSEAS UNION BANK LIMITED
1 Raffles Place, OUB Centre, Singapore 048616.
Telephone: 533 8686 Facsimile: 533 2293
SWIFT: OUBKSGSG Telex: RS 24475 Cable: OVERSUNION

IRREVOCABLE DOCUMENTARY CREDIT
NO. 5813183050

DATE OF ISSUE NOV. 20, 2000 BY COURIER.

EXPIRY DATE: JANUARY 15, 2001
IN THE BENEFICIARY'S COUNTRY.

APPLICANT
BOLEN TRADING CO (PTE) LTD
42 SG KUDAT ST 1
SINGAPORE 729340

BENEFICIARY
SHANGHAI RUIZHI TRADING COMPANY
600 GUBEI ROAD
SHANGHAI CHINA

ADVISING BANK
SHANGHAI PUDONG DEVELOPMENT BANK
INTERNATIONAL DEPT NO. 50
NINGBO ROAD SHANGHAI 200002
PEOPLE'S REPUBLIC OF CHINA

AMOUNT
USD139,100.00
UNITED STATES DOLLAR ONE HUNDRED THIRTY
NINE THOUSAND ONE HUNDRED ONLY

WE HEREBY ISSUE THIS DOCUMENTARY CREDIT IN YOUR FAVOUR. THIS CREDIT IS AVAILABLE WITH ANY BANK BY NEGOTIATION AGAINST PRESENTATION OF THE FOLLOWING DOCUMENTS (IN DUPLICATE UNLESS OTHERWISE STATED) AND YOUR DRAFT(S) AT SIGHT DRAWN ON THE ISSUING BANK.

- SIGNED COMMERCIAL INVOICES IN 4 COPIES.
- FULL SET OF CLEAN ON BOARD MARINE BILLS OF LADING MADE OUT TO THE ORDER OF APPLICANT, NOTIFY APPLICANT AND MARKED 'FREIGHT TO COLLECT' AND THIS LC NUMBER.
- PACKING LIST AND WEIGHT NOTE SHOWING GOODS PACKED IN SEAWORTHY EXPORT CARTONS.
- INSURANCE IS TO BE COVERED BY APPLICANT IN WHICH CASE BENEFICIARY IS TO TELEX/FAX DETAILS OF SHIPMENT INCLUDING QUANTITY, VALUE AND NAME OF VESSEL TO:
  QBE INSURANCE (INTERNATIONAL) PTE LTD
  143 CECIL STREET, NO. 08-01,
  GB BUILDING SINGAPORE 069542
  TLX: RS 34106 QBEINS FAX: 2252148
  QUOTING OPEN POLICY NO. EHG 1457941
  THE COPY OF SUCH TELEX / FAX IS REQUIRED.

PARTIAL SHIPMENT : ALLOWED
SHIPMENT FROM SHANGHAI
TO SINGAPORE
NOT LATER THAN 31 DECEMBER 2000

** (CONTINUED ON NEXT PAGE WHICH IS AN INTEGRAL PART OF THIS CREDIT) **

OVERSEAS UNION BANK LTD

CHOO LUCIANIA

CHOO LUCIANIA
AUTHORISED SIGNATURE(S)

PAGE NO 1

OVERSEAS UNION BANK LIMITED

1 Raffles Place, OUB Centre, Singapore 048616.

Telephone: 533 8686 Facsimile: 533 2293 IRREVOCABLE DOCUMENTARY CREDIT

SWIFT: OUBKSGSG Telex: RS 24475 Cable: OVERSUNION NO. 5813183050

DESCRIPTION OF GOODS:

1 X 20 FT CONTAINER OF SILK DETAILS AS PER S/C NO. QICY04593 OF OCT. 20, 2000.

TRADE TERM: CNF

SPECIAL CONDITIONS:

- ALL BANKING CHARGES OUTSIDE SINGAPORE INCLUDING REIMBURSEMENT COMMISSION ARE FOR ACCOUNT OF BENEFICIARY.

- DOCUMENTS TO BE PRESENTED WITHIN 15 DAYS AFTER THE DATE OF ISSUANCE OF THE TRANSPORT DOCUMENT(S) BUT WITHIN THE VALIDITY OF THE CREDIT.

- WITHOUT ADDING YOUR CONFIRMATION.
- ALL DRAFTS MUST BEAR THIS LC NUMBER.

- NEGOTIATING BANK IS TO FORWARD ALL DOCUMENTS TO US IN ONE LOT BY REGISTERED AIRMAIL.
- UPON RECEIPT OF DOCUMENTS IN COMPLIANCE WITH THIS CREDIT WE SHALL REMIT PROCEEDS AS PER NEGOTIATING BANK'S INSTRUCTIONS.
- NEGOTIATING BANK IS TO DEDUCT USD30-00 (OR ITS EQUIVALENT) FROM THE BILL AMOUNT CLAIMED FOR EACH PRESENTATION OF DISCREPANT DOCUMENTS UNDER THIS CREDIT; NOTWITHSTANDING ANY INSTRUCTIONS TO THE CONTRARY.

THIS DOCUMENTARY CREDIT IS SUBJECT TO 'THE UNIFORM CUSTOMS AND PRACTICE FOR DOCUMENTARY CREDIT' (1993 REVISION, ICC PUBLICATION NO. 500) AND ENGAGES US IN ACCORDANCE WITH THE TERMS THEREOF.

THE AMOUNT OF EACH DRAFT MUST BE ENDORSED ON THE REVERSE OF THIS CREDIT BY THE NEGOTIATING BANK.

*************************************** END OF CREDIT ***

OVERSEAS UNION BANK LTD

CHOO LUCIANIA

CHOO LUCIANIA

AUTHORISED SIGNATURE(S) PAGE NO 2

出口商：

SHANGHAI RUIZHI IMP & EXP CORPORATION
600 GUBEI ROAD
SHANGHAI CHINA

进口商：

BOLEN TRADING CO (PTE) LTD
42 SG KADUT ST 1
SINGAPORE

经磋商，双方于2000年10月20日签订了销售合同(S/C NO. QJCY04593)：

真丝服装 LADIES' SILK GARMENTS

JFSE 022@USD 24.00/PC, JFSF 039@USD 6.50/PC

JFSF 040@USD 24.00/PC, JFSE 038@USD 37.50/PC

每个货号各1512 PCS

出口海运纸箱包装，集装箱运输

价格条款：CFR Singapore

装运时间：2000年12月

双方议定由买方通过新加坡华联银行开立不可撤销即期议付信用证，通知行为上海浦东发展银行，卖方凭以下单据议付：

——即期汇票

——商业发票

——装箱单

——全套正本提单，空白抬头，空白背书，标注"运费已付"，并通知买方

——投保通知

10. 根据成交条件审核信用证，指出其存在的问题并说明应如何修改。

成交条件：

COMMODITY:	SHOES
	USD 11.00 PER PAIR CIFC5 LOS ANGELES
ART NO.:	LA-0923, LA-4278, LA-0825, LA-6125
QUANTITY:	2490 PAIRS
SHIPMENT:	LATEST ON OCT. 25, 2005
	PARTIAL SHIPMENTS ALLOWED
	TRANSHIPMENT NOT ALLOWED
PAYMENT:	L/C AT 30 DAYS AFTER SIGHT
INSURANCE:	INVOICE VALUE PLUS 10% AGAINST ALL RISKS & WAR RISKS

363072 ABCSX CN
FM: FAR EAST NAT'L BANK, LOS ANGELES
TO: AGRICULTURAL BANK OF CHINA
SHAOXING BRANCH
SEP 03/2005 MSGBUR604
CREDIT NO.: FETF-109234

TEST XXXXX FOR USD 26,020.50 DT SEP 03/2005

WE ARE INSTRUCTED BY MBD INTERNATIONAL LIMITED, 1107 WEST DUARTE ROAD NO. C, ARCADIA, CA 91007 USA TO OPEN OUR IRREVOCABLE LETTER OF CREDIT IN FAVOR OF SHAOXING TONG SHENG SHOES CO. LTD., SHAOXING, ZHEJIANG, CHINA THE SUM OF US $26,020.50 (TWENTY SIX THOUSAND AND TWENTY AND 50/100 U.S. DOLLARS)

THIS CREDIT IS AVAILABLE BY NEGOTIATION OF BENEFICIARY'S DRAFT AT
45 DAYS SIGHT DRAWN ON INDEPENDENCE BANK, 500 WEST SIXTH STREET,
LOS ANGELES, CA 91007, USA FOR FULL INVOICE VALUE ACCOMPANIED FLWS DOCS
(EACH IN TRIPLICATE UNLESS OTHERWISE STATED BELOW):

1. MANUALLY SIGNED COMMERCIAL INVOICE IN QUADRUPLICATE SHOWING ORDER NO. XW4824 OF AUG 20/2005.
2. SPECIAL U.S. CUSTOMS INVOICE
3. PACKING LIST
4. CERTIFICATE OF ORIGIN
5. BENEFICIARY'S STATEMENT CERTIFYING THAT ALL PRODUCTS ARE MANUFACTURED AS PER ORIGINAL SAMPLES IN REGARD TO QUALITY, SHAPE, COLOR AND SIZE.
6. INSURANCE POLICY/CERTIFICATE IN DUPLICATE FOR 120 PERCENT OF INVOICE VALUE WITH CLAIMS PAYABLE AT DESTINATION COVERING INSTITUTE CARGO CLAUSES B AND INSTITUTE WAR CLAUSES DATED 1/1/1982.
7. ORIGINAL 3/3 OF CLEAN ON BOARD OCEAN BILLS OF LADING MADE OUT TO ORDER AND BLANK ENDORSED, MARKED FREIGHT TO COLLECT, NOTIFY T&C COMPANY 1110 EAST 14 STREET, LOS ANGELES, CA 91007, USA.
8. BENEFICIARY'S STATEMENT STATING THAT ONE SET OF NON-NEGOTIABLE DOCS HAVE BEEN SENT TO APPLICANT DIRECTLY WITHIN 3 DAYS OF SHIPMENT.

COVERING
========
4 ITEMS OF SHOES WITH ITEM NO. LA-0923, LA-0825, LA-4728 AND LA-6125
AS PER CONTRACT NO. 98DS-332 CIF LOS ANGELES

SHIPMENT FROM CHINA TO LOS ANGELES PORT
LATEST SHIPMENT DATE: OCT 25/2005
PARTIAL SHIPMENTS PROHIBITED TRANSSHIPMENT PERMITTED
SHIPMENT PER MAERSK SEALAND ONLY. COSCO, CHINA SHIPPING, P&O NEDLLOYD, PACIFIC INTERNATIONAL LINE & BLUESEA SHIPPING CO. LINE VESSELS NOT ALLOWED.

ALL BANKING CHARGES OTHER THAN OUR OWN/ISSUING BANK ARE FOR THE BENEFICIARY'S ACCOUNT.
DRAFT(S) DRAWN UNDER THIS CREDIT MUST BE MARKED "DRAWN UNDER FAR EAST

NATIONAL BANK LOS ANGELES CREDIT NO. FETF-109243". DOCUMENTS MUST STRICTLY COMPLY WITH THE TERMS OF THIS L/C AND INDEMNITIES FOR IRREGULARITIES ARE NOT ACCEPTABLE.

INSTRUCTIONS TO NEGOTIATION BANK:

1. PLEASE FORWARD ALL DOCS TO US AT 727 NORTH BROADWAY, LOS ANGELES, CA 91007, USA. ATTN: INT'L BANKING DIVISION IN ONE LOT BY DHL/COURIER SERVICE.
2. THE AMOUNT NEGOTIATED MUST BE ENDORSED ON THE REVERSE HEREOF.

DOCUMENTS MUST BE PRESENTED FOR NEGOTIATION WITHIN 15 DAYS FROM ON BOARD DATE OF BILLS OF LADING BUT NOT LATER THE NOV 10/2005 AT YOUR COUNTER WHICH IS EXPIRATION DATE AND PLACE OF THIS CREDIT.

EXCEPT AS OTHERWISE STATED HEREIN, THIS CREDIT IS SUBJECT TO UNIFORM CUSTOMS AND PRACTICE FOR DOCUMENTARY CREDITS, 1993 REVISION, INTERNATIONAL CHAMBER OF COMMERCE, PUBLICATION NO. 500.

THIS CABLE IS AN OPERATIVE INSTRUMENT AND NO MAIL CONFIRMATION WILL FOLLOW STP

END OF MSG

11．审核下列信用证，指出其存在的问题并说明应如何修改。

TO: STANDARD CHARTERED BANK, SHANGHAI BRANCH
FROM: EMIRATES BANK INTERNATIONAL PJSC, HONG KONG

PLS TRANSMIT THIS MSG TO THE FOLLOWING BENEFICIARY
SWIFT CODE: SCBLHKHH

27	SEQUENCE OF TOTAL	1/1
40A	FORM OF DC:	REVOCABLE
20	DC NO:	ELC-TFS-981520
31C	DATE OF ISSUE:	20050209
31D	EXPIRY DATE AND PLACE:	20050409 DUBAI
50	APPLICANT:	AL ABRA HOME APPLIANCE TRADING EST. P.O. BOX 21352 DUBAI, U.A.E.
59	BENEFICIARY:	SHANGHAI XINMIN IMPORT AND EXPORT COMPANY ROOM 4413, 47, NANCHANG ROAD SHANGHAI, CHINA
32B	DC AMT:	USD 28222, 00
41D	AVAILABLE WITH/BY:	ANY BANK IN CHINA NEGOTIATION
42D	DRAWEE:	ISSUINB BANK
43P	PARTIAL SHIPMENTS:	NOT ALLOWED
43T	TRANSSHIPMENT:	NOT ALLOWED
44A	LOADING/DISPATCH AT/FM:	ANY CHINESE PORT
44B	FOR TRANSPORTATION TO:	DUBAI VIA HONG KONG
44C	LATEST DATE OF SHIPMENT:	20050325

45A GOODS OR SERVICES: CFR DUBAI
'SHIMIZU' BRAND VACUUM FLASKS
ALL OTHER DETAILS ARE AS PER INDENT NO. SSTE98/26/CN-3 OF M/S. SALEM SAUD TRADING EST., DUBAI, U.A.E. AND INVOICES MUST CERTIFY THE SAME.

46A DOCUMENTS REQUIRED:
\+ SIGNED COMMERCIAL IN 4 COPIES STATING L/C NO. ELC-TES-981520 AND CONTRACT NO.
\+ FULL SET OF CLEAN ON BOARD MARINE BILLS OF LADING MADE OUT TO OUR ORDER AND ENDORSED IN FAVOUR OF EMIRATES BANK INTERNATIONAL PJSC, MARKED FREIGHT PREPAID, NOTIFY THE APPLICANT.
SHIPPING MARKS - AL ABRA/DUBAI/TEL.266634 OR AS PER BILL OF LADING (TO BE STATED IN PACKING LIST AND BILL OF LADING)
\+ INSURANCE COVERED LOCALLY AND SHIPMENT ADVICE QUOTING THE NAME OF THE CARRYING VESSEL, DATE OF SHIPMENT, SHIPPING MARKS, AMOUNT AND OUR LETTER OF CREDIT NUMBER MUST BE SENT TO M/S. IRAN INSURANCE COMPANY, P.O. BOX 2004, DUBAI, U.A.E. BY FAX.
\+ CERTIFICATE OF ORIGIN ISSUED BY CHINA COUNCIL FOR THE PROMOTION OF INTERNATIONAL TRADE AND CERTIFYING THE GOODS TO BE OF CHINESE ORIGIN, STATING THE FULL NAME AND ADDRESS OF THE MANUFACTURER/PROCESSOR AND EXPORTER OF GOODS AND NAME OF THE EXPORTING COUNTRY.
\+ PACKING LIST IN 4 COPIES UNDER SEPARATE SETS.
\+ CERTIFICATE ISSUED BY THE SHIP OWNER OR AGENT CERTIFYING THAT THE CARRYING VESSEL IS ALLOWED BY ARAB AUTHORITIES TO CALL AT ANY ARABIAN PORT AND IS NOT SCHEDULED TO CALL AT ANY ISRAELI PORT DURING ITS VOYAGE TO THE UNITED ARAB EMIRATES.
\+ SHIPMENT MUST BE EFFECTED BY VESSELS COVERED UNDER INSTITUTE CLASSIFICATION CLAUSE (13.04.92) WHICH ARE NOT TO BE OLDER THAN 15 YEARS AND A CERTIFICATE TO THIS EFFECT ISSUED BY THE SHIPPING COMPANY OR THEIR AGENTS MUST ACCOMPANY THE DOCUMENTS.

47A ADDITIONAL CONDITINONS:
\+ DRAFTS MUST BE MARKED 'DRAWN UNDER EMIRATES BANK INTERNATIONAL PJSC CREDIT NUMBER ELC-TFS-981520'
\+ ALL DOCUMENTS MUST QUOTE ISSUING BANK NAME, DC NUMBER AND DATE OF ISSUE.
\+ INVOICES MUST SHOW QUANTITY AND UNIT PRICE OF THE GOODS.
\+ THE OPENING BANK IS OBLIGED TO PAYMENT ONLY AFTER GOODS ARE SHIPPED TO THE PORT OF DESTINATION.
\+ GOODS MUST BE SHIPPED IN 1×40 FEET H.Q. CONTAINER AND BILLS OF LADING MUST EVIDENCE COMPLIANCE.

71B DETAILS OF CHARGES: ALL CHARGES OUTSIDE U.A.E. ARE ON ACCOUNT OF BENEFICIARY.
48 PERIOD FOR PRESENTATION: DOCUMENTS MUST BE PRESENTED WITHIN 5 DAYS AFTER B/L ON BOARD DATE BUT WITHIN CREDIT VALIDITY
49 CONFIRMATION INSTRUCTION: WITHOUT
78 INSTRUCTIONS TO THE PAYING/ACCEPTING/ NEGOTIATING BANK:
\+ THE AMOUNT OF EACH DRAWING MUST BE ENDORSED ON REVERSE OF ORIGINAL CREDIT.
\+ EMIRATES BANK INTERNATIONAL PJSC, HONG KONG BRANCH, HONG KONG, HOLDS SPECIAL INSTRUCTIONS REGARDING REIMBURSEMENT AND DISPOSAL OF DOCUMENTS UNDER THIS LETTER OF CREDIT.
\+ IN THE EVENT OF DISCREPANCIES BEING FOUND IN THE DOCUMENTS YOUR COMMUNICATIONS WITH US INCLUDING FORWARDING DOCUMENTS ON TRUST/APPROVAL/COLLECTION BASIS MUST INDICATE ALL DISCREPANCIES.
57B ADVISE THRU: STANDARD CHARTERED BANK, SHANGHAI BRANCH
35/F CHINA MERCHANTS TOWER
66 LU JIA ZUI ROAD, PUDONG SHANGHAI P. R. CHINA 200120

12. 2005年8月20日，上海久洋进出口有限公司与美国泰迪氏贸易公司签署了合同No. TJY007。试根据合同主要条件填写开证申请书(申请日期:2005年8月22日)。

APPLICATION FOR IRREVOCABLE DOCUMENTARY CREDIT

TO：BANK OF CHINA **DATE:**

<table>
<tr><td colspan="2" rowspan="2">Beneficiary (full name and address)</td><td>L/C NO.

Contract No.</td></tr>
<tr><td>Date and place of expiry of the credit</td></tr>
<tr><td>Partial shipments
( ) allowed
( ) not allowed</td><td>Transshipment
( ) allowed
( ) not allowed</td><td>( ) Issue by airmail
( ) Issue with brief advice by teletransmission
( ) Issue by express delivery
( ) Issue by teletransmission (which shall be the operative instrument)</td></tr>
<tr><td colspan="2">Loading on board/dispatch/taking in charge at/from
Not later than
for transportation to</td><td>Amount (both in figures and words) :</td></tr>
<tr><td colspan="2" rowspan="2">Description of goods:</td><td>Credit available with
( ) by sight payment
( ) by acceptance　　( ) by negotiation
( ) by deferred payment at ______________ .
against the documents detailed herein
( ) and beneficiary's draft for __% of the invoice value
at ______________ ,
on ______________ .</td></tr>
<tr><td>( ) FOB　　　　( ) CFR　　　　( ) CIF
( ) or other terms</td></tr>
<tr><td colspan="3">Documents required: (marked with X)
1. ( ) Signed Commercial Invoice in __ copies indicating invoice no. and contract no.
2. ( ) Full set (3/3) of clean on board ocean Bills of Lading made out to order and blank endorsed, marked "freight ( ) to collect / ( ) prepaid" ( ) showing freight amount and notifying __________.
3. ( ) Air Waybills showing "freight ( ) to collect / ( ) prepaid" ( ) indicating freight amount and consigned to _________.
4. ( ) Memorandum issued by ________________consigned to __________.
5. ( ) Insurance Policy / Certificate in __ copies for __ % of the invoice value showing claims payable in China in currency of the draft, blank endorsed covering ( ) Ocean Marine Transportation / ( ) Air Transportation / ( ) Over Land Transportation ____________________ .
6. ( ) Packing List / Weight Memo in ___ copies indicating quantity, gross and net weights of each package and packing conditions as called for by the L/C.
7. ( ) Certificate of Quantity / Weight in _ copies issued by an independent surveyor at the loading port, indicating the actual surveyed quantity / weight of shipped goods as well as the packing condition.
8. ( ) Certificate of Quality in __copies issued by ( ) manufacturer / ( ) public recognized surveyor / ( ) __________ .
9. ( ) Beneficiary's certified copy of FAX dispatched to the accountee within __ days after shipment advising ( ) name of vessel / ( ) date, quantity, weight and value of shipment.
10. ( ) Beneficiary's Certificate certifying that extra copies of the documents have been dispatched according to the contract terms.
11. ( ) Shipping Co's Certificate attesting that the carrying vessel is chartered or booked by the accountee or their shipping agents.
12. ( ) Other documents, if any:
a) Certificate of Origin in ___copies issued by authorized institution.
b) Certificate of Health in___copies issued by authorized institution.

Additional instructions:
1. ( ) All banking charges outside the opening bank are for beneficiary's account.
2. ( ) Documents must be presented within __ days after the date of issuance of the transport documents but within the validity of this credit.
3. ( ) Third party as shipper is not acceptable. Short Form / Blank Back B/L is not acceptable.
4. ( ) Both quantity and amount ___% more or less are allowed.
5. ( ) Prepaid freight drawn in excess of L/C amount is acceptable against presentation of original charges voucher issued by Shipping Co. / Air line / or its agent.
6. ( ) All documents to be forwarded in one cover, unless otherwise stated above.
7. ( ) Other terms, if any:

Account No.:
Transacted by:
(Applicant: name, signature of authorized person)</td></tr>
</table>

买方：Jiu Yang Imp. & Exp. Co., Ltd.
1788 Gubei Road, Shanghai 200336, China

卖方：Teddy's International Trading Co., Ltd.
99 Magic Boulevard, New Jersey, U.S.A

交易内容：

36000 pcs Ornaments.

USD1.20 per piece CIF Shanghai.

12 pcs/ctn,共计 1 个 20 英尺集装箱。

9 月底前装运,不可分批,可以转运。

即期议付信用证最迟 8 月底开抵,装运日后 10 天在受益人所在地到期。

以全电方式开立信用证,所有开证行以外的费用由受益人承担,通知行为 Alliance Bank Inc, New Jersey Branch。

卖方必须提交商业发票、全套正本提单、装箱单、原产地证明,保险单(加成 10%,投保协会货物 A 险和罢工险);原产地证明一式两份,其他各单一式三份。

13. 根据下列背景资料填写开证申请书(见 P196)。

你公司 ANFU IMP. & EXP. CO., LTD.
C-719, WORLD TRADE CENTRE OFFICE BUILDING
122 SHUGUANG ROAD, SHANGHAI, CHINA
Tel: 0086-21-67631686 Fax: 0086-21-67950611

经过磋商,与 SAMSUNG CORPORATION
SAMSUNG-PLAZA BUILDING 263, SEOHYEON-DONG,
BUNDANG-GU, SEONGNAM, GYEONGGI-DO, KOREA 463-721
TEL: 82-2-2145-2500 FAX: 82-2-2145-2596

于 2005 年 7 月 15 日达成了一笔进口交易,主要成交条件如下:

合同号:SMST/24116

NAME OF COMMODITY	QUANTITY	UNIT PRICE	TOTAL AMOUNT
HDPE GRADE NO.9004	204MT	USD937.00/MT	USD191,148.00
HDPE GRADE NO.3234	198MT	USD927.00/MT	USD183,546.00
TOTAL:	402MT		USD374,694.00

装运:8 月 10 日前装运,可分批,不得转运

付款:30 天远期议付信用证

价格条款:CFR SHANGHAI

其他条件:

通过交通银行上海分行开立电开本信用证,由通知行 Aurora Lite Bank Co., Seoul Branch 议付

数量证明书一式三份,由生产商出具

质量证明书一式三份,由生产商出具

产地证一式两份,证明货物原产于韩国

受益人传真副本,证明已经在装船后一天内以传真/电传的方式通知开证申请人装船细节

商业发票一式三份

全套提单,空白抬头,空白背书,注明运费金额通知开证申请人

装箱单一式三份

交单期为提单出单日后 21 天,所有单据以快递方式一次寄交

除开证费用外,其他银行费用由受益人承担

14. 根据下列背景资料填写开证申请书(见 P197)。

CONTRACT NO.: JKG001

BUYER: SHANGHAI JINKE IMPORT & EXPORT CORP.
15/F., SHANGHAI BUND TOWER,
399 HUANGPU ROAD,
SHANGHAI 200080, CHINA

SELLER: GLAMOUR INTERNATIONAL CORP.
60 MARKET SQUARE, PO BOX 364
NEW YORK, USA

ADVISING BANK: FAR EAST NATIONAL BANK CORPORATE HEADQUARTERS
350S. GRAND AVENUE, LOS ANGELES, CA90071
SWIFT: FENBUS6L TEL:(213)687-1200 FAX:(213)687-8511

COMMODITY: IPE LUMBER, K/D, S4S SIZE: 20×130×600-900 mm

AMOUNT: USD30,000.00 CFR SHANGHAI

PAYMENT: BY IRREVOCABLE & TRANSFERABLE L/C AT SIGHT

DELIVERY: FROM NEW YORK TO SHANGHAI
WITHIN 60 DAYS AFTER RECEIVING L/C

REMARKS:

- 10% MORE OR LESS OF QUANTITY AND AMOUNT ALLOWED.
- PARTIAL SHIPMENTS & TRANSHIPMENT ALLOWED
- L/C IS AVAILABLE WITH ANY BANK BY NEGOTIATION

其他:

- 信用证最迟于 2005 年 7 月 15 日开抵,装运日后 15 天在受益人所在地到期。
- 卖方必须提交:商业发票,标明合同号;全套正本提单,做成凭发货人指示抬头并背书给开证行,标明运费预付及金额,通知开证申请人;装箱单;受益人传真副本,证明在装船后 12 小时内受益人已通过传真/电传的方式发出装船通知,将船名、提单号、装船日、合同号、L/C No. 等装运细节告知开证申请人。
- 装箱单一式两份,其他各单一式三份。
- 所有开证行以外的费用由受益人承担。

IRREVOCABLE DOCUMENTARY CREDIT APPLICATION

TO: L/C No. Date:

Applicant		Beneficiary (full name, address and tel etc.)
Partial shipments ( ) allowed ( )not allowed	Transhipment ( )allowed ( ) not allowed	issued by ( ) full cable ( )express delivery
Loading on board/dispatch/ taking in charge at/from Not later than For transportation to		Contract No.: Credit Amount (both in figures and words): Trade Term: ( ) FOB ( ) CFR ( ) CIF ( ) Others:
Description of goods:		Date and place of expiry:
		Credit available with ( ) by sight payment ( ) by acceptance ( ) by negotiation ( ) by deferred payment at against the documents detailed herein ( ) and beneficiary's draft for 100 % of invoice value at on

Documents reauired: (marked with X)

1. ( ) Signed commercial invoice in __ copies indicating L/ C No. and Contract No.__________.
2. ( ) Full set of clean on board Bills of Lading made out [ ]to order/[ ] to the order of ________________and blank endorsed, marked " freight [ ] prepaid/ [ ] to collect" showing freight amount and notifying [ ]the applicant/ [ ] __________________.
3. ( ) Air Waybills showing "freight [ ]prepaid/ [ ] to collect" indicating freight amount and consigned to _______________.
4. ( ) Insurance Policy / Certificate in ___ copies for ___% of the invoice value showing claims payable in China in currency of the draft, blank endorsed, covering ([ ] Ocean Marine Transportation / [ ] Air Transportation / [ ] Over Land Transportaion) ____.
5. ( ) Packing list / Weight Memo in __copies indicating ____________________.
6. ( ) Certificate of Quantity/ Weight in __ copies issued by [ ] manufacturer / [ ] Seller / [ ] independent surveyor at the loading port, indicationg the actual surveyed quantity / weight of shipped goods as well as the packing condition.
7. ( ) Certificate of Quality in __copies issued by [ ] manufacturer / [ ] public recognized surveyor / [ ] ___________.
8. ( ) Beneficiary's Certified copy of fax dispatched to the applicant within ____ days after shipment advising the contract number, name of commodity, quantity, invoice value, bill of lading number, bill of lading date, the ETA date and shipping Co.
9. ( ) Beneficiary's Certificate certifying that extra copies of the documents have been dispatched to the [ ] applicant/ [ ]_______.
10. ( ) Certificate of Origin in __ copies certifying ___________________.
11. ( )Other documents, if any:

Additional instruction: (marked with X)

1. ( )All banking charges outside the opening bank are for beneficiary's account.
2. ( )Documents must be presented within ___days after the date of issuance of the transport documents but within the validity of this credit.
3. ( ) Third party as shipper is not acceptable. Short Form / Blank Back B/l is not acceptable.
4. ( ) Both quantity and amount ___% more or less are allowed.
5. ( ) All documents to be forwarded in one lot by express delivery unless otherwise stated above.
6. ( ) Other terms, if any:

For banks use only	我公司承担本申请书背面所列责任及承诺，并保证按照办理。 （申请人名称及印鉴章） RMB A/C No. USD or ( ) A/C No. 联系人: 电话:
Seal and / or Signature checked by ( ) L/C Margin % checked by ( ) Credit Facility checked by ( ) Ent ( ) Ver ( ) App ( ) Date:	

不可撤销跟单信用证申请书

APPLICATION FOR IRREVOCABLE DOCUMENTARY CREDIT

TO: INDUSTRIAL AND COMMERCIAL BANK OF CHINA

Shanghai municipal Branch ____________________District Branch　　　　Date ______________

Please establish　( )by airmail ( )by brief cable ( )by full cable an Irrevocable ( )transferable Credit as per followings

Applicant: (Full name and detailed address)	**IRREVOCABLE DOCUMENTARY CREDIT No.** Valid in　　　　　until
	Advising Bank: (Left for bank to fill)
Beneficiary: (Full name and detailed address)	Amount (In figures and words)
	Price term:

Credit available with ( ) ANY BANK ( ) ____________________

by ( ) NEGOTIATION ( ) ACCEPTANCE ( ) SIGHT PAYMENT ( ) DEFERRED PAYMENT at _________

against the documents detailed herein　( ) and beneficiary's draft(s) for ______ % invoice value

at ______________sight drawn on us.

Documents required: (marked with x)

( )Signed Commercial Invoice in ___ copies indicating L/C No. and Contract No. ______ .

( )Full set of clean on board ocean Bills of Lading made out to order and blank endorsed marked " freight ____ "

( ) showing freight amount notifying ( ) China National Foreign Trade Transportation Corp. at destination ( )Applicant

( ) Air Waybills showing "freight ( ) to collect ( ) prepaid" ( ) indicating freight amount and consigned to ( ) Applicant ( ) Issuing Bank ( ) ________________

( ) Forwarding agent's Cargo Receipt ______________________ .

( ) Insurance Policy / Certificate in ____ for ___ % of the invoice value showing claims payable in China in currency of the draft, blank endorsed, covering [( ) Ocean Marine Transportation ( ) Air Transportation ( ) Over Land Transportation] All Risks, War Risks, including ________________ as per ________________ Clauses.

( ) Packing List / Weight Memo in _____ copies indicating quantity / gross weight of each package and packing conditions as called for by the L/C.

( ) Certificate of Quantity / Weight in _____ copies.

( ) Certificate of Quality in ____ copies issued by ( ) Beneficiary ( ) public recognized surveyor ( ) manufacturer.

( ) Beneficiary's certified copy of Fax / Telex advising applicant within _ hours after shipment indicating ( ) name of vessel ( ) B/L No. ( ) flight No. ( ) wagon No. ( ) Shipping date ( ) contract No. ( ) L/C No., commodity, quantity, weight and value of shipment.

( )

Evidencing Shipment of:

Packing:

Manufacturer:

Shipping Marks:

Documents to be presented within___days after the date of issuance of the transport document(s) but within the validity of the credit.

Shipment from　　　　to not later than	Partial shipments ( ) allowed ( )not allowed	Transshipment ( ) allowed ( ) not allowed

( ) Documents issued earlier than L/C issuing date are not acceptable.

( ) All banking charges except issuing charge and acceptance commission if any are for account of beneficiary.

For banks use only	我公司承担本申请书背面所列责任及承诺，并保证按照办理。 （申请人名称及印鉴章） RMB A/C No. USD or ( ) A/C No. 联系人:　　　　　电话:
Seal and / or Signature　checked by ( ) L/C Margin　%　checked by ( ) Credit Facility　checked by ( ) Ent ( ) Ver ( ) App ( ) Date:	

【自助链接】

信用证的基本概念

根据国际商会1993年修订的《跟单信用证统一惯例》的规定，信用证(Letter of Credit; L/C)是一项约定，系指一家银行（开证人）依照客户（申请人）的要求和指示或以自身的名义，在符合信用证条款的条件下，凭规定的单据：

(1) 向第三者（受益人）或其指定人付款，或承兑并支付受益人出具的汇票，或

(2) 授权另一家银行进行该项付款，或承兑并支付该汇票，或

(3) 授权另一家银行议付。

信用证结算方式是银行信用介入国际贸易结算的产物，是在跟单托收结算方式的基础上演变发展起来的，其作用是把托收方式下由进口商履行跟单汇票的付款责任转由银行履行。对出口商而言，采用信用证支付方式对安全收汇较有保障；对进口商而言，由于货款的支付是以取得符合信用证规定的单据为条件，避免了预付货款所需承担的风险。因此，信用证支付方式在很大程度上解决了出口商和进口商双方在付款和交货问题上的矛盾，从而大大拓展了买卖双方达成交易的可能性，促进了国际贸易的发展。

信用证的当事人

在信用证业务中，最基本的当事人是开证申请人、开证行、保兑行（如果存在的话）以及受益人这四者，信用证的开立、修改或撤销一般都需经过这四者的同意方可执行。此外，根据业务需要，还会出现通知行、议付行、付款行、偿付行和承兑行等当事人。

(1) 开证申请人(Applicant)。

即向银行申请开具信用证的人，通常是进口商。

(2) 受益人(Beneficiary)。

即信用证指定的唯一享有凭该信用证交付单据、支取款项权利的人，通常是出口商，也可以是其他债权人。如果信用证允许转让，则受益人可以是中间商，转让证中的受益人（第二受益人）才是真正的出口商。信用证中的受益人必须有完整的名称和详细的地址。受益人的表示方法有：Exporter（出口商）、Shipper（发货人）、Drawer（出票人）或 Addressee（抬头人）等。

(3) 开证行(Opening Bank 或 Issuing Bank)。

即应开证申请人的要求开立信用证、承担保证付款责任的银行。开证行一般是开证申请人的账户行，这样既便于进口商从开证行获得资金融通的便利，也利于银行更方便、更清楚地掌握进口商的情况。

(4) 通知行(Advising Bank 或 Notifying Bank)。

即受开证行委托，将信用证通知或转递给出口商的银行，它只证明信用证的表面真实性，并不承担其他义务。通知行大多为开证行在出口地的分行或代理行。

(5) 议付行(Negotiating Bank)。

即受开证行的委托，应受益人要求对所提交的单据进行审核并付款的银行。议付行通

常是通知行或出口商所在地的其他银行。除非信用证限定某一指定银行为议付行，否则受益人可选择在当地的任何一家往来银行议付。议付行议付后对受益人有追索权。

(6) 付款行(Paying Bank 或 Drawee Bank)。

即信用证指定的付款银行，一般即开证行本身，也可以是开证行指定的代理付款行(也称代付行)。开证行一般将其规定为付款信用证中的付款人或信用证项下汇票中的付款人。若为远期汇票，则付款行即承兑行；若信用证是经过保兑的，则付款行也可能是保兑行。付款与议付不同，付款行付款后对受益人无追索权。

(7) 保兑行(Confirming Bank)。

即应开证行或受益人的要求，同意就信用证承担承兑或付款义务的银行。保兑行具有与开证行相同的责任和地位，对受益人独立负责，对单证相符的单据有必须议付或代付的责任；而在已经议付或代付之后，不论开证行倒闭或无理拒付，都不能向受益人追索。

(8) 偿付行(Reimbursing Bank)。

又称信用证的清算银行(Clearing Bank)。若信用证规定受益人应签发以开证行或进口商为付款人的汇票，同时又载明议付行于议付之后可向另一家银行索偿，则该银行即称作偿付行。换而言之，偿付行代理开证行执行付款行为，并受理议付银行的索偿。偿付行通常是开证行的存款银行或约定的垫款银行。

(9) 承兑行(Accepting Bank)。

即在汇票正面签字承诺到期付款的银行。在远期信用证项下，承兑行可以是开证行本身，也可以是通知行或其他愿意付款的出口地银行。

跟单信用证的操作流程

(1) 买卖双方在贸易合同中约定使用跟单信用证支付。

(2) 买方通知当地银行(开证行)开立以卖方为受益人的信用证。

(3) 开证行请求另一银行通知(或加保兑)信用证。

(4) 通知行通知卖方，信用证已开立。

(5) 卖方收到信用证，并确认其能履行信用证规定的条件后，即可装运货物。

(6) 卖方将单据向指定银行提交。该银行可能是开证行，或是信用证规定的付款行、承兑行或议付行。

(7) 该银行按照信用证审核单据。如单据符合信用证规定，银行将按信用证规定进行支付、承兑或议付。

(8) 开证行以外的银行将单据寄送开证行。

(9) 开证行审核单据无误后，以事先约定的形式，对已按照信用证付款、承兑或议付的银行进行偿付。

(10) 开证行在买方付款(或承兑)后交单。

以下详细叙述流程中的几个主要操作环节：

1. 信用证的开立。

(1) 开证的申请。

进出口双方同意使用跟单信用证支付后,进口商便有责任开证。开证申请书的填写和确立为开证申请人与开证行之间建立了法律关系,因此它是开证中最重要的文件。

(2) 开证的要求。

信用证申请的要求在《跟单信用证统一惯例》中有明确规定,进口商必须确切地将其告之银行。信用证开立的指示必须完整和明确。申请人必须时刻记住跟单信用证交易是一种单据交易,而不是货物交易。银行家不是商人,因此申请人不能希望银行工作人员能充分了解每一笔交易中的技术术语。即使将销售合同中的所有条款都写入信用证中,如果受益人真的想欺骗,申请人也无法得到完全保护。这就需要银行与申请人共同努力,运用常识来避免开列对各方均显累赘的信用证。银行也应该劝阻在开立信用证时其内容套用过去已开立的信用证(俗称"套证")。

(3) 开证的安全性。

银行接到开证申请人完整的指示后,必须立即按该指示开立信用证。另一方面,银行也有权要求申请人交出一定数额的资金或以其财产的其他形式作为银行执行其指示的保证。按现行规定,中国地方、部门及企业所拥有的外汇通常必须存入中国的银行。如果某些单位需要使用跟单信用证进口货物或技术,中国的银行将冻结其账户中相当于信用证金额的资金作为开证保证金。如果申请人在开证行没有账号,开证行在开立信用证之前很可能要求申请人在其银行存入一笔相当于全部信用证金额的资金。这种担保可以通过抵押或典押实现(例如股票)。

(4) 申请人与开证行的义务和责任。

申请人对开证行承担以下三项主要义务:

- 申请人必须偿付开证行为取得单据代向受益人支付的贷款,在申请人付款前,作为物权凭证的单据仍属于银行;
- 如果单据与信用证条款相一致而申请人拒绝"赎单",则其作为担保的存款或账户上已被冻结的资金将归银行所有;
- 申请人承担向开证行支付开证所需全部费用的责任。

开证行对申请人所承担的责任是:

- 开证行一旦收到开证的详尽指示,有责任尽快开证;
- 开证行一旦接受开证申请,就必须严格按照申请人的指示行事。

2. 信用证的通知。

(1) 通知行的责任。

在大多数情况下,信用证不是由开证行直接通知受益人,而是通过其在受益人国家或地区的代理行,即通知行进行转递的。通知行通知受益人的最大优点就是安全。通知行的责任是合理谨慎地审核所通知信用证的表面真实性。

(2) 信用证的传递方式。

信用证可以通过空邮、电报或电传进行传递。设在布鲁塞尔的SWIFT(Society for

Worldwide Interbank Financial Telecommunication,环球同业银行金融电讯协会)运用出租的线路在许多个国家的银行间传递信息。大多数银行,包括中国的银行加入了这一组织。

(3) 有效信用证的指示。

当开证行用任何有效的电讯传递方式指示通知行,通知信用证或信用证的修改,该电讯将被认为是有效的信用证文件或有效的修改书,并且不需要再发出邮寄证实书。

3. 受益人的审证。

受益人在收到信用证以后,应立即作如下的检查:

(1) 买卖双方公司的名号和地址写法是不是和发票上打印的公司名号和地址写法完全一致。

(2) 信用证提到的付款保证是否符合受益人的要求。

(3) 信用证的款项是否正确。信用证的金额总数应与合同相吻合并包括该合同的全部应付费用。

(4) 付款的条件是否符合要求。特别是在远期信用证条件下,汇票的期限应与合同中所规定的一致。

(5) 信用证提到的贸易条款是否符合受益人原先提出的要求。

(6) 是否赶得上在有效期和交单期内把各项单据送交银行。

(7) 能否提供所需的各种单据。

(8) 有关保险的规定是否与销售合同条款相一致。如有变化,应在明确可行性和费用变化的前提下,决定是否接受信用证的要求。

(9) 货物说明(包括免费附送的物品)、数量和其他各项是否正确。

如果按上述各条目检查的时候发现有任何遗漏或差错,那么应该就下列各点立即做出决定,采取必要的措施:

(1) 能不能通过更改计划或单据内容作相应配合。

(2) 是不是应该要求买方修改信用证。

(3) 修改费用应该由哪一方支付。

如果有疑问,可向本单位的联系银行或通知行咨询。但有一点请记住:只有申请人和受益人及有关银行共同同意,才有权决定修改。

4. 信用证的履行。

(1) 单据的提交。

在跟单信用证业务中,单据的提交起着非常重要的作用,因为这是信用证最终结算的关键。受益人向银行提交单据后是否能得到货款,在很大程度上取决于单据是否齐备以及是否符合信用证要求。

(2) 交单时间的限制。

提交单据的期限由以下三种因素决定:

- 信用证的到期日;
- 装运日期后所特定的交单日期;

● 银行的营业日期(银行在其营业时间外,无接受提交单据的义务)。

信用证中有关装运的任何日期或期限中的"止"、"至"、"直至"、"自从"和类似词语,都可理解为包括所述日期。"以后"一词理解为不包括所述日期。"上半月"、"下半月"理解为该月1日至15日和16日至该月的最后一日,首尾两天均包括在内。"月初"、"月中"或"月末"理解为该月1日至10日、11日至20日、21日至该月最后一日,首尾两天均包括在内。

(3) 交单地点的限制。

所有信用证必须规定一个付款、承兑的交单地点,或在议付信用证的情况下必须规定一个交单议付的地点(自由议付信用证除外)。像提交单据的期限一样,信用证的到期地点也会影响受益人的处境。有时会发生这样的情况,开证行将信用证的到期地点定在其本国或自己的营业柜台,而不是受益人国家,这对受益人的处境极为不利,因为他必须保证于信用证的有效期内在开证银行营业柜台前提交单据。

5. 银行审核单据。

受益人向银行提交单据后,银行有义务认真审核单据,以确保单据表面上与信用证条款的相符性和各单据之间的一致性。

(1) 审单准则。

银行必须合理谨慎地审核信用证的所有单据,以确定其表面上是否与信用证条款相符。单据在表面上是否与信用证条款相符,应根据在相关信用证条文中反映的国际间银行标准惯例来判断。单据表面上互不相符,应视为表面上与信用证条款不相符。上述"表面上"一词的含义是,银行不需亲自询问单据是否是假的,已装运的货物是否是假的,已装运的货物是否真正装运,以及单据签发后是否失效。除非银行知道其所进行的是欺诈行为,否则这些实际发生的情况与银行无关。因此,如受益人制造表面上与信用证规定相符的假单据,也能得到货款。但是如受益人已经以适当的方式装运了所规定的货物,在制作单据时未能达到信用证所规定的一些条件,银行将拒绝接受单据,而受益人将无法从银行取得货款。银行不审核信用证中未规定的单据,如果银行收到此类单据,将退还提交人或予以转交并对此不负责任。

(2) 单据有效性的免责。

银行对任何单据的形式、完整性、准确性、真实性或法律效力,或单据中载明、附加的一般及/或特殊条件概不负责。银行对单据所代表货物的描述、数量、重量、品质、状况、包装、交货、金额或存在与否,以及对货物发货人、承运人、货运代理人、收货人,或货物保险人及其他任何人的诚信、行为及/或疏忽、清偿能力、行为能力或资信状况概不负责。

(3) 审核单据的期限。

根据《跟单信用证统一惯例》第13条b款的规定,开证行、保兑行(如已保兑)或代表它们的被指定银行各自应有一个合理的时间,即不超过收到单据后的七个银行营业日,在这期间审核单据,决定是否接受或拒收单据,并通知向其提交单据的当事人。

(4) 不符单据与通知。

如开证行授权另一家银行凭表面上符合信用证条款的单据付款、承担延期付款责任、承兑汇票或议付，则开证行和保兑行（如已保兑）有义务接受单据，并对已付款、承担延期付款责任、承兑汇票或议付的被指定银行进行偿付。

收到单据后，开证行及/或保兑行（如已保兑）或代表它们的被指定银行必须以单据为唯一依据，审核其表面上是否与信用证条款相符。如果单据表面上与信用证不符，上述银行可拒收单据，也可联系申请人，根据其指示接受单据。

如果开证行及/或保兑行（如已保兑）或代表它们的被指定银行决定拒收单据，则其必须在不迟于自收到单据次日起第七个银行营业日结束前，不延误地以电讯，或其他快捷方式发出通知。该通知应发至向其提交单据的银行，如直接从受益人处收到单据，则将通知发至受益人。通知必须说明拒收单据存在的不符点，还必须说明银行是否留存单据听候处理，或已将单据退还交单人。开证行或保兑行有权向寄单行索还已经给予的任何偿付款项和利息。如开证行或保兑行未能按这些规定办理，或未能留存单据等待处理，未将单据退还交单人，开证行或保兑行则无权宣称单据不符合信用证条款。

如寄单行向开证行或保兑行交单时已经提出应注意的单据中的不符点，并且告知它已经按有保留的方式进行了付款、承担延期付款责任、承兑汇票或议付时，开证行或保兑行并不因此而解除其任何义务。

6. 信用证的结算。

当银行审单完毕，信用证即进入结算阶段。《跟单信用证统一惯例》第 10 条指出："所有信用证都必须清楚地表明该证是否适用即期付款、延期付款、承兑或议付。"

(1) 即期付款。

● 受益人将单据送交付款行。

● 银行审核单据与信用证规定相符后，付款给受益人。

● 该银行如不是开证行的话，以事先议定的方式将单据寄交开证行索偿。

(2) 延期付款。

● 受益人把单据送交承担延期付款的银行。

● 银行审核单据与信用证规定相符后，依据信用证所能确定的到期日付款。

● 该银行如不是开证行的话，以事先议定的方式将单据寄交开证行索偿。

(3) 承兑汇票。

● 受益人把单据和向银行出具的远期汇票送交办理该信用证的银行（承兑行）。

● 银行审核单据与信用证规定相符后，承兑汇票并退还给受益人。

(4) 议付。

● 受益人按信用证规定，将单据连同向信用证规定的付款人开出的即期或远期汇票送交议付银行。

● 议付银行审核单据与信用证规定相符后，可买入单据和汇票。

● 该议付银行以事先议定的形式将单据和汇票寄交开证行索偿。

信用证付款方式的特点

1. 信用证付款方式的基础是银行信用。

在任何情况下，信用证都是银行对受益人的付款保证。开证行通过跟单信用证为其客户，即开证申请人承担付款义务，只要受益人所提交的单据与信用证条款规定的一致，那么银行就应承担对受益人的第一性付款责任。因此，只要受益人按照信用证条款的规定操作，就能保证从银行取得货款。信用证的这一优越性在出口商对进口商不是很了解或进口国存在外汇管制等情况下，表现得更为显著。

2. 信用证是一项独立的文件。

尽管信用证的开立是以买卖合同为基础和前提，买卖双方要受合同的约束，但信用证一经开出，就独立于买卖合同，信用证各当事人在业务处理过程中的责、权、利都以信用证条款为准。因此，信用证是一项与买卖合同分离而独立的文件。

3. 信用证是单据业务。

在信用证付款方式下，信用证的主要作用是银行提供付款保证和资金融通，以促进买卖双方交易的顺利进行，银行不直接参与货物的买卖过程，也不可能去查验核实各项交易的详细情况。银行只负责审慎核查受益人提交的单据，确认它们在表面上是否与信用证条款一致，从而凭相符单据付款，而不过问交易事实如何。因此，在信用证付款方式下，受益人要保证收款就一定要提供严格符合信用证规定的单据，开证行拒绝付款也必须以单据上的不符点为唯一理由。可见，信用证交易与买卖合同中的货物交易具有本质的区别，即信用证业务是一项纯粹的单据业务。

信用证付款方式的风险

1. 进口商所承担的风险。

由于信用证业务是一项单据业务，开证行是以提交相符单据为付款条件，而且是只管单据，不过问货物或交易实情，因此，倘若受益人不根据事实，不根据实际货物而伪造单据，甚至制作根本没有货物的假单据，照样可以取得货款，此时进口商就成为欺诈行为的受害人。

2. 出口商所承担的风险。

当国际市场商品价格下跌时，出口商可能承担买方延迟开证或拒绝开证的风险。如果开证行倒闭或无力偿付，议付行有权追索已议付的货款，出口商也会遭受损失。

3. 银行所承担的风险。

如果进口商破产、无力偿付或拒绝偿付单据，开证行则将遭受损失。而出口商所在地银行承兑或付款后，一旦遇到开证行无力偿付或拒绝偿付的情况时，也会遭受同样的厄运。

信用证的形式

信用证的开立方式可以用信函的方式，也可以用电文方式，因此信用证可以分为信开本和电开本两种形式。

1. 信开本(Mail Credit)。

信开本是指以信函格式开立，并用航空挂号等方式寄给受益人或通知行的信用证。信开本是早期信用证的主要形式。信开本的邮递方式分为平邮和航空挂号等。信开本的费用低廉，传递的时间比较长。

信开信用证并无统一的格式，银行一般都有其事先印就的版式，开证行只需按照信用证申请书上的要求缮制完毕后就可以邮寄给通知行了。

2. 电开本(Cable Credit)。

电开本是指采用电文格式开立并以电讯方式传递的信用证。通常采用的电讯方式主要有电报、电传和 SWIFT。

电开信用证按照电文内容的详细与否，又可以分为简电本和详电本。

(1) 简电本(Brief Cable)。

简电本是指电文内容较简单扼要的信用证。简电信用证是为了方便出口商早些备货，应进口商的要求，预先以仅有信用证金额、装运期和有效期等内容的简单电文通知出口商。简电本上往往会注明“随后寄送证实书”，证实书通常为信开本或全电文的信用证。证实书是有效的信用证文本，是向银行交单议付的依据，而简电本则不能作为向银行交单议付的依据。

(2) 详电本(Full Cable)。

详电本又称全电本，是指电文内容详细完整的信用证。详电本是向银行交单议付的依据。在实务操作中，信用证大多都是详电本。

目前，详电本信用证大多采取电传(Telex)和 SWIFT 两种形式开具。电传开具的信用证因费用较高、手续繁琐、条款文句缺乏统一性而容易造成误解等原因，在实务中已被方便、迅速、安全、格式统一、条款明确的 SWIFT 信用证取代。

信用证条款的内容

1. 信用证开证行(Issuing Bank)。

信用证的开证行，是应开证申请人(进口商)的要求开立信用证的银行。

信用证是开证行的有条件的付款保证。信用证开立后，开证行负有第一性的付款责任。

2. 信用证开证日期(Issuing Date)。

开证日期是开证行开立信用证的日期。开证日期一般表述为“Date of Issue”。

信用证中必须明确表明开证日期，而且应当清楚、完整。

如果信用证中没有开证日期(Date of Issue)字样，则视开证行的发电日期(电开信用证)或抬头日期(信开信用证)为开证日期。

确定信用证的开证日期非常重要，特别在需要使用开证日期计算其他时间，或信用证中明确表示银行将不接受开证日期之前出具的单据时，就显得尤为重要。同时，开证日期也可证明进口商是否根据商务合同规定的开证期限开立信用证。

3. 信用证到期日(Expiry Date)和到期地点(Expiry Place)。

信用证的到期日是受益人向银行提交单据的最后日期。受益人应在到期日之前或当天向银行提交信用证及其项下的单据。

到期地点是受益人在到期日前向银行提交单据的地点。国外开来的信用证一般规定到期地点在我国国内，如果到期地点在国外，受益人（出口商）要特别注意，一定要根据到期日安排提前交单（港、澳、新、马等近洋国家或地区提前 7 天左右；远洋国家或地区提前 10 至 15 天），以便银行在信用证到期日前将单据寄到到期地点的银行。当然有条件的话，最好建议申请人将到期地点改为在受益人所在地。

如果信用证未列明到期地点，则应立即要求开证行进行确认。如果开证行始终不予答复，则应视同到期地点在受益人所在地。

4. 信用证申请人（Applicant）。

信用证的申请人，是根据商务合同的规定向银行（开证行）申请开立信用证的人，即进口商。

信用证的申请人包括名称和地址等内容，必须完整、清楚。

5. 信用证受益人（Beneficiary）。

信用证的受益人，是信用证上指定的有权使用信用证的人，即出口商。

信用证的受益人包括名称和地址等内容，应完整、清楚。如果有错误或遗漏，应立即电洽开证行确认或要求开证申请人修改。

6. 信用证号码（Documentary Credit Number）。

信用证的证号是开证行所编的号码，在与开证行的业务联系中通常都将引用该编号。所以，信用证的证号必须清楚，没有变字等错误。

如果信用证的证号在信用证中前后出现多次，应特别注意其是否一致，否则应电洽其修改。

7. 信用证币别和金额（Currency Code Amount）。

信用证金额的币别应是国际间可自由兑换的币种。如果信用证的币别是国际间非自由兑换货币，受益人应慎重考虑是否接受。货币符号应是国际间所普遍使用的世界各国货币的标准代码。

信用证的金额一般采用国际间通常的写法，例如 100 万美元写成 USD 1,000,000.00。

如果信用证中有大写和小写两种金额的写法，大写和小写的数额应保持一致。

如果信用证中多处出现信用证金额，则其相互之间应保持一致。

8. 信用证货物描述（Description of Goods and/or Services）。

信用证的货物描述，是信用证对货物的名称、数量、型号、规格等的叙述。根据国际惯例，信用证中对货物的描述不宜繁琐，如果货物描述过于繁琐，应要求开证申请人修改，因为繁琐的货物描述会给受益人制单带来不必要的麻烦。当然，货物的描述应准确、明确和完整。

9. 信用证单据条款（Documents Required Clause）。

信用证的单据条款，是开证行在信用证中列明的受益人必须提交的交易单据的种类、份数、签发条件等内容。

信用证的单据条款之间不应有相互矛盾的地方。

10. 信用证价格条款(Price Terms)。

信用证的价格条款是申请人(进口商)和受益人(出口商)在商务合同中规定的货物成交价格,一般按国际标价方法,常用的价格条款有离岸价(F.O.B.)和到岸价(C.I.F.或C.F.R.)。应当特别注意的是,价格条款的后面应注有“地点”。

11. 信用证最迟装运日(Latest Shipment Date)。

信用证的最迟装运日是受益人(出口商)装船/发货的最后期限。受益人应在最迟装运日之前或当天装船/发货。

信用证的最迟装运日应在到期日之前,而且最迟装运日和到期日之间应有一定的时间间隔。时间间隔不宜太长,也不宜太短。时间间隔太长时,容易造成受益人迟迟不交单,而若货已到港,进口商拿不到货运单据就无法提货以致压港压仓等。时间间隔太短时,受益人从装船/发货取得单据到向银行提交单据的时间就短,有可能造成交单时间上的紧张,或在到期日前无法交单。因此,应根据具体情况审核信用证的最迟装运日和到期日,必要时应建议或要求开证申请人修改。

一般情况下,信用证的最迟装运日和到期日之间的时间间隔为10—15天。

12. 信用证交单期限(Period for Presentation of Documents)。

每份要求出具运输单据的信用证,除了规定到期日外,通常还应规定一个在装运日后的一定时间内向银行交单的期限。

如果没有规定该期限,根据国际惯例,银行将拒绝受理迟于装运日后21天提交的单据,但无论如何,单据必须不迟于信用证的到期日提交。

一般情况下,开证行和开证申请人经常规定装运日后10天、15天或21天为交单的最后期限。

13. 信用证偿付行(Reimbursing Bank)。

偿付行是开证行在信用证中指定的向付款行、保兑行或议付行进行偿付的银行。它可以是开证行自己的一家分支行,也可以是第三国的另一家银行(一般为账户行)。偿付行受开证行的委托代理开证行付款,不负责审单,只凭开证行的授权(Authorization)和议付行或付款行的“索汇指示”(Reimbursement Claim)而付款。

偿付行的付款不是终局性的付款,即如果开证行收到单据并审单后发现单据存在不符点,开证行或偿付行有权利向议付行索回货款。

14. 信用证偿付条款(Reimbursement Clause)。

信用证的偿付条款是开证行在信用证中规定的如何向付款行、承兑行、保兑行或议付行偿付信用证款项的条款。信用证的偿付条款直接涉及收汇问题,因此必须保证偿付条款的正确与合理。对于偿付条款复杂、偿付路线迂回曲折的规定,应尽量要求开证行修改。

15. 信用证银行费用条款(Banking Charges Clause)。

信用证中一般规定开证行以外的银行费用,如通知行、议付行等的银行费用,由受益人来承担。如果信用证规定所有银行费用均由受益人承担,则受益人应特别注意,决定是否修改,以减少不合理的费用支出。

16. 信用证生效性条款(Valid Conditions Clause)。

有些信用证在一定条件下才正式生效,对于此种有条件生效的信用证,应审核该条件是否苛刻。建议受益人在接到银行的正式生效通知后再办理货物的发运。

17. 信用证特别条款(Special Conditions)。

信用证中有时附有对受益人、通知行、付款行、承兑行、保兑行或议付行的特别条款,对于不能接受的条款应立即要求开证行或开证申请人修改。

跟单信用证常见条款及短语

1. 信用证类型(Kinds of L/C)。

- Revocable L/C　可撤销信用证
- Irrevocable L/C　不可撤销信用证
- Confirmed L/C　保兑信用证
- Unconfirmed L/C　不保兑信用证
- Sight L/C　即期信用证
- Usance L/C　远期信用证
- Transferable/Assignable L/C　可转让信用证
- Untransferable L/C　不可转让信用证
- Divisible L/C　可分割信用证
- Undivisible L/C　不可分割信用证
- Revolving L/C　循环信用证
- L/C with T/T reimbursement clause　带电汇索偿条款信用证
- Without recourse L/C　无追索权信用证
- With recourse L/C　有追索权信用证
- Documentary L/C　跟单信用证
- Clean L/C　光票信用证
- Deferred payment L/C　延期付款信用证
- Anticipatory L/C　预支信用证
- Back to back L/C　背对背信用证
- Reciprocal L/C　对开信用证
- Traveller's L/C　旅行信用证

2. 信用证有关当事人(L/C Parties Concerned)。

(1) 开证申请人。

- applicant
- principal
- accountee

● accreditor

● opener

● for account of Messrs ABC Co.

● at the request of Messrs ABC Co.

● on behalf of Messrs ABC Co.

● by order of Messrs ABC Co.

● by order of and for account of Messrs ABC Co.

● at the request of and for account of Messrs ABC Co.

（2）受益人。

● beneficiary

● in favour of ABC Co.

● in ABC Co.'s favour

● favouring yourselves

（3）付款人。

● drawee

● to drawn on / updon XYZ Bank

● to value on XYZ Bank

● to issue on XYZ Bank

（4）出票人。

● drawer

（5）通知行。

● advising bank

● notifying bank

● advised through XYZ Bank

（6）开证行。

● opening bank

● issuing bank

● establishing bank

（7）议付行。

● negotiating bank

● negotiation bank

（8）付款行。

● paying bank

（9）偿付行。

● reimbursing bank

（10）保兑行。

● confirming bank

3. 信用证金额(Amount of the L/C)。

● amount USD ...

● up to the amount of EUR ...

● for the amount of GBP ...

● for a sum not exceeding USD ...

● for an amount not exceeding USD ...

● to the extent of EUR ...

4. 跟单条款(The Stipulations for the Shipping Documents)。

● available against surrender of the following documents bearing our credit number and the full name and address of the opener　凭提交下列注明本证号码和开证人全称及地址的单据付款

● available against the documents hereinafter　凭下列单据付款

● drafts to be accompanied by the documents marked (×) below　汇票必须随附下列注有(×)的单据

● accompanied by the following documents　随附下列单据

● documents required　规定的单据

5. 汇票(Draft, Bill of Exchange)。

(1) 汇票种类。

● available by drafts at sight　凭即期汇票付款

● draft(s) to be drawn at 30 days' sight　开立见票后30天付款的汇票

(2) 出票条款。

● All darfts drawn under this credit must contain the clause "Drafts drawn under XYZ Bank of Credit No. XXX dated XXX".　本证项下开具的汇票必须注明"本汇票系XYZ银行某年某月某日第XXX号信用证下开具"的条款。

● Drafts are to be drawn in duplicate to our order bearing the clause "Drawn under XYZ Bank irrevocable Letter of Credit No. XXX dated XXX".　汇票一式两份,以我行为抬头,并注明"根据XYZ银行某年某月某日第XXX号不可撤销信用证开立"。

● Draft(s) drawn under this credit to be marked "Drawn under XYZ Bank L/C No. XXX dated XXX".　根据本证开出的汇票必须注明"凭XYZ银行某年某月某日第XXX号信用证开立"。

6. 发票(Invoice)。

(1) 单据份数。

● in duplicate　一式两份

● in triplicate　一式三份

● in quadruplicate　一式四份

● in quintuplicate　一式五份

● in sextuplicate　一式六份

● in septuplicate　一式七份

● in octuplicate　一式八份

● in nonuplicate　一式九份

● in decuplicate　一式十份

(2) 单据内容。

● Original signed commercial invoices at least in 8 copies issued in the name of the buyer indicating (showing/evidencing/specifying/declaring) the merchandise, country of origin and any other relevant information.　经签署的正本商业发票，至少一式八份，以买方的名义开具，注明商品名称、原产国及其他有关信息。

● Beneficiary must certify on the invoice ... have been sent to the accountee.　受益人必须在发票上注明，已将……寄交开证申请人。

● 4% discount should be deducted from total amount of the commercial invoice.　商业发票的总金额须扣除4%折扣。

7. 提单(Bill of Lading)。

● Full set shipping company's clean on board bill(s) of lading marked "Freight Prepaid" to order of shipper endorsed to XYZ Bank notifying buyers.　船公司出具的全套清洁已装船提单，注明"运费付讫"，以凭托运人指示为抬头、背书给XYZ银行，通知买方。

● Bills of lading made out in negotiable form　提单做成可转让形式

● Full set of clean "on board" bills of lading made out to our order notify buyers calling for shipment from China to Hamburg marked "Freight Payable at Destination".　全套正本清洁"已装船"提单，做成凭我行指示抬头，通知买方，表明货物自中国运往汉堡，注明"运费在目的港付"。

● Bills of lading must be dated not before the date of this credit and not later than Aug. 15, 2005.　提单日期不得早于本证的日期，也不得迟于2005年8月15日。

● Bill of lading marked "Freight Prepaid" and "Liner terms". Received for shipment B/L is not acceptable.　提单注明"运费预付"及"班轮条件"，不接受收妥备运提单。

● non-negotiable copy of bills of lading　不可转让的提单副本

8. 保险单或保险凭证(Insurance Policy or Insurance Certificate)。

(1) 险别。

● free from particular average (F.P.A.)　平安险

● with particular average (W.A., W.P.A.)　水渍险

● all risks　一切险

● strike risks　罢工险

● war risks　战争险

- from warehouse to warehouse clauses 仓至仓条款
- risk of theft, pilferage and non-delivery (T.P.N.D.) 偷窃、提货不着险
- risk of fresh water and/or rain damage 淡水雨淋险
- risk of shortage 短量险
- risk of intermixture and contamination 混杂沾污险
- risk of leakage 渗漏险
- risk of clash & breakage 破损、破碎险
- risk of taint of odour 串味险
- risk of sweat and heating 受潮受热险
- risk of hook damage 钩损险
- risk of breakage of packing 包装破裂险
- risk of rust 锈损险
- risk of mould 发霉险
- strike, riots and civil commotion (S.R.C.C.) 罢工、暴动、民变险
- risk of spontaneous combustion 自燃险
- deterioration risk 腐烂变质险
- inherent vice risk 内在缺陷险
- risk of natural loss or normal loss 途耗或自然损耗险
- risk of failure to delivery 交货不到险
- import duty risk 进口关税险
- on deck risk 舱面险
- rejection risk 拒收险
- aflatoxin risk 黄曲霉素险
- fire risk extension clause, F.R.E.C.-for storage of cargo at destination Hongkong, including Kowloon, or Macao 出口货物到香港(包括九龙在内)或澳门存仓火险责任扩展条款
- overland transportation risks 陆运险
- overland transportation all risks 陆运一切险
- overland transportation cargo war risks-by train 陆上运输货物战争险(火车)
- air transportation risks 航空运输险
- air transportation all risks 航空运输一切险
- air transportation cargo war risk 航空运输货物战争险
- parcel post risks 邮包险
- parcel post all risks 邮包一切险
- parcel post war risks 邮包战争险

(2) 保险单及保险条款。

● marine insurance policy　海运保险单

● specific policy　单独保险单

● voyage policy　航程保险单

● time policy　期限保险单

● open policy　预约保险单

● ocean marine cargo clauses　海洋运输货物保险条款

● overland transportation insurance clauses (train, trucks)　陆上运输货物保险条款(火车、汽车)

● parcel post insurance clauses　邮包保险条款

● C.I.C.　中国保险条款

● I.C.C.　协会货物保险条款

● Marine insurance policies or certificates in negotiable form, for 110% full CIF invoice covering the risks of W.A. & War as per C.I.C dated 1/1/1981 with extended cover up to Kuala Lumpur with claims payable in (at) Kuala Lumpur in the currency of draft. 海运保险单或保险凭证,做成可转让形式,按照到岸价发票金额110%投保水渍险和战争险,按1981年1月1日中国保险条款办理,负责到吉隆坡为止,按汇票所使用的货币在吉隆坡赔付。

● Insurance policy or certificate, settling agent's name to be indicated, any additional premium to cover uplift between 10% and 17% may be drawn in excess of the credit value. 保险单或保险凭证,必须表明理赔代理人的名称,保险费如有10%至17%的增加,可在本证金额以外支付。

● covering overland transportation all risks as per overland transportation cargo insurance clauses (train, trucks) of the People's Insurance Company of China dated 1/1/1981. 按照中国人民保险公司1981年1月1日陆上运输货物保险条款(火车、汽车)投保陆上运输一切险。

● covering air transportation all risks as per air transportation cargo insurance clauses of P.I.C.C.　按照中国人民保险公司航空运输货物保险条款投保航空运输一切险

● Insurance policy or certificate covering parcel post all risks including war risks as per parcel post insurance clauses of the People's Insurance Company of China dated 1/1/1981.　保险单或保险凭证,按照中国人民保险公司1981年1月1日邮包保险条款投保邮包一切险和战争险。

● including W.A. & risk of fire for 60 days in customs warehouse after discharge of the goods at port of destination subject to CIC　按照中国保险条款投保水渍险和火险,在目的港卸货后存入海关仓库60天为止

● This insurance must be valid for a period of 60 days after arrival of merchandise at inland destination.　本保险扩展到货物到达内陆的目的地后60天内有效。

● Insurance policy or certificate blank endorsed covering ICC (A) including ICC War Clauses as per I.C.C. dated 1/1/1982. 保险单或保险凭证，空白背书，投保协会货物A险和战争险，按1982年1月1日伦敦保险业协会条款办理。

9. 原产地证明(Certificate of Origin)。

● certificate of origin issued by CCPIT 中国贸促会出具的原产地证明

● certificate of origin issued by Chamber of Commerce 商会出具的原产地证明

● certificate of origin issued by competent authority 权威机构出具的原产地证明

● certificate of origin issued by manufacturer 生产厂商出具的原产地证明

● Generalised System of Preferences Certificate of Origin Form A 普惠制格式A原产地证明

10. 装箱单与重量单(Packing List and Weight List)。

● packing list detailing the complete inner packing specification and contents of each package 装箱单，载明每件货物的内部包装规格和内容

● weight list/memo 重量单

● weight notes 磅码单(重量单)

● detailed weight list 明细重量单

● weight and measurement list 重量和尺码单

11. 检验证书(Inspection Certificate)。

● inspection certificate issued by China Entry-Exit Inspection and Quarantine Bureau 中国出入境检验检疫局签发的检验证明书

● certificate of weight 重量证明书

● fumigation certificate 熏蒸证明书

● sanitary certificate 卫生证书

● analysis certificate 分析(化验)证书

● tank inspection certificate 油仓检验证明书

● certificate of aflatoxin negative 黄曲霉素检验证书

12. 其他单据(Other Documents)。

● full set of forwarding agent's cargo receipt 全套货运代理出具的货物承运收据

● airway bill for goods consigned to ... quoting our credit number 以……为收货人并注明本证号码的航空运单

● parcel post receipt evidencing goods consigned to ... and quoting our credit number 以……为收货人并注明本证号码的邮包收据

13. 装运条款(The Stipulation for Shipping Terms)。

(1) 装运港与目的港。

● port of loading 装运港

● port of dispatch 启运港

● port of discharge 卸货港

● port of destination 目的港

● shipment from Chinese port to ... 从中国港口发送/装运往……

● from Shanghai to Genova via Hongkong 从上海经香港转运至热那亚

● evidencing shipment from China to ... by steamer in transit of Saudi Arabia 证明用轮船从中国经沙特阿拉伯装运至……

(2) 装运期。

● Bills of lading must be dated not later than August 15, 2005. 提单日期不得迟于2005年8月15日。

● Shipment must be effected not later than July 30, 2005. 货物不得迟于2005年7月30日装运。

● latest shipment date 最迟装运日

● evidencing shipment/dispatch on or before ... 证明货物在某年某月某日或在该日以前装运/发送

(3) 分批装运与转运。

● partial shipments are (not) permitted (不)允许分批装运

● partial shipments allowed (prohibited) 准许(禁止)分批装运

● without transshipment 不允许转运

● transshipment at Hongkong allowed 允许在香港转船

14. 到期日和到期地点(Date & Place of Expiry)。

● valid in ... for negotiation until ... 在……议付至……止

● Draft(s) must be presented to the negotiating(or drawee) bank not later than ... 汇票不得迟于……交议付行(受票行)。

● expiry date for presentation of documents 交单到期日

● Draft(s) must be negotiated not later than ... 汇票必须不迟于……议付。

● This L/C is valid for negotiation in China until 15th July 2005. 本证于2005年7月15日止在中国议付有效。

● Bills of exchange must be negotiated within 15 days from the date of bills of lading but not later than August 8, 2005. 汇票必须在提单日起15天内议付,但不得迟于2005年8月8日。

● This credit remains valid in China until 23rd May, 2005(inclusive). 本证到2005年5月23日为止(包括当日在内)在中国有效。

● Expiry date and place: August 15, 2005 in country of beneficiary 到期日:2005年8月15日,到期地点:在受益人所在国

● Draft(s) drawn under this credit must be negotiated in China on or before August 12, 2005 after which date this credit expires. 依据本证开具的汇票必须在2005年8月12

日或该日以前在中国议付，该日以后本证到期。

● Negotiation must be on or before the 15th day of shipment.　自装船日起 15 天或之前议付。

● This credit shall remain in force until 15th August 2005 in China.　本证到 2005 年 8 月 15 日为止在中国有效。

● documents to be presented to negotiation bank within 15 days after shipment　单据需在装船后 15 天内提交议付行

● Documents must be presented for negotiation within ... days after the on board date of bill of lading/after the date of issuance of forwarding agents' cargo receipts.　单据需在提单装船日后/货运代理签发货物承运收据日后……天内提示议付。

15. 开证行付款保证(The Guarantee of the Opening Bank)。

● We hereby engage with you that all drafts drawn under and in compliance with the terms of this credit will be duly honored.　我行保证及时对所有根据本信用证开具、并与其条款相符的汇票兑付。

● We undertake that drafts drawn and presented in conformity with the terms of this credit will be duly honoured.　如开具并提交的汇票与本证条款相符，我行保证依时付款。

● We hereby engage with the drawers, endorsers and bona-fide holders of draft(s) drawn under and in compliance with the terms of the credit that such draft(s) shall be duly honoured on due presentation and delivery of documents as specified (if drawn and negotiated within the validity date of this credit).　凡根据本证开具、与本证条款相符的汇票，并能按时提示和交付本证规定的单据，我行保证对出票人、背书人和善意持有人承担付款责任(必须在本证有效期内开具汇票并议付)。

● Provided such drafts are drawn and presented in accordance with the terms of this credit, we hereby engage with the drawers, endorsers and bona-fide holders that the said drafts shall be duly honoured on presentation.　凡根据本证的条款开具并提示汇票，我行担保对其出票人、背书人和善意持有人在提示时承兑付款。

16. 特别条款(Special Conditions)。

● For special instructions please see overleaf.　特别事项请看背面。

● If the terms and conditions of this credit are not acceptable to you please contact the openers for necessary amendments.　如你方不接受本证条款，请与开证申请人联系以做必要修改。

● At the time of negotiation you will be paid the draft amount less 5% due to ...　鉴于……原因，议付时你方将从汇票金额中扣除 5%(注：这种条款是开证行对议付行的指示)

● Beneficiary's drafts are to be made out for 95% of invoice value, being 5% commission payable to the applicant.　受益人的汇票按发票金额的 95%开具，5%作为佣金付给开证申请人。

● Drafts to be drawn for full CIF value less 5% commission, invoice to show full CIF value. 汇票按 CIF 总金额扣除 5%开具，发票必须表明 CIF 总金额。

● 5% commission to be remitted to credit openers by way of bank drafts in sterling pounds drawn on ... This commission is not to be showed on the invoice. 5%佣金用英镑开成以……为付款人的银行汇票付给开证人，该佣金不得显示在发票上。

● All documents must be separated. 各种单据必须分开(即不接受联合单据)。

● Freight charges to be showed on bill of lading. 提单必须标明运费。

● Cable copy of shipping advice dispatched to the accountee immediately after shipment 装船后立即发送开证申请人的装船通知电报副本

● One copy of commercial invoice and packing list should be sent to the applicant 15 days before shipment. 商业发票和装箱单各一份必须在装船前 15 天寄给开证申请人。

● The beneficiary is to cable Mr. ABC stating L/C No., quantity shipped, name & ETA of vessel within 2 days after shipment, a copy of this cable must accompany the documents for negotiation. 受益人应在装船后 2 天内将信用证号码、装船数量、船名和预计到达日期电告 ABC 先生，该电报的副本必须随同其他单据一并提交议付。

● All documents except bills of exchange and B/L to be made out in name of A.B.C. Co. and which name is to be shown in B/L as joint notifying party with the applicant. 除汇票和提单外，所有其他单据均需做成以 A.B.C.公司为抬头，并将该公司和开证申请人一起作为提单的通知人。

● Amount of credit and quantity of merchandise 10% more or less are acceptable. 信用证金额与货物数量允许增减 10%。

● All banking charges outside Hongkong are for account of accountee. 香港以外的全部银行费用由开证申请人负担。

● Drawee Bank's charges and acceptance commission are for buyer's account. 付款行的费用和承兑费用由买方负担。

● This letter of credit is transferable in China only, in the event of a transfer, a letter from the first beneficiary must accompany the documents for negotiation. 本信用证仅在中国可转让，如实行转让，由第一受益人发出的书面证明必须连同单据一起议付。

● Letter of guarantee and discrepancies are not acceptable. 书面担保和不符单据均不接受。

17. 索偿文句(In Reimbursement)。

● The amount and date of negotiation of each draft must be endorsed on reverse hereof by the negotiation bank. 每张汇票的议付金额和日期必须由议付行在本证背面签注。

● This copy of credit is for your own file, please deliver the attached original to the beneficiaries. 本证副本供你行存档，请将随附的正本递交给受益人。

● without your confirmation thereon (本证)无需你行保兑

● All documents made out in English must be sent to our bank in one lot. 用英文缮制所有单据,并必须一次性寄交我行。

● Documents must be sent by consecutive airmails. 单据必须分批连续航空邮寄。(注:即不要将数套单据同一航次寄出)

● All original documents are to be forwarded to us by air mail and duplicate documents by sea-mail. 全部正本单据必须用航空邮寄,副本用平邮寄交我行。

● In reimbursement, we shall authorize your Beijing Head Office to debit our Head Office RMB account with them, upon receipt of relative documents. 偿付办法,我行收到有关单据后,将授权你北京总行借记我总行在该行开立的人民币账户。

● In reimbursement draw your own sight drafts in sterling pound on ABC Bank and forward them to our London Office, accompanied by your certificate that all terms of this letter of credit have been complied with. 偿付办法,由你行开出英镑即期汇票向ABC银行支取,在寄送汇票给我行伦敦分行时,应随附你行证明,声明本证的全部条款均已遵照履行。

● After negotiation, you may reimburse yourselves by debiting our RMB account with you and please forward all relative documents in one lot to us by airmail. 议付后请借记我行在你行开立的人民币账户,并将全部相关单据用航邮一次性寄给我行。

● All bank charges outside U.K. are for our principals account, but must claimed at the time of presentation of documents. 在英国境外发生的所有银行费用,应由开证申请人负担,但必须在提交单据时索取。

● Negotiating bank may claim reimbursement by T.T. on the ABC Bank certifying that the credit terms have been complied with. 议付行必须证明本信用证条款均已遵照履行,并按电汇条款向ABC银行索偿。

18.《跟单信用证统一惯例》文句。

● Uniform Customs and Practice for Documentary Credits 跟单信用证统一惯例

● International Chamber of Commerce Publish No.500 国际商会第500号出版物

● 1993 revision 1993年修订本

● except as otherwise stated herein 除本证另有规定外

● except so far as otherwise expressly stated 除非另有明确表示

● This credit is subject to ... 本证根据……解释。

SWIFT

1. SWIFT介绍。

SWIFT是Society for Worldwide Interbank Financial Telecommunication(环球同业银行金融电讯协会)的简称。它是一个国际银行同业间非盈利性的国际合作组织,其总部设在比利时的布鲁塞尔。该组织成立于1973年5月,由北美和西欧5个国家的239家银行发起,董事会为最高权力机构。

SWIFT 专门从事传递各国之间的非公开性的国际金融电讯业务，其中包括外汇买卖、证券交易、开立信用证、办理信用证项下的汇票业务及托收等，同时还承担国际间账务清算及银行间的资金调拨等业务。目前，SWIFT 在全世界拥有会员国 200 多个，会员银行近 8000 家，其环球计算机数据通讯网在荷兰的阿姆斯特丹和美国的纽约设有运行中心，在各会员国设有地区处理站，为 SWIFT 会员提供安全、可靠、快捷、标准化、自动化的通讯服务。

2. SWIFT 特点。

(1) SWIFT 需要会员资格。我国的大多数专业银行都是其成员。

(2) SWIFT 的费用较低。同样多的内容，SWIFT 的费用只有 TELEX(电传)的 18%左右，只有 CABLE(电报)的 2.5%左右。

(3) SWIFT 的安全性较高。SWIFT 的密押比电传的密押可靠性强、保密性高，并且具有较高的自动化。

(4) SWIFT 的格式具有标准化。对于 SWIFT 电文，SWIFT 组织有着统一的要求和格式。

3. SWIFT 电文表示方式。

由于 SWIFT 电讯是计算机通讯的一种方式，同时又必须方便银行计算机系统自动处理有关业务，所以 SWIFT 电文的表示方法与常规写法有别。举例说明如下：

(1) 货币的表示方法。

澳大利亚元：AUD　　奥地利元：ATS　　比利时法郎：BEF
加拿大元：CAD　　人民币元：CNY　　丹麦克朗：DKK
德国马克：DEM　　荷兰盾：NLG　　芬兰马克：FIM
法国法郎：FRF　　港元：HKD　　意大利里拉：ITL
日元：JPY　　挪威克朗：NOK　　英镑：GBP
瑞典克朗：SEK　　美元：USD　　欧元：EUR

(2) 日期的表示方法。

SWIFT 电文的日期表示为：YYMMDD(年月日)。例如：1999 年 5 月 12 日，表示为：990512；2002 年 3 月 15 日，表示为：020315；2005 年 12 月 9 日，表示为：051209。

(3) 数字的表示方法。

在 SWIFT 电文中，数字不使用分格号，小数点用逗号“,”来表示。例如，5,152,286.36 表示为 5152286，36；4/5 表示为 0，8；5%表示为 5 PERCENT。

SWIFT 信用证及其基本内容

国际上各银行开具的信用证没有统一的格式，但无论是以什么方式开具的信用证，其遵循的基本原则和基本内容都是一致的。在出现了 SWIFT 组织以后，信用证的形式和条款渐趋规范，并在实务中为大多数国家的银行所遵循。

SWIFT 信用证是指凡通过 SWIFT 系统开立或予以通知的信用证。在国际贸易结算中，SWIFT 信用证是正式的、合法的，被信用证各当事人所接受的、国际通用的信用证。采用 SWIFT 信用证必须遵守 SWIFT 的规定，也必须使用 SWIFT 手册规定的代号（Tag），而且信用证必须遵循国际商会 1993 年修订的《跟单信用证统一惯例》各项条款的规定。在 SWIFT 信用证中可省去开证行的承诺条款（Undertaking Clause），但不因此免除银行所应承担的义务。SWIFT 信用证的特点是快速、准确、简明、可靠。

SWIFT 报文（Text）由一些项目（Field）组成，每一种报文格式（Message Type, MT）规定了由哪些项目组成，每一个项目又严格规定由多少字母、多少数字或多少字符组成。这些规定的表示方法及含义如下：

n：只表示数字；

a：只表示字母；

Q：表示数字或字母；

x：表示 SWIFT 电讯中允许出现的任何一个字符（包括 10 个数字、26 个字母、有关标点符号、空格键、回车键和跳行键）；

*：行数。

例如，2n 表示最多填入 2 位数字；3a 表示最多填入 3 个字母；4 * 35x 表示所填入的内容最多 4 行，每行最多 35 个字符。

在一份 SWIFT 报文中，有些规定项目是必不可少的，称为必选项目（Mandatory Field, M）；有些规定项目可以由操作员根据业务需要确定是否选用，这些项目称为可选项目（Optional Field, O）。

项目代号（Tag）由 2 位数字或 2 位数字加一个小写字母后缀组成，该小写字母后缀在某一份报文中必须由某一个规定的大写字母替换。带上不同的大写字母后缀，其含义和用法也就不一样。

MT700/701 是由开证行发送给通知行，用来列明发报行（开证行）开立的跟单信用证条款的报文格式。当跟单信用证内容超过 MT700 报文格式的容量时，可以使用几个（最多三个）MT701 报文格式传送有关跟单信用证条款。

MT700 的基本栏目如下表所示：

MT700 ISSUE OF A DOCUMENTARY CREDIT

M/O	Tag	Field Name	Content/Options
M	27	Sequence of Total	1n/1n
M	40A	Form of Documentary Credit	24x
M	20	Documentary Credit Number	16x
O	23	Reference to Pre-Advice	16x
O	31C	Date of Issue	6n
M	31D	Date and Place of Expiry	6n29x
O	51a	Applicant Bank	A or D
M	50	Applicant	4 * 35x

（续表）

M/O	Tag	Field Name	Content/Options
M	59	Beneficiary	[/34] 4 * 35x
M	32B	Currency Code, Amount	3a15n
O	39A	Percentage Credit Amount Tolerance	2n/2n
O	39B	Maximum Credit Amount	13x
O	39C	Additional Amounts Covered	4 * 35x
M	41a	Available with ... by ...	A or D
O	42C	Draft at ...	3 * 35x
O	42a	Drawee	A or D
O	42M	Mixed Payment Details	4 * 35x
O	42P	Deferred Payment Details	4 * 35x
O	43P	Partial Shipments	1 * 35x
O	43T	Transshipment	1 * 35x
O	44A	Loading on Board / Dispatch / Taking in Charge at / from	1 * 65x
O	44B	For Transportation to ...	1 * 65x
O	44C	Latest Date of Shipment	6n
O	44D	Shipment Period	6 * 65x
O	45A	Description of Goods and / or Services	100 * 65x
O	46A	Documents Required	100 * 65x
O	47A	Additional Conditions	100 * 65x
O	71B	Charges	6 * 35x
O	48	Period for Presentation	4 * 35x
M	49	Confirmation Instructions	7x
O	53a	Reimbursement Bank	A or D
O	78	Instruction to the Paying / Accepting / Negotiating Bank	12 * 65x
O	57a	"Advise Through" Bank	A, B or D
O	72	Sender to Receiver Information	6 * 35x

27:报文页次。

如果该跟单信用证条款能够全部容纳在该 MT700 报文中，那么该项目内就填入“1/1”。如果该证由一份 MT700 报文和一份 MT701 报文组成，那么在 MT700 报文的项目“27”中填入“1/2”，在 MT701 报文的项目“27”中填入“2/2”。以此类推。

40A:跟单信用证形式。

该项目内容有以下六种填法：

- IRREVOCABLE　不可撤销跟单信用证
- REVOCABLE　可撤销跟单信用证
- IRREVOCABLE TRANSFERABLE　不可撤销可转让跟单信用证
- REVOCABLE TRANSFERABLE　可撤销可转让跟单信用证
- IRREVOCABLE STANDBY　不可撤销备用信用证
- REVOCABLE STANDBY　可撤销备用信用证

如果为转让信用证，则详细的转让条款应在项目“47a”中列明。

20：跟单信用证号码。

23：预先通知编号。

如果采用此格式开立的信用证已被预先通知，此项目内应填入“PREADV/”，后跟预先通知的编号或日期。

31C：开证日期。

该项目列明开证行开立跟单信用证的日期。如果报文无此项目，那么开证日期就是该报文的发送日期。

31D：到期日及到期地点。

该项目列明跟单信用证最迟交单日期和交单地点。

51a：开证申请人的银行。

如果开证行和开证申请人的银行不是同一家银行，则使用该项目列明开证申请人的银行。

50：开证申请人。

59：受益人。

32B：跟单信用证的货币及金额。

39A：信用证金额浮动允许范围。

该项目列明信用证金额上下浮动的最大允许范围，用百分比表示，如用“10/10”来表示允许上下浮动各不超过10%。（注：39A与39B不能同时出现）

39B：信用证金额最高限额。

该项目填写“UP TO”、“MAXIMUM”或“NOT EXCEEDING”(后跟金额)，表示跟单信用证金额的最高限额。(注:39B 与 39A 不能同时出现)

39C:附加金额。

该项目列明信用证所涉及的附加金额，诸如保险费、运费、利息等。

41a:指定的有关银行及信用证兑付方式。

该项目列明被授权对该证进行付款、承兑或议付的银行及该信用证的兑付方式。

(1) 银行的表示方法。

当该项目代号为“41A”时，用 SWIFT 名址码表示银行。

当该项目代号为“41D”时，用行名地址表示银行。

如果信用证为自由议付信用证，该项目代号应为“41D”，并用“ANY BANK IN ...(地名/国名)”指定银行。如果该信用证为自由议付信用证，而且对议付地点也无限制时，该项目代号仍应为“41D”，用“ANY BANK”指定银行。

(2) 兑付方式的表示方法。

- BY PAYMENT　　即期付款
- BY ACCEPTANCE　　承兑
- BY NEGOTIATION　　议付
- BY DEF PAYMENT　　延期付款
- BY MIXED PYMT　　混合付款

如果该证系延期付款信用证，有关付款的详细条款应在项目“42P”中列明。如果该证系混合付款信用证，有关付款的详细条款将在项目“42M”中列明。

42C:汇票付款期限。

该项目列明跟单信用证项下汇票的付款期限。

42a:汇票付款人。

该项目列明跟单信用证项下汇票的付款人，必须与 42C 同时出现。该项目内不能出现账号。

42M:混合付款条款。

该项目列明混合付款跟单信用证项下付款日期、金额及其确定的方式。

42P:延期付款条款。

该项目列明延期付款跟单信用证项下的付款日期及其确定的方式。

43P:分批装运条款。

该项目列明跟单信用证项下分批装运是否允许。

43T:转运条款。

该项目列明跟单信用证项下货物转运是否允许。

44A:装船、发运和接受监管的地点。

44B:货物发送最终目的地。

44C:最迟装运日期。

该项目列明最迟装船、发运和接受监管的日期。(注:44C与44D不能同时出现)

44D:装运期。

该项目列明装船、发运和接受监管的期间。(注:44C与44D不能同时出现)

45a:货物/劳务描述。

价格条款,如FOB、CIF等,可列在该项目中。

46a:单据要求。

如果信用证规定运输单据的最迟出单日期,该条款应和有关单据的要求一起在该项目中列明。

47a:附加条款。

该项目列明信用证的附加条款。

注意:当一份信用证由一份MT700报文和一至三份MT701报文组成时,项目"45a"、"46a"和"47a"的内容只能完整地出现在某一份报文中,即在MT700或某一份MT701中,不能被分割成几个部分分别出现在几个报文中。

在MT700报文中,"45a"、"46a"、"47a"三个项目的代号分别为"45A"、"46A"和"47A"。在MT701报文中,这三个项目的代号分别为"45B"、"46B"、"47B"。

71B:费用负担。

出现该项目即表示费用由受益人负担。若报文无此项目,则表示除议付费、转让费外,其他费用均由开证申请人负担。

48:交单期限。

该项目列明在开立运输单据后多少天内交单。若报文未使用该项目,则表示在开立运输单据后21天内交单。

49:保兑指示。

该项目列明给收报行的保兑指示。该项目内容有:

- CONFIRM　　要求收报行保兑该信用证
- MAY ADD　　收报行可以对该信用证加具保兑
- WITHOUT　　不要求收报行保兑该信用证

53a:偿付行。

该项目列明被开证行授权偿付跟单信用证金额的银行。该偿付行可以是发报行的分行,或收报行的分行,也可以是完全不相关的另一家银行。

78:给付款行、承兑行或议付行的指示。

57a:通知行。

如果该信用证需通过收报行以外的另一家银行转递、通知或加具保兑后给受益人,则在该项目内填写该银行。

72:附言。

该项目可能出现的代码有:

/PHONBEN/:请用电话通知受益人(后跟电话号码)。

/TELEBEN/:请用快捷有效的电讯方式通知受益人,包括SWIFT、传真、电报、电传等。

MT701的基本栏目如下表所示:

MT701 ISSUE OF A DOCUMENTARY CREDIT

M/O	Tag	Field Name	Content/Options
M	27	Sequence of Total	1n/1n
M	20	Documentary Credit Number	16x
O	45B	Description of Goods and/or Services	100 * 65x
O	46B	Documents Required	100 * 65x
O	47B	Additional Conditions	100 * 65x

27:报文页次。

20:跟单信用证号码。

45B:货物/劳务描述。

46B:单据要求。

47B:附加条款。

SWIFT 信用证修改及其内容

SWIFT 跟单信用证的修改采用 MT707 报文格式,可由开证行发送给一家通知行,也可以由一家通知行发送给另一家通知行或由转让行发送给一家通知行,用来通知收报行有关由发报行或第三家银行开立的跟单信用证条款的修改内容。该修改应被视为跟单信用证的一部分,除非该 MT707 报文只用来载明修改的简要内容(其详细内容随后发送)。

MT707 ISSUE OF A DOCUMENTARY CREDIT

M/O	Tag	Field Name	Content/Options
M	20	Sender's Reference	16x
M	21	Receiver's Reference	16x
O	23	Issuing Bank's Reference	16x
O	52a	Issuing Bank	A or D
O	31C	Date of Issue	6n
O	30	Date of Amendment	6n
O	26E	Number of Amendment	2n
M	59	Beneficiary (before this amendment)	[/34x] 4 * 35x
O	31E	New Date of Expiry	6n
O	32B	Increase of Documentary Credit Amount	3a15number
O	33B	Decrease of Documentary Credit Amount	3a15number
O	34B	New Documentary Credit Amount After Amendment	3a15number
O	39A	Percentage Credit Amount Tolerance	2n/2n
O	39B	Maximum Credit Amount	13x
O	39C	Additional Amounts Covered	4 * 35x
O	44A	Loading on Board / Dispatch / Taking in Charge at/from	1 * 65x
O	44B	For Transportation to ...	1 * 65
O	44C	Latest Date of Shipment	6n
O	44D	Shipment Period	6 * 65x
O	79	Narrative	35 * 50x
O	72	Sender to Receiver Information	6 * 35x

20:发报行的编号。

21:收报行的编号。

如果发报行不知道收报行的业务编号,可在该项目内填入"NONREF"。

23:开证行的编号。

如果该 MT707 报文是由开证行以外的银行(即通知行)发送的,则使用该项目列明开证行的跟单信用证号码。

52a:开证行。

如果发报行不是开证行,则使用该项目列明开证行。

31C:开证日期。

该项目列明原跟单信用证开立的日期,即开证行开立信用证的日期。

30:修改日期。

该项目列明开证行修改信用证的日期。如果报文未使用该项目,则修改日期即为该 MT707 报文的发送日期。

26E:修改次数。

该项目列明修改的次数。不论前几次修改是以何种形式发送,该数字是依次排列的最后数字。

59:受益人(在本修改前的)。

该项目列明在该修改之前跟单信用证的受益人。该项目的出现并不意味着修改受益人。如果该报文修改受益人,则其修改内容,即新的受益人名称,应在项目"79"中列明。

31E:修改后的到期日。

该项目列明该跟单信用证经修改后的最后的交单日期。

32B:跟单信用证的增额。

33B:跟单信用证的减额。

34B:修改后的跟单信用证金额。

39A:修改后的信用证金额的浮动允许范围。

如果信用证金额浮动的上下限被修改,则在该项目列明新的跟单信用证金额的新的浮动范围,用百分比表示,如用"05/05"表示允许上下浮动各不超过 5%。(注:39A 与 39B 不能同时出现)

39B:修改后的信用证金额的最高限额。

该项目用“UP TO”、“MAXIMUM”或“NOT EXCEEDING”(后跟金额)表示新的跟单信用证金额的最高限额。(注:39B与39A不能同时出现)

39C:附加金额。

该项目列明对信用证所涉及的附加金额(如保险费、运费、利息等)的修改。

44A:对装船、发运和接受监管地点的修改。

44B:对货物发运最终目的地的修改。

44C:对最迟装运期的修改。

该项目列明对最迟装船、发运和接受监管日期的修改。(注:44C与44D不能同时出现)

44D:对装运期的修改。

该项目列明对装船、发运和接受监管期限的修改。(注:44D与44C不能同时出现)

79:修改详述。

72:附言。

该项目可能出现的代码有:

/BENCON/　要求收报行通知发报行关于受益人是否接受该信用证的修改。

/PHONBEN/　请电话通知受益人(代码后跟受益人的电话号码)。

/TELEBEN/　请用快捷有效的电讯方式通知受益人,包括SWIFT、传真、电报、电传等。

信用证的审核要点

1. 检查信用证的付款保证是否有效。

如出现下述任何一种情况,则说明该付款保证不是有效的或存在缺陷。

(1) 信用证明确表示是可撤销信用证。可撤销信用证在不通知受益人或未经受益人同意的情况下,可以随时撤销或变更,这对受益人而言是没有付款保证的,因此对于此类信用证受益人一般不予接受。信用证中如果没有表明该信用证是否可以撤销,则按照UCP500的规定,应理解为不可撤销。

(2) 应该保兑的信用证未按要求由有关银行进行保兑。

(3) 信用证未生效。

(4) 对生效有限制条件的信用证,如“待获得进口许可证后生效”。

(5) 信用证密押不符。

(6) 信用证为简电或预先通知形式。

(7) 由开证人提供的开证申请书。

(8) 由开证申请人直接寄送的信用证。

2. 检查信用证的付款时间是否与合同的规定相一致。

(1) 如果信用证中规定有关款项必须在向银行交单后若干天内或见票后若干天内付款,那么需要核对此类付款时间是否符合合同的规定。

(2) 信用证规定在国外到期。这意味着有关单据必须寄送国外。由于受益人无法掌握单据到达国外银行所需的时间,容易造成延误或丢失,有相当的风险,因此通常受益人应要求在国内交单、到期。如果确实来不及修改,则必须要求寄单行提前一个邮程(邮程的长短应根据地区远近而定),以最快的方式寄送单据。

(3) 信用证中的最迟装运日和到期日是同一天。这就是通常所说的"双到期"。在此情况下,受益人不可能在信用证规定的最迟装运日进行装运,而必须将装运期提前一定的时间(一般在到期日前的10—15天),以便腾出合理充分的时间来制单结汇。因此,受益人应比照合同的装运条款,并结合实际情况考虑是否可以接受,否则,应要求修改到期日。

3. 检查信用证受益人和开证申请人的名称和地址是否完整正确。

受益人应特别注意信用证中的受益人名称和地址是否与其印就的文件上的名称和地址相一致,以及买方的公司名称和地址写法是否完全正确。如果不正确,则会给今后的收汇带来不便。

4. 检查装运的有关规定是否符合要求。

(1) 能否在信用证规定的装期内备妥有关货物并按期出运。如果到证时间与装运期太近,无法如期装运,就应及时与开证申请人联系修改。逾期装运的运输单据将构成单证不符,银行有权不付款。

(2) 如果信用证中规定了分批出运的时间和数量,应注意能否悉数办到,否则,如果任何一批未能按期出运,以后各期即告失效。

5. 检查能否在信用证规定的交单期内提交单据。

交单期通常按下列原则处理:

(1) 信用证有规定的,应按信用证规定的交单期向银行交单。

(2) 信用证没有规定的,向银行交单的日期不得迟于运输单据出具日后21天。

应充分考虑办理下列事宜对交单期的影响:

(1) 生产及包装所需的时间。

(2) 内陆运输或集港运输所需的时间。

(3) 进行必要的检验(如法定商检或客检)所需的时间。

(4) 申领检验证明书,如SGS验货报告、OMIC LETTER或其他验货报告(如客检证)等所需的时间。

(5) 申领出口许可证 / 原产地证明所需的时间(如果需要)。

(6) 报关查验所需的时间。

(7) 船期安排所需的时间。

(8) 到商会和/或领事馆办理认证或出具有关证明所需的时间(如果需要)。

(9) 制造、整理、审核信用证规定的文件所需的时间。

(10) 单据送交银行所需的时间,包括单据送交银行后经审核发现有误退回更正的时间。

6. 检查信用证内容是否完整。

如果信用证是以电传或电报拍发给了通知行,即"电讯送达",那么应核实电文内容是否完整。如果电文无另外注明,并写明是遵循国际商会第500号出版物(UCP500),即《跟单信用证统一惯例》1993年修订本,那么该电文是可以被当作有效的信用证执行。

7. 检查信用证的通知方式是否安全、可靠。

信用证一般是通过受益人所在国家或地区的通知/保兑行通知给受益人的,采用这种方式通知的信用证比较安全,因为根据UCP500的有关规定,通知行应对其所通知的信用证的真实性负责。如果发生下述情况则需特别注意,应该首先通过银行调查核实:

(1) 信用证是直接从海外寄来的。

(2) 信用证从本地某个地址寄来,要求把货运单据寄往海外,而受益人并不了解指定的那家银行。

8. 检查信用证的金额、币别是否符合合同规定。

(1) 信用证的金额是否与事先协商的相一致。

(2) 信用证中的单价与总值是否准确,大小写是否一致。

(3) 如果合同规定数量上允许有一定的伸缩幅度,那么信用证应允许支付金额有相应的增减幅度。如信用证在金额前使用了"About"(大约)一词,则意味着允许金额有10%的增减。

(4) 检查币别是否正确。如合同中规定使用英镑结算,但信用证中使用的是美元,就应要求修改。

9. 检查信用证中的数量是否与合同规定相一致。

(1) 除非信用证规定数量不得有增减,那么在支付金额不超过信用证金额的情况下,货物数量可以允许有5%的增减。

(2) 以上提到的货物数量的增减规定仅适用于大宗散装货物,对于以包装单位或以个体为计算单位的货物不适用。例如,信用证中的货物描述为"5000 PCS 100% COTTON SHIRTS"(5000件全棉衬衫),由于数量单位是"PC"(件),则在实际交货时只能是5000件,而不允许有5%的增减。

10. 检查价格条款是否符合合同规定。

不同的价格条款将会涉及具体的费用(如运费、保险费)由谁承担。例如,合同中规定FOB SHANGHAI AT USD50.00/PC,根据此价格条款有关的运费和保险费应由买方(即开证申请人)承担,但如果信用证中的价格条款显示为CIF NEW YORK AT USD50.00/PC,则应要求修改,否则受益人就将承担有关的运费和保险费。

11. 检查货物是否允许分批出运。

如果信用证中没有明确规定,应理解为货物是允许分批装运的。如果信用证中还规定了每一批货物出运的确切时间,则必须按此办理;如无法做到,则应立即要求修改。

12. 检查货物是否允许转运。

除非信用证另有规定,货物是允许转运的。

13. 检查有关的费用条款。

(1) 信用证中规定的有关费用(如运费或检验费等)应事先协商一致,否则,对于额外的费用,受益人原则上不应承担。

(2) 银行费用如事先未商定,应以双方共同承担为宜,一般受益人将承担开证国以外发生的银行费用。

14. 检查信用证规定的文件能否及时提供。

(1) 一些需要认证的单据,特别是使馆认证等,能否及时办理和提供。

(2) 由其他机构或部门出具的有关文件,如出口许可证、运费收据、检验证明等,能否及时提供。

(3) 信用证中指定船龄、船籍、船公司或不准在某港口转船等条款能否办到。

15. 检查信用证中有无影响收款的软条款。

(1) 1/3 正本提单直接寄送客户的条款。如果接受此条款,若信用证项下付款不成功,受益人将面临货、款两空的风险。

(2) 将客户检验证书作为提交单据的条款。如果接受此条款,将影响受益人正常处理信用证业务的主动权;若客户不出具或拖延出具该证书,受益人将无法安全收汇。

16. 检查信用证中有无矛盾之处。

例如,航空运输,但要求提供海运提单;价格条款是 FOB,但要求提供保险单;价格条款是 CFR,但要求提单上显示"运费到付"。

17. 检查有关信用证是否受 UCP500 的约束。

信用证中应明确规定该证受 UCP500 的约束,以避免因对某一规定的不同理解产生的争议。如果信用证以 SWIFT 方式开立,即表示该证遵循 UCP500。

申请开立信用证

在以信用证方式支付的进口货物交易中,开立信用证是履行进口合同的第一步,也是进口商的一项重要履约操作,因为按合同规定及时申请开立信用证是买方的一项重要合同义务。申请开立信用证前进口商需要完成以下工作:

1. 对出口商进行信用调查。

信用证业务是典型的单据交易,银行仅凭单据(不管交易实际)决定付汇与否。因此,单据内容是否与货物实际情况一致,很大程度上取决于出口商的信用和诚意。对于不熟悉的出口商,进口方应事先通过银行等金融机构的贸易资信部或信托咨询公司、征信所等渠道调查有关企业的品行、经营能力、资金状况等信息,取得资信报告和财务状况报告。当然,进口商也可以通过政府驻外经济商务机构、企业驻外分支机构调查,调查内容包括客户在银行开户时间长短、账户往来情况、拒付记录、抵押贷款记录及授信额度、客户运作体系的具体情况等。

2. 选定货物检验机构。

如果货物发运前需经指定的机构或代理人检验，进口方应在开证前联系好该机构或代理人，以便在信用证中规定由其出具检验报告，并酌情对检验报告的内容做出必要的规定。

3. 对合同进行备忘登记。

进口方收到会签合同后应将有关交易内容予以登记，以便与日后信用证交易相衔接，同时要落实应付外汇，特别是需要进口配额或进口许可证的货物，应在获得配额或许可证后再去银行申请开证。

4. 缴足开证保证金或取得授信额度。

进口商通常向自己的往来银行申请开立信用证。对开证银行而言，一经开证，即替代进口商承担独立的第一付款责任。一般来说，开证银行会审查申请人的资信，为其确定一个开证授信额度，开证时则根据信用证金额逐笔减少其开证授信额度，而不再收取保证金。在多数情况下，银行都会要求客户签订抵押协议或在信用证开证申请书背面条款中包括此类条文，或者对提单收货人的填制方式作出相应的规定，例如以“To order of shipper blank endorsed”或“To order of the Issuing Bank”为抬头，以方便控制物权，降低风险。

5. 支付银行费用。

开证申请人应承担的费用有开证手续费(一般为开证金额的1.5‰)、邮电费、远期信用证项下的承兑费等，有些国家的开证申请人还需负担印花税。

填制开证申请书

开证申请书是申请人与开证行之间的书面契约，也是申请人对开证行的委托。进口方应根据银行的开证申请书格式填制开证申请书，一式三份，业务部门、财务部门各自留一份，其中一份连同保证金及银行保函等一并送交开证行。

开证申请书是银行开出信用证的依据。由于信用证与合同是相互独立的，原则上应将合同的主要条款列入申请书中。但合同项下的货物与信用证项下的单据彼此是分离的，银行将只依据单据的表面内容(而非商品的本质和单据的真实性)决定付汇与否，因此信用证对于保障出口商严格履行交易合同的作用是有限的，关键还是在于出口商的信誉。为方便银行审单，避免卷入商务合同纠纷，信用证中的有关条款，尤其是关于商品的规定应适当简化。为确保信用证内容与合同相符，申请人一般会将合同副本一并提交给银行以供参考和核对。

填制开证申请书，必须按合同条款的具体规定，写明对信用证的各项要求，内容要明确、完整，表述要准确、清楚。

开证申请书包括以下两部分内容：

1. 正面的内容。

(1) 申请日期；

(2) 申请人的名称及详细地址、联系电话等；

(3) 申请开证的总金额；

(4) 与申请书相关的合同号码；

(5) 受益人的名称及详细地址、联系电话等；

(6) 要求开出信用证采用何种方式(电开、信开等)；

(7) 信用证的性质(可撤销或不可撤销、是否可转让等)；

(8) 所需要的单据条款(包括单据的种类、份数、出具单据的机构等)；

(9) 对汇票的要求(汇票的付款期限、付款人、金额等)；

(10) 本合同项下的货物名称、规格、数量、单价、包装条件等；

(11) 对于装货期、交单期及到期日的要求；

(12) 对于装运地点、交单地点及到期地点的要求；

(13) 对于货物是否允许分批、是否允许转运的要求；

(14) 对于国外议付行费用的要求及解释；

(15) 其他特殊要求。

2. 背面的内容。

申请书的背面通常是申请人对开证行的声明，用来明确双方的责任和义务，主要内容有：

(1) 声明申请人同意按照有关国际惯例办理该信用证项下的一切事宜，并承担由此产生的一切责任；

(2) 声明委托银行开立信用证，并保证向银行按时支付货款、手续费、利息及一切费用；

(3) 明确收到单据后，申请人在若干个工作日内复审单据，并在规定期限内通知银行接受与否；

(4) 声明该信用证及其项下业务往来函电及单据，如因邮电或其他方式传递过程中发生遗失、延误、错漏等，银行一概不负责；

(5) 声明若信用证需要修改，应由申请人及时通知银行，并及时核对信用证副本或修改副本是否与原申请书相符；

(6) 声明如因申请书字迹不清或词义含混所引起的后果由申请人负责。

第五章　单据缮制与审核

【实例评析】

❶ 出口单据缮制

出口 ➲

上海宏亚进出口公司与迪拜客户达成一笔出口交易，约定以信用证方式结算。请根据该笔交易的出口货物信息和相关信用证，缮制全套议付单据。

出口货物信息

货 物 明 细

货　号	成交单价	成交数量	计量单位	包装种类	装箱方式	毛重(kgs)	净重(kgs)	长(cm)	宽(cm)	高(cm)
NTS-1281	US$21.40	300	DOZEN	CARTON	2	24	22	44	60	58
NTS-1201	US$24.35	200	DOZEN	CARTON	2	25	23	52	48	45
NTS-1231	US$12.10	460	DOZEN	CARTON	2	22	20	60	44	32
NTS-1401	US$15.10	360	DOZEN	CARTON	2	22	20	64	52	52

单 据 信 息

单据种类	汇　票	发　票	装箱单	提　单	保险单	商会产证	格式A产证	
单据号码	NTS0505	NTS0505		DDL478388		050829077		
申请日期						12-Jul-05		
签发日期	18-Jul-05	3-Jul-05		17-Jul-05		14-Jul-05		
提交份数	2	3	3	3		2		

其 他 信 息

合同编号	05-599-213	承运船名	DINGYUAN	H.S.CODE	96170010
合同日期	2005年5月20日	航次	V.380	运输标记	ARYA NTS0505
装运港	上海	装船日期	2005年7月17日		DUBAI NO.1-UP

بنك دبي الوطني
THE NATIONAL BANK OF DUBAI
Public Joint Stock Company شركة مساهمة عامة
ص.ب : ٧٧٧ دبي، ا.ع.م. تلكس : ٤٥٤٢١ ناشنال اي ام فاكس : ٢٨٣٠٠٠
P.O.Box 777 Dubai-U.A.E. Tlx: 45421 NATNAL EM - Facsimile 283000
SWIFT. NBDUAEAD

	DATE: 4TH JUNE 2005
	IRREVOCABLE DOCUMENTARY CREDIT — NO: 124553
	DATE AND PLACE OF EXPIRY: 3RD AUGUST 2005 CHINA
APPLICANT KAMLAR TRADING STORES, P.O.BOX 108, DUBAI.	**BENEFICIARY:** SHANGHAI HONGYA IMP. & EXP. CORP. ROOM 705E, 668, BEIJING (E) ROAD, SHANGHAI, CHINA.
ADVISING BANK: BANK OF CHINA, SHANGHAI BRANCH, 23 ZHONG SHAN ROAD (EAST 1), SHANGHAI 200002, CHINA.	**AMOUNT:** USD22, 292.00 C&F (US DOLLARS TWENTY TWO THOUSAND TWO HUNDRED NINETY TWO ONLY) ORIGIN OF GOODS: CHINA
PARTIAL SHIPMENTS: ALLOWED TRANSSHIPMENT : ALLOWED SHIPMENT FROM : CHINA TO: DUBAI LATEST ON: 19TH JULY 2005	CREDIT AVAILABLE BY NEGOTIATION WITH ANY BANK IN CHINA AGAINST PRESENTATION OF DOCUMENTS DETAILED HEREIN AND OF BENEFICIARY'S DRAFT(S) DRAWN AT: SIGHT ON: OURSELVES

SHIPPING MARKS: ARYA / NTS0505 / DUBAI / NO. 1-UP

COVERING SHIPMENT OF: "ARYA" BRAND VACUUM FLASKS. ALL OTHER DETAILS AS PER INDENT NO. SSTE05/149/CN-11 OF NAKOO SAUD TRADING EST., DUBAI.

- SIGNED COMMERCIAL INVOICE IN 3 FOLD CERTIFIED TO BE TRUE AND CORRECT STATING FULL NAME AND ADDRESS OF THE MANUFACTURERS.

- FULL SET OF CLEAN "ON BOARD" OCEAN BILLS OF LADING ISSUED BY A SHIPPING COMPANY MADE OUT TO THE ORDER OF SHIPPERS AND ENDORSED TO THE NATIONAL BANK OF DUBAI PJSC., DUBAI MARKED "FREIGHT PREPAID" AND NOTIFY APPLICANT.

- CERTIFICATE OF ORIGIN IN 2 FOLD ISSUED BY THE CHINA COUNCIL FOR THE PROMOTION OF INTERNATIONAL TRADE STATING FULL NAME AND ADDRESS OF THE MANUFACTURERS.

- PACKING LIST IN 3 FOLD.

- A CERTIFICATE FROM THE SHIPPING COMPANY OR THEIR AGENTS OR OWNER / MASTER OF VESSEL CERTIFYING THAT THE CARRYING VESSEL IS ALLOWED TO ENTER THE PORTS OF ARAB STATES.

- BENEFICIARY SHOULD ADVISE BY REGISTERED AIRMAIL SHIPMENT DETAILS SUCH AS OUR L/C NO., SHIPPING MARKS, NAME OF THE VESSEL, GOODS AND THE AMOUNT TO IRAN INSURANCE CO., P.O. BOX 2004, DUBAI QUOTING THEIR OPEN POLICY NO. OMP/0329/05 DATED 10.4.2005 AND A COPY OF SUCH ADVICE MUST ACCOMPANY THE ORIGINAL DOCUMENTS.

SPECIAL INSTRUCTIONS:

1 COMMISSION AT 1% OF C&F INVOICE VALUE TO BE DEDUCTED BY THE NEGOTIATING BANK FROM THE AMOUNT PAYABLE TO THE BENEFICIARY AT THE TIME OF NEGOTIATION FOR PAYMENT TO MR. D. K. C. ALI BEROOZ, DUBAI AND THE NEGOTIATING BANK'S RELATIVE COVERING SCHEDULE TO SO EVIDENCE AND THE REIMBURSEMENT SHOULD BE CLAIMED FOR THE NET AMOUNT.

2 SHIPMENT TO BE EFFECTED IN 40' HQ CONTAINER(S) AND BILLS OF LADING TO SO EVIDENCE.

DOCUMENTS TO BE PRESENTED WITHIN 21 DAYS AFTER THE DATE OF SHIPMENT BUT WITHIN THE VALIDITY OF THE CREDIT.

WE HEREBY ISSUE THIS DOCUMENTARY CREDIT AS DETAILED ABOVE. IT IS SUBJECT TO THE UNIFORM CUSTOMS AND PRACTICE FOR DOCUMENTARY CREDITS(1993 REVISION, INTERNATIONAL CHAMBER OF COMMERCE, PARIS, FRANCE, PUBLICATION NO.500) AND ENGAGES US IN ACCORDANCE WITH THE TERMS THEREOF.
THE NUMBER, THE DATE OF THE CREDIT AND THE NAME OF OUR BANK MUST BE QUOTED ON ALL DRAFTS.
ALL BANK CHARGES OUTSIDE UNITED ARAB EMIRATES AND THOSE OF THE REIMBURSING BANK ARE FOR APPLICANT'S ACCOUNT.
ALL DOCUMENTS TO BE DISPATCHED TO US IN TWO CONSECUTIVE SETS, THE ORIGINALS BY COURIER AND THE DUPLICATES BY AIRMAIL.
THE NEGOTIATING BANK IS AUTHORIZED TO CLAIM REIMBURSEMENT FROM THE NATIONAL BANK OF DUBAI PJSC, HEAD OFFICE, P.O.BOX 777, DUBAI BY AUTHENTICATED SWIFT (MT742)OR TESTED TELEX CONFIRMING THAT ALL TERMS AND CONDITIONS OF THE CREDIT HAVE BEEN COMPLIED WITH. EXCEPT OTHERWISE STATED, REIMBURSEMENT CLAIMS ARE SUBJECT TO THE UNIFORM RULES FOR BANK-TO-BANK REIMBURSEMENTS UNDER DOCUMENTARY CREDITS, ICC PUBLICATION NO.525.
PLEASE FORWARD THE ORIGINAL LETTER OF CREDIT TO THE BENEFICIARY RETAINING THE COPY FOR YOUR FILES.
PLEASE ACKNOWLEDGE RECEIPT.

FOR THE NATIONAL BANK OF DUBAI PJSC　印鉴核符(8)

AUTHORISED SIGNATORY　AUTHORISED SIGNATORY

THIS DOCUMENT CONSISTS OF 1 SIGNED PAGE(S)

解　答

BILL OF EXCHANGE

No. NTS0505

For US$22,292.00 (amount in figure)

Shanghai 18-Jul-2005 (place and date of issue)

At ****************** sight of this **FIRST** Bill of exchange (**SECOND** being unpaid)

pay to the Order of Bank of China, Shanghai Branch

the Sum of Say US Dollars Twenty Two Thousand Two Hundred and Ninety Two Only (amount in words)

Value received for 660 CARTONS (quantity) of "ARYA" BRAND VACUUM FLASKS (name of commodity)

Drawn under The National Bank of Dubai

L/C No. 124553 Dated 4-JUN-2005

To: The National Bank of Dubai
P.O. Box 777 Dubai - U.A.E.

For and on behalf of
Shanghai Hongya Imp. & Exp. Corp.

李少盛

(Authorized Signature)

BILL OF EXCHANGE

No. NTS0505

For US$22,292.00 (amount in figure)

Shanghai 18-Jul-2005 (place and date of issue)

At ****************** sight of this **SECOND** Bill of exchange (**FIRST** being unpaid)

pay to the Order of Bank of China, Shanghai Branch

the Sum of Say US Dollars Twenty Two Thousand Two Hundred and Ninety Two Only (amount in words)

Value received for 660 CARTONS (quantity) of "ARYA" BRAND VACUUM FLASKS (name of commodity)

Drawn under The National Bank of Dubai

L/C No. 124553 Dated 4-JUN-2005

To: The National Bank of Dubai
P.O. Box 777 Dubai - U.A.E.

For and on behalf of
Shanghai Hongya Imp. & Exp. Corp.

李少盛

(Authorized Signature)

COMMERCIAL INVOICE

1) SELLER	3) INVOICE NO.	4) INVOICE DATE
Shanghai Hongya Imp. & Exp. Corp. Room 705E, 668, Beijing(E) Road, Shanghai, China	NTS0505	3-Jul-05
	5) L/C NO. 124553	6) DATE 4-Jun-05
	7) ISSUED BY The National Bank of Dubai	
2) BUYER Kamlar Trading Stores, P.O.Box 108, Dubai	8) CONTRACT NO. 05-599-213	9) DATE 20-May-05
	10) FROM Shanghai	11) TO Dubai
	12) SHIPPED BY Dingyuan V.380	13)PRICE TERM C&F

14)MARKS	15)DESCRIPTION OF GOODS	16)QTY.	17)UNIT PRICE	18)AMOUNT
	"ARYA" BRAND VACUUM FLASKS ALL OTHER DETAILS AS PER INDENT NO.SSTE05/149/CN-11 OF NAKOO SAUD TRADING EST., DUBAI.			
ARYA	NTS-1281	300 Dozens	US$21.40	US$6,420.00
NTS0505	NTS-1201	200 Dozens	US$24.35	US$4,870.00
DUBAI	NTS-1231	460 Dozens	US$12.10	US$5,566.00
NO.1-660	NTS-1401	360 Dozens	US$15.10	US$5,436.00
			Total:	US$22,292.00

Total Amount in Words: Say US Dollars Twenty Two Thousand Two Hundred Ninety Two Only.

We hereby certify that the contents are true and correct.

Full Name and Address of the Manufacturers:
Shanghai Hongya Imp. & Exp. Corp.
Room 705E, 668, Beijing(E) Road,
Shanghai, China

19) ISSUED BY
Shanghai Hongya Imp. & Exp. Corp.

20) SIGNATURE
李少盛

提交份数：3份

PACKING LIST

1) SELLER	3) INVOICE NO.	4) INVOICE DATE
Shanghai Hongya Imp. & Exp. Corp. Room 705E, 668, Beijing(E) Road, Shanghai, China	NTS0505	3-Jul-05
	5) FROM Shanghai	6) TO Dubai
	7) TOTAL PACKAGES(IN WORDS) Say Six Hundred and Sixty Cartons Only	
2) BUYER Kamlar Trading Stores, P.O.Box 108, Dubai	8) MARKS & NOS. ARYA NTS0505 DUBAI NO. 1-660	

9) C/NOS.	10) NOS. & KINDS OF PKGS.	11) ITEM	12)QTY.	13) G.W.	14) N.W.	15) MEAS.
		"ARYA" BRAND VACUUM FLASKS				
1-150	150 Cartons	NTS-1281	300 Dozens	3600 kgs	3300 kgs	22.968m^3
151-250	100 Cartons	NTS-1201	200 Dozens	2500 kgs	2300 kgs	11.232m^3
251-480	230 Cartons	NTS-1231	460 Dozens	5060 kgs	4600 kgs	19.430m^3
481-660	180 Cartons	NTS-1401	360 Dozens	3960 kgs	3600 kgs	31.150m^3
Total:	**660 Cartons**		**1320 Dozens**	**15120 kgs**	**13800 kgs**	**84.780m^3**

16) ISSUED BY

Shanghai Hongya Imp. & Exp. Corp.

17) SIGNATURE

李少盛

提交份数：3份

BILL OF LADING

1)SHIPPER Shanghai Hongya Imp. & Exp. Corp. Room 705E, 668, Beijing (E) Road, Shanghai, China		10)B/L NO. DDL478388 CARRIER COSCO 中国远洋运输（集团）总公司 CHINA OCEAN SHIPPING (GROUP) CO. ORIGINAL Combined Transport BILL OF LADING
2)CONSIGNEE To the Order of Shippers		
3)NOTIFY PARTY Kamlar Trading Stores, P.O.Box 108, Dubai		
4)PLACE OF RECEIPT	5)OCEAN VESSEL Dingyuan	
6)VOYAGE NO. V.380	7)PORT OF LOADING Shanghai, China	
8)PORT OF DISCHARGE Dubai	9)PLACE OF DELIVERY	

11)MARKS	12) NOS. & KINDS OF PKGS.	13)DESCRIPTION OF GOODS	14) G.W.(kg)	15) MEAS(m^3)
ARYA NTS0505 DUBAI NO. 1-660	660 cartons	"ARYA" BRAND VACUUM FLASKS FREIGHT PREPAID ON BOARD We hereby certify that the shipment is effected in 40' H.Q. containers.	15120 kg	84.780 m^3

16)TOTAL NUMBER OF CONTAINERS OR PACKAGES(IN WORDS)　Say Six Hundred and Sixty Cartons Only

FREIGHT & CHARGES	REVENUE TONS	RATE	PER	PREPAID	COLLECT

PREPAID AT	PAYABLE AT	17)PLACE AND DATE OF ISSUE SHANGHAI　17-Jul-05
TOTAL PREPAID	18)NUMBER OF ORIGINAL B(S)/L 3 (THREE)	21) 上海中远集装箱船务代理有限公司 COSCO SHANGHAI CONTAINER SHIPPING AGENCY CO. LTD. [signature] AS AGENT for the Carrier, China Ocean Shipping (Group) Co.
LOADING ON BOARD THE VESSEL		
19)DATE 17-Jul-05	20)BY 上海中远集装箱船务代理有限公司 COSCO SHANGHAI CONTAINER SHIPPING AGENCY CO. LTD. [signature] AS AGENT for the Carrier, China Ocean Shipping (Group) Co.	

提单背面：
Delivered to the National Bank of Dubai PJSC., Dubai
Shanghai Hongya Imp. & Exp. Corp.
李少盛

提交份数：3份

ORIGINAL

1. Exporter Shanghai Hongya Imp. & Exp. Corp. Room 705E, 668, Bei Jing(E) Road, Shanghai, China	Certificate No. 050829077 CERTIFICATE OF ORIGIN OF THE PEOPLE'S REPUBLIC OF CHINA
2. Consignee Kamlar Trading Stores, P.O.Box 108, Dubai	
3. Means of transport and route From Shanghai To Dubai By Sea	5. For certifying authority use only
4. Country/region of destination U.A.E.	

6. Marks and Numbers	7. Number and kind of packages; description of goods	8. H.S. Code	9. Quantity	10. Number and date of invoices
ARYA NTS0505 DUBAI NO. 1-660	660 Cartons (Say Six Hundred and Sixty Cartons Only) of "ARYA" BRAND VACUUM FLASKS ************************************ Full Name and Address of the Manufacturers: Shanghai Hongya Imp. & Exp. Corp. Room 705E, 668, Beijing(E) Road, Shanghai, China	96170010	15120 KG	NTS0505 3-Jul-05

11. Declaration by the exporter	12. Certification
The undersigned hereby declares that the above details and statements are correct; that all the goods were produced in China and that they comply with the Rules of Origin of the People's Republic of China. Shanghai Hongya Imp. & Exp. Corp. 李少盛 Shanghai 12-Jul-05 Place and date. signature and stamp of authorized signatory	It is hereby certified that the declaration by the exporter is correct. 中国国际贸易促进委员会 单据证明专用章 (沪) CHINA COUNCIL FOR THE PROMOTION OF INTERNATIONAL TRADE (SHANGHAI) 李运达 Shanghai 14-Jul-05 Place and date. signature and stamp of certifying authority

提交份数：2份

SHANGHAI HONGYA IMP. & EXP. CORP.

Room 705E, 668, Beijing(E) Road, Shanghai, China

SHIPPING ADVICE

To: Iran Insurance Co.,
P.O. Box 2004, Dubai

Date: July 17, 2005

Attn: To Whom It May Concern

Pages: One (1)

Dear Sirs,

We hereby inform you that the goods under Letter of Credit No.124553 have been shipped. The shipment details are stated as below:

Open Policy:	No. OMP/0329/05 dated 10.4.2005
L/C No.:	124553
Goods:	"ARYA" BRAND VACUUM FLASKS
The Amount:	US$22,292.00
Name of the Vessel:	DINGYUAN
Voyage No.:	V. 380
B/L No.:	DDL478388
On Board Date:	17-Jul-05
Port of Loading:	Shanghai, China
Port of Destination:	Dubai
Shipping Marks:	ARYA NTS0505 DUBAI NO. 1-660

Yours sincerely,
SHANGHAI HONGYA IMP. & EXP. CORP.
李少盛

提交份数：1份

CERTIFICATE

TO WHOM IT MAY CONCERN

WE HEREBY CERTIFY THAT THE CARRYING VESSEL AS BELOW IS ALLOWED TO ENTER THE PORTS OF ARAB STATES.

CARRYING VESSEL: DINGYUAN V. 380

L/C RELATED: LETTER OF CREDIT NO. 124553
ISSUED BY THE NATIONAL BANK OF DUBAI
DATED 4TH JUNE 2005

ISSUED BY:

上海中远集装箱船务代理有限公司
COSCO SHANGHAI CONTAINER SHIPPING AGENCY CO. LTD.

AS AGENT
for the Carrier, China Ocean Shipping (Group) Co.

提交份数：1份

评　　析

一、汇票

1. 付一不付二。

汇票通常一式两联，为避免重复付款，在汇票的第一联中常有"Second of Exchange Being Unpaid"字样，而在第二联中则相应地有"First of Exchange Being Unpaid"字样，俗称"付一不付二，付二不付一"。

2. 汇票的背书(Endorsement)。

当收款人一栏为指示性抬头(Pay to the Order of ... 或 Pay to ... or order)时，收款人必须对汇票进行背书，方可转让汇票的收款权利，或委托他人收款。所谓汇票背书，即由汇票的受(收)款人(即背书人 Endorser)在汇票背面署名签字，或再加上受让人(又称被背书人，Endorsee)的名称，并将经背书后的汇票交与受让人的行为。

汇票通常有以下两种背书方式：

(1) 记名背书或特别背书(Special Endorsement)。

——背书人先作被背书人的记载，然后署名签字，并注明背书的日期。

例如：**Pay to Bank of China, Hong Kong Branch** ——被背书人名称
Bank of China, Shanghai Branch ——背书人名称
刘曦昌 ——背书人签字
Jan. 15, 2006 ——背书的日期

(2) 空白背书(Blank Endorsement)。

——背书人仅在汇票背面署名签字，并注明背书的日期，但不记载被背书人名称。

例如：**Bank of China, Shanghai Branch** ——背书人名称

刘曦昌 ——背书人签字

Jan.15, 2006 ——背书的日期

二、提单

1. 提单的抬头与背书。

提单的抬头，即指提单的收货人(Consignee)。根据不同的填写方法，可分为“记名式抬头”和“指示性抬头”。

记名式抬头，即指定具体的收货人，需在收货人一栏内填写“Consign to/Deliver to XXX”。此类提单被称为记名提单，只能由该收货人凭以提货，无法将提货权通过背书转让给他人，因此在业务实际中较少使用。

指示性抬头，即收货人由某人指示，需在收货人一栏内填写“To order of Shipper”或“To order of XXX”。此类提单被称为指示提单，在进出口交易中普遍使用。指示提单可以通过背书的方式转让货物所有权。

提单的抬头与背书之间有着密切的联系。例如，信用证规定“B/L made out to order”或“B/L made out to order of shipper”，这表明该提单的收货人应由持有人或托运人通过背书并交付后，货权才能被转让。若信用证规定提单的抬头为“To order of issuing bank”，则表明该提单的收货人应由开证银行通过背书并交付后，方可转让货权。由此我们可以看出，只有提单为指示性抬头时，才会涉及背书问题；而只有在提单为凭持有人或凭托运人指示(To order/To order of Shipper)抬头的情况下，出口人在制单时才需要对提单进行背书。

2. 提单的背书形式。

(1) 空白背书。

空白背书的形式为背书人署名签字。

例如，信用证规定“Bill of lading made out to order of shipper and endorsed in blank”，那么，提单的收货人一栏应填写“To order of shipper”，并在提单背面由托运人(shipper)做空白背书：

Shanghai Export Company ——背书人名称

刘曦昌 ——背书人签字

经过这样背书的提单，持有人只需将提单交付受让人即可转让物权。

(2) 记名背书。

记名背书的形式是先写上被背书人的名称，然后再由背书人署名签字。

例如，信用证规定“Bill of Lading made out to order and endorsed to order of XYZ Bank”，那么，提单的收货人一栏应填写“To order”，并在提单背面做记名背书：

Delivered to order of XYZ Bank ——被背书人名称

Shanghai Export Company ——背书人名称

刘曦昌 ——背书人签字

又如，信用证规定“Bill of Lading made out to shipper's order and endorsed to Issuing Bank”，那么，提单的收货人一栏应填写“To Shipper's order”，并在提单背面做记名背书：

Delivered to XXX Bank ——被背书人名称
（开证银行的行名，切不可笼统写成 issuing bank）

Shanghai Export Company ——背书人名称

刘曦昌 ——背书人签字

再如，信用证规定“Bill of Lading drawn or endorsed to the order of issuing bank”，那么，提单可有两种填制方法：

第一种，提单收货人一栏填写“To order”，并由托运人做记名背书：

Delivered to XXX Bank ——被背书人名称
（开证银行的行名，切不可笼统写成 issuing bank）

ABC Company ——背书人名称

刘曦昌 ——背书人签字

第二种，提单收货人一栏填写“To order of XXX Bank”（开证银行的行名，切不可笼统写成 issuing bank），然后由开证行做背书。

做记名背书的情况下，指定的被背书人无论是提取货物或是转让物权，均必须在提单上再做背书。

相关链接

- **常见出口单据的种类** 第 311 页
- **常见出口单据的基本作用** 第 311 页
- **常见出口单据的缮制要点** 第 313 页

❷ 出口单据审核

出口

请根据以下信用证和货物明细单，审核议付单据，填写《审单记录表》。

审单记录表

	不符点	修改意见
汇票	1.	
	2.	
	3.	
	4.	
	……	
商业发票	1.	
	2.	
	3.	
	4.	
	……	
装箱单	1.	
	2.	
	3.	
	4.	
	……	
……		

```
****   RECEIVED MESSAGE   ****              05-8-8       18:06   PAGE NO.     6687
STATUS:    MESSAGE DELIVERED
STATION:   1  BEGINNING OF MESSAGE

     FIN/Session/ISN         :F01 2300      009261
     Own Address             :PCBCCNSHXXXX  CHINA CONSTRUCTION BANK (FORMERLY
                                            PEOPLE'S CONSTRUCTION BANK OF CHINA)
                                            SHANGHAI
     Output Message Type     :700           ISSUE OF A DOCUMENTARY CREDIT
     Input time              :1736
     MIR                     :050808IBSPITTMB7422527976622
     Sent by                 :IBSPITTMB742  ISTITUTO BANCARIO SAN PAOLO DI
                                            TORINO S.P.A.
                                            PALERMO
     Output Date/Time        :050808/1806
     Priority                :Normal

27   SEQUENCE OF TOTAL                      1/1
40A  FORM OF DOCUMENTARY CREDIT             IRREVOCABLE
20   DOCUMENTARY CREDIT NO.                 1320/742
31C  DATE OF ISSUE                          050808
31D  DATE AND PLACE OF EXPIRY               051003     CHINA

50   APPLICANT:                             SEMPREVIVO SRL IMPORT EXPORT
                                            VIA GINO FUNAIOLI I/B
                                            90123 PALERMO

59   BENEFICIARY:                           SHANGHAI ZHEN YUAN IMP.
                                            AND EXP. CO. LTD
                                            RM 302-305,700 JIAN GUO DONG RD.
                                            SHANGHAI, CHINA

32B  CURRENCY CODE, AMOUNT                  US DOLLARS       24284,00

39A  PCT CREDIT AMOUNT TOLERANCE            05/05

41A  AVAILABLE WITH/BY                      ANY BANK
                                            BY NEGOTIATION

42C  DRAFTS AT                              SIGHT

42D  DRAWEE                                 ISTITUTO BANCARIO SAN PAOLO DI
                                            TORINO S.P.A.
                                            PALERMO

43P  PARTIAL SHIPMENTS                      NOT ALLOWED
43T  TRANSSHIPMENT                          ALLOWED
44A  ON BOARD/DISP/TAKING CHARGE            SHANGHAI

44B  FOR TRANSPORTATION TO                  PALERMO

44C  LATEST DATE OF SHIPMENT                050918

45A  DESCRIPTION OF GOODS AND/OR SERVICES
     SPORTS MUG AS PER SALES CONTRACT NO.   05SHSS199     DATED   10-Jul-05
     DELIVERY: CIF PALERMO
```

```
****  RECEIVED MESSAGE  ****              05-8-8      18:10   PAGE NO.     6688
STATUS:   MESSAGE DELIVERED
STATION:  1  CONTINUATION OF MESSAGE

46A  DOCUMENTS REQUIRED
     +SIGNED COMMERCIAL INVOICE IN    THREE FOLDS    EVIDENCING THAT
     GOODS SHIPPIED AND INVOICED FULLY CONFORM TO THOSE DESCRIBED ON
     PROFORMA INVOICE NO.53 307 03199 DATED 31 JULY 2005
     +FULL SET CLEAN ON BOARD BILL OF LADING MADE OUT TO ORDER
     AND BLANK ENDORSED MARKED "FREIGHT PREPAID" AND NOTIFY TO APPLICANT AND
     E. AGNEL E CO. SRL, VIA ROMA NO 489 90139, PALERMO
     +PACKING LIST IN    THREE FOLDS    SHOWING G.W., N.W., AND MEAS. OF
     EACH PACKAGE.
     +CERTIFICATE OF ORIGIN FORM A PLUS ONE COPY ISSUED BY COMPETENT
     AUTHORITY OF THE PEOPLE'S REPUBLIC OF CHINA, SPECIFYING
     THE CONTRACT NO.
     +INSURANCE POLICY OR CERTIFICATE ENDORSED IN BLANK ISSUED FOR
     110 PER CENT INVOICE VALUE COVERING I.C.C .ALL RISKS AND
     CLAIMS PAYABEL AT PALERMO.
     +COPY OF BENEFICIARY'S FAX ADDRESSED TO THE APPLICANT ADVISING
     ALL SHIPMENT DETAILS

47A  ADDITIONAL CONDITIONS                DOCUMENTARY CREDIT NO. AND NAME OF
                                          ISSUING BANK MUST BE QUOTED ON ALL
                                          DOCUMENTS.

71B  DETAILS OF CHARGES:                  ALL BANK CHARGES AND COMMISSIONS
                                          OUTSIDE ITALY INCLUDING REIMBURSEMENT
                                          CHARGES ARE FOR BENEFICIARY'S ACCOUNT

48   PERIOD FOR PRESENTATION              DOCUMENTS HAVE TO BE PRESENTED WITHIN
                                           15  DAYS AFTER DATE OF SHIPMENT
                                          BUT WITHIN VALIDITY DATE

49   CONFIRMATION INSTRUCTIONS:           WITHOUT

78   INSTRUCTIONS TO PAY/ACC/NEG BK
     ON RECEIPT BY US OF CONFORM AND REGULAR DOCUMENTS IN UTILIZATION
     OF THIS DOCUMENTARY CREDIT, WE SHALL CREDIT YOU THROUGH THE AMERICAN
     BANK THAT YOU'LL INDICATED TO US IF ALL TERMS ARE COMPLIED WITH.

57D  ADVSE THRU BANK - NAME/ADDR          CHINA CONSTRUCTION BANK
                                          SHANGHAI BRANCH
72   SENDER TO RECEIVER INFORMATION       DOCUMENTS HAVE TO BE PRESENTED TO:
                                          ISTITUTO BANCARIO SAN PAOLO DI
                                          TORINO S.P.A.
                                          VIA ROMA 405
                                          90145 PALERMO

MAC: Authentication Code   5BD42D6C
CHK: CheckSum              9197818AD01D1
SAC: SWIFT Authentication Correct
```

货物明细单

商品名称：4 items of Sports Mug

货　号	数量	计量单位	单　价	包装方式	包装种类	毛重	净重	尺　码（长×宽×高）
DL-001A	1200	pc	US$2.87	24	carton	9 kgs	8 kgs	47×32×25 cm
DL-002A	3600	pc	US$2.60	24	carton	13 kgs	11 kgs	48×32×30 cm
YQB-A315	4000	pc	US$1.94	40	carton	16 kgs	14 kgs	62.5×40×23 cm
YQB-A500	2000	pc	US$1.86	40	carton	17.5 kgs	15.5 kgs	64×40×28 cm

发票号码：ZYIE0502　　发票日期：20-Aug-05　　唛头：SEMPREVIVO
装运船只：TUO HE　　航次：V.25　　53 307 03199
提单号码：COSCOTEC192　　装船日期：15-Sep-05　　PALERMO
产地证号码：GSPWIZJ0894　　保险单号码：IPGOEN0435　　C/NO.1-UP
保险代理：AIG Europe, S.A., Italy Branch
Via della Chiusa 2
20123 Italy
Tel:39 02 36901

待审议付单据：

BILL OF EXCHANGE

No. ZYIE0502

For US$24,284.00 (amount in figure)　　SHANGHAI OCTOBER 5, 2005 (place and date of issue)

At 30 DAYS AFTER sight of this FIRST Bill of exchange(SECOND being unpaid)

pay to CHINA CONSTRUCTION BANK, SHANGHAI BRANCH or order the sum of

SAY U.S. DOLLARS TWENTY FOUR THOUSAND TWO HUNDRED AND EIGHTY FOUR ONLY
(amount in words)

Value received for 350 CTNS (quantity) of SPORTS MUG (name of commodity)

Drawn under ISTITUTO BANCARIO SAN PAOLO DI TORINO S.P.A., PALERMO

L/C No. 1320/742 dated AUGUST 8, 2005

To: ISTITUTO BANCARIO SAN PAOLO DI
TORINO S.P.A.
PALERMO

For and on behalf of
SHANGHAI ZHEN YUANG IMP. AND EXP. CO. LTD

沈力
(Signature)

COMMERCIAL INVOICE

1) SELLER	3) INVOICE NO.	4) INVOICE DATE
SHANGHAI ZHEN YUAN IMP. AND EXP. CO. LTD RM 302-305, 700 JIAN GUO DONG RD. SHANGHAI, CHINA	ZYIE0502	20-Aug-05
	5) L/C NO. 1320/742	6) DATE 8-Aug-05
	7) ISSUED BY ISTITUTO BANCARIO SAN PAOLO DI TORINO S.P.A., PALERMO	
2) BUYER SEMPREVI SRL IMPORT EXPORT VIA GINO FUNAIOLI I/B 90123 PALERMO	8) CONTRACT NO. 489 90139	9) DATE 10-Jul-05
	10) FROM SHANGHAI	11) TO PALERMO
	12) SHIPPED BY TUO HE V.25	13)PRICE TERM CIF PALERMO

14)MARKS	15)DESCRIPTION OF GOODS	16)QTY.	17)UNIT PRICE	18)AMOUNT
	SPORTS MUG			
SEMPREVIVO	DL-001A	1200PCS	US$2.87	US$3,444.00
53 307 03199	DL-002A	3600PCS	US$2.60	US$9,360.00
PALERMO	YQB-A315	4000PCS	US$1.94	US$7,760.00
C/NO. 1-350	YQB-A500	2000PCS	US$1.86	US$3,720.00
	TOTAL:	10800PCS		US$24,284.00

TOTAL AMOUNT IN WORDS:
SAY U.S. DOLLARS TWENTY FOUR THOUSAND TWO HUNDRED AND EIGHTY FOUR ONLY

19) ISSUED BY
SHANGHAI ZHEN YUAN IMP. AND EXP. CO. LTD

PACKING LIST

1) SELLER	3) INVOICE NO.	4) INVOICE DATE
SHANGHAI ZHEN YUAN IMP. AND EXP. CO. LTD RM 302-305,700 JIAN GUO DONG RD. SHANGHAI, CHINA	ZYEI0502	20-Aug-05
	5) FROM SHANGHAI	6) TO PALERMO
	7) TOTAL PACKAGES(IN WORDS) SAY THREE HUNDRED AND FIFTY CARTONS ONLY	
2) BUYER SEMPREVIVO SRL IMPORT EXPORT VIA GINO FUNAIOLI I/B 90123 PALERMO	8) MARKS & NOS. SEMPREVIVO 53 307 03190 PALERMO C/NO. 1-350	

9) C/NOS.	10) NOS. & KINDS OF PKGS.	11) ITEM	12)QTY.	13) G.W.(kg)	14) N.W.(kg)	15) MEAS(m^3)
	SPORTS MUG					
1-50	50 CARTONS	DL-001A	1200PCS	450.000	400.000	1.900
51-200	150 CARTONS	DL-002A	3600PCS	1950.000	1650.000	6.900
201-300	100 CARTONS	YQB-A315	4000PCS	1600.000	1400.000	5.800
301- 350	50 CARTONS	YQB-A500	2000PCS	875.000	775.000	3.600
TOTAL:	350 CARTONS		10800PCS	4875.000	4225.000	18.200

ART. NO.	G.W.(KG)	N.W.(KG)	MEAS.(M^3)	OF EACH PACKAGE
DL-001A	9.000	8.000	0.038	PER CARTON
DL-002A	13.000	11.000	0.046	PER CARTON
YQB-A315	16.000	14.000	0.058	PER CARTON
YQB-A500	17.500	15.500	0.072	PER CARTON

16) ISSUED BY

SHANGHAI ZHEN YUAN IMP. AND EXP. CO. LTD

中远集装箱运输有限公司
COSCO CONTAINER LINES

ORIGINAL

TLX:33057 COSCO CN
FAX: +86(021)65458984

PORT TO PORT OR COMBINED TRANSPORT BILL OF LADING

1. Shipper Insert Name Address and Phone/Fax	Booking No.	Bill of Lading No.
SHANGHAI ZHEN YUAN IMP. AND EXP. CO. LTD RM 302-305, 700 JIAN GUO DONG RD. SHANGHAI, CHINA		COSCOTEC192
	Export References	

2. Consignee Insert Name Address and Phone/Fax	Forwarding Agent and References
TO ORDER OF SHIPPER	Point and Country of Origin

3. Notify Party Insert Name Address and Phone/Fax (It is agreed that no responsibility shall attach to the Carrier or his agents for failure to notify)	Also Notify Party-routing & Instructions
SEMPREVIVO SRL IMPORT EXPORT VIA GINO FUNAIOLI I/B 90123 PALERMO	

4. Combined Transport* Pre-Carriage by	5. Combined Transport* Place of Receipt		
6. Ocean Vessel Voy. No. TUO HE V.25	7. Port of Loading SHANGHAI	Service Contract No.	Commodity Code
8. Port of Discharge PALERMO	9. Combined Transport* Place of Delivery	Type of Movement LCL/LCL	

Marks & Nos. Container/Seal No.	No. of Container or Packages	Description of Goods (If Dangerous Goods, See Clause 20)	Gross Weight	Measurement
SEMPREVIVO 53 307 03199 PALERMO C/NO. 1-350	350 CARTONS	SPORTS MUG	4875.000 KGS	18.200 CBM
OCEAN FREIGHT COLLECT SHPPER'S LOAD, STOWAGE AND COUNT ON CFS-CFS TERM				
CHGJ4860285	/ 298403 /	350 CARTONS / LCL/LCL	/ 20 GP /	

Declared Cargo Value US$	Description of Contents for Shipper's Use Only (Not part of This B/L Contract)

10. Total Number of Containers and/or Packages (in words) Subject to Clause 7 Limitation: SAY THREE HUNDRED AND FIFTY CARTONS ONLY

11. Freight & Charges	Revenue Tons	Rate	Per	Amount	Prepaid	Collect	Freight & Charges Payable at/by

Received in external apparent good order and condition except as otherwise noted. The total number of the packages or units stuffed in the container, the description of the goods and the weights shown in this Bill of Lading are furnished by the merchants, and which the carrier has no reasonable means of checking and is not a part of this Bills of Lading contract. The carrier has issued 3 original Bill of Lading, all of this tenor and date, one of the original Bills of lading must be surrendered and endorsed or signed against the delivery of the shipment and whereupon any other orginal Bills of Lading shall be void. The merchants agree to be bound by the terms and and conditions of this Bill of Lading as if each had personally signed this Bill of lading.
*Applicable Only When Document Used as a Combined Transport Bill of Lading.

Date Laden on Board 15 SEP 2005

Signed by: 上海中远集装箱船务代理有限公司 COSCO SHANGHAI CONTAINER SHIPPING AGENCY CO., LTD.

许可证号：JTL0008 Standard Form 9805

Date of Issue 15 SEP 2005

Place of Issue SHANGHAI

Signed for AS AGENT COSCO CONTAINER LINES for the Carrier, COSCO Container Lines

提单背面：

DELIVERED TO ORDER OF ISTITUTO BANCARIO SAN PAOLO DI TORINO S.P.A., PALERMO

SHANGHAI ZHEN YUAN IMP. AND EXP. CO. LTD

沈力

货　物　运　输　保　险　单
CARGO TRANSPORTATION INSURANCE POLICY

总公司设于北京　　　　一九四九年创立
Head Office Beijing　　Established in 1949

发票号 (INVOICE NO.)　ZYIE0502　　　　保单号次
合同号 (CONTRACT NO.)　　　　POLICY NO. IPGOEN0435
信用证号（L/C NO.)
被保险人
INSURED　SHANGHAI ZHEN YUAN IMP. AND EXP. CO. LTD

中国人民财产保险股份有限公司（以下简称本公司）根据被保险人的要求，由被保险人向本公司缴付约定的保险费，按照本保单承保险别和背面所载条款与下列特款承保下述货物运输保险，特立本保险单。
THIS POLICY OF INSURANCE WITNESSES THAT PICC PROPERTY AND CASUALTY COMPANY LIMITED (HEREINAFTER CALLED "THE COMPANY") AT THE REQUEST OF THE INSURED AND IN CONSIDERATION OF THE AGREED PREMIUM PAID TO THE COMPANY BY THE INSURED, UNDERTAKES TO INSURE THE UNDERMENTIONED GOODS IN TRANSPORTATION SUBJECT TO THE CONDITIONS OF THIS POLICY AS PER THE CLAUSES PRINTED OVERLEAF AND OTHER SPECIAL CLAUSES ATTACHED HEREON.

标　记 MARKS & NOS	包装及数量 QUANTITY	保险货物项目 DESCRIPTION OF GOODS	保险金额 AMOUNT INSURED
AS PER INVOICE NO. ZYIE0502	350 CARTONS	4 ITEMS OF SPORTS MUG	USD 24284.00
	AS PER DOUMENTARY CREDIT NO. 1320/742 ISSUED BY ISTITUTO BANCARIO SAN PAOLO DI TORINO S.P.A., PALERMO		

总保险金额：
TOTAL AMOUNT INSURED　SAY U.S. DOLLARS TWENTY FOUR THOUSAND TWO HUNDRED AND EIGHTY FOUR ONLY
保费：　　启运日期：　　装载运输工具：
PREMIUM　AS ARRANGED　DATE OF COMMENCEMENT　AS PER B/L　PER CONVEYANCE　TUO HE V.25
自　　经　　至
FROM　SHANGHAI, CHINA　VIA　TO　PALERMO, ITALY
承保险别：
CONDITIONS

COVERING ALL RISKS AS PER C.I.C OF PICC DATED 1/1/1981.

所保货物，如发生保险单项下可能引起索赔的损失或损坏，应立即通知本公司下述代理人查勘。如有索赔，应向本公司提交保单正本（本保单共有　叁　份正本）及有关文件。如一份正本已用于索赔，其余正本自动失效。
IN THE EVENT OF LOSS OR DAMAGE WHICH MAY RESULT IN A CLAIM UNDER THIS POLICY, IMMEDIATE NOTICE MUST BE GIVEN TO THE COMPANY'S AGENT AS MENTIONED HEREUNDER. CLAIMS, IF ANY, ONE OF THE ORGINAL POLICY WHICH HAS BEEN ISSUED IN　3　ORIGINAL(S) TOGETHER WITH THE RELEVENT DOCUMENTS SHALL BE SURRENDERED TO THE COMPANY. IF ONE OF THE ORIGINAL POLICY HAS BEEN ACCOMPLISHED, THE OTHERS TO BE VOID.

AIG EUROPE, S.A., ITALY BRANCH
VIA DELLA CHIUSA 2
20123 ITALY
TEL: 39 02 36901

中国人民财产保险股份有限公司 上海市分公司
PICC Property and Casualty Company Limited, Shanghai Branch

赔款偿付地点
CLAIM PAYABLE AT/IN　PALERMO IN USD

李立泉
GENERAL MANAGER

出单日期
ISSUING DATE　SEPTEMBER 16, 2005

地址：中国上海中山南路700号　　经办：冯可　　复核：林晓平　　Settling & Customer Service Centre:
ADD: 700 ZHONGSHAN ROAD（S）SHANGHAI CHINA　　（理赔/客户服务中心）86 21 63674274
邮编（POST CODE）：200010

保单顺序号 PICC　0190123

ORIGINAL

1. Goods consigned from (Exporter's business name, address, country)

SHANGHAI ZHEN YUAN IMP. AND EXP. CO. LTD
RM 302-350, 700 JIAN GUO DONG RD.
SHANGHAI, CHINA

Reference No. **GSPWIZJ0894**

GENERALIZED SYSTEM OF PREFERENCES
CERTIFICATE OF ORIGIN
(Combined declaration and certificate)
FORM A
Issued in THE PEOPLE'S REPUBLIC OF CHINA
(country)

See Notes overleaf

2. Goods consigned to (Consignee's name, address, country)

TO ORDER

3. Means of transport and route (as far as known)

FROM SHANGHAI, CHINA
TO PALERMO, ITALY
BY SEA

4. For official use

5. Item number	6. Marks and numbers of packages	7. Number and Kind of packages; description of goods	8. Origin criterion (see Notes overleaf)	9. Gross weight or other quantity	10. Number and date of invoices
1	SEMPREVIVO 53 307 03199 PALERMO C/NO. 1-350	SPORTS MUG THREE HUNDRED AND FIFTY (305) CARTONS ONLY ** DOCUMENTARY CREDIT NO. 1320/742 NAME OF ISSUING BANK: ISTITUTO BANCARIO SAN PAOLO DI TORINO S.P.A., PALERMO	"P"	4875KGS	INVOICE NO. ZYIE0502 DATED 20-Aug-05

11. Certification

It is hereby certified, on the basis of control carried out, that the declaration by the exporter is correct.

刘影萍

SHANGHAI **28-AUG-2005**

Place and date. signature and stamp of certifying authority

12. Declaration by the exporter

The undersigned hereby declares that the above details and statements are correct; that all the goods were produced in **CHINA** (country)

and that they comply with the origin requirements specified for those goods in the Generalized System of Preferences for goods exported to

ITALY (importing country)

SHANGHAI 27-AUG-2005 沈力

Place and date, signature and stamp of authorized signatory

解　　答

审单记录表

单据	不符点	应修改为
汇票	1. 出票日期晚于信用证有效期	一般为单据提交议付行的日期，最迟为 9 月 30 日
	2. 付款期限与信用证不符	at**** sight
	3. 出票人名称与信用证不符	Shanghai Zhen Yuan Imp. and Exp. Co. Ltd.
商业发票	1. 买方名称错误	Semprevivo SRL Import Export
	2. 第 8)栏合同号码与信用证不符	05SHSS199
	3. 货物描述与信用证货物描述不完全一致	Sports Mug as per Sales Contract No. 05SHSS199 dated 10-Jul-05 Delivery: CIF Palermo
	4. 遗漏信用证规定的证明文句	We hereby evidence that goods shipped and invoiced fully conform to those described on proforma invoice No. 53 307 03199 dated 31 July 2005
	5. 发票未经签署	沈力
装箱单	1. 发票号码与商业发票不符	ZYIE0502
	2. 运输标记与提单不符	Semprevivo 53 307 03199 Palermo C/No. 1-350
	3. 未按信用证要求标注信用证号码和开证行名称	Documentary Credit No. 1320/742 Name of issuing bank: Istituto Bancario San Paolo Di Torino S. P. A., Palermo
提单	1. 收货人错误	To Order
	2. 被通知人与信用证规定不符	除开证申请人以外，还应添加： E. Agnel E Co. SRL, Via Roma No 489 90139 Palermo
	3. 运费条款错误	Freight Prepaid
	4. 未按信用证要求标注信用证号码和开证行名称	Documentary Credit No. 1320/742 Name of issuing bank: Istituto Bancario San Paolo Di Torino S. P. A., Palermo
	5. 提单背书同信用证规定不符	应做空白背书： Shanghai Zhen Yuan Imp. and Exp. Co. Ltd. 沈力 20-Sep-05
保险单	1. 保险金额与信用证规定不符	USD26713.00 Say US Dollars Twenty Six Thousand Seven Hundred Thirteen Only
	2. 承保险别与信用证规定不符	I. C. C All Risks as per I. C. C. dated 1/1/1982
	3. 未按信用证要求做空白背书	Shanghai Zhen Yuan Imp. and Exp. Co. Ltd. 沈力
	4. 保单日期晚于装船日	应在 2005 年 9 月 15 日以前出具

产地证	1. 发货人地址有误	Rm 302-305,700 Jian Guo Dong Rd.
	2. 收货人有误	Semprevivo SRL Import Export Via Gino Funaioli I/B, 90123 Palermo
	3. 小写总件数错误	350 CTNS
	4. 漏列合同号码	CONTRACT NO. 05SHSS199
受益人传真副本	未提交	

评　　析

1. 保险单的日期。

一般情况下,保险单据的出具日期不得晚于货物在信用证规定的地点装船、发运或接管(如果适用的话)的日期,除非保险单据上明确表述保险责任已从装船、发运或接管(如果适用的话)之日起生效。

2. 保险单的背书。

在CIF或CIP价格条件下,被保险人为卖方(信用证项下受益人),但若发生了货损,实际索赔的权益应属于买方(信用证项下申请人),所以保险单在以卖方为投保人的情况下,卖方在向银行交单前应在保单背面做背书,以使索赔权益能够转让给保险单的受让方。

在信用证交易中,保单的背书形式应遵照以下原则:

(1) 如信用证明确要求在保险单上做空白背书(Endorsed in blank/Blank endorsed),或是信用证没有对保险单是否要背书作具体规定时,在投保人为信用证受益人的情况下,受益人应做空白背书。

(2) 如信用证规定"Endorsed to Order of ...",在投保人为受益人的情况下,背书时必须先写明"To order of ..."或"Pay to the Order of ...",然后再由受益人署名签字。

(3) 在信用证规定保险单据以开证申请人(进口方)作为投保人的情况下,受益人(出口人)无需对保险单做背书。

相关链接

- 单据审核要点　　第331页
- 单据审核的基本方法　　第333页
- 常见的单据不符点　　第333页

❸ 进口单据审核　　进口

东兴汽车饰件系统有限公司从德国进口一批汽车饰件,现开证银行向东兴公司提示全套进口单据。请参照信用证,对该套单据进行审核,提出审单意见。

* * * * COPY * * * * COPY * * * * COPY * * * * COPY * * * * COPY * * * * COPY * * * * COPY

Req by: SHA TERRY In: SHA IMP 09/23/05 16:34 Page 1
ICN: HK 050919-008591-001 Que:
Msg Type: ENTERED Poss Dup: N Pri: N
Time Created: 09/23/05 16:29
Completion: RELEASED FOR SENDING Exception:
Correspondent: 30210093 II
Amount: 21,963.32
Name: DEUTSCHE BANK A.G. Owner Office: SHA / IMP
Address: STUTTGART
Address:
City: STUTTGART Cntry: F.R. GERMANY PC:
CE2 SWIFT msg type: 700 Curr Code: EUR
Output Test: YES Parent ICN: - -
Pri Service: SWF Addr: DEUTDESS 700 Ansb:
Alt Service: BTT Addr: 041722726 Ansb: 722726 DBST D
Acctee - Type: Proc: Code: Info: 000 Ref:
Acctee - ofc: Bnk: 00000000
Cost Center: Account ID:

Sent Date/Time: 09/23/05 16:29 Completion: SENT , SVC ACCEPTED
Service: SW Ref: F050923BOTKCNSHAXXX Sequence: 46071 Poss Dup: N
Delivery: ICN: HK 050923-023809-000 Dte/Tme: 09/23/05 16:32
Answerback Received:

BOTKCNSHAXXX
700 02
DEUTDESSXXX

:27: 1/1
:40A: IRREVOCABLE
:20: 892LC208080
:31C: 050923
:31D: 051216 GERMANY
:50: DONGXING AUTOMOTIVE TRIM
SYSTEMS CO., LTD
690 WU ZHONG ROAD, SHANGHAI
:59: BEKOLD HONTAKTE GMBH
POSTFACH 692 B-89504 GOPPINGEN,
GERMANY
:32B: EUR 21963,32
:41D: ANY BANK
BY NEGOTIATION
:42C: AT SIGHT
:42A: BOTKCNSH
:43P: NOT ALLOWED
:43T: NOT ALLOWED

电信复本

* * * * COPY * * * * COPY * * * * COPY * * * * COPY * * * * COPY * * * * COPY * * * * COPY

Req by: SHA TERRY In: SHA IMP 09/23/05 16:34 Page 2

CN: HK 020919 - 008591 - 001 Que: Pri DupN

:44A: GERMAN SEAPORT
:44B: SHANGHAI SEAPORT
:44C: 051116
:45A: AUTOMATIC RIVETING MACHINE MODEL 106-28
FOR RIVETING THE PASSAT INSTRUMENT PANEL UPPER SUBSTRATE
ONE SET
FOB GERMAN SEAPORT

:46A: —SIGNED COMMERCIAL INVOICE IN QUINTUPLICATE
—FULL SET OF CLEAN ON BOARD OCEAN BILLS OF LADING MADE OUT TO ORDER OF APPLICANT MARKED 'FREIGHT COLLECT' NOTIFY APPLICANT
—PACKING LIST IN DUPLICATE
—QUALITY GUARANTEE LETTER SIGNED BY THE SELLER IN DUPLICATE
—TRUE COPY OF FAX ADDRESSED TO DONGXING WITHIN 48 HOURS AFRER LOADING IS EFFECTED GIVING ADEQUATED DETAILS OF SHIPMENT

:47A: +PLS ATTACH ONE EXTRA COPY OF INVOICE FOR OUR BANK'S FILE

:71B: ALL BANKING CHARGES OUTSIDE
ISSUING BANK ARE FOR THE ACCOUNT
OF BENEFICIARY

电信复本

:48: DOCUMENTS MUST BE PRESENTED WITHIN
21 DAYS AFTER SHIPMENT DATE BUT
WITHIN THE VALIDITY OF CREDIT

:49: WITHOUT

:78: REIMBURSEMENT BY TELECOMMUNICATION IS PROHIBITED
SPECIAL INSTRUCTIONS TO THE NGOTIATING BANK:
THE NEGOTIATING BANK SHOULD SEND DRAFTS AND ALL DOCUMENTS TO US BY COURIER SERVICE IN ONE LOT.
UPON RECEIPT OF THE DRAFTS AND DOCUMENTS IN COMPLIANCE WITH CREDIT TERMS AND CONDITIONS, WE SHALL REMIT THE PROCEEDS ACCORDING TO THE NEGOTIATION BANK'S INSTRUCTION

:57D: DEUTSCHE BANK AG GOPPINGEN
BLZ 610 700 78 SWIFT DEUTDESS 700

:72: THIS CREDIT IS SUBJECT TO UCP 1993
ICC NO. 500

------------------ END OF MESSAGE ------------------------

* * * * COPY * * * * COPY * * * * COPY * * * * COPY * * * * COPY * * * * COPY * * * * COPY

待审进口单据：

BEKOLD

Bekold Hontakte GmbH, Postfach 692, B-89504 Goppingen

Dongxing Automotive Trim Systems Co., Ltd.
690 Wu Zhong Road

Shanghai
China

COMMERCIAL INVOICE NO. 230865 ***ORIGINAL***

dated November 7, 2005

We deliver by seafreight from Hamburg, German seaport to Shanghai seaport the following :
Automatic Riveting Machine Model 106-28
For Riveting the Passat Instrument Panel Upper Substrate
One set
FOB German seaport

EUR21,963.32

Say EURO Twenty One Thousand Nine Hundred Sixty Three and Cents Thirty Two Only.

Quantity: 1 set
Terms of delivery: FOB Hamburg, German seaport
Country of Origin: Federal Republic of Germany
No. and kind of packages: 1 case

Letter of Credit No. 89LC208080 of Bank of Tokyo - Mitsubishi, Ltd.
101 Yin Cheng Dong Lu, Shanghai dated Sep 23, 2005

Shipping Marks:
DXVTS 02120GM
Shanghai, China
A 03 Project
Shipper: Bekold Hontakte GmbH
Made in Germany
Gross weight: 590 kgs
Net weight: 452 kgs
Dims: 129/124/193 cm
No. 1/1

BEKOLD

Bekold Hontakte GmbH, Postfach 692, B-89504 Goppingen

Dongxing Automotive Trim Systems Co., Ltd.
690 Wu Zhong Road

Shanghai
China

PACKING LIST

November 7, 2005

Automatic Riveting Machine Model 106-28
For Riveting the Passat Instrument Panel Upper Substrate
One set
FOB German seaport

Letter of Credit No. 892LC208080 of Bank of Tokyo - Mitsubishi, Ltd.
101 Yin Cheng Dong Lu, Shanghai dated Sep 23, 2005

No. and kind of packages: 1 carton
Net weight: 452 kgs
Gross weight: 590 kgs
Dims: 129/124/193 cm

Shipping Marks:
DXVTS 02120GM
Shanghai, China
A 03 Project
Shipper: Dekold Hontakte GmbH
Made in Germany
Gross weight: 590 kgs
Net weight: 452 kgs
Dims: 129/124/193 cm
No. 1/1

Bekold Hontakte GmbH

BILL OF LADING
for Combined Transport or port to port shipment or through carriage

not negotiable unless consigned "to order"

Shipper BEKOLD HONTAKTE GMBH POSTFACH 692 B-89504 GOPPINGEN, GERMANY	**Ref. No.**	**Bill of Lading No.** 50 12 001/09
Consignee(if 'To Order' so indicate) TO ORDER OF SHIPPER	SEVEN SEAS LINES ***ORIGINAL***	
Notify Party (No claim shall attach for failure to notify) DONGXING AUTOMOTIVE TRIM SYSTEMS CO., LTD 690 WU ZHONG ROAD, SHANGHAI	**For delivery of the goods please apply to:** SHANGHAI TENGYE INT. COGISTICS CO. LTD ROOM 2803, 28TH, BOLI PLAZA, 222 YAN'AN ROAD EAST SHANGHAI 200002 / CHINA TEL.: 0086-21-54654909 MR. DAVIS LIN	

	Place of Receipt
Vessel APL PEARL 113E	**Port of Loading** BREMERHAVEN
Port of Discharge SHANGHAI SEAPORT	**Place of Delivery**

RECEIVED by the Carrier the Goods as specified above in apparent good order and condition unless otherwise stated, to be transported to such place as agreed, authorised or permitted herein and subject to all the terms and conditions appearing on the front and reverse of this Bill of Lading to which the Merchant agrees by accepting this Bill of Lading, and local privileges and customs notwithstanding. The particulars given above as stated by the shipper and the weight, measure, quantity, condition , contents and value of the Goods are unknown to the Carrier.

marks and numbers	**no, and kind of pkgs or shipping units descriptions of goods & pkgs**	**gross weight in kilo's**	**measurement in cbm**
SHIPPING-MARKS DXVTS 02120GM SHANGHAI, CHINA A 03 PROJECT SHIPPER: BEKOLD HONTAKTE GMBH MADE IN GERMANY GROSS WEIGHT: 590 KGS NET WEIGHT: 452 KGS DIMS: 129/124/193 CM NO. 1/1	1 x 40' OPEN TOP (PART THEREOF) = 1 CASE AUTOMATIC RIVETING MACHINE MODEL 106-28 - L/C NO. 892LC208080 - CONTAINER NO. MOLU 410631-5 - "FREIGHT COLLECT" - SHIPPER'S LOAD, STOWAGE AND COUNT - SHIPPED ON BOARD VESSEL APL PEARL DATE: NOV. 17, 2005 PORT: BREMERHAVEN AS AGENT FOR CARRIER SEVEN SEAS LINES	590 KG	3.087 M^3

loaded into container No.
Temperature Control Instructions:

particular furnished by shipper

total number of packages of units (in words) 1/ONE CASE	**Excess Value Declaration: Refer to Clause 6(4)(B) + (C)on reverse side**

Freight Details, Charges etc.:(indicate whether prepaid or collect)

AS ARRANGED

Disbursements:

In WITNESS whereof one (1) original Bill of Lading has been signed if not otherwise stated above, the same being accomplished the other(s), if any, to be void. If required by the Carrier one (1) original Bill of Lading must be surrendered duly endorsed in exchange for the Goods or delivery order.

Place and date of issue: BREMERHAVEN, NOV. 17, 2005
Signed on behalf of the Carrier: SEVEN SEAS LINES

freight payable at SHANGHAI	
pre-carriage payable by	**number of original b(s)/l** 3/THREE
on-carriage payable by	

NEW WAVE Logistics
(Deutschland) GmbH

AS AGENTS

BEKOLD

Bekold Hontakte GmbH, Postfach 692, B-89504 Goppingen

Dongxing Automotive Trim Systems Co., Ltd.
690 Wu Zhong Road

Shanghai
China

Quality Guarantee Letter

Nov.12, 2005

Automatic Riveting Machine Model 106-22
for Riveting the Polo Instrument Panel Upper Substrate
One set
FOB German seaport

Letter of Credit No. 892LC208080 of Bank of Tokyo - Mitsubishi, Ltd.
101 Yin Cheng Dong Lu, Shanghai dated Sep 23, 2005

We hereby confirm that the afore mentioned goods are the product of many years of research and experience and have been long proven in practice. Only new and high quality parts from leading manufacturers have been used.

The construction and individual parts have been checked on several occasions during the course of production. A thorough final inspection was made before the goods left the factory, to make sure that the quality, workmanship and the function of every part of the goods is up to our high standards.

After having passed the above tests successfully the goods have finally been approved for delivery.

Bekold Hontakte GmbH

TELEFAX

To	Dongxing Automotive Trim Systems Co., Ltd.	Sender Dept.	Export Dept / GTM.
page	1/ ONE	Tel. No.	07161-6039423
Fax-No.	0086-21-52068459	Date	Nov. 18, 2005
		Fax-No.	07161-6039427

SHIPPING ADVICE

Covering: Automatic Riveting Machine Model 106-28
For Riveting the Passat Instrument Panel Upper Substrate
One Set
FOB German seaport

Letter of Credit No. 892LC208080 of Bank of Tokyo - Mitsubishi, Ltd.
101 Yin Cheng Dong Lu, Shanghai dated Sep 23, 2005

Quantity/packages: One set in one case
B/L No.: 50 12 001/09
Shipping date: Nov. 17, 2005
from: Bremerhaven, German seaport
to: Shanghai seaport
by: APL 113E

net weight: 452 kgs
gross weight: 509 kgs

Shipping Marks:
DXVTS 02120GM
Shanghai, China
A 03 Project
Shipper: Bekold Hontakte GmbH
Made in Germany
Gross weight: 590 kgs
Net weight: 452 kgs
Dims: 129/124/193 cm
No. 1/1

Bekold Hontakte GmbH

解　　答

（1）发票未按信用证要求(signed commercial invoice)进行签署。

（2）发票上的起运港“Hamburg”与提单、装船通知上的“Bremerhaven”不相符合。

（3）发票上的信用证号码“89LC208080”与信用证“892LC208080”不相符合。

（4）装箱单上的包装方式和件数“1 carton”与发票、提单、装船通知上的“1 case”不相符合。

（5）装箱单上的运输标志中的发货人“Dekold”与发票、提单、装船通知上的“Bekold”不相符合。

（6）提单上的收货人“to order of shipper”与信用证要求(to order of applicant)不相符合。

（7）提单上的装船日“11 月 17 日”晚于信用证规定的最迟装运日“11 月 16 日”。

（8）质量保证书上的货物描述“Model 106-22”、“Polo Instrument Panel”与信用证规定“Model 106-28”、“Passat Instrument Panel”不相符合。

（9）装船通知上的船名“APL 113E”与提单上的“APL PEARL 113E”不相符合。

（10）装船通知上的总毛重“509 kg”与发票、装箱单、提单上的“590 kg”不相符合。

【技能操练】

1. 根据卡塔尔 The Qatar National Bank 银行的来证及货物明细，填写提交单据清单并缮制全套出口单据。

货物明细

商品：Alarm LCD Clock With Calendar

货号	数量	单价	包装方式	包装种类	毛重	净重	尺码(件)
CC4553	1800 PCS	US$8.40	100	CTNS	10.5 KGS	6.8 KGS	54.5×37×23.5 CM
CC5435	1500 PCS	US$8.90	100	CTNS	10.5 KGS	6.8 KGS	54.5×37×23.5 CM
CC6764	2200 PCS	US$7.90	100	CTNS	10.5 KGS	6.8 KGS	54.5×37×23.5 CM

发票号码：FP051120	发票日期：2005-11-30	运输标志：TAMIM
提单号码：TD207583	装船日期：2005-12-20	TAM3478
船名：CHANGHE	航次：V.38	DOHA
产证号码：05987223	税则号：91051100	C/NO.1-UP
汇票日期：2005-12-25	装运港：上海	

提交单据清单

请根据信用证的规定填写受益人应向银行提交单据的份数。

名称	汇票	发票	装箱单	重量单	尺码单
份数					
名称	船公司证明	航程证明	受益人证明	寄单证明	装船通知
份数					
名称	海运提单	空运提单	产地证	商会产地证	普惠制产地证
份数					
名称	商检证	官方商检证	商会商检证	保险单	投保通知
份数					

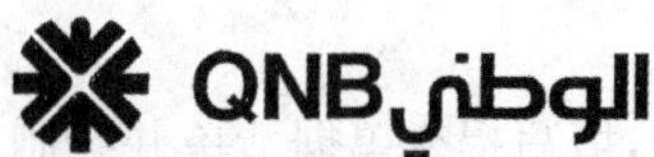

Foreign Trade Department, P.O.Box 1002, Doha, Qatar

Phone: 0974-4407407
Telex: 4357 QATBK DH
Fax: 0974-4414345
SWIFT: QNBAQAQA

Issuance of Irrevocable Documentary Credit Number: ILC/2005/00739 **Issued on : 06 Nov 2005**	**Date of Expiry** 15 Jan 2006	**Place of Expiry** CHINA
Applicant Tamim Al Marri PO Box 23334 Doha, Qatar	**Beneficiary** SHANGHAI HUI YUAN TRADE CO., LTD. 1660 DA DU HE ROAD, 200333 SHANGHAI CHINA	
Advising Bank Bank Of China Shanghai	**Amount in Figures and Words** USD 45,850.00 (Forty Five Thousand Eight Hundred Fifty US DOLLARS) **Tolerance Percentage** Plus 10 and/or Minus 10	
Partial Shipment Not Allowed / **Transshipment** Allowed **Shipment** From : CHINA To : DOHA By : Sea Not Later Than : 31 Dec 2005	**Credit Available With** Advising bank CHINA By Negotiation against presentation of stipulated documents and Beneficiary's drafts payable at Sight drawn on Issuing Bank and marked "Drawn under Qatar National Bank Documentary Credit No. ILC/2005/00739 dated 06 Nov 2005"	

Description of Goods:
ALARM LCD CLOCK WITH CALENDAR
CFR DOHA

Documents Required:
- Signed Commercial invoice(s) authenticated as to the value and origin of goods in one original plus 4 copies. Original only to be certified by the China Council for the promotion of Intl. Trade.
- Invoice must certify the following:
- Goods shipped are strictly as per order TAM 3478 dated 26/10/2005 of M/s. Mamoon Import & Export Co., Doha, and beneficiary's S/C No. GYMJ05Q021-05 dated 28/10/2005.
- Each PC. is inserted in polybag and panda brand to be marked on each PC.
- Packing. 100 PCS per strong sea worthy carton.

- Full set of clean On Board Bills of Lading issued to the order of Qatar National Bank, marked Freight Prepaid and notifying buyers.
- Certificate of Origin certified by the China Council for the promotion of International Trade
- Packing List.
- A Certificate from the Steamship Company showing the name, flag and nationality of the carrying vessel also confirming that the vessel will not pass by any Israeli Port through its present voyage and that it is permitted to enter Arab Ports. This Certificate is not required when the shipment is effected on Vessels owned by United Arab Shipping Company.

Additional Conditions:
- Shipment by Conference Line Vessels only. Certificate to this effect from the Shipping Company or their Agents should accompany the documents.
- Upon negotiation 3 percent of the invoice value is to be deducted being commission and made payable to M/s. Mamoon Import & Export, A/c No. 8930 278492 173 with Commercial Bank of Qatar, Souq Branch, Doha, Qatar.
- All bank charges outside Qatar including reimbursement charges are for the account of beneficiary.
- Trade Marks or Brand Names must be clearly mentioned on the invoices or Certificate of origin.
- USD 50/- or equivalent in the L/C currency and related charges should be deducted from the reimbursement claim for each presentation of discrepant documents under this Credit, not withstanding any instruction to the contrary, this charge shall be for the account beneficiary.

LC Number: ILC/2005/00739 B-32-Shams Al Dien Abdulla **For Qatar National Bank** A-35-Nabih Abdalla Ramadan **Page 1 of 2**

ISS001/HFOWS3

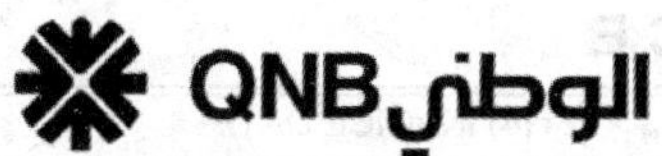

Foreign Trade Department, P.O.Box 1002, Doha, Qatar

Phone: 0974-4407407
Telex: 4357 QATBK DH
Fax: 0974-4414345
SWIFT: QNBAQAQA

- Legalisation of documents will be done locally by openers.
- Payment under reserve against guarantee and or indemnity is not allowed.
- Insurance covered locally by Openers.
- Payment under this Credit will be made 3 business days after the date of negotiating of documents. The negotiating bank should telex/swift advise us details of negotiation indicating value date applied.
- Tolerance of 10 percent plus or minus in quantity and amount allowed.

We request you to notify the credit to the beneficiary **without adding your** confirmation.
Documents to be presented within **21 days** from the date of shipment but within the validity of the credit.

This credit is subject to the **Uniform Customs and Practice** for Documentary Credits (1993 Revision, International Chamber of Commerce, Paris, France, Publication No.500).
All presentations under this credit must be marked on the reverse thereof.
Kindly forward the original/first set of documents direct to us by **Registered air mail** and duplicates by subsequent airmail.
In reimbursement of negotiations under the terms and condition of this Credit, the negotiating Bank is authorized to claim on our account with the reimbursing bank mentioned below certifying that all terms and conditions under this credit have been complied with.

Reimbursing Bank: Jp Morgan Trade Services Bank To Bank Reimb Tampa, Usa	**For Qatar National Bank** B-32-Shams Al Dien Abdulla A-35-Nabih Abdalla Ramadan

BILL OF EXCHANGE

No. ------------------------

For ------------------------ (amount in figure) -- (place and date of issue)

At ------------------------ sight of this FIRST Bill of exchange(SECOND being unpaid)

pay to the Order of ---

the Sum of ____ (amount in words)

Value received for -------------------------- (quantity) of -- (name of commodity)

Drawn under ---

L/C No. -------------------------- Dated --

To:

For and on behalf of

(Authorized Signature)

COMMERCIAL INVOICE

1) SELLER	3) INVOICE NO.	4) INVOICE DATE
	5) L/C NO.	6) DATE
	7) ISSUED BY	
2) BUYER	8) CONTRACT NO.	9) DATE
	10) FROM	11) TO
	12) SHIPPED BY	13) PRICE TERM

14) MARKS	15) DESCRIPTION OF GOODS	16) QTY.	17) UNIT PRICE	18) AMOUNT

19) ISSUED BY

20) SIGNATURE

PACKING LIST

1) SELLER	3) INVOICE NO.	4) INVOICE DATE
	5) FROM	6) TO
	7) TOTAL PACKAGES(IN WORDS)	
2) BUYER	8) MARKS & NOS.	

9) C/NOS.	10) NOS. & KINDS OF PKGS.	11) ITEM	12) QTY.	13) G.W.	14) N.W.	15) MEAS

16) ISSUED BY

17) SIGNATURE

1) SHIPPER		10) B/L NO.
2) CONSIGNEE		CARRIER
3) NOTIFY PARTY		中国远洋运输（集团）总公司
4) PLACE OF RECEIPT	5) OCEAN VESSEL	CHINA OCEAN SHIPPING (GROUP) CO.
6) VOYAGE NO.	7) PORT OF LOADING	ORIGINAL
8) PORT OF DISCHARGE	9) PLACE OF DELIVERY	Combined Transport BILL OF LADING

11) MARKS	12) NOS. & KINDS OF PKGS.	13)DESCRIPTION OF GOODS	14) G.W.(kg)	15) MEAS(m^3)

16) TOTAL NUMBER OF CONTAINERS
OR PACKAGES(IN WORDS)

FREIGHT & CHARGES	REVENUE TONS	RATE	PER	PREPAID	COLLECT
PREPAID AT	PAYABLE AT		17) PLACE AND DATE OF ISSUE		
TOTAL PREPAID	18) NUMBER OF ORIGINAL B(S)/L		21)		

LOADING ON BOARD THE VESSEL

19) DATE	20) BY

ORIGINAL

1. Exporter	Certificate No.
2. Consignee	CERTIFICATE OF ORIGIN OF THE PEOPLE'S REPUBLIC OF CHINA
3. Means of transport and route	5. For certifying authority use only
4. Country/region of destination	

6. Marks and Numbers	7. Number and kind of packages; description of goods	8. H.S. Code	9. Quantity	10. Number and date of invoices

11. Declaration by the exporter	12. Certification
The undersigned hereby declares that the above details and statements are correct; that all the goods were produced in China and that they comply with the Rules of Origin of the People's Republic of China.	It is hereby certified that the declaration by the exporter is correct.
Place and date. signature and stamp of authorized signatory	Place and date. signature and stamp of certifying authority

CERTIFICATE

DATE:

ISSUED BY:

CERTIFICATE

DATE:

ISSUED BY:

2. 请根据汇丰银行来证及货物明细，填写提交单据清单，并缮制全套出口单据。

货 物 明 细

商品名称：CHEER BRAND STAINLESS STEELWARE

货　号	数　量	单　价	包装方式	包装种类	毛重	净重	尺　　码
S4950	4600 PCS	US＄6.50	20	CTNS	25 kg	23 kg	30×25×30 cm
S4728	2400 PCS	US＄5.20	8	CTNS	18 kg	16 kg	25×25×40 cm
S4101	2500 PCS	US＄12.80	10	CTNS	15 kg	13 kg	29×50×30 cm

发票号码：　HMINV2585　　　发票日期：　2005-8-5　　　汇票日期：2005-9-9

FormA 号码：050894735　　　原产地标准：P

装运船名：　ANGLAIS　　　航次：　V.296　　　装船日期：2005-8-23

提单号码：　TD359790　　　海洋运费：　USD1400.00

集装箱号码：TENU4719468　　　封志号：　51384

运输方式：　1 个 20 英尺普箱，堆场至堆场

保单号码：　ICC610426057　　　保单日期：　2005-8-20　　　保险费：　USD656.00

保险代理：　INSURECARGO INSURANCE SERVICES, INC.　　　运输标志：MTY
67 MARK LANE, LONDON　　　HMSC2005321
EC3R 4NE, U.K.　　　FELEXSTOWE
TEL:0044-207-204-4500　　　C/NO.1-UP
FAX:0044-207-204-5577

提交单据清单

名称	汇票	发票	装箱单	重量单	尺码单
份数					
名称	船公司证明	航程证明	受益人证明	寄单证明	装船通知
份数					
名称	海运提单	空运提单	产地证	商会产地证	普惠制产地证
份数					
名称	商检证	官方商检证	商会商检证	保险单	投保通知
份数					

HSBC 汇丰

PAGE 1

SHANGHAI HUAMEI LIGHT INDUSTRIAL PRODUCTS I. & E. COMPANY 11JUL2005
NO. 210 BEIJING EAST RD
SHANGHAI 200221
P.R. CHINA

USD SEVENTY FOUR THOUSAND THREE HUNDRED AND EIGHTY ONLY

DEAR SIRS,

IN ACCORDANCE WITH THE TERMS OF ARTICLE 7(A) OF UCP 500 WE ADVISE HAVING RECEIVED THE FOLLOWING TELETRANSMISSION FROM HSBC BANK PLC

(SWIFT ADDRESS: MIDLGB22)

27	SEQ OF TOTAL:	1/1
40A	FORM OF DC:	IRREVOCABLE
20	DC NO:	TR-MHLC01
31C	DATE OF ISSUE:	11JUL2005
31D	EXPIRY DATE AND PLACE:	09SEP2005 CHINA
50	APPLICANT:	MTY (UK) LIMITED 566, BOROUGH HIGH STREET, LONDON, SE1 1HR, UNITED KINGDOM TEL: +44 207 407 4035 FAX: +44 207 407 4080
59	BENEFICIARY:	SHANGHAI HUAMEI LIGHT INDUSTRIAL PRODUCTS I. & E. COMPANY NO. 210 BEIJING EAST RD SHANGHAI 200221, P.R. CHINA
32B	DC AMT:	USD74380.00
41D	AVAILABLE WITH/BY:	ANY BANK BY NEGOTIATION
42C	DRAFTS AT:	060 DAYS AFTER SIGHT
42D	DRAWEE:	ISSUING BANK
43P	PARTIAL SHIPMENTS:	NOT ALLOWED
43T	TRANSHIPMENT:	NOT ALLOWED
44A	LOADING/DISPATCH AT/FROM:	SHANGHAI
44B	FOR TRANSPORTATION TO:	FELEXSTOWE
44C	LATEST DATE OF SHIPMENT:	25AUG2005

45A GOODS:

CIF FELEXSTOWE
CHEER BRAND STAINLESS STEELWARE ASSORTED ITEMS
AS PER SC NO. HMSC2005321 OF 21MAR2005.

46A DOCUMENTS REQUIRED:

ORIGINAL SIGNED COMMERCIAL INVOICE AND 2 COPIES, INDICATING F.O.B. VALUE, FREIGHT CHARGES AND INSURANCE PREMIUM SEPARATELY.
FULL SET OF ORIGINAL CLEAN MARINE BILLS OF LADING MADE OUT TO SHIPPERS ORDER, ENDORSED IN BLANK MARKED FREIGHT PREPAID AND NOTIFY MTY (UK) LIMITED

** TO BE CONTINUED IN NEXT PAGE **

HSBC 汇丰　PAGE 2

SHANGHAI HUAMEI LIGHT INDUSTRIAL PRODUCTS I. & E. COMPANY　11JUL2005

DOCUMENATRY CREDIT NO.: TR-MHLC01

566, BOROUGH HIGH STREET, LONDON, SE1 1HR, UNITED KINGDOM
ORIGINAL PACKING LIST AND ONE COPY ISSUED BY THE BENEFICIARY
ORIGINAL GSP FORM A CERTIFICATE OF ORIGIN ON OFFICIAL FORM ISSUED BY
A TRADE AUTHORITY OR GOVERNMENT BODY
INSURANCE POLICIES OR CERTIFICATES IN DUPLICATE, ENDORSED IN BLANK
FOR 110 PCT OF INVOICE VALUE COVERING INSTITUTE CARGO CLAUSES (A).
BENEFICIARY'S CERTIFICATE CERTIFYING THAT ONE SET OF COPIES OF SHIPPING
DOCUMENTS HAS BEEN SENT TO APPLICANT WITHIN 7 DAYS AFTER SHIPMENT.

47A　ADDITIONAL CONDITIONS:
DOCUMENTS ARE NOT TO BE PRESENTED PRIOR TO 15 DAYS AFTER SHIPMENT.
WE UNDERTAKE TO REIMBURSE YOU IN ACCORDANCE WITH YOUR INSTRUCTIONS
WHICH SHOULD INCLUDE YOUR UID NUMBER AND THE ABA CODE OF THE
RECEIVING BANK ON THE MATURITY DATE, WHICH WE SHALL ADVISE. WE ARE
PREPARED TO DISCOUNT ALL BILLS DRAWN UNDER THIS CREDIT AT OUR
PREVAILING DISCOUNT RATE ON THE DATE OF ACCEPTANCE OF THE DOCUMENTS
COMPLYING WITH THE CREDIT ON THE SPECIFIC INSTURCTIONS OF THE
NEGOTIATING BANK, WHO SHOULD STATE ON THEIR SCHEDULE THAT THEY
REQUIRE US TO DO SO. DRAFTS/DOCUMENTS MUST BE DRAWN AT TENOR STATED
ABOVE. ALL DISCOUNT CHARGES ARE FOR THE ACCOUNT OF THE BENEFICIARY.
NOT WITHSTANDING THE PROVISIONS OF UPC500, IF WE GIVE NOTICE OF REFUSAL
OF DOCUMENTS PRESENTED UNDER THIS CREDIT WE SHALL HOWEVER RETAIN
THE RIGHT TO ACCEPT A WAIVER OF DISCREPANCIES FROM THE APPLICANT AND,
SUBJECT TO SUCH WAIVER BEING ACCEPTABLE TO US, TO RELEASE THE
DOCUMENTS AGAINST THAT WAIVER WITHOUT REFRENCE TO THE PRESENTER
PROVIDED THAT NO WRITTEN INSTRUNCTIONS TO THE CONTRARY HAVE BEEN
RECEIVED BY US FROM THE PRESENTER BEFORE THE RELEASE OF THE
DOCUMENTS.
ANY SUCH RELEASE PRIOR TO THE RECEIPT OF CONTRARY INSTRUCTIONS
SHALL NOT CONSTITUTE A FAILURE ON OUR PART TO HOLD DOCUMENTS AT
THE PRESENTERS RISK AND DISPOSAL, AND WE SHALL HAVE NO LIABILITY
TO THE PRESENTER IN RESPECT OF ANY SUCH RELEASE.
UNLESS OTHERWISE EXPRESSLY STATED, ALL DOCUMENTS MUST BE IN ENGLISH.
EXCEPT SO FAR AS OTHERWISE EXPRESSLY STATED, THIS DOCUMENTARY CREDIT
IS SUBJECT TO UNIFORM CUSTOMS AND PRACTICE FOR DOCUMENTARY CREDIT
ICC PUBLICATION NO. 500.
ANY PROCEEDS OF PRESENTATIONS UNDER THIS DC WILL BE SETTLED BY
TELETRANSMISSION AND A CHARGE OF GBP40.00 (OR CURRENCY EQUIVALENT)
WILL BE DEDUCTED.
WHERE ORIGINAL DOCUMENTS OR SIGNATURES ARE REQUIRED FACSIMILE/
PHOTOCOPIES OF DOCUMENTS OR SIGNATURES ARE NOT ACCEPTABLE.
AN ADDITIONAL CHARGE MAY BE LEVIED FOR PRESENTATIONS ON OVERDRAWN/
EXPIRED CREDITS.

** TO BE CONTINUED IN NEXT PAGE **

HSBC 汇丰

PAGE 3

SHANGHAI HUAMEI LIGHT INDUSTRIAL PRODUCTS I. & E. COMPANY 11JUL2005

DOCUMENATRY CREDIT NO.: TR-MHLC01

71B	DETALLS OF CHARGES:	ALL CHGS OUTSIDE COUNTRY OF ISSUE FOR ACCOUNT OF BENEFICIARY/EXPORTER
48	PERIOD FOR PRESENTATION:	WITHIN 21 DAYS AFTER THE DATE OF SHIPMENT BUT WITHIN THE VALIDITY OF THE CREDIT
49	CONFIRMATION INSTRUCTION:	WITHOUT
57D	ADVISE THRU:	BANK OF CHINA SHANGHAI JIN MAO TOWER SUB-BRANCH
72	BK TO BK INFO:	DOCUMENTS TO BE DESPATCHED BY COURIER SERVICE IN ONE LOT TO HSBC BANK PLC, TRADE SERVICES, 51 DE MONTFORT STREET, LEICESTER LE1 7BB

THIS ADVICE CONSTITUTES A DOCUMENTARY CREDIT ISSUED BY THE ABOVE BANK AND SHOULD BE PRESENTED WITH THE DOCUMENTS/DRAFTS FOR NEGOTIATION/PAYMENT/ ACCEPTANCE, AS APPLICABLE.

404616-AUTO-000.01-00

** END OF DC **

He Yun Long
008234

BILL OF EXCHANGE

No. ____________

For ____________ ____________________
(amount in figure) (place and date of issue)

At ____________ sight of this FIRST Bill of exchange(SECOND being unpaid)

pay to the Order of ____________________

the Sum of ____________________
(amount in words)

Value received for ____________ of ____________
(quantity) (name of commodity)

Drawn under ____________________

L/C No. ____________ dated ____________

To: For and on behalf of
____
____
____
____________ ____________________
(Authorized Signature)

Shanghai Huamei Light Industrial Products I.& E. Company

No. 210 Beijing East Rd, Shanghai 200221, P.R.China

COMMERCIAL INVOICE

To: --

Invoice Date: --
Invoice No.: --

Contract No.: --
Contract Date: --

Shipping Marks	Quantity and Descriptions	Amount

Total Amount in Words:

Shanghai Huamei Light Industrial Products I.& E. Company

No. 210 Beijing East Rd, Shanghai 200221, P.R.China

PACKING LIST

To: --

Invoice Date: --
Invoice No.: --

Contract No.: --
Contract Date: --

Shipping Marks:

Package No.	Packages	Item	Quantity	Gross Weight	Net Weight	Measurements

Total Packages in Words:

1. Shipper	SINOTRANS B/L No.
2. Consignee (Non-negotiable Unless Consigned to Order)	中外运集装箱运输有限公司 SINOTRANS CONTAINER LINES CO., LTD **BILL OF LADING** For Combined Transport Shipment or Port to Port Shipment

3. Notify Party (Carrier not to be Responsible for Failure to Notify)		RECEIVED by the Carrier from the Shipper in apparent good order and condition unless otherwise indicated herein, the Goods, or the container(s) or package(s) said to contain the cargo herein mentioned, to be carried subject to all the term(s) and conditions provided for on the face and back of this Bill of Lading by the Vessel named herein or any substitute at the Carrier's option and/or other means of transport, from the place of receipt or the port of loading to the port of discharge or the place of delivery shown herein and there to be delivered to Consignee or on-carrier on payment of all charges due. In accepting this Bill of Lading the Merchant hereby expressly accept and agree to all printed, written or stamped provisions, exceptions and conditions of this Bill of Lading, including those on the hereof. IN WINESS whereof the number of original Bills of Lading stated below have been signed, one of which being accomplished, the other(s) to be void. **ORIGINAL**
4. Pre-Carriage by*	5. Place of Receipt*	
6. Vessel & Voyage. No.	7. Port of Loading	
8. Port of Discharge	9. Place of Delivery*	

10. Point and Country of Origin	Forwarding Agent References	Service Contract No.	Document No.	Export References

PARICULARS FURNISHED BY SHIPPER

11. Marks & Nos.Container/Seal No.	No. of Packages or Containers	Description of Contens for Shipper's Use only (not part of this B/L contract)		
		Description of Goods	Gross Weight (Kgs)	Measurement (Cbm)

12. Total Number of Packages or Containers (in words)

13. Freight & Charges Optional Declared value for Increased Freight Charges to Avoid Packages Limitation:US$			19. No. of Original B(s)/L 20. Place and Dated of Issue	Regarding Transhipment Information Please Contact
14. Prepaid/Collect	15. Prepaid at	16. Payable at	21. Signed for the Carrier, Sinotrans Container Lines Co., Ltd.	
17. Total Prepaid		18. Laden on board the Vessel		

* Applicable Only When Document Used as a Combined Transport B/L

Sinotrans Standred Form SNL0101

货 物 运 输 保 险 单
CARGO TRANSPORTATION INSURANCE POLICY

总公司设于北京 Head Office Beijing　　一九四九年创立 Established in 1949

发票号 (INVOICE NO.)　　保单号次 POLICY NO.
合同号 (CONTRACT NO.)
信用证号（L/C NO.)
被保险人
INSURED ____

中国人民财产保险股份有限公司（以下简称本公司）根据被保险人的要求，由被保险人向本公司缴付约定的保险费，按照本保单承保险别和背面所载条款与下列特款承保下述货物运输保险，特立本保险单。

THIS POLICY OF INSURANCE WITNESSES THAT PICC PROPERTY AND CASUALTY COMPANY LIMITED (HEREINAFTER CALLED "THE COMPANY") AT THE REQUEST OF THE INSURED AND IN CONSIDERATION OF THE AGREED PREMIUM PAID TO THE COMPANY BY THE INSURED, UNDERTAKES TO INSURE THE UNDERMENTIONED GOODS IN TRANSPORTATION SUBJECT TO THE CONDITIONS OF THIS POLICY AS PER THE CLAUSES PRINTED OVERLEAF AND OTHER SPECIAL CLAUSES ATTACHED HEREON.

标　记 MARKS & NOS	包装及数量 QUANTITY	保险货物项目 DESCRIPTION OF GOODS	保险金额 AMOUNT INSURED

总保险金额:
TOTAL AMOUNT INSURED ____

保费: PREMIUM ____　启运日期: DATE OF COMMENCEMENT ____　装载运输工具: PER CONVEYANCE ____

自 FROM ____　经 VIA ____　至 TO ____

承保险别:
CONDITIONS

所保货物，如发生保险单项下可能引起索赔的损失或损坏，应立即通知本公司下述代理人查勘。如有索赔，应向本公司提交保单正本（本保单共有 ____ 份正本）及有关文件。如一份正本已用于索赔，其余正本自动失效。

IN THE EVENT OF LOSS OR DAMAGE WHICH MAY RESULT IN A CLAIM UNDER THIS POLICY, IMMEDIATE NOTICE MUST BE GIVEN TO THE COMPANY'S AGENT AS MENTIONED HEREUNDER. CLAIMS, IF ANY, ONE OF THE ORGINAL POLICY WHICH HAS BEEN ISSUED IN ____ ORIGINAL(S) TOGETHER WITH THE RELEVENT DOCUMENTS SHALL BE SURRENDERED TO THE COMPANY. IF ONE OF THE ORIGINAL POLICY HAS BEEN ACCOMPLISHED, THE OTHERS TO BE VOID.

中国人民财产保险股份有限公司 上海市分公司
PICC Property and Casualty Company Limited, Shanghai Branch

赔款偿付地点
CLAIM PAYABLE AT/IN ____

出单日期
ISSUING DATE ____

GENERAL MANAGER

地址：中国上海中山南路700号
ADD: 700 ZHONGSHAN ROAD（S）SHANGHAI CHINA
邮编（POST CODE）：200010

经办：冯可　　复核：林晓平

Settling & Customer Service Centre:
(理赔/客户服务中心） 86 21 63674274

保单顺序号 PICC 0190265

ORIGINAL

<table>
<tr><td colspan="3">1. Goods consigned from (Exporter's business name, address country)</td><td colspan="3" rowspan="2">Reference No.
GENERALIZED SYSTEM OF PREFERENCES
CERTIFICATE OF ORIGIN
(Combined declaration and certificate)
FORM A
Issued in THE PEOPLE'S REPUBLIC OF CHINA
(country)
See Notes overleaf</td></tr>
<tr><td colspan="3">2. Goods consigned to (Consignee's name, address, country)</td></tr>
<tr><td colspan="3">3. Means of transport and route (as far as known)</td><td colspan="3">4. For official use</td></tr>
<tr><td>5. Item number</td><td>6. Marks and numbers of packages</td><td>7. Number and kind of packages; description of goods</td><td>8. Origin criterion (See Notes overleaf)</td><td>9. Gross weight or other quantity</td><td>10. Number and date of invoices</td></tr>
<tr><td></td><td></td><td></td><td></td><td></td><td></td></tr>
<tr><td colspan="3">11. Certification
It is hereby certified, on the basis of control carried out, that the declaration by the exporter is correct.

Place and date. signature and stamp of certifying authority</td><td colspan="3">12. Declaration by the exporter
The undersigned hereby declares that the above details and statements are correct; that all the goods were produced in ------------------------
(country)
and that they comply with the origin requirements specified for those goods in the Generalized System of Preferences for goods exported to
----
(importing country)

Place and date, signature of authorized signatory</td></tr>
</table>

Shanghai Huamei Light Industrial Products I.& E. Company

No. 210 Beijing East Rd, Shanghai 200221, P.R.China

CERTIFICATE

L/C No.: -- Invoice Date: --
L/C Date: -- Invoice No.: --
L/C Issuing Bank: --

3. 请根据 Hongkong Bank Malaysia Berhad, Penang Branch 的来证及货物明细，审核全套出口单据，并填写《审单记录表》。

审单记录表

不符点： 应改为：

汇票： 1.
2.
3.
4.
……

商业发票： 1.
2.
3.
4.
……

……

货物明细

商品名称："BLACK SWAN" BRAND VACUUM FLASK

货号	数量	单价	包装方式	包装种类	毛重	净重	尺码(件)
SM-1361 350ML	1200 PCS	US$7.00	20	CTNS	8.0 kg	7.0 kg	40×33×24.5 cm
SM-1281 500ML	1000 PCS	US$7.80	20	CTNS	9.0 kg	8.0 kg	40×33×30 cm
SM-1281 750ML	1200 PCS	US$13.00	20	CTNS	14.5 kg	12.5 kg	47×38×32.5 cm
TM-2021 420ML	480 PCS	US$13.85	24	CTNS	13.0 kg	11.0 kg	48×34×28 cm
TM-2042 260ML	960 PCS	US$13.40	24	CTNS	9.5 kg	8.0 kg	43×29×24 cm

发票号码：TSEINV20051025 发票日期：25-Oct-05
装运船名：CHENGHE 航次：V.306
提单号码：TD207583 提单日期：12-Nov-05
装船日期：12-Nov-05
保险代理：AMERICAN INTERNATIONAL ASSURANCE COMPANY
WISMA AIA
99 JALAN AMPANG
50450 KUALA LUMPUR, MALAYSIA
TEL:603-232-62553244

运输标志：HWSB
TSESC2005910
PENANG
C/NO.1-UP

Hongkong Bank Malaysia Berhad

Member HSBC Group

PENANG BRANCH
NO.11 Beach Street
10300 Penang

DATE OF ISSUE: 30-Sep-05

IRREVOCABLE DOCUMENTARY CREDIT NUMBER: DC PGM050930

BENEFICIARY: SHANGHAI TAISUO TRADING COMPANY NO. 47, ZIZHONG ROAD, SHANGHAI 200021 P.R. CHINA	**APPLICANT:** HUP WAT SDN BHD 6 CAMPBELL STREET 10100 PENANG MALAYSIA
ADVISING BANK: HK+SHANGHAI BANKING CORPORATION LTD, SHANGHAI BRANCH PO BOX 085-151 185 YUAN MING YUAN ROAD SHANGHAI 200002 CHINA	**AMOUNT:** USD 51,312.00 SAY US DOLLARS FIFTY ONE THOUSAND THREE HUNDRED AND TWELVE ONLY. CIFC5 PENANG
PARTIAL SHIPMENTS: NOT ALLOWED **TRANSSHIPMENT:** NOT ALLOWED **SHIPMENT** **FROM:** SHANGHAI **TO:** PENANG	**DATE AND PLACE OF EXPIRY:** 29-Nov-05 SHANGHAI, CHINA **CREDIT AVAILABLE WITH:** HK+SHANGHAI BANKING CORPORATION LTD, SHANGHAI BRANCH **BY:** NEGOTIATION
LATEST SHIPMENT: 14-Nov-05	**DRAFTS AT:** SIGHT **FOR** 100% INVOICE VALUE **DRAWN ON** HONGKONG BANK MALAYSIA BERHAD, PENANG BRANCH

DEAR SIRS,

WE HEREBY ISSUE THIS IRREVOCABLE DOCUMENTARY CREDIT IN YOUR FAVOUR WHICH IS AVAILABLE BY NEGOTIATION OF YOUR DRAFT(S) AT SIGHT DRAWN ON THE ISSUING BANK BEARING THE CLAUSE: "DRAWN UNDER DOCUMENTARY CREDIT NO. DC PGM050930", FOR FULL INVOICE VALUE OF GOODS ACCOMPANIED BY THE FOLLOWING DOCUMENTS:

DOCUMENTS REQUIRED:

+ SIGNED COMMERCIAL INVOICE IN 4 COPIES INDICATING L/ C NO. DC PGM050930 AND CONTRACT NO.TSESC2005910 DATED 10-SEP-05.

+ CERTIFICATE OF ORIGIN IN 5 COPIES.

+ FULL SET (3/3) CLEAN ON BOARD BILLS OF LADING MADE OUT TO ORDER , BLANK ENDORSED, MARKED FREIGHT PREPAID, NOTIFY THE APPLICANT.

+ INSURANCE POLICY IN 4 COPIES FOR 110% OF THE INVOICE VALUE SHOWING CLAIMS PAYABLE IN PENANG IN USD, BLANK ENDORSED, COVERING ALL RISKS AND WAR RISKS AS PER AND SUBJECT TO THE RELEVANT OCEAN MARINE CARGO CLAUSES OF THE P.I.C.C. DATED 1981/1/1.

+ PACKING LIST IN 4 COPIES INDICATING QUANTITY, GROSS WEIGHT, NET WEIGHT, MEASUREMENT OF EACH PACKAGE.

GOODS:

BLACK SWAN BRAND VACUUM FLASK

ADDITIONAL CONDITIONS:

+ SHORT FORM BILL OF LADING IS NOT ACCEPTABLE.

+ DOCUMENTS WITH DISCREPANCIES MUST NOT BE NEGOTIATED AGAINST GUARANTEE OR UNDER RESERVE.

+ SHIPMENT BY CONTAINER AND BILL OF LADING CERTIFY THE SAME.

....TO BE CONTINUED ON PAGE 2..

Hongkong Bank Malaysia Berhad

Member HSBC Group

PENANG BRANCH

ATTACHED TO AND FORMING PART OF DOCUMENTARY CREDIT NO. DC PGM050930 PAGE 2

DATE OF ISSUE:	BENEFICIARY:
30-Sep-05	SHANGHAI TAISUO TRADING COMPANY NO. 47, ZIZHONG ROAD, SHANGHAI 200021 P.R. CHINA

+ PACKING LIST MUST BEARING L/C NO, DATE AND ISSUING BANK

PERIOD FOR PRESENTATION: WITHIN 15 DAYS AFTER DATE OF SHIPMENT BUT WITHIN THE VALIDITY OF THE CREDIT.

CONFIRMATION INSTRUCTIONS: WITHOUT

BANK TO BANK INSTRUCTIONS:

+ ALL BANKING CHARGES OUTSIDE MALAYSIA INCLUDING ADVISING AND NEGOTIATING COMMISSIONS, AND OUR TELEX CHARGES ARE FOR THE ACCOUNT OF BENEFICIARY.

INFORMATION TO PRESENTING BANK:

+ ALL DOCUMENTS WILL BE FORWARDED TO US BY SEPARATE COURIER/AIRMAIL

+ EXCEPT SO FAR AS OTHERWISE EXPRESSLY STATED, THIS DOCUMENTARY CREDIT IS SUBJECT TO UNIFORM CUSTOMS AND PRACTICE FOR DOCUMENTARY CREDIT (1993 REVISION), INTERNATIONAL CHAMBER OF COMMERCE PUBLICATION NUMBER 500.

THIS DOCUMENT CONSISTS OF 2PAGES

LAI KUANYONG

732 5934

BILL OF EXCHANGE

No. TSEINV20051025

For US$51,312.00 (amount in figure) SHANGHAI 2005-11-30 (place and date of issue)

At *********** sight of this FIRST Bill of exchange(SECOND being unpaid)

pay to the Order of HK+SHANGHAI BANKING CORPORATION LTD, SHANGHAI BRANCH

the Sum of SAY US DOLLARS FIFTY ONE THOUSAND THREE HUNDRED AND TWELVE ONLY (amount in words)

Value received for 4800 PCS (quantity) of BLACK SWAN BRAND VACUUM FLASK (name of commodity)

Drawn under HONGKONG BANK MALAYSIA BERHAD, PENANG BRANCH

L/C No. DC PGM050930 dated 2005-9-30

To: HK+SHANGHAI BANKING CORPORATION LTD,
SHANGHAI BRANCH
PO BOX 085-151 185 YUAN MING YUAN ROAD
SHANGHAI 200002 CHINA

For and on behalf of
SHANGHAI TAISUO TRADING COMPANY

(Authorized Signature)

COMMERCIAL INVOICE

1) SELLER	3) INVOICE NO.	4) INVOICE DATE
SHANGHAI TAISUO TRADING COMPANY NO. 47, ZIZHONG ROAD, SHANGHAI 200021 P.R. CHINA	TSEINV20051025	25-Oct-05
	5) L/C NO. DC PGM050930	6) DATE 30-Sep-05
	7) ISSUED BY HONGKONG BANK MALAYSIA BERHAD, PENANG BRANCH	
2) BUYER HUP WAT SDN BHD 6 CAMPBELL STREET 10100 PENANG MALAYSIA	8) CONTRACT NO. TSEINV20051025	9) DATE 10-Sep-05
	10) FROM SHANGHAI	11) TO PENANG
	12) SHIPPED BY CHENGHE V.306	13) PRICE TERM CIF PENANG

14) MARKS	15) DESCRIPTION OF GOODS	16) QTY.	17) UNIT PRICE	18) AMOUNT
	BLACK SWAN BRAND VACUUM FLASK			
HWSB	SM-1361 350ML	1200PCS	US$7.00	US$8400.00
TSESC200591	SM-1281 500ML	1000PCS	US$7.80	US$7800.00
PENANG	SM-1281 750ML	1200PCS	US$13.00	US$15600.00
C/NO.1-UP	TM-2021 420ML	480PCS	US$13.85	US$6648.00
	TM-2042 260ML	960PCS	US$13.40	US$12864.00
	TOTAL:	4840PCS		US$51312.00

TOTAL AMOUNT IN WORDS: SAY US DOLLARS FIFTY ONE THOUSAND THREE HUNDRED AND TWELVE ONLY

TOTAL GROSS WEIGHT: 2404 KGS

TOTAL NUMBER OF PACKAGES: 230 CTNS

19) ISSUED BY

SHANGHAI TAISUO TRADING COMPANY

20) SIGNATURE

张青

PACKING LIST

1) SELLER	3) INVOICE NO.	4) INVOICE DATE
SHANGHAI TAISUO TRADING COMPANY NO. 147, ZIZHONG ROAD, SHANGHAI 200021 P.R. CHINA	TSEINV20051025	25-Oct-05
	5) FROM SHANGHAI	**6) TO** PENANG
	7) TOTAL PACKAGES(IN WORDS) SAY TWO HUNDRED AND THIRTY CARTONS ONLY.	
2) BUYER HUP WAT SDN BHD 6 CAMPBELL STREET 10100 PENANG MALAYSIA	**8) MARKS & NOS.** HWSB TSESC2005910 PENANG C/NO.1-230	

9) C/NOS.	10) NOS. & KINDS OF PKGS.	11) ITEM	12) QTY.	13) G.W.	14) N.W.	15) MEAS(m3)
	BLACK SWAN BRAND VACUUM FLASK					
1	60 CTNS	SM-1361 350ML	1200PCS	480KGS	420KGS	1.920 M^3
2	50 CTNS	SM-1281 500ML	1000PCS	450KGS	400KGS	2.000 M^3
3	60 CTNS	SM-1281 750ML	1200PCS	870KGS	750KGS	3.480 M^3
4	25 CTNS	TM-2021 420ML	480PCS	260KGS	220KGS	0.920 M^3
5	40 CTNS	TM-2042 260ML	960PCS	380KGS	320KGS	1.200 M^3
TOTAL:	230 CTNS		4840PCS	2440KGS	2110KGS	9.520 M^3

16) ISSUED BY
SHANGHAI TAISUO TRADING COMPANY

17) SIGNATURE
张青

ORIGINAL

1. Exporter SHANGHAI TAISUO TRADING COMPANY NO. 47, ZIZHONG ROAD, SHANGHAI 200021 P.R. CHINA	Certificate No. 027459023760 CERTIFICATE OF ORIGIN OF THE PEOPLE'S REPUBLIC OF CHINA
2. Consignee HAP WAT SDN BHD 6 CAMPBELL STREET 10100 PENANG MALAYSIA	
3. Means of transport and route FROM: SHANGHAI TO: PENANG BY SEA	5. For certifying authority use only
4. Country/region of destination PENANG	

6. Marks and Numbers	7. Number and kind of packages; description of goods	8. H.S. Code	9. Quantity	10. Number and date of invoices
HWSB TSESC2005910 PENANG C/NO.1-230	230 CARTONS (SAY TWO HUNDRED AND THIRTY CARTONS ONLY) OF BLACK SWAN BRAND VACUM FLASK ************************************	7323.9300	4840PCS	TSEINV20051025 25-OCT-05

11. Declaration by the exporter	12. Certification
The undersigned hereby declares that the above details and statements are correct; that all the goods were produced in China and that they comply with the Rules of Origin of the People's Republic of China. SHANGHAI TAISUO TRADING COMPANY 张青 Shanghai　　9-Nov-05	It is hereby certified that the declaration by the exporter is correct. 中国国际贸易促进委员会 单据证明专用章 (沪) CHINA COUNCIL FOR THE PROMOTION OF INTERNATIONAL TRADE (SHANGHAI) 李远达 Shanghai　　10-Nov-05
Place and date. signature and stamp of authorized signatory	Place and date. signature and stamp of certifying authority

太平保险有限公司
THE TAI PING INSURANCE COMPANY, LTD.
创立于1929年
Since 1929

MEMBER OF CIH 中國保險 成員
总公司地址：中国深圳福田区益田路江苏大厦17楼
Address:17/F Jiangsu Building, Yitian Road, Futian District, Shenzhen, P.R.C.
电话Tel：(86-755) 82960919
传真Fax：(86-755) 82960909
网址Website：www.etaiping.com

货物运输保险单
Cargo Transportation Insurance Policy

NO. 6005006521

保单号：
Policy No: IPHJFN0467

太平保险有限公司（以下称保险人）根据投保人的要求，在投保人向保险人缴付约定的保险费后，按照本保险单承保险别和背面所载条款与下列特别条款承保下述货物运输险，特立本保险单。

This Policy of Insurance witnesses that The Tai Ping Insurance Company Limited (hereinafter called "the Underwriter") at the request of the Applicant named hereunder and in consideration of the agreed premium paid to the Underwriter by the Applicant, undertakes to insure the under-mentioned goods in transportation subject to the conditions of this policy as per the clauses printed overleaf and other special clauses attached hereto.

被保险人
Insured: SHANGHAI TAISUO TRADING COMPANY

标记 Marks & Numbers	包装及数量 Packing & Quantity	保险货物项目 Description of Goods	保险金额 Amount Insured
AS PER INVOICE NO. TSEINV251025	230 CTNS	BLACK SWAN BRAND VACUUM FLASK	US$56,444.00

总保险金额：
Total Amount Insured: SAY U.S. DOLLARS FIFTY SIX THOUSAND FOUR HUNDRED AND FORTY FOUR ONLY

保费：
Premium: AS ARRANGED

发票号或提单号或运单号
Invoice No./B/L No./AWB No. B/L NO. TD207583

装载运输工具：
Per Conveyance: CHENGHE V.306

起运日期：
Date of Commencement: NOV 12, 2005 自 From SHANGHAI 经 Via ____ 至 To PENANG

承保险别：
Terms & Conditions:

COVERING ALL RISKS AND WAR RISKS AS PER AND SUBJECT TO THE RELEVANT OCEAN MARINE CARGO CLAUSES OF THE P.I.C.C. DATED 1981/1/1.

所保货物，如发生保险单项下可能引起索赔的损失或损坏，应立即通知本公司下述的代理人勘查。本保单共有正本 2 份。如一份以用于索赔，其余自动失效。

In the event of lose or damage which may result in claim under this policy, immediate note must be given to the company's agent as mentioned hereunder. This policy has been issued in 2 original(s), If one of the original(s) has been surrendered to this company for claim purpose, the other shall be void.

AMERICAN INTERNATIONAL ASSURANCE COMPANY
WISMA AIA
99 JALAN AMPANG, 50450 KUALA LUMPUR, MALAYSIA
TEL: 603-232-6255 3244

赔款偿付地点：
Claim payable at: PENANG IN EUR

日期：
Date: NOV 13, 2005

太平保险有限公司上海分公司
THE TAI PING INSURANCE COMPANY, LTD.
SHANGHAI BRANCH
章海峰
General Manager *For Policy or Endorsement Only*

重要提示：
Important Notice:

如发现被保险货物整件短少或有明显残损痕迹，应立即向承运人、受托人或有关当局（海关、港务当局等）索取货损货差证明。如果货损货差是由于承运人、受托人或其他有关方面的责任所照成，应以书面方式向他们提出赔偿，必要时还须取得延长时效的认证。

If the insured goods are found short in entire package or packages or to show apparent trace of damage, the insured shall obtain from the carrier, bailee or other relevant authorities (Customs and Port Authorities ect.) certificate of lose or damage and/or shortlanded memo, Should the carrier, bailee or the relevant authorities be responsible for such shortage or damage, the Insured shall lodge a claim with them in writing and, if necessary, obtain their confirmation of extension of the time limit validity of such claim.

制单：
Made by: 刘美宏

复核：
Check by: 廖羽菲

出单公司地址及电话：
Tel & Add: 13/F ZHONG BAO BULIDING , NO.166 LU JIA ZUI RD(E), PUDONG SHANGHAI P.R.C
021-58877888

BILL OF LADING

1) SHIPPER SHANGHAI TAISUO TRADING COMPANY NO. 47, ZIZHONG ROAD, SHANGHAI 200021 P.R. CHINA		10) B/L NO. TD207583 *CARRIER*
2) CONSIGNEE TO ORDER OF SHIPPER		中国远洋运输（集团）总公司
3) NOTIFY PARTY HK+SHANGHAI BANKING CORPORATION LTD, SHANGHAI BRANCH		CHINA OCEAN SHIPPING (GROUP) CO.
4) PLACE OF RECEIPT	5) OCEAN VESSEL CHENGHE	
6) VOYAGE NO. V. 306	7) PORT OF LOADING SHANGHAI	*ORIGINAL*
8) PORT OF DISCHARGE PENANG	9) PLACE OF DELIVERY	Combined Transport BILL OF LADING

11) MARKS	12) NOS. & KINDS OF PKGS.	13) DESCRIPTION OF GOODS	14) G.W.(kg)	15) MEAS(m3)
HWSB TSESC2005910 PENANG C/NO.1-230	230 CARTONS	BLACK SWAN BRAND VACUUM FLASK	2440	9.514

16)TOTAL NUMBER OF CONTAINERS OR PACKAGES(IN WORDS) SAY TWO HUNDRED AND THIRTY CARTONS ONLY

FREIGHT & CHARGES	REVENUE TONS	RATE	PER	PREPAID	COLLECT

PREPAID AT	PAYABLE AT	17) PLACE AND DATE OF ISSUE
TOTAL PREPAID	18) NUMBER OF ORIGINAL B(S)L THREE (3)	SHANGHAI 12-Nov-05

LOADING ON BOARD THE VESSEL

19) DATE 12-Nov-05	20) BY 上海中远集装箱船务代理有限公司 COSCO SHANGHAI CONTAINER SHIPPING AGENCY CO., LTD. AS AGENT for the Carrier, China Ocean Shipping (Group) Co.	21) 上海中远集装箱船务代理有限公司 COSCO SHANGHAI CONTAINER SHIPPING AGENCY CO., LTD. AS AGENT for the Carrier, China Ocean Shipping (Group) Co.

提单背面：

SHANGHAI TAISUO TRADING COMPANY

张青

4. 天华国际贸易公司与新西兰一公司达成一笔出口交易。买方通过汇丰银行新西兰分行开来信用证。试根据出口来证和以下出口货物明细,完成单据操作。

(1) 缮制商业发票、装箱单。

(2) 审核提单、产地证,填写《审单记录表》。

审 单 记 录 表

	不符点	修改意见
提单	1.	
	2.	
	3.	
	4.	
	……	
产地证	1.	
	2.	
	3.	
	4.	
	……	

出口货物明细

商品名称:4 ITEMS OF COTTON YARN CROCHETED VEST

货号	数量	计量单位	单价	包装方式	包装种类	包装重量		包装尺码
						毛重	净重	长×宽×高
YGLX037	10000	PC	USD 0.58	100	CARTON	19.4 kgs	18.5 kgs	86×55×25 cm
YGL032	15500	PC	USD 0.57	100	CARTON	29.1 kgs	28.6 kgs	81×50×30 cm
YGS034	24000	PC	USD 0.53	120	CARTON	38.3 kgs	37.0 kgs	70×40×23 cm
YGM054	11000	PC	USD 0.56	110	CARTON	19.0 kgs	18.3 kgs	76×45×23 cm

发票号码:SHTH0507　　发票日期:4-Aug-05　　唛头:APSM

合同号码:SH-LBH4716　　合同日期:10-Jul-05　　P/O 47032

承运船只:LIN HUI　　航次:V.34　　AUCKLAND

提单号码:CSCEI932　　税则号:6114.2000　　C/NO.1-UP

HSBC LTD, SHANGHAI BRANCH　　25-Jul-05
G/F, HSBC TOWER, 101 YING CHENG EAST ROAD, PUDONG,
SHANGHAI 200120
TELEPHONE:[86](21)6841 1888
FACSIMILE:[86](21)6841 1333
TELEX: 33058 HSBCS CN

DEAR SIRS:

IN ACCORDANCE WITH THE TERMS OF ARTICLE 7 OF UNIFORM CUSTOMS AND PRACTICE (1993 REVISION) ICC PUBLICATION NO.500, WE ADVISE, WITHOUT ANY ENGAGEMENT ON OUR PART, HAVING RECEIVED THE FOLLOWING TELETRANSMISSION.

FROM		HSBC, CHRISTCHURCH, NEW ZEALAND (SWIFT ADDRESS : HSBCNZ2ACHC)
SEQ OF TOTAL :	27	1/1
FORM OF DC :	40A	IRREVOCABLE
DC NO :	20	DPCXCH020359
DATE OF ISSUE :	31C	25-Jul-05
EXPIRY DATE AND PLACE :	31D	15-Oct-05 IN COUNTRY OF BENEFICIARY
APPLICANT :	50	APSM LIMITED 3/ 25 PANNILL PLACE, BROWNS BAY 1311 AUCKLAND NEW ZEALAND
BENEFICIARY :	59	SHANGHAI TIAN HUA INTERNATIONAL TRADING CO. 11/F, WEN XIN PLAZA NO.755 WEI HAI ROAD, SHANGHAI 200041, P.R.CHINA
DC AMT :	32B	USD33344.00
PCT CR AMT TOLERANCE :	39A	02/02
AVAILABLE WITH/BY :	41D	ADVISING BANK BY NEGOTIATION
DRAFTS AT :	42C	30 DAYS AFTER SIGHT
DRAWEE :	42D	ISSUING BANK
PARTIAL SHIPMENTS :	43P	ALLOWED
TRANSSHIPMENT :	43T	ALLOWED

HSBC LTD, SHANGHAI BRANCH 25-Jul-05
G/F, HSBC TOWER, 101 YING CHENG EAST ROAD, PUDONG,
SHANGHAI 200120
TELEPHONE:[86](21)6841 1888
FACSIMILE:[86](21)6841 1333
TELEX: 33058 HSBCS CN

LOADING/DISPATCH AT /FROM : 44A SHANGHAI, CHINA

FOR TRANSPORTATION TO : 44B AUCKLAND, NEW ZEALAND

LATEST DATE OF SHIPMENT : 44C 30-Sep-05

GOODS : 45A FOB SHANGHAI
COTTON YARN CROCHETED VEST
AS PER PURCHASE ORDER 47032

DOCUMENTS REQUIRED : 46A
+ COMMERCIAL INVOICES IN DUPLICATE STATING THE DETAILS OF CONTENT ARE TRUE.
+ FULL SET THREE(3) CLEAN 'ON BOARD' OR 'SHIPPED' NEGOTIABLE BILLS OF LADING TO ORDER BLANK ENDORSED MARKED 'FREIGHT COLLECT' SHOWING NOTIFIED PARTY AS APSM LIMITED TEL 64 9 479 8995 AUCKLAND, NEW ZEALAND
+ CERTIFICATE OF ORIGIN
+ BENEFICIARY CERTIFICATE STATING THAT A COPY OF THE COMMERCIAL INVOICE PACKING LIST AND BILL OF LADING HAVE BEEN FAXED TO APSM LIMITED FAX 64 9 478 0510 AUCKLAND, NEW ZEALAND WITHIN TWO DAYS OF THE BILL OF LADING DATE
+ PACKING LIST IN TRIPLICATE

ADDITIONAL CONDITIONS : 47A
INSURANCE BUYERS CARE

2 PERCENT MORE OR LESS IN QUANTITY OF GOODS IS ACCEPTABLE

DRAWEE : HSBC, CHRISTCHURCH, NEW ZEALAND
(SWIFT HSBCNZ2ACHC)

AT MATURITY PROVIDED DOCUMENTS RECEIVED ARE IN STRICT COMPLIANCE WITH DC TERMS WE UNDERTAKE TO REIMBURSE YOU IN ACCORDANCE WITH YOUR INSTRUCTIONS LESS OUR CHARGES OF USD70.00

A FEE OF USD50.00 (OR EQUIVALENT)WILL BE CHARGED BY US IF DOCUMENTS CONTAINING DISCREPANCIES ARE PRESENTED FOR PAYMENT/REIMBURSEMENT UNDER THIS DC. THIS FEE WILL BE CHARGED FOR EACH SET OF DISCREPANT DOCUMENTS PRESENTED WHICH REQUIRE OUR OBTAINING ACCEPTANCE FROM OUR CUSTOMER.

HSBC LTD, SHANGHAI BRANCH　　　　　　　　　　　　25-Jul-05
G/F, HSBC TOWER, 101 YING CHENG EAST ROAD, PUDONG,
SHANGHAI 200120
TELEPHONE:[86](21)6841 1888
FACSIMILE:[86](21)6841 1333
TELEX: 33058 HSBCS CN

THE FEE WILL BE PAYABLE BY THE BENEFICIARY EVEN WHERE THE CREDIT TERMS INDICATE THAT SOME OR ALL CHARGES ARE FOR THE ACCOUNT OF OUR CLIENT. BANK CLAIMING AUTOMATIC REIMBURSEMENT MUST DEDUCT THE ABOVE CHARGE FROM THEIR CLAIM IF APPROPRIATE.

NOTWITHSTANDING THE PROVISIONS OF UCP500, IF WE GIVE NOTICE OF REFUSAL OF DOCUMENTS PRESENTED UNDER THIS CREDIT WE SHALL HOWEVER RETAIN THE RIGHT TO ACCEPT A WAIVER OF DISCREPANCIES FROM THE APPLICANT AND, SUBJECT TO SUCH WAIVER BEING ACCEPTABLE TO US, TO RELEASE DOCUMENTS AGAINST THAT WAIVER WITHOUT REFERENCE TO THE PRESENTER

ADDITIONAL CONDITIONS :　47A
PROVIDED THAT NO WRITTEN INSTRUCTIONS TO THE CONTRARY HAVE BEEN RECEIVED BY US FROM THE PRESENTER BEFORE THE RELEASE OF THE DOCUMENTS, ANY SUCH RELEASE PRIOR TO RECEIPT OF CONTRARY INSTRUCTIONS SHALL NOT CONSTITUTE A FAILURE ON OUR PART TO HOLD DOCUMENTS AT THE PRESENTER'S RISK AND DISPOSAL, AND WE WILL HAVE NO LIABILITY TO THE PRESENTER IN RESPECT OF ANY SUCH RELEASE. DISPATCH DOCUMENTS BY COURIER IN ONE COVER TO HSBC, 6TH FLOOR HSBC HOUSE, 14L CAMBRIDGE TERRACE, CHRISTCHURCH, NEW ZEALAND, OR P O BOX 93, CHRISTCHURCH, NEW ZEALAND.

DETAILS OF CHARGES :　71B　ALL CHGS OUTSIDE COUNTRY OF ISSUE FOR ACCOUNT OF BENEFICIARY / EXPORTER TRANSIT INTEREST CHARGES ARE PAYABLE BY BENEFICIARY / EXPORTER

PERIOD FOR PRESENTATION :　48　WITHIN 15 DAYS AFTER THE DATE OF SHIPMENT BUT WITHIN THE VALIDITY OF THE CREDIT

CONFIRMATION INSTRUCTIONS　49　WITHOUT

HERE ENDS THE FOREGOING CABLE.

THIS ADVICE CONSTITUTE A DOCUMENTARY CREDIT ISSUED BY THE ABOVE BANK AND SHOULD BE PRESENTED WITH THE DRAFTS AND/OR DOCUMENTS FOR NEGOTIATION/PAYMENT/ACCEPTANCE

178067-AUTO-000.01-01

COMMERCIAL INVOICE

1) SELLER	3) INVOICE NO.	4) INVOICE DATE
	5) L/C NO.	6) DATE
	7) ISSUED BY	
2) BUYER	8) CONTRACT NO.	9) DATE
	10) FROM	11) TO
	12) SHIPPED BY	13) PRICE TERM

14) MARKS	15) DESCRIPTION OF GOODS	16) QTY.	17) UNIT PRICE	18) AMOUNT

19) ISSUED BY

20) SIGNATURE

PACKING LIST

1) SELLER	3) INVOICE NO.	4) INVOICE DATE
	5) FROM	6) TO
	7) TOTAL PACKAGES(IN WORDS)	
2) BUYER	8) MARKS & NOS.	

9) C/NOS.	10) NOS. & KINDS OF PKGS.	11) ITEM	12)QTY.	13) G.W.	14) N.W.	15) MEAS

16) ISSUED BY

17) SIGNATURE

BILL OF LADING

1)SHIPPER SHANGHAI TIAN HUA INTERNATIONAL TRADING CO. 11/F, WEN XIN PLAZA NO.755 WEI HAI ROAD, SHANGHAI 200041, P.R.CHINA		10)B/L NO. CSCEI932 *CARRIER*
2)CONSIGNEE TO ORDER		中国远洋运输（集团）总公司
3)NOTIFY PARTY APSM LIMITED 3/ 25 PANNILL PLACE, BROWNS BAY 1311 AUCKLAND NEW ZEALAND		CHINA OCEAN SHIPPING (GROUP) CO.
4)PLACE OF RECEIPT	5)OCEAN VESSEL LIN HUI	
6)VOYAGE NO. V. 34	7)PORT OF LOADING SHANGHAI, CHINA	*ORIGINAL*
8)PORT OF DISCHARGE AUCHLAND, NEW ZEALAND	9)PLACE OF DELIVERY	Combined Transport BILL OF LADING

11)MARKS	12) NOS. & KINDS OF PKGS.	13)DESCRIPTION OF GOODS	14) G.W.(kg)	15) MEAS(m3)
APSM P/O 47032 AUCKLAND C/NO. 1- 555	555 CARTONS	COTTON YARN CROCHETED VEST	15923.200	51.039
		FREIGHT PREPAID	ON BOARD	

16)TOTAL NUMBER OF CONTAINERS OR PACKAGES(IN WORDS) SAY FIVE HUNDRED FIFTY FIVE CARTONS ONLY.

FREIGHT & CHARGES	REVENUE TONS	RATE	PER	PREPAID	COLLECT

PREPAID AT	PAYABLE AT	17)PLACE AND DATE OF ISSUE
TOTAL PREPAID	18)NUMBER OF ORIGINAL B(S)L TWO (2)	SHANGHAI 25-Sep-05
LOADING ON BOARD THE VESSEL		21)
19)DATE 25-Sep-05	20)BY 上海中远集装箱船务代理有限公司 COSCO SHANGHAI CONTAINER SHIPPING AGENCY CO. LTD. AS AGENT for the Carrier, China Ocean Shipping (Group) Co.	上海中远集装箱船务代理有限公司 COSCO SHANGHAI CONTAINER SHIPPING AGENCY CO. LTD. AS AGENT for the Carrier, China Ocean Shipping (Group) Co.

提单背面：

TO ORDER OF HSBC, CHRISTCHURCH, NEW ZEALAND

SHANGHAI TIAN HUA INTERNATIONAL TRADING CO.

许练

ORIGINAL

1. Exporter SHANGHAI TIAN HUA INTERNATIONAL TRADING CO. 11/F, WEN XIN PLAZA NO.755 WEI HAI ROAD, SHANGHAI 200041, P.R.CHINA	Certificate No. 090637904356 **CERTIFICATE OF ORIGIN** **OF** **THE PEOPLE'S REPUBLIC OF CHINA**
2. Consignee TO ORDER	
3. Means of transport and route FROM: SHANGHAI, CHINA TO: AUCKLAND, NEW ZEALAND BY SEA	5. For certifying authority use only
4. Country/region of destination NEW ZEALAND	

6. Marks and Numbers	7. Number and kind of packages; description of goods	8. H.S. Code	9. Quantity	10. Number and date of invoices
APSM P/O 47032 AUCKLAND C/NO.1-555	555 CARTONS (SAY FIVE HUNDRED AND FIFTY FIVE CARTONS ONLY) OF COTTON YARN CROCHETED VEST ************************************	YGLX037 YGL032 YGS034 YGM054	60500PCS	SHTH0507 14-AUG-05

11. Declaration by the exporter	12. Certification
The undersigned hereby declares that the above details and statements are correct; that all the goods were produced in China and that they comply with the Rules of Origin of the People's Republic of China. SHANGHAI TIAN HUA INTERNATIONAL TRADING CO. 许练 SHANGHAI　　18-Sep-05	It is hereby certified that the declaration by the exporter is correct. 中国国际贸易促进委员会 单据证明专用章 (沪) CHINA COUNCIL FOR THE PROMOTION OF INTERNATIONAL TRADE (SHANGHAI) 李远达
Place and date. signature and stamp of authorized signatory	Place and date. signature and stamp of certifying authority

5. 上海诚庆贸易公司与西班牙某公司达成一笔出口文具的交易。试根据渣打银行巴赛罗那分行开立的信用证及货物明细单,缮制商业发票、装箱单,审核保险单、普惠制产地证,逐一列出单据存在的问题,并说明应如何修改。

货 物 明 细 单

商品名称:DEMEI BRAND DESKTOP SET

货号	数量	计量单位	单价	包装方式	包装种类	包装重量		包装尺码
						毛重	净重	长×宽×高
TK338	3600	SET	US$ 7.20	24	CARTON	16 KGS	12 KGS	53×40×50 cm
TK402	6000	SET	US$ 8.50	24	CARTON	16 KGS	12 KGS	53×40×50 cm
TK491	6000	SET	US$ 9.00	24	CARTON	16 KGS	12 KGS	53×40×50 cm

发票号码:CQ0502　　发票日期:20-Aug-05　　运输标志:GOLDEN LION
承运船只:TUO HE　　航次:V.25　　GL2508
提单号码:COSCCQI192　　装船日期:15-Sep-05　　BARCELONA
保险代理:JAFIOUES INSURANCE CO.　　C/NO. 1-UP
18TH FL., SUNBRIGHT PLAZA
BARCELONA, SPAIN

**** RECEIVED MESSAGE ****　　05-8-8　　PAGE NO. 6687
STATUS:　　MESSAGE DELIVERED
STATION:　　1 BEGINNING OF MESSAGE
FIN/Session/ISN　　009261
Own Address　　: SCBCNSHXXX　　STANDARD CHARTERED BANK, SHANGHAI BRANCH
Output Message Type　　: 700　　ISSUE OF A DOCUMENTARY CREDIT
Input time　　: 1206
MIR　　: 050806IBSPITTMB7422527976622
Sent by　　: SCBBBR742　　STANDARD CHARTERED BANK, BARCELONA BRANCH
1055 WEST GEORGIA STREET
BARCELONA, SPAIN
Output Date/Time　　:050808/1806
Priority　　:Normal

27　　SEQUENCE OF TOTAL　　1/1
40A　　FORM OF DOCUMENTARY CREDIT　　IRREVOCABLE
20　　DOCUMENTARY CREDIT NO.　　CA2S769801
31C　　DATE OF ISSUE　　05-8-8
31D　　DATE AND PLACE OF EXPIRY　　05-10-3　　CHINA
50　　APPLICANT:　　GOLDEN LION INDUSTRIAL CO., LTD
NO. 783 STONE STREET,
BARCELONA, SPAIN

59	BENEFICIARY:	SHANGHAI CHENGQING IMP. & EXP. CORP. NO. 213 JIANAN ROAD SHANGHAI , CHINA
32B	CURRENCY COOE, AMOUNT	US DOLLARS USD 130,920.00
41A	AVAILABLE WITH/BY	ADVISING BANK ONLY BY NEGOTIATION
42C	DRAFTS AT	SIGHT
42D	DRAWEE	STANDARD CHARTERED BANK, BARCELONA BRANCH
43P	PARTIAL SHIPMENTS	UNPERMITTED
43T	TRANSSHIPMENT	UNPERMITTED
44A	ON BOARD/DISP/TAKING CHARGE	SHANGHAI
44B	FOR TRANSPORTATION TO	BARCELONA
44C	LATEST DATE OF SHIPMENT	05-9-18

45A　DESCRIPTION OF GOODS AND/OR SERVICES

3 ITEMS OF DESTKTOP SET AS PER SALES CONTRACT NO. GL2508 DATED 05-7-31

46A　DOCUMENTS REQUIRED

+SIGNED COMMERCIAL INVOICE IN THREE FOLDS EVIDENCING THAT GOODS SHIPPIED AND INVOICED ALL CONFORM TO THOSE DESCRIBED ON PROFORMA INVOICE NO.CHQ050611 DATED 05-7-4

+FULL SET CLEAN ON BOARD BILL OF LADING FOR GOODS ON BOARD MAKE OUT TO ORDER OF ISSUING BANK MARKED FREIGHT PREPAID NOTIFY TO APPLICANT

+PACKING LIST IN THREE FOLDS

+CERTIFICATE OF ORIGIN FORM A PLUS ONE COPY ISSUED BY COMPETENT AUTHORITY OF THE PEOPLE'S REPUBLIC OF CHINA, SPECIFYING ON IT THE CONTRACT NO.

+INSURANCE POLICY OR CERTIFICATE ISSUED FOR 110 PER CENT INVOICE VALUE COVERING I.C.C.ALL RISKS AND CLAIMS ARE PAYBALBE AT BARCELONA

+COPY OF BENEFICIARY'S FAX ADDRESSED TO THE APPLICANT ADVISING ALL SHIPMENT DETAILS

47A	ADDITIONAL CONDITIONS	DELIVERY　　CIF BARCELONA
71B	DETAILS OF CHARGES:	ALL BANK CHARGES AND COMMISSIONS OUTSIDE ITALY INCLUDING REIMBURSEMENT CHARGES ARE FOR BENEFICIARY'S ACCOUNT
48	PERIOD FOR PRESENTATION	DOCUMENTS HAVE TO BE PRESENTED WITHIN 15 DAYS AFTER DATE OF SHIPMENT BUT WITHIN VALIDITY DATE
49	CONFIRMATION INSTRUCTIONS:	WITHOUT

78　INSTRUCTIONS TO PAY/ACC/NEG BK

ON RECEIPT BY US OF CONFORM AND REGULAR DOCUMENTS IN UTILIZATION OF THIS DOCUMENTARY CREDIT. WE SHALL CREDIT YOU THROUGH THE AMERICAN BANK THAT YOU'LL INDICATE TO US IF ALL TERMS ARE COMPLIED WITH.

57D	ADVSE THRU BANK - NAME/ADDR	STANDARD CHARTERED BANK, SHANGHAI BRANCH
72	SENDER TO RECEIVER INFORMATION	DOCUMENTS HAVE TO BE PRESENTED TO: STANDARD CHARTERED BANK, BARCELONA BRANCH 1055 WEST GEORGIA STREET BARCELONA, SPAIN
MAC:	Authentication Code	5BD42D6C
CHK:	CheckSum	9197818AD01D1
SAC:	SWIFT Authentication Correct	

COMMERCIAL INVOICE

<table>
<tr><td rowspan="3">1) SELLER</td><td>3) INVOICE NO.</td><td>4) INVOICE DATE</td></tr>
<tr><td>5) L/C NO.</td><td>6) DATE</td></tr>
<tr><td colspan="2">7) ISSUED BY</td></tr>
<tr><td rowspan="3">2) BUYER</td><td>8) CONTRACT NO.</td><td>9) DATE</td></tr>
<tr><td>10) FROM</td><td>11) TO</td></tr>
<tr><td>12) SHIPPED BY</td><td>13) PRICE TERM</td></tr>
</table>

14) MARKS	15) DESCRIPTION OF GOODS	16) QTY.	17) UNIT PRICE	18) AMOUNT

19) ISSUED BY

20) SIGNATURE

提交份数：

PACKING LIST

1) SELLER	3) INVOICE NO.	4) INVOICE DATE
	5) FROM	6) TO
	7) TOTAL PACKAGES(IN WORDS)	
2) BUYER	8) MARKS & NOS.	

9) C/NOS.	10) NOS. & KINDS OF PKGS.	11) ITEM	12)QTY.	13) G.W.	14) N.W.	15) MEAS

16) ISSUED BY

17) SIGNATURE

提交份数：

货 物 运 输 保 险 单
CARGO TRANSPORTATION INSURANCE POLICY

总公司设于北京 Head Office Beijing　　一九四九年创立 Established in 1949

发票号 (INVOICE NO.) CQ0502　　保单号次 POLICY NO. IPGOEN3985
合同号 (CONTRACT NO.)
信用证号（L/C NO.)
被保险人 INSURED SHANGHAI CHENGQING IMP. & EXP. CORP.

中国人民财产保险股份有限公司（以下简称本公司）根据被保险人的要求，由被保险人向本公司缴付约定的保险费，按照本保单承保险别和背面所载条款与下列特款承保下述货物运输保险，特立本保险单。

THIS POLICY OF INSURANCE WITNESSES THAT PICC PROPERTY AND CASUALTY COMPANY LIMITED (HEREINAFTER CALLED "THE COMPANY") AT THE REQUEST OF THE INSURED AND IN CONSIDERATION OF THE AGREED PREMIUM PAID TO THE COMPANY BY THE INSURED, UNDERTAKES TO INSURE THE UNDERMENTIONED GOODS IN TRANSPORTATION SUBJECT TO THE CONDITIONS OF THIS POLICY AS PER THE CLAUSES PRINTED OVERLEAF AND OTHER SPECIAL CLAUSES ATTACHED HEREON.

标　记 MARKS & NOS	包装及数量 QUANTITY	保险货物项目 DESCRIPTION OF GOODS	保险金额 AMOUNT INSURED
AS PER INVOICE NO. CQ0205	650 CARTONS	DESKTOP	USD 130,920.00

总保险金额:
TOTAL AMOUNT INSURED SAY U.S. DOLLARS ONE HUNDRED AND THIRTY THOUSAND NINE HUNDRED AND TWENTY ONLY

保费: PREMIUM AS ARRANGED　　启运日期: DATE OF COMMENCEMENT AS PER B/L　　装载运输工具: PER CONVEYANCE TUO HE V.25

自 FROM SHANGHAI, CHINA　　经 VIA　　至 TO BARCELONA, SPAIN

承保险别:
CONDITIONS

COVERING I.C.C (A) CLAUSES AS PER I.C.C DATED 1/1/1982

所保货物，如发生保险单项下可能引起索赔的损失或损坏，应立即通知本公司下述代理人查勘。如有索赔，应向本公司提交保单正本（本保单共有 叁 份正本）及有关文件。如一份正本已用于索赔，其余正本自动失效。

IN THE EVENT OF LOSS OR DAMAGE WHICH MAY RESULT IN A CLAIM UNDER THIS POLICY, IMMEDIATE NOTICE MUST BE GIVEN TO THE COMPANY'S AGENT AS MENTIONED HEREUNDER. CLAIMS, IF ANY, ONE OF THE ORGINAL POLICY WHICH HAS BEEN ISSUED IN 3 ORIGINAL(S) TOGETHER WITH THE RELEVENT DOCUMENTS SHALL BE SURRENDERED TO THE COMPANY. IF ONE OF THE ORIGINAL POLICY HAS BEEN ACCOMPLISHED, THE OTHERS TO BE VOID.

JAFIOUES INSURANCE CO.
18TH FL., SUNBRIGHT PLAZA
BARCELONA, SPAIN

中国人民财产保险股份有限公司 上海市分公司
PICC Property and Casualty Company Limited, Shanghai Branch

赔款偿付地点
CLAIM PAYABLE AT/IN SHANGHAI IN USD

出单日期
ISSUING DATE SEPTEMBER 10, 2005

GENERAL MANAGER

地址：中国上海中山南路700号
ADD: 700 ZHONGSHAN ROAD（S）SHANGHAI CHINA
邮编（POST CODE）：200010

经办：冯可　　复核：林晓平

Settling & Customer Service Centre:
(理赔/客户服务中心）86 21 63674274

保单顺序号 PICC 0190079

提交份数：1份

ORIGINAL

1. Goods consigned from (Exporter's business name, address, country) SHANGHAI CHENQING IMP. & EXP. CORP. NO. 213 JIANAN ROAD SHANGHAI , CHINA	Reference No. GSPWIZJ0894 GENERALIZED SYSTEM OF PREFERENCES CERTIFICATE OF ORIGIN (Combined declaration and certificate) FORM A Issued in THE PEOPLE'S REPUBLIC OF CHINA (country) See Notes overleaf
2. Goods consigned to (Consignee's name, address, country) GOLDEN LION INDUSTRIAL CO., LTD NO. 783 STONE STREET, BARCELONA, SPAIN	
3. Means of transport and route (as far as known) FROM SHANGHAI, CHINA TO BARCELONA, SPAIN BY SEA	4. For official use

5. Item number	6. Marks and numbers of packages	7. Number and Kind of packages; description of goods	8. Origin criterion (see Notes overleaf)	9. Gross weight or other quantity	10. Number and date of invoices
01	GOLDEN LION GL2508 SPAIN C/NO.1-650	650 CTNS (SAY SIX HUNDRED AND FIVE CARTONS) OF DESKTOP SET ***************************************	"P"	10400 KGS	CQ0502 20-AUG-05

11. Certification It is hereby certified, on the basis of control carried out, that the declaration by the exporter is correct. 中华人民共和国奉贤出入境检验检疫局 检验检疫专用章 (6) 董建平 SHANGHAI, 10-SEP-05 Place and date, signature and stamp of certifying authority	12. Declaration by the exporter The undersigned hereby declares that the above details and statements are correct; that all the goods were produced in CHINA (country) and that they comply with the origin requirements specified for those goods in the Generalized System of Preferences for goods exported to SPAIN (importing country) SHANGHAI CHENGQING IMP. & EXP. CORP. 崔亿文 SHANGHAI, 10-SEP-05 Place and date. signature and of authorized signatory

提交份数：　1份

6. 宁波雅地国际贸易公司从韩国进口一批 PVC。以下是相关信用证及开证行转来的全套进口单据。试根据信用证审核单据，一一列明单据存在的问题。

SWIFT
MESSAGE

CHINA EVERBRIGHT BANK NINGBO BRANCH
NO. 482 ZHENMING ROAD
NINGBO 315010 P.R.CHINA

FROM:		CHINA EVERBRIGHT BANK NINGBO BRANCH (SWIFT ADDRESS: CEBNB6688)
Correspondents BIC /	:10:	KOEXKRSEXXX BIC identified as: KOREA EXCHANGE BANK 100 793 SEOUL KOREA, REPUBLIC OF KOREA
SWIFT Message Type	:700:	700 Issue of Documentary Credit
Sequence of Total	:27:	1/1
Form of Documentary	:40A:	IRREVOCABLE
Documentary Credit Number	:20:	LC7680050249A
Date of Issue	:31C:	11.08.2005
Date and Place of Expiry	:31D:	10.10.2005 KOREA
Applicant	:50:	NINGBO GRACELAND INTERNATIONAL TRADING CO., LTD 18-19/E., CAI HONG BUILDING NINGBO CHINA 315040
Beneficiary Customer:	:59:	JOOWONG TRADING COMPANY #593, HANSHIN CORE OFFICE 11-9A, SHINCHUN-DONG, SONGPA-GU, SEOUL, SOUTH KOREA
Currency Code and Amount	:32B:	USD 60,000.00
Available with ... By	:41D:	ANY BANK BY NEGOTIATION
Drafts at ...	:42C:	90 DAYS FROM B/L DATE FOR 100 PCT OF INVOICE VALUE
Drawee	:42D:	ISSUING BANK
Partial Shipments	:43P:	ALLOWED
Transshipment	:43T:	ALLOWED
Loading on board/Dispatch/from	:44A:	ANY PORT IN KOREA
Transportation to	:44B:	NINGBO, CHINA
Latest Date of Shipment	:44C:	30.09.2005
Description of Goods /or Services	:45A:	PVC LS130S QUANTITY: 96MT UNIT PRICE: 625.00/MT TOTAL AMOUNT: USD60000.00 CFR NINGBO, CHINA PACKING: 25KGS PER BAG, BY EXPORT STANDARD BAGS LOADED IN 20FT CONTAINERS.

by NB6688 on 11.08.2005 at 09:57:13 page 1 of 2

SWIFT
MESSAGE

Documents Required	:46A:	
		+ SIGNED COMMERCIAL INVOICE IN 5 COPIES INDICATING L/C NO. AND CONTRACT NO. + FULL SET OF CLEAN ON BOARD OCEAN BILL OF LADING MADE OUT TO ORDER OF ISSUING BANK, MARKED FREIGHT PREPAID NOTIFYING THE APPLICANT, SHOWING FINAL DESTINATION: NINGBO FREE TRADE ZONE. + PACKING LIST IN 5 COPIES. + CERTIFICATE OF QUANTITY/WEIGHT IN 5 COPIES. + CERTIFICATE OF QUALITY IN 5 COPIES ISSUED BY MANUFACTURER. + CERTIFICATE OF ORIGIN IN 3 COPIES ISSUED BY MANUFACTURER. + DECLARATION OF NON-WOOD PACKING MATERIAL ISSUED BY BENEFICIARY. + BENEFICIARY'S CERTIFIED COPY OF FAX/TELEX DISPATCHED TO ACCOUNTEES WITHIN 48 HOURS AFTER SHIPMENT ADVISING NAME OF VESSEL, B/L NO., SHIPPING DATE, CONTRACT NO., L/C NO., COMMODITY, QUANTITY, WEIGHT, VALUE OF SHIPMENT.
Additional Conditions	:47A:	
		+ THIRD PARTY AS SHIPPER IS NOT ACCEPTABLE. + A DISCREPANCY FEE OF USD50.00 OR EQUIVALENT WILL BE DEDUCTED FROM THE PROCEEDS FOR EACH SET OF DOCUMENTS PRESENTED WITH DISCREPANCY (IES). + IF DOCUMENTS PRESENTED UNDER THIS CREDIT ARE FOUND TO BE DISCREPANT, WE SHALL GIVE NOTICE OF REFUSAL AND SHALL HOLD DOCUMENTS AT YOUR DISPOSAL SUBJECT TO THE FOLLOWING CONDITION. IF WE HAVE NOT RECEIVED YOUR DISPOSAL INSTRUCTIONS FOR THE DISCREPANCIES, WE MAY RELEASE THE DOCUMENTS TO THE APPLICANT WITHOUT NOTICE TO YOU.
Details of Charges	:71B:	ALL BANKING CHARGES OUTSIDE THE ISSUING BANK ARE FOR BENEFICIARY'S ACCOUNT.
Period for Presentation	:48:	DOCUMENTS TO BE PRESENTED WITHIN 10 DAYS AFTER SHIPMENT DATE BUT WITHIN VALIDITY OF THIS CREDIT.
Confirmation Instructions	:49:	WITHOUT
Inst/Paying/Accpt/Negotiate Bank	:78:	ALL DOCUMENTS ARE TO BE FORWARDED IN ONE LOT BY COURIER SERVICE TO: CHINA EVERBRIGHT BANK NINGBO BRANCH NO. 482 ZHENMING ROAD NINGBO 315010 P.R. CHINA

------------------------ END OF MESSAGE ------------------------------

by NB6688 on 11.08.2005 at 09:57:13 　　　　page 2 of 2

COMMERCIAL INVOICE

Shipper/Exporter		No. & date of invoice
JOOWONG TRADING COMPANY #593, HANSHIN CORE OFFICE 11-9A, SHINCHUN-DONG, SONGPA-GU, SEOUL, SOUTH KOREA		194-X-05-0568-01 2005-9-6 **No. & date of L/C** LC7680050249A 2005-8-11
For account & risk of Messers, NINGBO GRACELAND INTERNATIONAL TRADING CO., LTD 18-19/E., CAI HONG BUILDING NINGBO CHINA 315040		**L/C issuing bank** CHINA EVERBRIGHT BANK NINGBO BRANCH NO.482 ZHENMING ROAD NINGBO 315010 P.R.CHINA
Notify party SAME AS ACCOUNTEE		**Remarks** * L/C NO. LC76800050249A * CONTRACT NO. LWTC050905-1
Port of loading BUSAN, KOREA	**Port of discharge** NINGBO, CHINA	
Vessel Voy No. NOBLE RIVER 534X	**Sailing on or about** SEP. 17, 2005	

Marks and No. of Pkgs	Description of Goods	Quantity/Unit	Unit-price	Total Amount
PVC GRADE: LS130S NET WT.: 25KG TREES CHEMICAL LTD. MADE IN KOREA	PVC LS130S PACKING: 25KGS PER BAG, BY EXPORT STANDARD BAGS LOADED IN 20FT CONTAINERS //	96 MT	USD625.00/MT	USD60,000.00

TOTAL AMOUNT IN WORDS:
SAY U.S. DOLLARS SIXTY THOUSAND ONLY

Signed by
H.W.LEE / SALES MANAGER
JOOWONG TRADING COMPANY

Shipper

TREES CHEMICAL LTD
#1903, SEOULVENTURE TOWN 15F
YEOKSAM-DONG, KANGNAM-GU,
SEOUL, KOREA

BL NO. HASL05NCD-EDS1

HEUNG-A SHIPPING CO., LTD

ORIGINAL

Consignee

TO ORDER

Received by the Carrier from the Shipper in apparent good order and condition unless otherwise indicated herein, the Goods, or the containers or package(s) said to contain the cargo herein mentioned to be carried subject to all the terms and conditions provided for on the face and back of this Bill of Lading by the vessel named herein or any substitute at the Carrier's option and/or other means of transport, from the place of receipt or the port of loading to the port of discharge or the place of delivery shown herein and there to be delivered unto order or assigns.

If required by the Carrier, this Bill of Lading duly endorsed must be surredered in exchange for the Goods or delivery order.

In accepting the Bill of Lading, THE Merchant as defined by Article1 on the back hereof agrees to be bound by all the stipulations, exceptiers, terms and conditions on the face and back hereof, whether written, typed, stamped or printed, as fully as if signed by the Merchant any custom or privilege to the contrary notwithstanding, and agrees that all agreements or freight engagements for and in connection with the carriage of the Goods ar superseded by this Bill of Lading.

In witness whereof, the undersigned on behalf of Heung-A Shipping Co.,Ltd. The master and the owners of the Vessel, has signed number of Bill(s) of Lading stated above, all of this tenor and date, one of which being accomplished, the others to stand void. (terms of Bill of Lading continued on the back hereof)

Notify Party

NINGBO GRACELAND INTERNATIONAL
TRADING CO., LTD
18-19/E., CAI HONG BUILDING
NINGBO CHINA 315040

Pre-carriage by		**Place of Receipt** YEOCHON, CY
Ocean vessel NOBLE RIVER	**Voy. No.** 532W	**Place of delivery** NINGBO, CHINA, CY
Port of Loading YEOCHON,KOREA		**Port of Discharge** NINGBO, CHINA

Final destination for the Merchant reference

Container No. Seal NO. Marks and Numbers	Number of Containers or packages	Kind of packages: Description of Goods	Gross Weight:	Measurement:
	20'FCL X 6 (3840 BAGS)	SAID TO CONTAIN 96MT OF PVC LS130S	97,536KGS	134.400CBM
HALU2536020/380350 FSCU3348859/380311 GESU2492390/380312 HALU2498333/380380 TTNC5320494/380315 TUCH5498582/385423	SHIPPER'S LOAD COUNT & SEAL FREIGHT PREPAID L/C NO. LC7680030249A			

Total No. of Containers of packages (in words) SAY: SIX(6) CONTAINERS ONLY.

Freight and charges	Revenue tons	Rate	Per	Prepaid	Collect
				" AS ARRANGED"	

Freight prepaid at YEOCHON, KOREA	**Freight payable at**	**Place and date of issue** YEOCHON, KOREA, 2005/09/17
Total prepaid in	**No. of original B(s)/L** THREE / 3	**Signature** HEUNG-A Shipping Co., Ltd.

Shipped on board (date & others)

NOBLE RIVER 532W

2005/09/17

HEUNG-A Shipping Co., Ltd.

by ________ as Carrier

AS THE CARRIER

by ________ as Carrier

AS THE CARRIER

提单背面：

TREES CHEMICAL LTD

PACKING LIST

Shipper/Exporter JOOWONG TRADING COMPANY #593, HANSHIN CORE OFFICE 11-9A, SHINCHUN-DONG, SONGPA-GU, SEOUL, SOUTH KOREA		No. & date of invoice 194-X-05-0568-02 2005-9-10
For account & risk of Messers, NINGBO GRACELAND INTERNATIONAL TRADING CO., LTD 18-19/E., CAI HONG BUILDING NINGBO CHINA 315040		Remarks * L/C NO. LC76800050249A
Notify party SAME AS ACCOUNTEE		
Port of loading YEOCHON, KOREA	Port of Discharge NINGBO, CHINA	
Vessel Voy No. NOBLE RIVER 532W	Sailing on or about SEP. 17, 2005	

Marks and No. of Pkgs	Description of Goods	Quantity	Net Weight	Gross Weight	Measurement
3,840 BAGS	PVC IS130S	96 MT	96,000KGS	97,536KGS	134.000CBM

//

PVC
GRADE: LS130S
NET WT.: 25KG
TREES CHEMICAL LTD.
MADE IN KOREA

Quantity, Net Weight, Gross Weight and Measurement Per Package:

QUANTITY: 25 KGS PER BAG
NET WEIGHT: 25 KGS PER BAG
GROSS WEIGHT: 25.4 KGS PER BAG
MEASUREMENT: 0.035CBM

Signed by

H.W.LEE / SALES MANAGER
JOOWONG TRADING COMPANY

TREES CHEMICAL LTD

#1903, Seoulventure Town 15F Yeoksam-dong, Kangnam-gu, Seoul, Korea
Tel: 82-2-563-0438, Fax: 82-2-563-0365, Email: inquiry@trees.chem.com

Sep. 13, 2005

CERTIFICATE OF QUANTITY / WEIGHT

To whom it may concern

We hereby certify that the goods stated below have been inspected in due form at our plant and passed our final inspection. The actual quantity and weight of shipped goods are as follows.

Commodity: PVC LS130S
Quantity: 96 MT
Packages: 3840 bags
Net Weight: 25 kgs/bag
Gross Weight: 25.4 kgs/bag
Production Number: 8PV204

The packing condition: Export Standard Bags
Strong and Seaworthy

The above goods are all brand new.

Very truly yours,
TREES CHEMICAL LTD

BeoQung
Production Manager

TREES CHEMICAL LTD

#1903, Seoulventure Town 15F Yeoksam-dong, Kangnam-gu, Seoul, Korea
Tel: 82-2-563-0438, Fax: 82-2-563-0365, Email: inquiry@trees.chem.com

Sep. 13, 2005

CERTIFICATE OF QUALITY

To whom it may concern

We hereby certify that the goods stated below have been inspected in due form at our plant and passed our final inspection. The actual quantity and weight of shipped goods are as follows.

Commodity:	PVC LS130S	
	Quantity:	96 MT
	Packages:	3840 bags
	Net Weight:	25 kgs/bag
	Gross Weight:	25.4 kgs/bag
	Production Number:	8PV204
Surface Condition:	Good	
Figure Appearance:	Good	

The above goods are all brand new.

Very truly yours,

TREES CHEMICAL LTD

BeoQung

Production Manager

TREES CHEMICAL LTD

#1903, Seoulventure Town 15F Yeoksam-dong, Kangnam-gu, Seoul, Korea
Tel: 82-2-563-0438, Fax: 82-2-563-0365, Email: inquiry@trees.chem.com

Sep. 13, 2005

CERTIFICATE OF ORIGIN

To whom it may concern

We hereby certify that the goods stated below have been inspected in due form at our plant and passed our final inspection. The actual quantity and weight of shipped goods are as follows.

Commodity:	PVC LS130S	
	Quantity:	96 MT
	Packages:	3840 bags
	Net Weight:	25 kgs/bag
	Gross Weight:	25.4 kgs/bag
	Production Number:	8PV204
The packing condition:	Export Standard Bags Strong and Seaworthy	

The above goods are all brand new.

Very truly yours,

TREES CHEMICAL LTD

BeoQung
Production Manager

TELEFAX

To	NINGBO GRACELAND INTERNATIONAL TRADING CO., LTD	From	JOOWONG TRADING COMPANY Export Dept
		Tel. No.	82 2 5117067
page	1/ ONE	Date	Sep.20, 2005
Fax-No.	86 574 87745640	Fax-No.	82 2 5117050

SHIPPING ADVICE

B/L No.: HASL05NCD-EDS1

Name of Vessel: Noble River 532W

Shipping Date: Sep. 17, 2005

From: Yeochon, Korea To: Ningbo, China

L/C No.: LC7680050249A of 11.08.2005

Commodity: PVC LS130S

Quantity: 96 MT in 3840 bags

Gross Weight: 97,536 kgs

Net Weight: 96,000 kgs

Value of Shipment: USD60,000.00

Packing: 25kgs per bag, by export standard bags loaded in 20ft containers

Yours sincerely,

H.W.LEE / SALES MANAGER
JOOWONG TRADING COMPANY

【自助链接】

常见出口单据的种类

1. 金融单据。

汇票(Bill of Exchange)。

2. 商业单据。

(1) 商业发票(Commercial Invoice)。

(2) 包装单据(Packing Documents),例如装箱单(Packing List)、重量单(Weight List)、尺码单(Measurement List)。

(3) 各类证明(Certificate),例如受益人证明(Beneficiary's Certificate)、船公司证明(Shipping Company's Certificate)。

3. 保险单据。

(1) 保险单(Insurance Policy)。

(2) 保险凭证(Insurance Certificate)。

4. 运输单据。

(1) 海运提单(Marine Bill of Lading / Ocean Bill of Lading)。

(2) 航空运单(Airway Bill)。

(3) 铁路运单(Railway Bill)。

(4) 联合运输单据(Multimodal Transport Document)。

5. 官方单据。

(1) 原产地证明(Certificate of Origin)。

(2) 商检证书(Inspection Certificate)。

(3) 出口许可证(Export License)。

常见出口单据的基本作用

1. 汇票。

汇票是一人向另一人签发的无条件的书面付款命令,要求受票人(Drawee)按照汇票上所列的期限、金额向汇票规定的收款人(Payee)或其指定的人或持票人进行付款。信用证项下的汇票是出票人(受益人)依据信用证向受票人(开证行/付款行)发出的,要求其在规定期限内向收款人(议付行/受益人)支付一定金额的付款命令。

2. 商业发票。

商业发票是出口商向进口商开出的载明销售货物详情的单据。其主要功能为:收付货款和记账的凭证；办理订舱、报关、报检等手续时对货物的说明；卖方缮制其他单据的依据。

3. 装箱单。

装箱单是表明出口货物的包装形式、包装内容、数量、重量、体积或件数的单据。其主要功能为补充商业发票内容之不足，通过填制包装件数（箱号）、装箱方式以及重量、运输标志等信息，便于买方了解商品的详情和提货，同时供进口地海关查验核对。

4. 受益人证明。

受益人证明是出口方根据信用证的要求出具的证明其已履行某种义务或办理某项工作的单据。常见的受益人证明，一般是关于商品品质、包装、已发装船通知、已寄单、已寄样品等情况的证明。证明内容参照信用证的具体规定。

5. 船公司证明。

常见的船公司证明，有船籍证明、船龄证明、船级证明、航行路线证明（航程证明）、转船通知证明和船长收据等等。一般由船公司提供文本，内容参照信用证规定。

6. 保险单。

保险单是保险人（Insurer）根据投保人或被保险人（the Insured）的要求，表示已经承诺保险责任的凭证，也是保险人与投保人之间的正式合同。它由保险公司出具和签署，在被保险货物遭受损失时作为被保险人索赔和保险人理赔的依据。

7. 海运提单。

海运提单是指由船公司或船长或其代理人签发的，证明已收到特定货物，允诺将货物运至特定的目的地，并交付给收货人的凭证。海运提单也是收货人在目的港据以向船公司或其代理提取货物的凭证。

8. 原产地证明。

原产地证明通常分为原产地证明（Certificate of Origin）和普惠制原产地证明（GSP Certificate of Origin）。原产地证明（C/O）的主要作用是向进口商提供货物原产地或制造地的证明文件，它可以由中国国际贸易促进委员会（China Council for the Promotion of International Trade, CCPIT）出具，也可以由出口商或制造商出具。普惠制原产地证明由中华人民共和国出入境检验检疫局（Entry-Exit Inspection and Quarantine of the People's Republic of China, CIQ）签发。普惠制是发达国家给予发展中国家出口制成品和半制成品普遍的、非歧视的、非互惠的一种关税优惠制度。普惠制原产地证明除了向进口商证明了货物的原产地或制造地，还能使货物在给惠国享受普遍优惠关税待遇。目前 CIQ 也可以签发 C/O。

9. 商检证书。

商检证书是由政府商检机构或公证机构或制造厂商等对商品进行检验后所出具的关于商品品质、规格、重量、数量等各方面或某方面鉴定的书面证明文件。该单据的签发者一般有:政府检验机构(如中华人民共和国出入境检验检疫局,CIQ),非官方检验机构(瑞士通用公证行集团,Société Générale de Surveillance, S.G.S.),生产商、制造商,用货单位或进口商。

常见出口单据的缮制要点

1. 汇票。

BILL OF EXCHANGE

No. TB050412

For US$6,497.00 (amount in figure) SHANGHAI, APR. 15 2005 (place and date of issue)

At 30 DAYS' AFTER sight of this FIRST Bill of exchange(SECOND being unpaid)

pay to the Order of BANK OF CHINA, SHANGHAI BRANCH

the Sum of SAY US DOLLARS SIX THOUSAND FOUR HUNDRED AND NINTY SEVEN ONLY (amount in words)

Value received for 370 CARTONS (quantity) of PLUSH TOYS (name of commodity)

Drawn under THE NATIONAL BANK OF KUWAIT S.A.K. HEAD OFFICE

L/C No. 02/194546/8 dated 3rd Feb. 2005

To: THE NATIONAL BANK OF KUWAIT S.A.K. HEAD OFFICE

For and on behalf of SHANGHAI HUALI MANUFACTURING CORP.

(Authorized Signature)

——No.

汇票号码,通常与发票号码一致。

——PLACE AND DATE OF ISSUE

出票地点、日期。出票日期一般是受益人提交议付的日期,不应迟于信用证的到期日和最迟交单日。

——AT …… SIGHT

汇票付款期限。

(1) 即期汇票。

填写方法：在期限空格内用“＊＊＊”或“——”表示，或直接打上“At Sight”。

(2) 远期汇票。

根据信用证规定的不同，通常有以下三种填写方法：

● 见票后定期付款，如“At 30 days after sight”。

● 出票日后定期付款，如“At 30 days after date”。

● 提单日后定期付款，如“At 30 days after the B/L date”。

——PAY TO THE ORDER OF ……

收(受)款人。一般用“Pay to the order of ……”或“Pay to …… or order”来表示。通常，在信用证支付条件下收款人的填写方法有以下两种：

(1) 填写受益人的名称，如“Pay to the order of SHANGHAI HUALI MANUFACTURING CORP.”。在此情况下，当受益人向银行交单议付时，必须在汇票背面作空白背书或记名背书给议付行，以便议付行向开证行或偿付行索汇。

(2) 直接填写信用证议付行的名称，如“Pay to the order of BANK OF CHINA SHANGHAI BRANCH”。在此情况下，需要注意信用证的议付性质。如为限制议付的信用证，则受益人只能去指定的银行议付，填写的议付行名称也是固定的。如为自由议付的信用证，则受益人可以自由选择银行议付。

——THE SUM OF ……

汇票金额大写。例如 US＄6,000.00 可填写为“THE SUM OF SAY US DOLLARS SIX THOUSAND ONLY”，US＄55,600.80 可填写为“THE SUM OF SAY US DOLLARS FIFTY FIVE THOUSAND SIX HUNDRED AND 80/100 ONLY”或“THE SUM OF SAY US DOLLARS FIFTY FIVE THOUSAND SIX HUNDRED AND CENTS EIGHTY ONLY”。

——VALUE RECEIVED FOR …… OF ……

汇票中的对价条款。通常填写交易货物的件数及品名，如“Value received for 370 Cartons of Plush Toys”。

——DRAWN UNDER …… L/C NO …… DATED ……

汇票的出票条款。其表明汇票出具所依据的信用证的开证行名称、号码及开证日期，如“Drawn under The National Bank of Kuwait S.A.K. Head Office L/C No. 02/194546/8 Dated 3rd Feb. 2005”。

——TO

受票人(Drawee)，即付款人。填写受票人的名称及详细地址。汇票受票人通常会在信用证汇票条款中注明。例如，信用证的汇票条款规定：“DRAWN ON US”或“VALUED ON OURSELVES”，那么，受票人为开证行。又如，信用证的汇票条款规定：“DRAWN ON XXX BANK”或“VALUED ON XXX BANK”，那么，受票人为该指定银行。

——FOR AND ON BEHALF OF

出票人。一般填写信用证受益人的公司名称，并由受益人签署。

COMMERCIAL INVOICE

1) SELLER **NANJING UNION IMPORT & EXPORT CO. LTD** **8/F, HUAXIN BULDING , XINJIEKOU** **NANJING CHINA**	3) INVOICE NO. **2005MXD005**	4) INVOICE DATE **JAN. 20, 2006**
	5) L/C NO. **SWITUNLC052364**	6) L/C DATE **JAN. 8, 2006**
	7) L/C ISSUED BY **COMMONWEALTH BANK OF AUSTRALIA**	
2) BUYER **SCHENKER-BTL LTD.** **LEVEL 8, 725 GEORGE STREET** **SYDNEY NSW 2000 AUSTRALIA**	8) CONTRACT NO. **NUSWIT0588**	9) DATE **DEC. 18, 2005**
	10) FROM **SHANGHAI**	11) TO **SYDNEY, AUSTRALIA**
	12) SHIPPED BY **ZIYAHE V.04W85**	13)PRICE TERM **FOB SHANGHAI**

14) MARKS	15) DESCRIPTION OF GOODS	16)QTY.	17) UNIT PRICE	18) AMOUNT
	100% POLYESTER KIDS ZIP COLLAR SWEATSHIRT			
			FOB SHANGHAI	
SCHENKER-BTL	**320D**	**1000PCS**	**US$3.00**	**US$3,000.00**
NUSWIT0588	**189T**	**1000PCS**	**US$4.80**	**US$4,800.00**
SYDNEY	**745B**	**1000PCS**	**US$6.85**	**US$6,850.00**
C/NO.1-200	**249A**	**1000PCS**	**US$9.90**	**US$9,900.00**
	TOTAL:	**4000PCS**		**US$24,550.00**

TOTAL AMOUNT IN WORDS:
SAY U.S. DOLLARS TWENTY FOUR THOUSAND FIVE HUNDRED AND FIFTY ONLY.

19) ISSUED BY
NANJING UNION IMPORT & EXPORT CO. LTD

20) SIGNATURE
李晋乔

2. 商业发票。

商业发票由出口商自行制作，并无统一固定的格式，其内容一般包括卖方、买方、发票号码、发票日期、货物描述、数量、价格（包括价格术语）、金额（大小写）等栏目。

——SELLER

卖方。一般为信用证的受益人。

——BUYER

买方,也称发票的抬头。UCP500 第 22 条规定,除非信用证另有规定,商业发票的抬头人必须是信用证开证申请人。

——INVOICE DATE

发票日期,通常是指发票签发的日期。根据 UCP500 第 22 条规定,如无相反规定,银行可以接受出单日早于信用证开证日期的单据。

——FROM

起运地,即信用证规定的货物的装货港、收货地或接受监管地。

——TO

目的地,即信用证规定的货物的卸货港、交货地或最终目的地。

——SHIPPED BY

运输工具名称,如采用海运,则填写相应的承运船名及航次。

——MARKS & NOS.

运输标志。其通常有以下三种填写方法:

(1) 如信用证中有关于运输标志的规定,则应严格按照规定的内容缮制。例如,信用证规定"SHIPPING MARKS: ABC CO. / TR5423 / HAMBURG / C / NO. 1-UP"。该批货物的总件数为 370 件,则在制单时应按信用证规定缮制运输标志,并用货物的实际总包装件数来代替"C/NO. 1-UP"中的"UP",即:

ABC CO.
TR5423
HAMBURG
C/NO. 1-370

(2) 如信用证未规定运输标志,那么受益人可以参照合同中的运输标志或另行设计合适的运输标志。一般运输标志有以下四项基本内容:

● 收/发货人名称字首或简称。

● 参照号码,如合同号、订单号、信用证号或发票号。

● 目的地,即货物运抵的最终目的港或目的地名称。

● 货物总件数。

(3) 如出口货物上没有运输标志,则此栏可填写"N/M"(即 No Marks)。

——DESCRIPTION OF GOODS

货物描述。根据 UCP500 规定,发票的商品名称不得使用统称、简称,必须与信用证中对货物的描述完全一致。

——UNIT PRICE

价格。它应由四个部分组成:计价单位(与数量单位一致)、单价金额、货币名称、价格术语。

——AMOUNT

除非信用证另有规定，发票金额不得超过信用证金额。当信用证金额有“About”等字样时，可按10%的增减幅度掌握。当商品成交价格为含佣价，而信用证金额已扣除了佣金时，如出口货物合同金额为USD10,000.00，相关信用证金额为USD9,500.00，发票金额的填写方法为：

Qty.	Unit Price	Amount
100pcs	US＄100.00	US＄10,000.00
		Less：US＄500.00
		Total Value：US＄9,500.00

——ISSUED BY

签发人。根据UCP500第37条的规定，除非信用证另有规定，商业发票的签发人必须是信用证受益人。

——SIGNATURE

签署。根据UCP500第37条的规定，商业发票无需签署。但如果信用证要求提交经签署的发票(Signed Commercial Invoice)或手签发票(Manually Signed)，则发票必须签署，并且后者还必须由授权签字人手签。

——信用证对发票的特别要求

许多信用证要求在发票上证明或申明某些条款，例如证明发票内容正确、真实，证明货物产地，标明商品税则号(H.S.CODE)、开证行名称及地址等。例如，信用证条款规定“The commercial invoice must certify that the goods are of Chinese origin”，则在发票上应注明“We hereby certify that the goods are of Chinese origin”。证明文句的标注位置通常为商业发票中间部分的空白处。

——商业发票的份数

如果信用证无明确规定，一般提供2份以上的发票。根据UCP500第20条规定，信用证要求多份单据时，可提交一份正本(Original)，其余以副本来满足。

3. 装箱单。

装箱单与商业发票一样，由出口商根据信用证要求和货物特点自行设计，无统一固定的格式。

——TOTAL PACKAGES IN WORDS

货物总包装件数(大写)。

——C/NOS.

件号。如某商品有两个货号共150件，第一个货号100件，第二个货号50件，填写件号时，第一个货号填“1-100”，第二个货号填“101-150”。

——NOS. & KINDS OF PKGS.

P A C K I N G L I S T

1) SELLER	3) INVOICE NO.	4) INVOICE DATE
SHANHGAI QING LEI TRADING COMPANY **331 JIUJIANG RD.,** **SHANGHAI 200001, CHINA**	**IQSAMINV023**	**15-MAR-2005**
	5) FROM **SHANGHAI**	6) TO **AQABA PORT, JORDAN**
	7) TOTAL PACKAGES(IN WORDS)**SAY EIGHT HUNDRED AND FORTY THREE CARTONS ONLY**	
2) BUYER **SAMI N. KHOURY AND CO.,** **P.O. BOX 20681, AMMAN 11118** **JORDAN**	8) MARKS & NOS. **I/O CORP.** **0111-04/00123** **AQABA PORT** **C/NO.1-843**	

9) C/NOS.	10) NOS. & KINDS OF PKGS.	11) ITEM	12) QTY.	13) G.W.	14) N.W.	15) MEAS
	PORCELAIN DINNERWARE					
1-200	**200 CARTONS**	**USHJ-4-1**	**400SETS**	**4600KGS**	**3200KGS**	**12.496M^3**
201-400	**200 CARTONS**	**USHJ-4-2**	**400SETS**	**4600KGS**	**3200KGS**	**12.496M^3**
401-843	**443 CARTONS**	**USKJ-4-A**	**443SETS**	**10632KGS**	**7974KGS**	**24.975M^3**
TOTAL:	**843 CARTONS**		**1243SETS**	**19832KGS**	**14374KGS**	**49.967M^3**

16) ISSUED BY

SHANHGAI QING LEI TRADING COMPANY

17) SIGNATURE

魏佳华

包装件数及种类。应按货号分别填写相应的包装件数及种类，并应注明该批货物的总包装件数及种类。若存在不同的包装种类，则用“XXX packages”(XXX 件)来表示总包装件数及种类。

——QTY.

数量。应列明不同货号的数量，如各货号的数量单位相同，还需注明该批货物的总数量。

——G. W.

毛重。应列明各货号的毛重及该批货物的总毛重,切勿遗漏重量单位,如“kg”。

——N. W.

净重。应列明各货号的净重及该批货物的总净重,切勿遗漏重量单位,如“kg”。

——MEAS

尺码。应列明各货号的尺码及该批货物的总尺码,数值通常需要保留三位小数,切勿遗漏尺码单位,如“m^3”。

——信用证对装箱单的特别要求

有时信用证会要求装箱单需标明单位包装的毛净重和尺码,如“PACKING LIST / WEIGHT MEMO IN 3 COPIES INDICATING QUANTITY/GROSS AND NET WEIGHT OF EACH PACKAGE”,则可在装箱单中间部分的空白处加注此信息。

4. 提单。

——Shipper

发货人(托运人)。通常是信用证的受益人,即买卖合同中的卖方。但是,根据 UCP500 第 31 条的规定:只要信用证无相反规定,银行也接受以信用证受益人以外的第三方为发货人。

——Consignee

收货人。这是提单中非常重要的栏目。该栏目的填法直接关系到提单能否转让以及提单项下物权的归属问题,填写时应严格按照信用证规定。

信用证中对提单收货人的规定一般有以下两种形式:

(1) 记名收货人(直接写明具体的收货人)。例如,信用证规定:“…… Bill of Lading consigned to ABC Co. ……”或“…… Bill of Lading made out to ABC Co. ……”,则收货人栏填“ABC Co.”。

(2) 指示收货人(不规定具体的收货人)。

● 不记名指示。例如,信用证规定:“…… Bill of Lading consigned to order ……”或“…… Bill of Lading made out to order ……”,则收货人栏填“Consigned to order”或“To order”。此种收货人的填法意味着具体收货人由发货人/托运人(通过背书)指定。

● 记名指示。例如,信用证规定:“…… Bill of Lading consigned to the order of the issuing bank ……”,则收货人栏填“Consigned to order of (开证行名称)”或“To order of(开证行名称)”,其含义为具体收货人将由开证行(通过背书)指定。又如,信用证规定:“…… Bill of Lading made out to order of shipper”或“…… Bill of Lading made out to shipper's order ……”,则收货人栏填“To order of shipper”或“To shipper's order”,其含义为的具体收货人将由发货人(通过背书)指定。再如,信用证规定:“…… Bill of Lading made out to order of ABC Co. ……”,则收货人栏填“To order of ABC Co.”,其含义为具体收货人将由 ABC 公司(通过背书)指定。

1. Shipper
SHANGHAI YUEXIANG TRADING COMPANY
11/F, NO. 1150 JIANGSU RD
SHANGHAI 200220, P.R. CHINA

B/L No. KEN384394

中外运集装箱运输有限公司
SINOTRANS CONTAINER LINES CO., LTD
BILL OF LADING
For Combined Transport Shipment or Port to Port Shipment

2. Consignee(Non-negotiable Unless Consigned to Order)
TO SHIPPER'S ORDER

3. Notify Party(Carrier not to be Responsible for Failure to Notify)
AL NAHDI TRADING STORES
P.O. BOX 3330, RIYADH
TEL: 4720503/4720583
FAX: 4762485

RECEIVED by the Carrier from the Shipper in apparent good order and condition unless otherwise indicated herein, the Goods, or the container(s) or package(s) said to contain the cargo herein mentioned, to be carried subject to all the term(s) and conditions provided for on the face and back of this Bill of Lading by the Vessel named herein or any substitute at the Carrier's option and/or other means of transport, from the place of receipt or the port of loading to the port of discharge or the place of delivery shown herein and there to be delivered to Consignee or on-carrier on payment of all charges due.

In accepting this Bill of Lading the Merchant hereby expressly accept and agree to all printed, written or stamped provisions, exceptions and conditions of this Bill of Lading, including those on the hereof.

IN WINESS whereof the number of original Bills of Lading stated below have been signed, one of which being accomplished, the other(s) to be void.

4.Pre-Carriage by*	5.Place of Receipt*
6.Vessel & Voyage. No. FLY OVERSEAS V.236	7.Port of Loading SHANGHAI
8.Port of Discharge RIYADH	9.Place of Delivery*

ORIGINAL

10.Point and Country of Origin	Forwarding Agent References	Service Contract No.	Document No.	Export References

PARICULARS FURNISHED BY SHIPPER

11.Marks & Nos.Container/Seal No.	No. of Packages or Containers	Description of Contens for Shipper's Use only (not part of this B/L contract) Description of Goods	Gross Weight(Kgs)	Measurement(Cbm)
AL NAHDI SHHAIINV02563 RIYADH C/NO.1-314	314 CTNS	LADIES PANTS	3189.500	24.950
TENU7092492 /94873		FREIGHT PREPAID SHIPPER'S LOAD, COUNT AND SEAL CY / CY		

12. Total Number of Packages or Containers(in words) SAY THREE HUNDRED AND FOURTEEN CARTONS ONLY

13. Freight & Charges

Optional Declared Value for Increasing Freight Charges to Avoid Packages Limitation:US$

CHINA MARINE SHIPPING AGENCY SHANGHAI CO., LTD. SHANGHAI (A8)

19.No. of Original B(s)/L THREE

20.Place and Dated of Issue SHANGHAI 20 DEC 2005

Regarding Transhipment Information Please Contact

14.Prepaid/Collect	15.Prepaid at	16.Payable at

ON BOARD

17.Total Prepaid	18.Laden on board the Vessel 20 DEC 2005

何彬

* Applicable Only When Document Used as a Combined Transport B/L

Sinotrans Standred Form SNL0101

21.Signed for the Carrier, Sinotrans Container Lines Co., Ltd.
CHINA MARINE SHIPPING AGENCY
SHANGHAI COMPANY LTD.(A8)
何彬 AS AGENT(S)
FOR THE CARRIER NAMED ABOVE

提单背面：

SHANGHAI YUEXIANG TRADING COMPANY
张晓璐

——Pre-Carriage by / Place of Receipt / Place of Delivery

第一程运输工具/收货地/交货地。此三栏适用于联合运输方式。若为单一海洋运输方式,留空即可。

——Port of Loading / Port of Discharge

装货港和卸货港。其必须与信用证规定的起运地和目的地完全一致。例如,信用证规定:"SHIPMENT FROM: SHANGHAI TO: NEW YORK",则提单填写为:PORT OF LOADING: SHANGHAI; PORT OF DISCHARGE: NEW YORK。又如,信用证规定:"SHIPMENT FROM QINGDAO TO GOPPINGEN VIA BREMERHAVEN",其中GOPPINGEN是德国一个内陆小镇,BREMERHAVEN(不来梅)为德国北部港口,则提单填写为:PORT OF LOADING: QINGDAO; PORT OF DISCHARGE: GOPPINGEN VIA BREMERHAVEN。在多式联运的提单上,也可填写为:PORT OF LOADING: QINGDAO; PORT OF DISCHARGE: BREMERHAVEN; PLACE OF DELIVERY: GOPPINGEN。

——Marks & Nos. Container/Seal No.

运输标志、集装箱号码及封志号。

——No. of Container or Packages

集装箱数量或货物包装件数。其可填写装运货物的集装箱个数,或货物的总包装件数。

——Description of Goods

货物描述。此栏填写时不必如发票的货物描述那样详尽,可以只写货物的总名称,但应注意不能与其他单据发生矛盾。

——Gross Weight / Measurement

毛重/尺码。填写货物的总毛重和总尺码。

——Total Number of Containers and/or Packages(in words)

集装箱数或总包装件数的大写。例如,"SAY FOUR HUNDRED FORTY FIVE CARTONS ONLY"或"SAY ONE TWENTY FEET CONTAINER ONLY"。

——Freight & Charges / Prepaid/Collect / Prepaid at / Payable at / Total Prepaid

运费支付标注,一般均留空。

——Laden on Board the Vessel

装船日期和签署。装船日期即货物实际装运日期,由船公司加盖"ON BOARD"图章签署证实。

——No. of Original B(s)/L

正本提单份数,即船公司出具的正本提单(标注有"ORIGINAL"字样的提单)的份数。该栏有以下两种填写方法:

(1) 信用证明确规定了正本提单份数,如"Full set of three original B/L"或"3/3 Marine bills of lading ……",则应要求船公司出具3份正本提单,并在此栏填写"Three(3)"。

(2) 信用证未明确规定正本提单份数,如"Full set of Clean on Board Bill of Loading ……",则

可根据实际签发的正本份数填写,如"Two(2)"、"Three(3)"、"Four(4)"等等。

——Place and Date of Issue

提单的签发日期和签发地点。提单签发日期是承运人或其代理人签发提单的日期,通常与装船批注日期相一致。提单签发地点是承运人或其代理人的营业地点,不一定是装运港。

——Signed for the Carrier

提单签署。根据UCP500第23条规定,提单必须由承运人,或承运人的具名代理人,或船长,或船长的具名代理人签署证实。

承运人或船长的任何签字或证实,必须表明"承运人"或"船长"的身份。代理人代表承运人或船长签字或证实时,也必须表明所代表的委托人的名称,以及注明代理人是代表承运人或船长签字或证实的。例如,承运人签发的提单,其签署为:

CHINA OCEAN SHIPPING (GROUP) CO.

×××

AS CARRIER

又如,承运人代理签发的提单,其签署为:

CHINA OCEAN SHIPPING AGENCY

×××

ON BEHALF OF (AS AGENT FOR) THE CARRIER CHINA OCEAN SHIPPING (GROUP) CO.

——运费条款、集装箱运输交接方式

此部分内容一般填写在提单中间部分的空白处。

运费条款:Freight Prepaid或Freight to Collect

集装箱运输交接方式:根据业务运输具体交接情况,分为"CY-CY"(堆场到堆场)、"CFS-CFS"(货运站到货运站)、"DOOR-DOOR"(门到门)等等。

——船东免责条款

在整箱货物(FCL)运输时,如果货物由货主自行装箱封箱,通常船东会在提单中间部分的空白处加上"Shipper's Load, Count and Seal"(货主装载、计数和加封)的批注。这样,在集装箱箱体没有损坏的情况下,若货物有货损或者短装,船东可以免责。

——提单的背书

提单的背书是提单持有人或背书人在提单背面签字或盖章并将其交给受让人的行为。出口商(信用证受益人)是否要在提单上背书,与提单收货人一栏的填写有关。如为记名收货人(Consigned to ×××),提单无需背书。如为指示收货人(To order或To order of ……)时,则分为以下两种情况:

● 提单收货人为"TO ORDER OF 开证行"或"TO ORDER OF 开证申请人",则由该开证银行或开证申请人背书,受益人不需要背书。

● 提单收货人为"TO ORDER OF SHIPPER"或"TO SHIPPER'S ORDER"或"TO ORDER",并且发货人是受益人时,提单应由出口商(受益人)来背书。此时,信用证通常会对发货人(受益人)如何进行背书做出具体规定。

背书形式有以下两种:

● 空白背书,如信用证规定"Bill of lading …… endorsed in blank …… ",则在提单背面作空白背书:

Shanghai ABC Company

江欣悦

● 记名背书,如信用证规定"Bill of lading …… endorsed to issuing bank ……",则在提单背面作记名背书:

Delivered to ANZ Bank, Seattle Branch

Shanghai ABC Company

江欣悦

——信用证对海运提单的特别要求

有时信用证会要求提交的提单上需注明特定的证明文句。例如,BILL OF LADING MUST SHOW THE SHIPPING COMPANY'S AGENT AT THE DESTINATION PORT WITH ITS NAME AND TELEPHONE NUMBER; SHIPMENT MUST EFFECTED BY FULL CONTAINER LOAD AND B/L MUST BE CERTIFIED THE SAME; THE RELEVANT CONTAINER NO. & SEAL NO. MUST BE MARKED ON B/L。这些证明文句通常加注在提单中间部分的空白处。

5. 保险单。

——INSURED

被保险人。在CIF或CIP贸易术语下,除非信用证有特别规定,被保险人一般为信用证受益人。

——MARKS & NOS

运输标志。应与商业发票、装箱单、提单等上的运输标志相一致,也可以简单填写"As per Invoice No. ×××"。

——QUANTITY

包装及数量。可填写总包装件数,或商品总数量。

——DESCRIPTION OF GOODS

保险货物项目。一般填写商品的总称。

——AMOUNT INSURED

保险金额。应按信用证规定的金额及加成率投保,如信用证/合同对此未做具体规定,则一般按CIF或CIP或发票金额的110%投保。需要注意的是,保险金额一般采用"进一取整"的填法。例如,信用证金额为US$28,567.60,规定按发票金额加成10%投保,则保险金额 = 信用证金额×(1+加成率) = US$28567.60×(1+10%) = US$31,424.36,进一取整得US$31,425.00。

货 物 运 输 保 险 单
CARGO TRANSPORTATION INSURANCE POLICY

总公司设于北京 Head Office Beijing　　一九四九年创立 Established in 1949

发票号 (INVOICE NO.) **ITU4384**　　保单号次 POLICY NO. **0004548**
合同号 (CONTRACT NO.)
信用证号（L/C NO.)
被保险人
INSURED **SHANGHAI SHENHUI IMP. & EXP. CO., LTD.**

中国人民财产保险股份有限公司（以下简称本公司）根据被保险人的要求，由被保险人向本公司缴付约定的保险费，按照本保单承保险别和背面所载条款与下列特款承保下述货物运输保险，特立本保险单。
THIS POLICY OF INSURANCE WITNESSES THAT PICC PROPERTY AND CASUALTY COMPANY LIMITED (HEREINAFTER CALLED "THE COMPANY") AT THE REQUEST OF THE INSURED AND IN CONSIDERATION OF THE AGREED PREMIUM PAID TO THE COMPANY BY THE INSURED, UNDERTAKES TO INSURE THE UNDERMENTIONED GOODS IN TRANSPORTATION SUBJECT TO THE CONDITIONS OF THIS POLICY AS PER THE CLAUSES PRINTED OVERLEAF AND OTHER SPECIAL CLAUSES ATTACHED HEREON.

标 记 MARKS & NOS	包装及数量 QUANTITY	保险货物项目 DESCRIPTION OF GOODS	保险金额 AMOUNT INSURED
AS PER INVOICE NO. ITU4384	**540 CTNS**	**STAINLESS COOKWARE**	**USD8,065.00**

总保险金额:
TOTAL AMOUNT INSURED **SAY U.S. DOLLARS EIGHT THOUSAND AND SIXTY FIVE ONLY**

保费: PREMIUM **AS ARRANGED**　启运日期: DATE OF COMMENCEMENT **AS PER B/L**　装载运输工具: PER CONVEYANCE **DONGFENG V.102**

自 FROM **SHANGHAI, CHINA**　经 VIA　至 TO **TOKYO, JAPAN**

承保险别:
CONDITIONS

COVERING ALL RISKS AND WAR RISKS AS PER C.I.C. DATED 1/1/1981.

所保货物，如发生保险单项下可能引起索赔的损失或损坏，应立即通知本公司下述代理人查勘。如有索赔，应向本公司提交保单正本（本保单共有 叁 份正本）及有关文件。如一份正本已用于索赔，其余正本自动失效。
IN THE EVENT OF LOSS OR DAMAGE WHICH MAY RESULT IN A CLAIM UNDER THIS POLICY, IMMEDIATE NOTICE MUST BE GIVEN TO THE COMPANY'S AGENT AS MENTIONED HEREUNDER. CLAIMS, IF ANY, ONE OF THE ORGINAL POLICY WHICH HAS BEEN ISSUED IN **3** ORIGINAL(S) TOGETHER WITH THE RELEVENT DOCUMENTS SHALL BE SURRENDERED TO THE COMPANY. IF ONE OF THE ORIGINAL POLICY HAS BEEN ACCOMPLISHED, THE OTHERS TO BE VOID.

NIPPONKOA INSURANCE CO., LTD.
KASUMIGASEKI, CHIYODA-KU, TOKYO 100-0013
TEL: 81-3-3231 3505
FAX: 81-3-3231 3555

中国人民财产保险股份有限公司 上海市分公司
PICC Property and Casualty Company Limited, Shanghai Branch

赔款偿付地点
CLAIM PAYABLE AT/IN **JAPAN IN USD**

李玉泉

出单日期
ISSUING DATE **15 JUNE 2005**　　**GENERAL MANAGER**

地址：中国上海中山南路700号
ADD: 700 ZHONGSHAN ROAD（S）SHANGHAI CHINA
邮编（POST CODE）：200010
经办：冯可　复核：林晓平
Settling & Customer Service Centre:
（理赔/客户服务中心） 86 21 63674274

保单顺序号 PICC 0190174

保单背面:

SHANGHAI SHENHUI IMP. & EXP. CO., LTD.
赵凌霖

——PREMIUM

保费。一般此栏填写“As Arranged”，如无特殊需要，不必显示具体金额。

——DATE OF COMMENCEMENT

启运日期。一般填写提单签发日期，或填写“As per Bill of Lading”。

——PER CONVEYANCE

装载运输工具。如为海运，则填写相应的船名及航次。

——CONDITIONS

承保险别。填写信用证规定的保险险别及相应的保险条款，应注意在文字表述上与信用证严格一致。

——AGENT

保险代理。填写保险公司在目的地理赔代理机构的名称及联系方法。

——CLAIM PAYABLE AT/IN

赔款偿付地点及赔付币种。如信用证有明确规定，则按信用证填写。如信用证无明确规定，则赔款偿付地点一般填写投保货物的目的地，币种与信用证或汇票币种相一致。

——ISSUING DATE

保单日期。应不迟于提单日期。UCP500 第 34 条 e 款规定，除非信用证另有规定，或除非保险单据表明保险责任最迟已于装船或发运或接受监管之日起生效，银行将拒收出单日期迟于运输单据注明的装船或发运或接受监管日期的保险单据。

——保单的背书

在 CIF 或 CIP 交易中，保险单的被保险人一般为出口商。当出口商在向银行交单时，必须对保险单作背书，以便将保险单项下的保险利益，即在货物发生了承保风险造成的损失后能从保险公司获得赔偿的权利，转移给保险单的受让人。

保单背书主要有以下两种形式：

● 空白背书（仅有背书人签章，不指定具体的被背书人）。例如，信用证规定“Insurance policy …… endorsed in blank”，则在保单背面作空白背书：

Shanghai ABC Company

江欣悦

● 记名背书（注明被背书人的名称，并由背书人签章）。例如，信用证规定“Insurance policy …… endorsed to issuing bank”，则在保单背面作记名背书：

To ANZ Bank, Seattle Branch

Shanghai ABC Company

江欣悦

如信用证未作相应规定，则一般作空白背书。

——信用证对保险单的特别要求

有时信用证会要求提交的保单上需注明特定的证明文句，如 MARINE INSURANCE POLICY/CERT. MUST SHOW COVERING FROM ASSURED'S WAREHOUSE TO

CONSIGNEE'S DESTIATION ADDRESS。

加注的证明文句通常出现在保单中间部分的空白处。

6. 原产地证明。

——Exporter

出口人。填写信用证受益人详细的名称、地址。

——Consignee

收货人。填写开证申请人详细的名称、地址及国别。

——Means of transport and route

运输方式和路线。填写装货港、到货港及运输方式(如海运填写"by sea"),如有转运,必须注明转运港口。

——For certifying authority use only

签证机构用栏。此栏为签证机构在签发后补发证书或加注其他声明时使用。

——Marks and Numbers

运输标志。应完整、规范地填写运输标志,并与商业发票等其他单据相一致,不能简单填写"As per Invoice No. ×××"或类似表示。

——Number and kind of packages; description of goods

包装件数及种类;货物描述。填写包装件数,并且同时注明包装件数的大写,如"100 (SAY ONE HUNDRED ONLY) CARTONS OF ……"。货物描述应填写具体的商品名称。描述结束后在紧接的下一行栏输入" ******** "符号,以防添加内容。

——H.S. Code

H.S.编码。填写商品在《商品名称和编码协调制度》(Harmonized Commodity Description & Coding System)中的编码。

——Declaration by the exporter

出口商申明。由出口商署上公司名称(加盖公章)、手签,并注明签署地点及日期,该日期一般不早于发票日期,但不能迟于装船日期。

——Certification

证实栏。由签证机关手签、加盖公章。签署地点和日期通常由申请人(出口商)事先填写。

——信用证对原产地证明的特别要求

有时信用证会要求提交的原产地证明上需注明特定的证明文句。例如,CERTIFICATE OF ORIGIN MUST SHOW THE NAME AND ADDRESS OF THE MANUFACTURER / PRODUCER / PROCESSOR; CERTIFICATE OF ORIGIN LEGALISED BY C.C.P.I.T. AND INDICATING THAT ORIGIN OF GOODS HAS BEEN PRINTED ON THE SURFACE OF EACH PACKAGE。加注的证明文句通常出现在原产地证明中间部分的空白处。

ORIGINAL

1. Exporter SHANGHAI TAIKANG TOYS CORP. 18FL TAIKANG PLAZA, 111 NANHUI ROAD, SHANGHAI, CHINA	Certificate No. 034956038069 CERTIFICATE OF ORIGIN OF THE PEOPLE'S REPUBLIC OF CHINA
2. Consignee EILAT DISTRIBUTORS CO., LTD. P.O. BOX 5080, JERUSALEM 91040, ISRAEL	
3. Means of transport and route FROM: SHANGHAI, CHINA TO: ASHDOD BY SEA	5. For certifying authority use only
4. Country/region of destination ISRAEL	

6. Marks and Numbers	7. Number and kind of packages; description of goods	8. H.S. Code	9. Quantity	10. Number and date of invoices
ARAB EL4954 ASHDOD C/NO.1-472	472 CARTONS (SAY FOUR HUNDRED AND SEVENTY TWO CARTONS ONLY) OF WOODEN TOYS ************************************	95034100	9440PCS	EL4954 14-JAN-06

11. Declaration by the exporter	12. Certification
The undersigned hereby declares that the above details and statements are correct; that all the goods were produced in China and that they comply with the Rules of Origin of the People's Republic of China. SHANGHAI TAIKANG TOYS CORP. 梁超群 SHANGHAI 20-Jan-06 Place and date. signature and stamp of authorized signatory	It is hereby certified that the declaration by the exporter is correct. 中国国际贸易促进委员会 单据证明专用章 (沪) CHINA COUNCIL FOR THE PROMOTION OF INTERNATIONAL TRADE (SHANGHAI) 李运达 SHANGHAI 20-Jan-06 Place and date. signature and stamp of certifying authority

7. 普惠制原产地证明。

——Goods consigned from (Exporter's business name, address, country)

出口人。填写信用证受益人详细的名称、地址及国别。

——Goods consigned to (Consignee's name, address, country)

收货人。填写开证申请人详细的名称、地址及国别。

——Means of transport and route (as far as known)

运输方式和路线。填写装货港、到货港及运输方式(如海运则填写"by sea")。如有转运,必须注明转运港口。

——For official use

签证机构用栏。此栏为签证机构在签发后补发证书或加注其他声明时使用。

——Item number

项目号,即商品名称的序号。例如该交易涉及三类商品,则依次填写 01、02、03,分别与货物描述栏内的商品名称相对应。

——Marks and numbers of packages

运输标志。应完整、规范地填写运输标志,并与商业发票等其他单据一致,不能简单填写"As per Invoice No. ×××"或类似表示。

——Number and kind of packages; description of goods:

包装件数及种类;货物描述。填写包装件数,并且同时注明包装件数的大写,如"100 (SAY ONE HUNDRED ONLY) CARTONS OF ……"。货物描述应填写具体的商品名称。描述结束后在紧接的下一行栏输入" ******* "符号,以防添加内容。

——Origin criterion (see Notes overleaf)

原产地标准。必须按产地证背面有关条款填入"P"、"W"、"F"等字母。其具体规定如下:

● 完全自产产品,不含任何进口成分,填入"P"。

● 含有进口成分的产品,出口到欧盟、挪威、瑞士和日本,并且产品符合以下条件:产品列入上述给惠国"加工清单",并符合其加工条件;产品未列入给惠国的"加工清单",但产品生产过程中使用的进口原材料和零部件要经过充分的加工,产品的 HS 税目号不同于所用的原材料或零部件的 HS 税目号,则填入"W",其后加注出口产品在海关合作理事会税则目录(Customs Cooperation Council Nomenclature, CCCN)的税目号,如"W" 42.02。

● 含有进口成分的产品,并且进口成分的价值未超过产品出厂价的 40%,出口到加拿大,填"F"。

● 含有进口成分的产品,并且进口成分的价值未超过产品离岸价的 50%,出口到波兰,填"W",其后加注出口产品在海关合作理事会税则目录(Customs Cooperation Council Nomenclature, CCCN)的税目号,如"W" 42.02。

● 含有进口成分的产品,并且进口成分的价值未超过产品离岸价的 50%,出口到俄罗斯、乌克兰、白俄罗斯、哈萨克斯坦、捷克、斯洛伐克六国,填"Y",其后加注进口成分价值占该产品离岸价格的百分比,如"Y" 38%。

ORIGINAL

1. Goods consigned from (Exporter's business name, address, country) SHANGHAI HAIYUAN TRADING CO., LTD. NO. 474 DA DU HE ROAD SHANGHAI , CHINA	Reference No. GSPW374957396 GENERALIZED SYSTEM OF PREFERENCES CERTIFICATE OF ORIGIN (Combined declaration and certificate) FORM A Issued in THE PEOPLE'S REPUBLIC OF CHINA (country) See Notes overleaf
2. Goods consigned to (Consignee's name, address, country) ARTE CHAIN STORES CORP. 127 AVENUE VICTOR GOYU 26000 VALENCE, FRANCE	
3. Means of transport and route (as far as known) FROM SHANGHAI, CHINA TO LE HAVRE, FRANCE BY SEA	4. For official use

5. Item number	6. Marks and numbers of packages	7. Number and Kind of packages; description of goods	8. Origin criterion (see Notes overleaf)	9. Gross weight or other quantity	10. Number and date of invoices
01	ARTE EP45682 LE HAVRE C/NO.1-280	280 CTNS (SAY TWO HUNDRED AND EIGHTY CARTONS) OF LEATHER GLOVES **	"P"	5040 KGS	ARTE3895 20-NOV-05

11. Certification It is hereby certified, on the basis of control carried out, that the declaration by the exporter is correct. 中华人民共和国奉贤出入境检验检疫局 检验检疫专用章 (6) 董建平 SHANGHAI, 25-NOVP-05 Place and date, signature and stamp of certifying authority	12. Declaration by the exporter The undersigned hereby declares that the above details and statements are correct; that all the goods were produced in CHINA (country) and that they comply with the origin requirements specified for those goods in the Generalized System of Preferences for goods exported to FRANCE (importing country) SHANGHAI HAIYUAN TRADING CO., LTD. SHANGHAI, 25-NOV-05 纪晓璐 Place and date. signature and of authorized signatory

● 出口到澳大利亚、新西兰的商品,此栏可以留空。

——Certification

证实栏。由签证机关手签、加盖公章。签署地点和日期通常由申请人(出口商)事先填写。

——Declaration by the exporter

出口商申明。注明商品的原产国和进口国,由出口商署上公司名称(加盖公章)、手签,并注明签署地点及日期,该日期一般不早于发票日期,但不能迟于装船日期。

——信用证对普惠制原产地证明的特别要求

如信用证要求普惠制原产地证明需加注特别的内容,则可填写在原产地证明中间的空白处。

8. 受益人证明。

——名称

单据名称位于单据正上方,可根据信用证要求标注,如 Certificate 证明,Statement 声明,Declaration 申明。

——日期

可根据需要证明的内容而定,但必须符合信用证的要求。

——抬头人

除非信用证另有规定,通常填写为"TO WHOM IT MAY CONCERN"。

CHINA HUAYUAN ENTERPRISE CORPORATION
17/F.NO.525 JIAN GUO WEST ROAD
SHANGHAI CHINA

BENEFICIARY'S CERTIFICATE

TO WHOM IT MAY CONCERN **DATE: DEC. 17, 2005**

RE: INVOICE NO. ET5950 **L/C NO. LCB0504059**

WE HEREBY CERTIFY THAT ONE SET OF NON-NEGOTIABLE SHPPING DOCUMENTS INCLUDING INVOICE AND PACKING LIST HAVE BEEN SENT TO APPLICANT BY UPS IMMEDIATELY AFTER SHIPMENT.

CHINA HUAYUAN ENTERPRISE CORPORATION
赵冬

——事由

一般填写货物名称或信用证号码,非信用证支付方式下的证明则填写发票号或合同号。

——证明文句

按照信用证要求的内容书写。如信用证规定“Beneficiary's certificate stating that 1/3 original Ocean B/ L together with original ‘Form A’ have been sent directly to the applicant”,那么受益人证明中的文句可填写为“We hereby state that 1/3 original Ocean B/L together with original ‘Form A’ have been sent directly to the applicant”。

——受益人签章

通常在证明的右下方注明受益人的公司名称,并加盖签名章或公章。另外,受益人证明一般不分正副本。若信用证要求正本,可在单据名称的正下方标注“Original”字样。

单据审核要点

先进行综合审核:

- 核查信用证项下的单据是否齐全,包括所需单据的份数。
- 单据上显示的信用证号码是否正确。
- 单据之间货物描述、数量、金额、重量、体积、件数、运输标志等是否一致。
- 单据出具或提交的日期是否符合信用证的规定。

再进行分类审核:

1. 汇票。

- 汇票签发日期为议付日期,是否迟于信用证的有效期和交单期。
- 汇票的付款期限是否符合信用证规定。
- 汇票的出票人、受款人、受票人是否符合信用证的规定。
- 汇票金额大小写是否一致。
- 汇票金额是否超出信用证金额。
- 汇票金额的币制名称是否与信用证和发票相一致。
- 汇票付款人的名称、地址是否正确。
- 汇票的出票人名称是否与受益人相一致。
- 汇票是否已由出票人签署。
- 是否包含信用证要求的其他内容。
- 在收款人为出口商(受益人)的情况下,汇票是否已由出口商做空白背书。

2. 商业发票。

- 签发人是否为信用证的受益人。
- 发票抬头是否为开证申请人(除非信用证另有规定)。
- 是否出现了“形式发票”或“临时发票”的字样。

● 货物描述是否与信用证中的商品描述完全相符，包含信用证提及的货物细节、价格和条款。

● 商品数量是否符合信用证规定。

● 单价和贸易术语是否符合信用证规定。

● 金额是否超过了信用证规定的可使用金额，如不允许分批装运，发票是否包括了信用证要求的整批装运金额。

● 是否包含信用证要求的其他内容。

● 是否按照信用证要求进行了签署或手签。

● 提交正本、副本的份数是否符合信用证要求。

3. 包装单据。

● 是否包含了信用证要求的内容。

● 如为详细的包装单据(Detailed Packing List)，是否列出了每单位包装的内容及其他有关资料。

4. 运输单据。

● 是否提交了全套正本单据(除非信用证另有规定)。

● 提交正本、副本的份数是否符合信用证要求。

● 承运人是否符合信用证的规定。

● 托运人、收货人和被通知人是否符合信用证的规定。

● 起运港、转运港和目的港是否符合信用证的规定。

● 货物描述是否与信用证的货物描述相一致。

● 运费条款("运费已付"或"运费到付")是否符合信用证的规定。

● 是否有表示其瑕疵或不清洁的条款。

● 是否包含了信用证要求的其他内容。

● 装船日是否在信用证规定的装运期内。

● 是否按根据信用证要求适当背书。

5. 保险单据。

● 保险单据的类型(保险单/保险证明/暂保单等)是否符合信用证要求。

● 签发日期或保险责任生效日期是否不迟于货物已装船或发运之日。

● 投保金额是否符合信用证的要求。

● 投保险别是否符合信用证的要求，无遗漏与偏差。

● 赔付地点和货币是否符合信用证的要求。

● 是否包含了信用证要求的其他内容。

● 如投保人是出口商(受益人)，是否进行了背书，背书形式是否符合信用证的规定(如信用证未作具体规定，则应作空白背书）。

● 提交正本、副本的份数是否符合信用证要求。

UCP500 第 21 条规定，当要求提供运输单据、保险单据和商业发票以外的单据时，信用证应规定该单据的出单人及措辞或内容。如信用证对此未作规定，只要所提交单据的内容与提交的其他规定单据不相矛盾，银行将接受此类单据。

当信用证要求单据是以“证明书(Certificate)”的形式(如受益人证明等)出具时，此类单据必须经相关当事人签署。

单据审核的基本方法

1. 审核依据。

● 信用证。

● 信用证修改通知书。

● 出口货物明细单。

2. 审核步骤。

(1) 横向审核。

以信用证为基础，对其项下规定的各项单据进行逐一审核，要求所有单据的内容必须严格符合信用证条款的规定，达到“单证相符”。

(2) 纵向审核。

● 以发票为中心，与其他单据逐一核对。先将被核对的单据全部阅读一遍，再核对与发票中相同的资料。

● 将所有单据的相关信息一一加以核对，力求做到“单单相符”。

常见的单据不符点

1. 汇票。

● Drawee Incorrect / Draft drawn on a wrong party 付款人有误。

● Draft payable on an undeterminable date 付款日期不确定。

● Exceeded L/C Amount 金额超出 L/C 金额。

2. 发票。

● Description of goods in invoice differs from that in the Credit 货物描述与信用证不符。

● Invoice does not show correct trade terms 贸易术语不正确。

● Invoice not made out to applicant’s name as shown in the Credit 发票抬头没有作成开证申请人。

● Certificate clauses requested in L/C are lost in Invoice 遗漏信用证要求的证明文句。

3. 提单。

● Claused Bills of Lading 加注条款提单(如不清洁提单)。

● No evidence of goods actually " shipped on board" 未能证明货物已装船。

● Bill of Lading does not evidence whether freight is paid or not 未表明运费是否已支付。

● On board notation not dated 已装船批注遗漏日期。

4. 保险单。

● Presentation of an insurance documents of a type other than that required by the Credit 提交保险单据的类型与信用证要求不符。

● Insurance risks covered not as specified in the Credit 保险险别与信用证规定不符。

● Insurance cover expressed in a currency other than that of the Credit 保险投保货币与信用证规定的货币不符。

● Under-insured 保险金额不足。

● Insurance not effective from the date of shipment on the B/L 保险生效日期未自提单装运日期起算。

● Insurance dated later than the date of shipment on the B/L 保险日期迟于提单装运日期。

● Insurance Policy / Certificate not endorsed correctly 保险单/保险凭证没有正确背书。

● Insurance policy indicating place of settling claim differs from that in the Credit 保险单理赔地点与信用证规定不符。

5. 其他。

● Marks differ among documents 单据之间运输标志不一致。

● Weights differ among documents 单据之间显示的重量数据不一致。

● Draft, insurance policy or B/L not endorsed correctly 汇票、保单或提单背书不正确。

● Absence of documents called for in L/C 缺少信用证所要求的单据。

● Absence of signatures where required on documents presented 需签字的单据提交时未签字。

第六章　商务函电草拟

【实例评析】

❶ 建立业务关系函　　出口 ➲

发件人：joanna _ yao@yangfan. sh. cn
收件人：m. withrow@ep. com
日　期：2005 年 9 月 12 日　上午 10:45
主　题：Having a Start

Dear Mr. Withrow,

We are glad to know from Global Sources that you are interested in fashion wallets and wallet sets, which are just in our lines. So we would like to take this opportunity to introduce our company to you and see if there's any possibility to do business with you.

With more than 20 years' experience in manufacturing and exporting various kinds of promotional products to U. S. and European markets, we possess very professional know-how especially in controlling the quality of logo printing. Since 1990, we have been cooperating with quite a few big OEMs such as Valentino, Forola, Bale, etc. We not only provide the most competitive prices with best quality, but also have the ability to help the customers to solve all of their problems happened during the design stage to the finish products.

Since there are more than 100 items for your choice, we would like to attach three pictures of our newest products: WL-012 (Wallet), WW-008 (Wallet and Watch), and WM-014 (Wallet and Makeup-case) for your reference. For more information, we sincerely invite you to visit our website: www. yangfan. sh. cn to see if any item interests you. You are also welcome to E-mail us the image or specifications for the products you are buying now. The relevant quotation and sample will be sent upon request.

Thank you very much for your kind attention to the above and look forward to hearing your comments or inquiry soon.

Best regards
Shanghai Yangfan Gifts Co., Ltd.
Joanna Yao
Sales

评析：基本结构与内容要点

(1) 信息来源

从“环球资源”得知贵公司对时尚钱包及钱包套装有兴趣。

(2) 致函目的

(这恰巧是我公司的经营商品)

想利用这个机会向贵公司介绍我公司，看是否能建立业务往来。

(3) 公司介绍

- 拥有20多年制造和外销各类促销产品至美国及欧洲市场的经验。
- 在保证商标印制品质方面，拥有非常专业的专有技术。
- 自1990年起便与一些大客户建立了合作关系。
- 可提供最好的价格和品质，协助客人解决其从设计到成品过程中所遇到的问题。

(4) 产品介绍

- 产品多达100余种。
- 附上三款新产品的图片，供参考。
- 更多产品信息，可访问公司网站。
- 欢迎电邮拟采购产品的图像或规格，届时可提供相关报价和样品。

(5) 盼望答复

非常感谢对以上信息的关注，并期盼很快收到贵公司的意见或询问。

相关链接

- 商务电邮的基本格式　第365页
- 各种信息来源的表达方式　第367页
- 致函目的示例　第368页
- 出口商介绍公司优势示例　第368页
- 出口商介绍产品优势示例　第370页
- 与久未往来的进口商重建联系　第371页

❷ 发盘函　　　　出口 ➲

发件人：lucia-zhang@yihui.com
收件人：s.conrey@loren.com
日　期：2005 年 4 月 16 日　下午 15:52
主　题：Re: Inquiry for magnifier

Dear Ms. Conrey,

Thank you for your inquiry of this morning concerning magnifiers.

As requested, we have attached an image of our standard magnifier and quote as below:

Commodity: Article No. CT-212B Magnifier
Standard size: 188 mm x 65 mm x 10 mm (Length x Width x Thickness)
Unit price: US$0.50/pc CIF Liverpool (without logo)
Min. quantity: 6,000 pcs
Packing: 1pc/plain paper case, 20pcs/inner box, 120pcs/export carton, 141600 pcs/20'FCL
(NW: 14kgs; GW: 15kgs; Meas.: 0.02 m^3 for each carton)
Shipment: within 21 days after the L/C reaching us
Payment: by irrevocable L/C at sight in our favor
Insurance: for 110% of CIF value against All Risks

As to the logo printing, it will usually add US$0.05/pc for each color.

Please check if the above meets your requirement. If not, please send us your comments by E-mail for quoting.

We handle a wide selection of products with superior quality, and can execute your order efficiently and faithfully. We would be pleased to receive your orders, which will always have our best attention.

Best regards
Shanghai Yihui Trading Co., Ltd.
Lucia

Attachment: Image of Standard Magnifier

评析:基本结构与内容要点

(1) 感谢确认收到询盘函

感谢贵方今日上午对于放大镜的询盘。

(2) 按客户要求发盘,或随附/另寄报价单

- 商品名称、货号、规格。
- 价格(含币种、报价单位及价格术语)。
- 数量(报价相对应的数量)。
- 包装。
- 装运。
- 付款。
- 其他相关主要贸易条件(如保险)。

(3) 回复客户提出的其他问题/要求

- 随附我方标准放大镜的图片。
- 商标印刷,每只每色 0.05 美元。

(4) 强调公司或产品的优点、特色,激励客户下单

- 我方经营许多品质优良的商品,能高效、忠实地执行订单。

(5) 希望尽快收到对方意见、订单

如能收到订单,我方将会十分高兴,贵方的订单将永远得到我方的最佳关照。

相关链接

- 如何将报价引向订单 第 371 页
- 如何在报价后进一步推进 第 371 页
- 面对客户再次询盘的答复 第 372 页
- 收到询盘后顺道拜访客户 第 374 页
- 要求客户负担样品运费 第 374 页
- 无法供应询盘产品时的回复 第 375 页

❸ 交易磋商函　　　　出口

发件人：william.zhou@speedy.com
收件人：l.godfrey@Macgregor.com
日　期：2005年5月29日　上午13:46
主　题：Re: Price & Sample

Dear Mr. Godgrey,

Thank you for your reply of May 28, but we are sorry to know you felt our price too high.

In fact we have done best to set our price as low as possible without sacrifice of quality. Please note that durability and resistance against the air-borne dust are the most important advantages of our products. Asian market has proved that they are more competitive and popular than other similar ones. Considering the excellent quality and the continual appreciation for RMB to USD in the past three months, it is almost impossible for us to make any further reduction.

But in view of the special character of your market, we have decided to offer a special discount of 3% if you place an order over USD50,000.

We make this allowance because we would like to do business with you if possible, but we must stress that it is the utmost that we can help you.

We would like to send you our samples for the quality approval. However, our products are made of costly material, so the samples will be sent to you after the sample charge of USD55 has been received. We promise that the sample charge will be deducted from the invoice value of your first order.

Please take the above into consideration and we look forward to hearing from you soon.

Sincerely,
Shanghai Speedy Electronics Company
William Zhou

评析:基本结构与内容要点

(1) 确认收到买方回函,很遗憾得知买方不满意我方发盘

感谢贵方5月28日回函,但很遗憾地得知,贵方认为我方价格过高。

(2) 表示我方已报出最好的成交条件,并列举理由

- 我方已尽全力在不影响品质的前提下把价格定得尽可能的低。
- 耐久性和抗尘性是我方产品最突出的优点,亚洲市场已证明它比其他同类产品更富竞争性、更受欢迎。
- 近三个月来人民币对美元的汇率持续上涨。
- 因此,对我方来讲,做进一步减价几乎不可能。

(3) 经考虑,决定特别接受、无法接受或附带条件接受买方还盘

- 鉴于贵方市场的特殊性。
- 我方决定,如订单达5万美元,可给贵方3%的特别折扣。
- 做此让步是因为我方希望与贵方建立业务关系,但这是我方能提供的最大幅度的折扣。

(4) 回复买方提出的其他问题/要求

我方将提供样品供贵方进行品质测试。然而,鉴于我方产品是由昂贵材质制成,所以需在收取样品费55美元之后寄送。我方保证,此笔样品费将在贵方首张订单的发票金额中扣除。

(5) 如接受还盘,请买方尽快确认下单;如不接受还盘,向其道歉,表示希望下次有机会再合作;如有条件接受还盘,请买方考虑,尽快告知意见

请贵方仔细考虑,早日下单。

相关链接

- 出口商拒绝降低价格 第375页
- 出口商同意降低价格 第376页
- 出口商有条件地接受客户还价 第376页
- 出口商拒绝变更付款方式 第377页
- 出口商同意变更付款方式 第377页

❹ 成交函 　　　　　　　　　　　　　　　　　　　　　　**出口 ➲**

发件人：peter-wang @cusby. com
收件人：andy. muller@merrybest. com
日　期：2005 年 9 月 20 日　上午 10:37
主　题：Re: Order CZ385

Dear Mr. Muller,

Thank you for your order No. CZ385 and we are very happy to start the first cooperation with you.

We will do our best to execute your order and assure the goods quality, shipping date as well as the terms you asked for will receive the best attention.

As the delivery is very hurried, please immediately instruct your banker to issue the relevant letter of credit. The L/C has to reach here before the end of this month. Otherwise the shipment may be delayed.

Besides, we will fax you later this afternoon the sales confirmation No. 254394. Please kindly fax back with your duly signature.

Thank you for your kind attention to all the above and look forward to your L/C soon.

Yours sincerely,

Shanghai Cusby Import & Export Co., Ltd.

Peter Wang

评析:基本结构与内容要点

(1) 收到订单,表示感谢
感谢贵方第 CZ385 号订单。

(2) 接受订单
我方非常高兴与贵方开始首次合作。

(3) 保证如期优质地履行订单
我方将尽最大努力执行该订单,保证满足产品质量、交货期及贵方提出的其他要求。

(4) 请求签署销售确认书
今天下午迟些时候,我方将传真第 254394 号销售确认书,请及时会签并回传。

(5) 确认/回复相关事宜(催开信用证/催预付款/订单签署等)
鉴于交货期很紧,请立即指示贵方银行开立相关信用证,希望在本月底前开抵我方,否则装运恐要延期。

(6) 感谢配合
感谢贵方注意上述事项,并期待收到相关信用证。

相关链接

出口成交函中确认/回复相关事宜的示例　第 378 页
进口商订单示例　第 16 页

❺ 修改信用证函　　出口 ➲

发件人：sunliping@redstar.com
收件人：karen.hobbs@wsi.com
日　期：2005 年 6 月 18 日　下午 14:39
主　题：L/C amendment

Dear Mr. Hobbs,

We are glad to receive your L/C No. YE4380 issued by the Development Bank of Singapore dated June 16, 2005.

However, after checking it with our S/C No. PYO651, we find some discrepancies and therefore request you to amend as follows:

(1) 59　Beneficiary
The name of beneficiary should read Shanghai 'Redstar' Trading Company, not 'Redstars'.

(2) 45A　Commodity or Service Description
The price term is FOB 'Shanghai', instead of FOB 'Hong Kong'.

(3) 43P　Partial shipments
43T　Transshipment
Partial shipments and transshipment should be both 'Allowed' as we have agreed upon in the relevant S/C.

Please move fast on the above amendment to avoid the delay in shipment.

Thanks for your cooperation and look forward to the L/C amendment duly.

Your truly,
Shanghai Redstar Trading Company
Nancy Sun

评析：基本结构与内容要点

(1) 确认收到信用证,表示感谢
收到新加坡发展银行 2005 年 6 月 16 日开来的第 YE4380 号信用证。

(2) 与合同对照审核后,发现若干错误,希望进行如下修改:
(如系 SWIFT 信用证,应注明栏位号和栏位名称,以方便买方申请修改)

- "59 受益人"栏位有误
  受益人名称应为上海"Redstar"贸易公司,而不是"Redstars"。

- "45A 货物或服务描述"栏位有误
  价格术语应为"FOB Shanghai",而不是"FOB Hong Kong"。

- "43P 分批装运"和"43T 转运"栏位有误
  分批装运和转运,根据合同的规定,均应该被"允许"。

(3) 请及时联系银行尽快修改上述条款,否则恐难如期交货
请迅速处理上述修改事宜,以防耽误装运期。

(4) 感谢配合
感谢贵方合作,并期待及时收到信用证修改书。

相关链接

出口商确认如期收到信用证　　第 378 页
出口商处理晚到信用证　　第 379 页

❻ 装船通知 **出口 ➲**

发件人：jiangxiaoli@huacheng. com. cn
收件人：k. tanaka@newswen. com
日　期：2005 年 8 月 4 日　上午 9：18
主　题：Shipping Advice

Dear Mr. Tanaka,

We are pleased to inform you that the following order is ready for shipment soon:

Order No.:	TD-06788
L/C No.:	YE34682390
Commodity:	Silk Pajamas
Quantity:	5,000 dozens
Packing:	20 dozens/carton, total 250 cartons
B/L No.:	CN38452454
Name of Vessel:	S. S. BRIGHT SILVER
Voyage No.:	0332E/W
ETD:	August 7, 2005
ETA:	August 11, 2005
Port of Loading:	Shanghai
Port of Discharge:	Tokyo

We hope that the above-mentioned goods will reach you on time and in good condition. Meanwhile, we look forward to the pleasure of enjoying your further business in the near future.

Yours sincerely,

Shanghai Huacheng Trading Company
Marie Jiang

评析:基本结构与内容要点

(1) 通知买方货物即将装船,或通知买方货物已装船
感谢贵方第 CZ385 号订单。

(2) 告知装运货物概况
订单号码/信用证号码:第 TD-06788 号订单,第 YE34682390 号信用证
货物名称:真丝睡衣
货物数量:5000 打
包装信息:20 打装一纸箱,共 250 纸箱

(3) 告知重要装运信息
提单号码:CN38452454
承运船名:S. S. BRIGHT SILVER
航次:0332E/W
预计出发时间:2005 年 8 月 7 日
预计到达时间:2005 年 8 月 11 日
装运港:上海
目的港:东京

(4) 希望货物按时到达
我方希望这批货物能准时抵达贵方港口,且状况良好。

(5) 期待下一个订单
我方期待在不久的将来能再次有幸与贵方开展业务。

相关链接

- 出口商通知进口商货物已装船　第 379 页
- 电文样式的装船通知　第 379 页
- 出口商通知进口商货物已备妥待运　第 380 页
- 出口商通知进口商货物无法如期装船　第 380 页

❼ **业务善后函** **出口** ➲

发件人：xiaolihua@beyond. sh. cn
收件人：richard _ hurley@norell. com
日　期：2005 年 11 月 27 日　上午 11:05
主　题：discrepancy in doc

Dear Mr. Hurley,

We are very concerned to learn that your bank has declined the payment under L/C No. QG4934356, by informing that "The gross weight shown in the packing list defers from that in the B/L".

We are very sorry for the error which was due to a fault in our documentation system, and apologize for the inconvenience brought to you.

However, as the goods are nearly arriving at your end, please kindly instruct your bank to accept the documents so that you can take delivery without delay. We guarantee the goods themselves are of perfect quality.

We will do our best not to let this happen again and would much appreciate your special handling.

Yours truly,

Shanghai Chaoyue Trading Co., Ltd.
Linda Xiao

评析:基本结构与内容要点

(1) 告知被银行拒付

● 我们十分关注第 QG4934356 号信用证项下的交易。

● 贵方银行的拒付理由是“装箱单上的总毛重与提单显示不符”。

(2) 表示歉意(如有必要,可解释错误原因)

由于我方制单系统的问题导致了这个错误,我方十分抱歉,并对由此引起的不便向贵方致歉。

(3) 请求客人赎单

然而,鉴于货物即将到达贵方,敬请尽快去银行付款赎单,以免耽误提货。我方保证该批货物品质上乘。

(4) 再次表示歉意,并感谢客户配合

我方会极力避免今后发生类似错误,同时也感激贵方对此事的特殊处理。

❽ 询盘函

进口

上海建隆机械设备进出口有限公司
Shanghai Jianlong Machinery Import & Export Company Limited

To: Kofka Metal Export GmbH (Fax No. 49-89-94480623)
Fm: Shanghai Jianlong Machinery Import & Export Company Limited (Fax No. 86-21-52804999)
Date: July 8, 2005　　　　Total Pages: 1

Dear Sirs,

Through the introduction of German Chamber of Commerce in Shanghai, we were advised of your company and your ability to export metal products.

Our company is dedicated to the trading of machinery for over ten years, and we are at present acting for a China leading manufacturer of aluminum doors and window frames, to locate alternative sources for this commodity.

So please kindly advise if you are capable of offering 99.7% commercial grade aluminum ingots in either 16 kg or 22 kg bars. We would like to have your best CIF Shanghai price, payment mode, manufacturing time from the date of order to date of shipping and other relative trade terms.

For your information, our client now consumes 500 M/T per month, and is plan to increase their national market share from 20% to 25%.

If you are unable to assist us with the above mentioned inquiry, please also kindly advise us of a supplier who may be able to.

Thank you and we are waiting for the word from you.

Yours Faithfully,
Shanghai Jianlong Machinery Import & Export Company Limited
Michael Ling

上海市普陀区北石路43号(邮政编码:200332)　电话:86-21-52804555　传真:86-21-52804999
Add: 43 Beishi Road, Shanghai 200332, P.R.C.　Tel: 86-21-52804555　Fax: 86-21-52804999

评析:基本结构与内容要点

(1) 信息来源

经上海的德国商会介绍,我们了解到贵公司及贵公司外销机械制品的能力。

(2) 求购产品

我公司目前正协助中国的一家铝门窗制造大厂寻找替代货源。

(3) 介绍本公司的规模、销售能力,或对产品的需求量、市场前景

- 我公司专营机械设备贸易已有10年的历史。
- 我公司的客户目前每月消耗铝锭500吨,并正计划将其国内市场份额由20%扩大到25%。

(4) 告知所需产品/交易的细节,并请求尽快提供相关资料

- 请告知贵公司是否能供应99.7%纯度的商业级铝锭,每条16千克或22千克均可。
- 如可供应,请告知CIF Shanghai的最好报价、付款方式和从订购到交货的生产时间。

(5) 如不能供应,恳请介绍可供应者

如贵公司无法协助上述询价,请告知可能具备供应能力的供货商名称。

(6) 谢谢合作,并等候回音

感谢贵公司,并等候回复。

相关链接

- 商务传真的基本格式　第364页
- 进口商询盘并随寄样品　第381页
- 进口商介绍公司情况示例　第381页
- 进口商介绍市场需求示例　第382页
- 展览会后进口商主动询盘　第382页
- 进口商告知久未询盘的原因　第383页

❾ 交易磋商函　　进口 ⊂

上海美极电子器材贸易公司

Shanghai Magic Electronic Appliances Trading Company

To: M&B TECH CO. (Fax: 60-4-8992708)
From: Shanghai Magic Electronic Appliances Trading Company (Fax: 86-21-62379090)
Date: Feb. 25, 2005　　　　Total Pages: 1

Dear Mr. Aloi,

Thank you for your offer dated Nov. 12.

Although we appreciate the good quality of your products, we found that your prices appear to be much higher.

For your information, local MB suppliers now have a strong position in the market, with 65% market share in 2004, and continuing to expand this year. So to be competitive in the market, we must locate the quality products at the lowest possible costs. Moreover, other suppliers in your country offered us more attractive quotations in which prices are from 6% to 10% below yours.

As our market can't stand those prices you asked for and the order we have in hand would be worth around USD 100,000.00, we suggest you review your cost very carefully and give us a discount of 8%. If you do so, we will immediately place a large order with you and have confidence to establish a foothold in this line.

Please try your best to make the cost down in every respect and let us know your revised quotation soon.

Best regards,
Shanghai Magic Electronic Appliances Trading Company
Samada Yu

上海市长宁区剑河路128号(邮政编码:200338)　电话:86-21-62378989　传真:86-21-62379090
Add: 128 Jianhe Road, Shanghai 200338, P.R.C.　Tel: 86-21-62378989　Fax: 86-21-62379090

评析:基本结构与内容要点

(1) 感谢卖方发盘及寄来的相关资料

谢谢贵方 11 月 12 日的发盘。

(2) 遗憾地发现,发盘条件不够理想

(如价格太高、起订量太大、交货太晚、付款方式费用过高等)

虽然我方欣赏贵方高品质的产品,但却遗憾地发现贵方的价格似乎太高了。

(3) 告知还盘条件,并列举原因,说服卖方接受

(如市场不景气、竞争太激烈、资金压力太大、客户预算有限、拟购数量很大、后续订单很多、业务交往很久等)

- 本地的主板供应商占有很强的市场地位,2004 年度拥有 65%的市场份额,且今年保持继续扩大的势头。
- 为了能在市场上竞争,我方必须以最低价位采购到优质产品。
- 贵国其他供应商提供给我方的报价更吸引人,价格比贵方低 6%到 10%。
- 我们的市场不能承受贵方所要求的价格。
- 我方的手上有约值 10 万美元的订单。
- 我方建议贵方仔细审核成本,给予我方 8%的折扣。
- 如贵方同意,我方将立即下一个大订单,并且有信心在这一行业立足。

(4) 请卖方再考虑,接受买方条件,或重新报更为优惠的条件

请尽力从各方面降低成本,并尽快让我们知道贵方修正后的新报价。

相关链接

- 进口商要求降低价格　　第 383 页
- 进口商要求变更付款方式　　第 384 页
- 进口商要求提前交货　　第 384 页
- 进口商收到报价后要求出口商等待　　第 385 页
- 进口商收到报价后回复出口商已另有选择　　第 385 页

⑩ 接受函　　　　进口

上海益童玩具进出口公司

Shanghai Yitong Toys Import & Export Company Limited

To: Hewlett Toys Suppliers, Inc. (Fax: 1-603 882 6522)
From: Shanghai Yitong Toys Import & Export Company Limited (Fax: 86-21-56780019)
Date: August 16, 2005　　　　Total Pages: 1

Dear Ms. Jenny Nielson,

Thank you for your letter of April 25.

We have carefully noted all the specifications listed in your letter. Although your best prices are still higher than our original expectation and your favorable payment terms are not so good as we can obtain from other suppliers, we are willing to accept them this time, specially, in order to begin our initial cooperation.

Besides, we have sent you today the relevant Purchase Confirmation No. NC25AU02 in duplicate by DHL. Please countersign them in time and return one copy for our file. You may rest assured that we will issue the L/C without delay.

We are one of the leading importers in the line of IQ toys and have had over 20 years' experience in this field. It is our sincere hope that we will have good business relationship to our mutual profits in the near future.

We are looking forward to successful completion of this order and thank you for your special cooperation.

Best regards
Shanghai Yitong Toys Import & Export Company Limited
Helina Xiao

上海市虹口区四平路79号(邮政编码:200021)　电话:86-21-56780011　传真:86-21-56780019
Add: 79 Siping Road, Shanghai 200021, P.R.C.　Tel: 86-21-56780011　Fax: 86-21-56780019

评析:基本结构与内容要点

(1) 确认收到(新)发盘,表示感谢
感谢贵方4月25日的来函。

(2) 接受卖方条件(也可说明接受的原因)
我方已仔细研究了贵方信函列明的所有事项。虽然贵方的最低价格还是比我方预期的要高,贵方优惠的付款条件也不如我方能从其他供应商那里争取到的好,但为了开始我们的合作,我方愿意破例接受这些条件。

(3) 请求签署购货确认书
我方已通过DHL快递出相关购货确认书第NC25AU02号一式两份。请及时会签,并将其中的一份寄回,以供我方存档。

(4) 其他相关事宜(例如开证、希望卖方特别注意的特殊要求等)
请放心,我方会毫不迟延地开出信用证。

(5) 展望交易前景
我方是益智玩具的主要进口商之一,在这一行业已有20年的经验,我方诚信地希望在不久的未来,你我之间会成为共赢共利的商业伙伴。

(6) 感谢配合
我方期待此订单可顺利执行,并感谢贵方的特别配合。

相关链接

- 有关订单的短语　　第385页
- 购货确认书示例　　第101页
- 进口商径直下订单　　第385页
- 进口商要求变更订单　　第386页

⓫ 同意改证函 进口

上 海 优 适 贸 易 有 限 公 司

Shanghai Youshi Trading Company Limited

To: YHL Textile Corp. (Fax: 45-33-872260)
From: Shanghai Youshi Trading Company Limited (Fax: 86-21-68756000)
Date: Feb. 21, 2005 Total Pages: 1

Dear Mr. Kwok,

We have received your fax last Thursday asking for the L/C amendment under P/C No. JL439.

We have amended it as requested and now the amendment is on its way to you.

Please arrange the shipment as soon as you receive it and mark the cartons with our initials, the P/C number and the destination as follows:

This will apply to all shipments unless otherwise instructed.

Please advise us by fax when the shipment is effected.

Thank you!

Yours sincerely,
Shanghai Youshi Trading Company Limited
Jeff Zhao

上海市浦东新区潍坊路 211 号(邮政编码:200122) 电话:86-21-68755500 传真:86-21-68756000
Add: 211 Weifang Road, Shanghai 200122, P.R.C. Tel: 86-21-68755500 Fax: 86-21-68756000

评析:基本结构与内容要点

(1) 确认收到改证函

贵方上周四发来的请求修改第JL439号购货合同项下信用证的传真已收到。

(2) 已按卖方要求,修改了信用证

我们已按贵方要求申请修改了信用证,信用证修改通知书已开出。

(3) 关照卖方有关装运事宜

- 收到修改书后请速安排装运。
- 烦请在所有外箱上标明我公司的缩写、购货合同号码、目的地,具体如下:

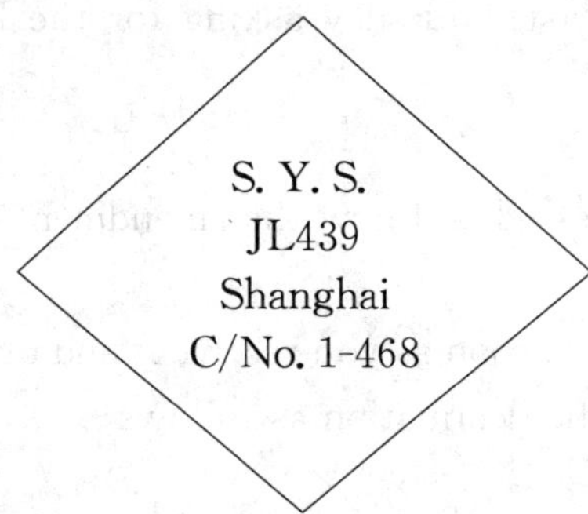

- 除非另有通知,此标记适用于所有装运的货物。
- 装运完成后,敬请知会我公司。

相关链接

进口商通知出口商已开立信用证 第386页
进口商表示接受瑕疵单据 第386页

【技能操练】

1.

上海锦昌机械有限公司成立于1992年，是上海地区一主要的机械工具出口商。该公司传统的贸易地区为亚洲和非洲，近年来由于产品质量不断改进提高，功能设计不断完善成熟，逐步在一些欧美国家打开了销路。

今从6月4日的《国际商报》(International Business Daily)上得知，阿根廷有一进口商欲购中国产的液压千斤顶(hydraulic jack)。联系信息为：

Mr. Marcelo Sticco
Maritima Heinlein S. A.
Peru 359, C1067AAG, Ciudad de Buenos Aires, Argentina
Tel: (5411) 5456-7000　　Fax: (5411) 5456-7075

请根据上述背景资料，代锦昌公司草拟一份信函，表达与对方建立长期业务关系的良好愿望，并附寄公司产品的彩页目录，同时重点介绍公司的新产品"YZB系列薄型千斤顶(Slim Hydraulic Jack)"。该系列选材优质、结构新型，具有轻便灵活、顶力大、安装维修方便等特点。

2.

请回复以下丹麦客户的传真，交易条件自定，注意发盘内容的完整性。

COBB & CO. A/S

Boguadvej 103 Frederlkshaab, 7183 Randbol, Denmark
Telephone: +45.75.885122　　Fax: +45.75.885266

To: Shanghai Fenglian Trading Co., Ltd.　　fax: 86-21-64368812
Fm: COBB & Co. A/S　　fax: 45-75-885266
Date: November 17, 2005

Dear Mr. Allen Li,

We have received your fax and the catalog and are glad to learn your desire of mutually beneficial relationship with us.

After studying your catalog carefully, we found that Art. No. TP-788 Dog Bed and No. KS-666 Cat Sofa are quite suitable for the Danish market. We would like to place an order for 300 pcs each with delivery during February 2006.

Please kindly check and inform by return if you are able to supply and quote us your rock bottom prices for these two items on CIF basis with details.

For your information, we are on our way to visit China next month. Our first stop is Shanghai, so if you have something to show, don't be late to contact us.

Your immediate and careful attention to this matter would be highly appreciated.

With best Regards.

Jens Nielsen

Jens Nielsen

COBB & CO. A/S

3.

今天下午收到客户邮件如下。

经与经理商议,同意给予2%的价格折扣,但付款方式必须坚持即期信用证。

请根据上述情况给国外客户回复邮件,要求理由充分,表达得体。

发件人：john _ light@tt. com
收件人：Jack. xu@xindi. com
日　期：2005 年 12 月 11 日　下午 15:08
主　题：Re: Your Quotation

Dear Mr. Xu,

We have carefully studied your quotation.

We rather appreciate your cordless telephone, but as you know, nowadays the market is of keen competition. We have to do a lot of sales promotion at the initial stage, which will surely raise our cost.

So, we suggest you making a 5% reduction on your list price and changing the L/C payment to D/A at 30 days' sight. If then, we will order Art. No. DW470-12S as a trial deal with the quantity of 5000 pcs. We have confidence that if our end-users find it satisfactory, they will place repeat orders with you.

We hope you will agree to our above proposal and look forward to receiving your favorable reply.

Yours truly,
T. T. Electronics
John Light

4.

今天下午，公司贸易部收到如下传真。

仔细查看后，公司同意其所有订购条件。拟先回传销售确认书，再寄正本会签。

请你据此草拟传真。

提示：Crockery ——陶器，瓦器

Sanders & Lowe Ltd.

Import and Export, (London Office), Planter House, Princes Street, London EC17DQ
Telephone: +44 (0)20 885 80821
Fax: +44 (0)20 885 80825

To: Shanghai Ansheng Trading Co., Ltd. fax: 86-21-68613210
Fm: Sanders & Lowe Ltd. fax: 44-20-885 80825
Date: May 20, 2005

Dear Mr. Gao,

Attached please find our order (R1432) for 2400 sets of crockery.

Please notice that the crockery should be packed in 600 crates, 4 sets per crate, with each piece individually wrapped, and the crates marked clearly with the words 'fragile', 'crockery', and numbered 1-600.

We agree to pay by letter of credit this time, which we discussed on the phone last week, and we would like delivery by the end of June, which should be easily effected as there are regular sailings between Shanghai and London.

If the colours we have chosen are not in stock, we can accept an alternative provided the designs are those stipulated on the order.

Please send us any further information relating to shipment or payment.

Looking forward to your confirmation.

Yours sincerely,
Sanders & Lowe Ltd.
L. W. Lowe

Attached: Order R1432

5.

你在上海申联特种汽车有限公司的采购部工作。以下是公司的一些基本情况。

Shanghai Shenlian Special Auto Co., Ltd. manufactures and markets two types of battery-driven electric vehicles: short-delivery vehicles and one-person cars for disabled people. The vehicles bodies are manufactured in Shenlian's own factory, but some of components including batteries and wheels are imported to 2 months' stock and assembled in the factory. Over the years Shenlian has built up a good reputation in the market.

- 最近公司得知原电池供应商的经营状况不太理想。为了稳妥起见，公司希望从现在开始寻找新的电池供应商。
- 通过老客户 DALE & SONS 公司的 Johnson 先生介绍，得知 Artemis Batteries 是韩国的一家汽车电池生产厂商，可供轻型汽车电池。
- 现拟去函联系，希望了解对方有关此类商品的所有信息，包括型号规格、技术指标、CIF 价格、月最大供应量、长期订单折扣等等。同时，在正式下订单前，要求能先对其样品进行测试。随附公司车型的技术目录，并告知付款方式为即期付款交单。

请根据上述情况拟写一封电子邮件。

6.

10 月 24 日　受客户委托，向德国 MAGURIT WILHELM FESSMANN GmbH 发出关于包装机 TEG05K 的询盘。

10 月 25 日　收到该德国客户的详细产品介绍、技术参数以及报价单。

10 月 30 日　最终用户反馈，产品质量、规格相符，价格适中。
但我公司难以接受其付款方式。
（注：德国客户 Magurit Wilhelm Fessmann GmbH 要求：1/3 货款 T/T 预付，2/3 货款以不可撤销保兑信用证支付；我公司惯例：全部货款以不可撤销即期信用证支付）

10 月 31 日　向德国客户发电子邮件，希望其接受我方的付款方式。

【自助链接】

商务书信的基本格式

商务书信通常由七个部分组成:信头、信内地址、尊称、正文、结尾套语、签署,以及其他选择性项目,包括注意、主题、附件、附言等。

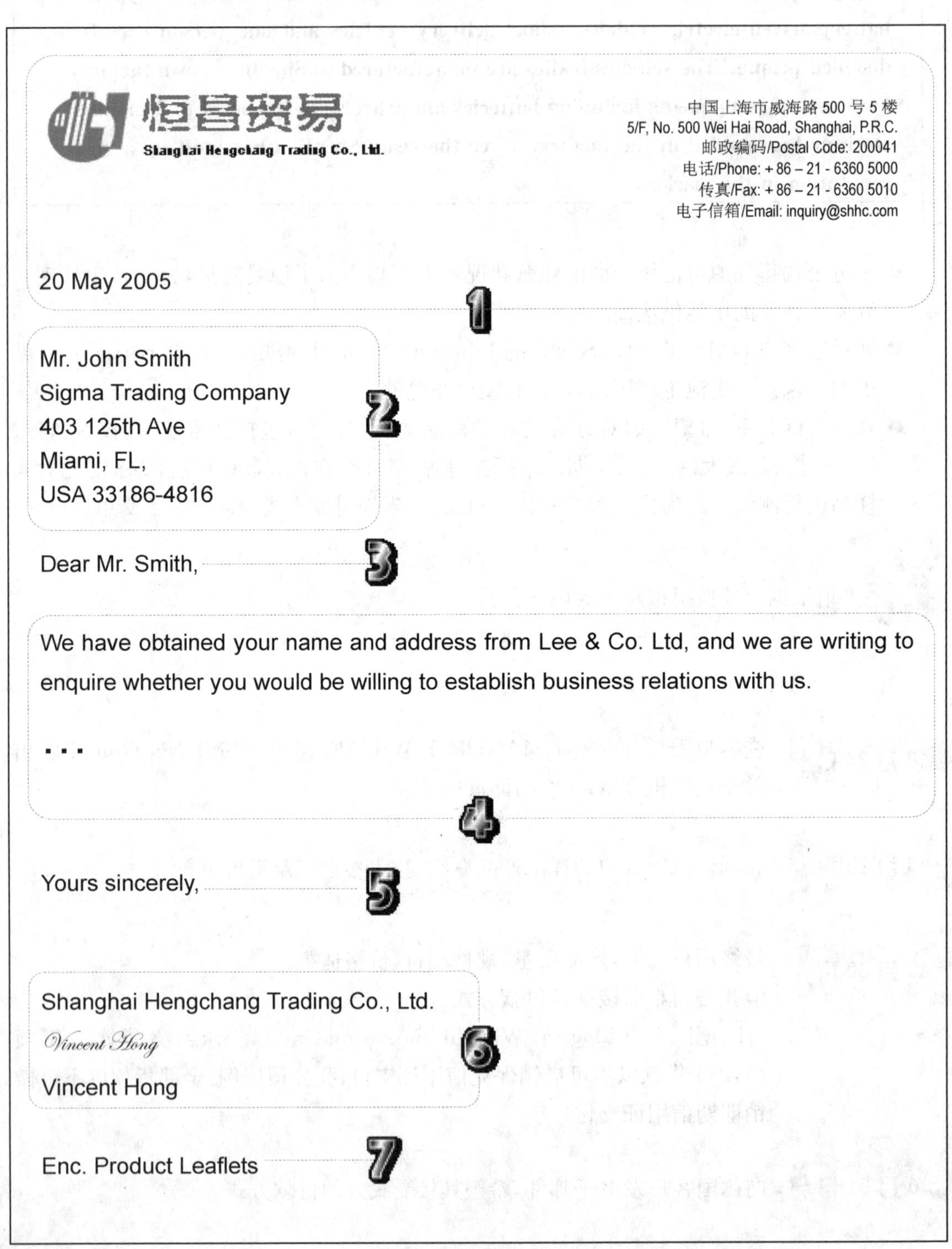

恒昌贸易
Shanghai Hengchang Trading Co., Ltd.

中国上海市威海路 500 号 5 楼
5/F, No. 500 Wei Hai Road, Shanghai, P.R.C.
邮政编码/Postal Code: 200041
电话/Phone: + 86 – 21 - 6360 5000
传真/Fax: + 86 – 21 - 6360 5010
电子信箱/Email: inquiry@shhc.com

20 May 2005

1

Mr. John Smith
Sigma Trading Company
403 125th Ave
Miami, FL,
USA 33186-4816

2

Dear Mr. Smith, ······ 3

We have obtained your name and address from Lee & Co. Ltd, and we are writing to enquire whether you would be willing to establish business relations with us.

...

4

Yours sincerely, ······ 5

Shanghai Hengchang Trading Co., Ltd.
Vincent Hong
Vincent Hong

6

Enc. Product Leaflets ······ 7

1. 信头(Heading)。

信头位于信纸的中上方,包括寄信人名称、地址和日期。

一般公司信纸上已印有中英文名称和地址、电话、传真等,所以写信时只需打上日期即可。但如临时打印信头,一般在第一页信纸上将寄信人的名称和地址打在右上角,而其他续页可用空白信纸,表明页码、收信人名称和日期即可。

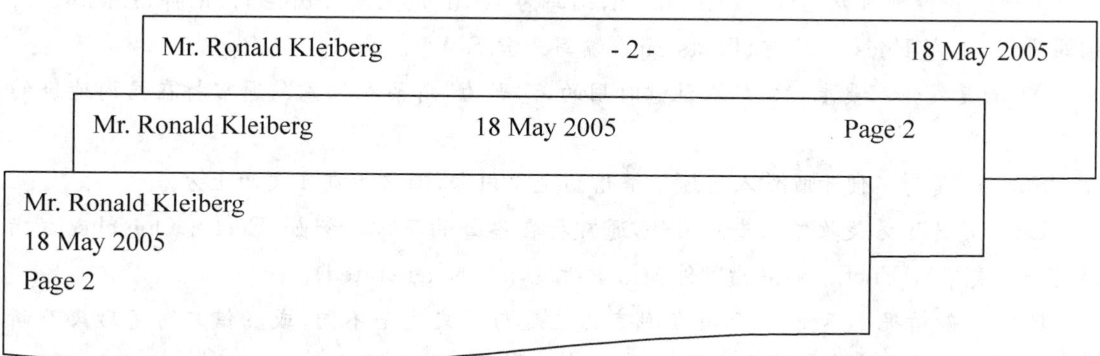

Mr. Ronald Kleiberg　　- 2 -　　18 May 2005

Mr. Ronald Kleiberg　　18 May 2005　　Page 2

Mr. Ronald Kleiberg
18 May 2005
Page 2

日期应打在寄信人名称和地址的下方(也可打在收信人名称和地址的下方),左边或右边均可。

各国日期的写法习惯不尽相同,例如美式写法为月/日/年,英式写法为日/月/年,而日式写法为年/月/日。因此,月份最好不要用数字来代表,以免引起误解。

2. 信内地址(Inside Address)。

信内地址是指收信人姓名、公司名称和地址,通常打在信纸的左边、信头的下方。如果知道收信人的姓名,则应使用敬语,如 Mr., Ms., Mrs. 等。如果不确定收信人名字,则常打上 To Whom It May Concern。

3. 尊称(Salutation)。

如已知收信人姓名,则男性以 Mr. 称呼,女性一般以 Ms. 称呼,除非对方要求以 Mrs.(已婚)或 Miss.(未婚)称呼。如不知收信人姓名,则常用 Dear Sirs, Dear Sir or Madam, Gentlemen 等。注意,没有 Dear Gentleman 的说法。

4. 正文(Body)。

正文是信的主体。现在一般采用每段顶格书写,段落之间空一行的格式。商业书信讲究清晰明了,所以段落宜短不宜长。

5. 结尾套语(Complimentary Close)。

结尾套语紧贴信文最后一行下一二行书写,并加逗号。常见的有 Sincerely, Yours sincerely, Sincerely Yours, Yours truly, Truly yours, Very truly yours, Yours faithfully, Faithfully yours。

一般来说,只有在不清楚收信人姓名的情况下,才用 Yours faithfully/Faithfully yours 做结尾套语。

6. 签署(Signature)。

商业信函总是代表公司的名义，所以签署时首先要打出发信人所代表的公司，再签上发信人的姓名。为了便于辨认，常常在签名下方再用打字形式打出发信人的姓名，也有将其职衔一起打出的。

女性签名时，为便于回信人正确使用称呼，一般会在打字的姓名前加注 Ms.。

7. 其他选择性项目。

其他选择性项目包括注意（Attention，缩写为 Attn.）、主题（Subject）、附件（Enclosure，缩写为 Encl. 或 Encs.）、附言（Postscript，缩写为 P.S.）等。

Attn. 是发信人要求特定的人注意时用的，意思为"请某人注意"，通常打在信内地址的下方。

Subject 是为了便于收信人迅速了解信的主要内容，通常打在正文的上方。

Encl. 是为了方便收信人查点附件，通常打在签署的下方。例如，Encl.：One check（指附有一张支票），Encl.，a/s（指附件如信中所述，a/s 即 as stated）。

P.S. 一般情况下不使用，只有在附言的主题与正文完全不同，或在信文写完后又有新情况必须通知对方的情况下才使用，通常打在签署及附件的下方。

商务传真的基本格式

商务传真的格式与商务书信基本相同，但略有区别：

1. 信头和信内地址两部分合并，并简略为收发传真的基本信息，一般采用以下格式。

To: ABC Company　　fax: ××-××-×××× ××××

Fm: EFG Company　　fax: 86-××-×××× ××××

Date: February 24, 2005

集中列明收件人和发件人双方的公司名称和传真号码，可方便具体发送传真的人参考确认，也可方便收件人收到传真后回复。

传真一般打印在公司印就的信纸上，但如临时打印，通常不再打印信头部分。

与商务书信相比，商务传真常增加"总页数（Total Pages）"一项，一般位于日期的下方或右方，以方便收件人核对是否收到传真的全部内容。有时为了更明确，还会标明"Pages (including this one)"或"Pages (excluding this one)"。

2. 尊称。

有时也会省略，而增加"注意（Attention）"一项，用来指明具体收件人的姓名，一般位于收件人公司名称和传真号码的下方或右方。

3. 正文。

4. 结尾套语。

除了使用 Yours sincerely、Yours truly 之外，更多地倾向于使用 Best regards, Best wishes, Kind regards 或 Regards。

5. 签署。

6. 其他选择性项目。

中国上海市威海路 500 号 5 楼
5/F, No. 500 Wei Hai Road, Shanghai, P.R.C.
邮政编码/Postal Code: 200041
电话/Phone: +86 – 21 - 6360 5000
传真/Fax: +86 – 21 - 6360 5010
电子信箱/Email: inquiry@shhc.com

To: Sigma Trading Company　　fax: 1-305-604-8868
Fm: Shanghai Hengchang Trading Co., Ltd.　　fax: 86-21-63605010
Date: May 20, 2005　　Total Page(s): 5

1

Dear Mr. Smith, 

We have obtained your name and address from Lee & Co. Ltd, and we are writing to enquire whether you would be willing to establish business relations with us.

. . .

Best regards, 

Shanghai Hengchang Trading Co., Ltd.

Vincent Hong 

Vincent Hong

Attchmt: Product Leaflets 

由于传真的传输方式，一般"附件"项目不使用 Encl. 这个词，而改用 Attachment，缩写为 Attchmt。

商务电邮的基本格式

1. 邮件头。

邮件头由邮件系统根据设置自动生成，一般有以下栏目：发件人电邮地址(Fm)、收件人电邮地址(To)、抄送(Cc)、密件抄送(Bcc)、发信时间(Time)、主题(Subject)、优先级(Priori-

寄 件 人：ljhong@shhc.com
收 件 人：john.smith@sigma.com
抄　　送：inquiry@shhc.com
密件抄送：xjma@shhc.com
日　　期：2005 年 5 月 20 日 上午 10:37
主　　题：Greetings from China
优 先 级：高
附　　件：productleaflet.pdf（85K）

Dear Mr. Smith,

We have obtained your name and address from Lee & Co. Ltd, and we are writing to enquire whether you would be willing to establish business relations with us.

...

Yours sincerely,

Shanghai Hengchang Trading Co., Ltd.
Vincent Hong

Tel: + 86 – 21 - 6360 5000 - 2321
Fax: + 86 – 21 - 6360 5010
Email: ljhong@shhc.com

ty)、附件(Attach)。其中，发件人电邮地址(Fm)取决于发件人邮件系统的设置，一般不需要输入；在抄送(Cc)和密件抄送(Bcc)栏内的邮件地址将自动收到该电子邮件，但收信人无法看到密件抄送(Bcc)栏内的邮件地址；优先级一般分为低、中、高三级，发件人也可不作设置；附件栏内显示该电子邮件已附加的文件名称。

2. 尊称。

对很熟悉的客户，也常使用更亲切的问候语，如“Hi, Maria!”

3. 正文。

4. 结尾套语。

较为自由，Yours sincerely 等信函常用套语，或 Best regards 等传真常用套语均可使用。

5. 落款。

纸质信函中的签署部分，省略手签，但往往会加列发件人的电话、传真、电子邮件等联系信息。

电子邮件是新型的商务交流方式，格式上相对简单、随意，各公司应用的方式也不同。除了上述方式，有公司另行制作 html 格式的信纸，使得电子邮件的外观更接近于传统商务书信，也有公司规定以 word、pdf 等程序制作信函，再以附件的形式附加在电子邮件上。

各种信息来源的表达方式

从中国驻贵国大使馆商务参赞处获悉。

Having had your name and address from the Commercial Counselor's Office of the Embassy of the People's Republic of China in your country, we now write to you and see if we can establish business relations.

从贵国商务办事处获悉。

Through the recommendation of your commercial office here, we got your name and know you specialize in chemical products for years.

通过中国国际贸易促进委员会了解。

We have learned from China Council for the Promotion of International Trade that you are in the market for Electric Appliances.

通过贵国最近来访的贸易代表团了解。

Through your trade delegation that recently paid a visit to Shanghai, we learned that you are well-established importers of electronic components.

承老客户介绍。

Mr. Alex Black of MGD Co., Ltd., our mutual friend, gave us your name and recommended that you are an experienced importer of the Jewelry products in the UK.

承银行介绍。

The HSBC Bank in your city has been kind enough to inform us that you are one of the leading importers of sports goods.

从报刊上获悉。

We are glad to know from CPU magazine that you are interested in the silicon rubber pads and enclose our relevant catalogs for your initial reference.

从互联网上获悉。

From alibaba.com, we understand that you are a potential buyer of Chinese textiles, which just fall within our business scope.

在展览会上结识。

We would like to thank you for your visit our booth and your interest in our products at the Cebit Fair held in Hanover last month. As required, we are now glad to send you our catalogue of cooling fans for your evaluation.

致函目的示例

希望是互利关系的前奏。

We are glad to send you this introductory letter, hoping that it will be the prelude to mutually beneficial relations between us.

盼望能有机会合作,扩展业务。

We have the pleasure to introduce ourselves to you and hope we may have a cooperation opportunity with you in your business extension.

期待与贵公司建立业务关系。

We are writing to you with a view to building up business relations with your firm.

愿与贵方进行交易。

Specializing in the export of Chinese arts and crafts, we express our desire to trade with you in this line.

盼能建立业务关系,以满足贵方需求。

We take pleasure in contacting you in the hope of establishing business relations and rendering you assistance in a wide range of your requirements.

希望建立互利的业务关系。

We wish to introduce ourselves in the hope of setting up mutually beneficial business relations between our two corporations.

探求发展贸易的可能性。

The purpose of this letter is to explore the possibilities of developing trade with you.

在平等互利、互通有无的基础上与你公司建立业务关系。

We are willing to enter into business relations with your firm on the basis of equality, mutual benefit and exchanging what one has for what one needs.

建立友好业务关系,互惠互利。

We wish to establish friendly business relations with you to enjoy a share of mutually profitable business.

将贵公司专营品引入本地市场。

We wish to enter into direct negotiation with you with a view to introducing your special lines into our market.

出口商介绍公司优势示例

本着优良品质、创新产品及诚信交易的原则,我们在世界市场已赢得良好声誉。

Persisting the principles of superiority in quality, innovation in products and integrity in business, we have won a very good reputation in the world market.

本着"品质优秀、价格合理、服务卓越"的原则,我方在所有的客户中,包括美国德州仪器公司、瑞典飞利浦公司等,享有很高声誉。

By keeping the principle of 'Excellent Quality, Competitive Price, Superior Service', we have enjoyed high integrity among all of our customers including Texas Instruments in USA and Philips in Swede.

我方具备十多年的经验,是中国专业的玩具出口商。由于良好的管理制度和出色的售后服务,我们已在国际市场建立了良好的声誉。

We are a professional exporter of toys in China with more than 10 years' experience and have already set up a long-lasting good reputation in the world market, due to our good management system and excellent after-sales service.

我方商品均由本国一流厂商提供,因此,我方有条件向贵方提供质量最可靠的商品。

Our products are all supplied by the first-class manufacturers of this country, and so we are in a good position to serve your customers with the most reliable quality of the line you suggest.

我们是中国最有专业经验的家具制造商,享有很好的声誉。

We would like to show you that we are the most experienced and most professional manufacturer of furniture in China, with an excellent reputation.

每天 5000 件的产量确保我方能顺利执行买主的订单,而且我们的研发部门已拥有了设计前瞻款式的能力。

Certified production of 5,000 pieces a day will ensure smooth execution of buyer's orders, and our R&D department has made it possible to create tomorrow's styles today.

我方与本地大厂商有多年的持续业务往来,所以自信能以最低的价格来执行贵方的订单。

Having many years of constant dealings with the leading makers here, we are confident that we can execute your order at the lowest possible price.

我公司贸易经验丰富,熟悉国际市场情况,相信这能使我们有资格得到贵方的信任。

We trust that our rich experience in foreign trade and intimate knowledge of international market conditions will entitle us to your confidence.

凭借突出的出口量及完美的售后服务,最近我公司被政府评为绩优出口商。

Recently, we have received our government's recognition as a well-performed exporter due to our outstanding export turnover and flawless after-sales service.

我公司管理良好,销售人员经验丰富,对贵方市场的偏好和需求十分了解。

We are a well-organized exporter with experienced salesmen who have a comprehensive knowledge of the requirements and preferences of your market.

自1990年我方一直从事电子产品行业，现已成为各种键盘、键垫及其零部件的主要供应商。

We have been in the electronic field since 1990 and have grown to one of the leading suppliers of various keyboards, keypads and its components.

出口商介绍产品优势示例

我们都知道中国拖鞋因价廉物美而畅销于你方市场。

We all understand that Chinese slippers are very popular in your market on account of their superior quality and competitive price.

从随附的目录和价目表可以看出，我方总以货真价实来维护买家的利益。

From the brochure and price-list enclosed, you will find we always try our best to protect buyer's interest by offering value-for-money prices.

虽然我方所报价格非常低，但品质却非常优良。

Although the prices we offered are exceptionally low, the quality is still very good.

贵方尽可放心，我们所有产品均可以各种款式供应，足以满足像贵方这样的时尚行业的需求。

You may rest assured that all of our items can be supplied in a wide range of designs to meet the requirements of a fashion trade such as yours.

我们能以具有竞争力的价格和出色的品质提供广泛多样的电子产品。

We can offer a comprehensive range of electronic products with sensible prices and high quality.

我们的产品受到各地消费者的欢迎，我们的经销商也从未反映有任何销售困难。

Our products are indeed welcomed by consumers everywhere; no sales difficulties have ever been reported from our customers.

我方产品工艺精致，受到世界各地人们的欢迎。

Our products are welcomed by people throughout the world because of their exquisite workmanship.

由于优秀的品质、吸引人的外观和良好的价格，二十多年来我方产品在国际市场上一直有很好的销量。

With the excellent quality, attractive appearance and good prices, our products have been winning good sales for more than 20 years in the world market.

我们最近开发了一项新产品，此产品在美国、德国、法国等国销售得很好。

We recently developed a new product —— ×××, which is selling very well in many countries such as U.S., Germany, France, etc.

请贵方注意，我方新型材料在今年的国际商展上引起了很大震撼。

We would like to have your attention to our new material which created a great sensation at this year's International Trade Fair.

根据我们的经验，这些手工艺品在日本销路很好。

According to our experience, these handicrafts can find a ready market in Japan.

与久未往来的进口商重建联系

With reference to our file records, it has been a long time we have not contacted with you. We sincerely wish you having a prosperous business.

From our past communications, we know of your interest in our subject products and are glad to enclose herewith our new catalog for reference. Please take a look into it and feel free to contact us if any item interests you. We will accordingly offer you the best quotation and the relevant sample right away.

Thank you for your kind attention and look forward to renewing and continuing the good business relationship with you very soon.

如何将报价引向订单

（1）应详细记录谈判的细节，并借此来判断客户的购买欲有多强，区分清楚对方是"真的买家"还是"打听行情的买家"。多向其提问，例如询问有关产品的规格、技术参数、希望接受的价位、打算订购的数量，是零售商、批发商还是进口商，做什么品牌、该品牌在当地是否有影响力、在当地是否代理过一些著名的品牌，和中国的哪些企业有过生意往来、和中国做生意有多长时间，等等。通过对方对这些问题的回复大致可以区分出客户的真假虚实。

（2）报价应恰如其分，不能过低，也不能过高。要了解本行业内各个企业报价的平均水平和报价趋势，认清自身产品质量在国内同类产品中的位置。好东西不能贱卖，普通产品不要报高。买家往往会从报价来判断卖方交易的诚意，并同时判断卖方对产品的熟悉程度。

（3）在来往信件中尽量使用专业性的语言、有针对性地介绍产品，使内行的客户通过信函就能感受到卖方对产品的熟悉程度和专业水平。

（4）注意在每次报价和寄样后都请求客户反馈，而对客户的任何信息也要及时响应并回复。回复不能简单地一问一答，要尽可能全面、周到，但切不可罗嗦。

如何在报价后进一步推进

How are you? Wish everything well with you and your company.

We have received your email of Aug 10, and as requested sent you a quotation for our Item No. CS4934 that day. Have you got (or checked) the prices? Any comments by return will be much appreciated.

It will be our pleasure if we have opportunities to serve you in near future.

Looking forward to your prompt reply.

How are you? Hope everything is OK with you all along.

Now I am writing for keeping in touch with you for further business. If any new inquiry, welcome here and I will try my best to satisfy you well with competitive prices as per your request.

By the way, how about your business with Item No. CS4934? If still pending, I would like to offer our latest prices to promote an opportunity to cooperate with each other.

Looking forward to your prompt reply.

面对客户再次询盘的答复

Dear Ms. Limpias,

It is good to hear from you again. You inquired about my bamboo baskets on November 23 last year. I sent you a company catalog at that time and I can send you a second one if you need.

You are not the only importer in Brazil who has asked us about the bamboo baskets. I have also received inquires from BMA, Mettler, SAP in Brazil, but they always inquired another kind of baskets. I will introduce this kind of basket for you if you need, or would you like me to help you by making a special sample for your Brazil market?

We are a professional bamboo products manufacturer with 14 years' experience in China, offering over 1500 various kinds of bamboo products and monthly output up to 5 million pieces. We are the best manufacturer that you can trust in China.

The details for the product (as the attached photo) you inquired are as following:
Size: 30 × 20 × 50 cm
Unit Price: USD 1.80/pc FOB Shanghai
Min. Order: 6000pcs
Packing: 6 pcs/ctn
Shipment: Within 30 days after receipt of the relevant L/C
Payment: By irrevocable L/C at sight

Looking forward to your early reply!

Yours sincerely,

点评：

(1) 明确指出进口商最初查询产品的时间，这样有助于买家回忆起曾在什么时候、通过什么方式、对什么产品产生了什么样的兴趣或问题。因为固有的熟悉感会增加他与你合作的兴趣与信心。通常，进口商一天中会发出许多查询，如果你的回复无任何出众之处，就会陷于一大堆产品报价之中，难以吸引进口商。这种回忆的参考点可以是时间、事件或物件等。在本例中，出口商使用的是时间和物件：您在去年11月23日曾向我们查询过竹篮，那时我们曾寄过公司目录给您(You inquired about my bamboo baskets on November 23 last year. I sent you a company catalog at that time)。

(2) 适当地给进口商增加些压力，目的在于促进其回复的速度与认真程度。在本例中，出口商告诉进口商：你不是巴西唯一进口我们产品的客户(You are not the only importer in Brazil who has asked us about the bamboo baskets)，甚至列出了合作的客户(I have also received inquires from BMA, Mettler, SAP in Brazil)，同时字里行间表达了对客户的尊重和重视(I will ... for you if you need, or would you like me to help you by ... for your Brazil market)。如果出口商原先的合作客户是A级买家，那么对这位新买家就具有带动作用；如果是同级，那么这位新买家就会更加迫切地进入竞争状态，当然一般不主张告诉买家"我们原先一直和比你规模小的进口商合作"，这样会使他对你的信心不足。

(3) 告诉进口商你主要是做什么产品的，你能做到如何。这就是企业介绍与实力规模的证明。在本例中，供应商用一系列数据证明了自己的规模与实力，如“14 年专业竹制品的经验”(a professional bamboo products manufacturer with 14 years' experience)、“提供超过 1500 种各式各样的竹制品”(offering over 1500 various kinds of bamboo products)、“月产量达 500 万个”(monthly output up to 5 million pieces)。

(4) 行文中应切记服务理念，不是说我需要你做什么，而应说我能为你做什么。在本例中，供应商热忱与负责的服务态度能使进口商感受到与其合作的良好基础。例如：“如您需要我可再寄一次(目录)给您”(I can send you a second one if you need)；“如您有需要，我可以向您介绍那种产品”(I will introduce this kind of basket for you if you need)；“您是否需要我协助您为巴西市场定制特别的样品”(would you like me to help you by making a special sample for your Brazil market)。

(5) 吸引买家回复你的信函。本例在以下五处吸引回复：

A. 我可以再寄目录给您，如果您回复我；

B. 我可以向您介绍您的同行采购的那种产品，如果您回复我；

C. 我可以为您做特别的样品，如果您回复我；

D. 如果您想了解 1500 种产品，我可以向您介绍，如果您回复我；

E. 期待尽快收到您的回复。

收到询盘后顺道拜访客户

Mr. Lee, our overseas director, will be in London early next month and will be glad to call on you. He will have with him a wide range of our manufactures, and when you see them we think you will agree that the quality of the materials used, and the high standard of craftsmanship will appeal to the most selective buyers.

要求客户负担样品运费

Dear Ms. Lee,

Thanks a lot for your continued interests in our products. We have sincerity in doing business with you too.

On your request of samples we are glad to tell you they are available now. In order to promote our business in future, they shall be free of charge for you. But as our company principle, you need to pay the freight charges. The samples shall be posted to you as soon as you supply us your express account: DHL, FEDEX, or UPS account.

Hope this little discommodiousness will not stand in the way of our business.

Look forward to your early reply and cooperating with you in near future.

Best regards!

无法供应询盘产品时的回复

Referring to your letter of 5 June, we very much regret that we are unable to make you an offer for the product you inquire, because it is out of stock. What's more, our manufacturers have declined orders because of shortage of raw materials.

We shall, however, file your inquiry and email you our offers as soon as we have got supplies.

出口商拒绝降低价格

1. 以成本上涨为理由拒绝。

You may notice that the price for this commodity has gone up since last year.

As labor cost and the costs of the materials have risen substantially, we are compelled to adjust our prices to cover at least part of this rise. Therefore we are not in a position to accept your proposal.

2. 以价格已降至谷底为理由拒绝。

The price we quoted in our letter of 12th November only leaves us with the narrowest profit. In fact, if it were not for a substantial order we hope to receive from you, we couldn't offer you such a low price.

As prices have been reduced as low as possible, further reduction would not be possible without a sacrifice of quality.

Our price already makes full allowance for large orders and, as we are sure you know, we operate in a highly competitive market in which we have been forced to cut our prices to the bottom.

3. 以符合市场价格为理由拒绝。

Actually, at the price quoted our products can compete very well with the others on the home or foreign markets. On closer investigation you will be convinced of this truth.

Our price is reasonable as compared with that in the international market.

4. 以品质好为理由拒绝。

The quality is the best available at the prices we offered to you, and far superior to those of other foreign makers who are supplying to your market. We are quite earnest, of course, to meet your wish, but regret our inability to give any further discount at present.

出口商同意降低价格

1. 为显示诚意而接受。

In order to show our sincerity, we finally decided to accept your prices.

2. 破例接受。

Regarding your request for a reduction in price of 5%, we agree to this, as an exceptional case, because it can help you to extend sales and build your market.

We may, however, be unable to repeat this after May.

We will offer a special discount of 5% only for this time.

3. 基于长期合作而接受。

In view of the long business relations, we are compelled to accept your demand for discount, but we hope that you will help us when you are in the market next.

4. 为开发市场,以调整自身收益来接受。

As we should like to enter the market in your country, we have cut our margin of profits to give you the benefit of a 5% price reduction.

出口商有条件地接受客户还价

1. 要求增加订单金额(或数量)。

However, in order to meet your request, we will grant you a special discount of 3% if you can increase your order to USD 80,000 in value.

2. 以改变付款方式代替降价。

Concerning the further reduction you asked for, we are prepared to change payment from D/P at sight to D/A at 30 days' sight. We think this is a more practical way to meet your requirement.

If you can make the terms of payment by T/T in advance, then we will offer you another cash discount of 4%.

出口商拒绝变更付款方式

First transaction on L/C basis is a policy of our company. I hope you can understand and cooperate. Certainly, when the business with you is stable, we will be very glad to welcome you as one of our credit customers.

It's our company rules to use L/C terms with new customers. I hope you can understand my inability and accept the situation which is only temporary.

出口商同意变更付款方式

We have received your letter of 8 December in which you asked for a concession of our terms of payment.

In consideration of the very pleasant business we have had with you, we have decided to agree to your suggestion.

Therefore we will do business on a D/A basis in the future. But may we indicate that if your outstanding payment is up to USD 60,000 we will change payment terms to L/C basis.

We hope that this concession will result in a considerable increase of your orders and assure you that we will always do our best to execute them to meet your complete satisfaction.

出口成交函中确认/回复相关事宜的示例

1. 催开信用证。

As the delivery time is approaching, please immediately instruct your bank to open the relevant L/C at sight. Please see to it the L/C shall be in conformity with the contract to avoid any further amendment.

2. 催预付款。

Please arrange your down payment by T/T within this week. Our bank information is as follows.

3. 答复订单已签署。

The duly signed P.O. is enclosed herewith.

4. 寄形式发票。

Enclosed please find our Proforma Invoice No. 022-B as requested for opening the L/C.

出口商确认如期收到信用证

Thank you very much for your Letter of Credit No. FT3453459 issued by Bank of America covering your order No. RJ2011 dated November 28 for energy-saving lamps.

We have carefully observed the terms and conditions stipulated in your L/C, and will surely comply with them in every respect.

Production of the order has been preceded smoothly and the goods can be expected to deliver by the end of next month.

As this is your first order, we will pay very close attention to the quality of the goods so that you will find no difficulty to sell every piece of them on the market.

It is our sincere hope that this trial order may prove to be the forerunner of many large ones in the near future.

出口商处理晚到信用证

We regret to say that we have not received your L/C related to our Sales Confirmation No. KH4830 until today.

As you know, it is stipulated clearly in the sales confirmation that the relevant L/C must reach us not later than the end of August. But it reached here actually 15 days late!

Although the reaching time of the L/C is overdue, we still would like to ship your goods in view of long-standing friendly relationship between us. However, we can not make shipment within the time agreed upon owing to the delay of the L/C.

So, please extend the latest shipment date to the end of October and validity date of L/C to Nov. 15 respectively.

Please note we must receive your L/C amendment before Sept. 30. Otherwise, we will not be able to effect the shipment in time.

Looking forward to receiving your L/C amendment early.

出口商通知进口商货物已装船

We are glad to inform you that the goods of Order No. HJ3459 have been shipped today.

We are pleased to inform you that the goods under your L/C No. KJP2345403 have been dispatched via APL this morning.

We have shipped the goods you ordered via S. S. Reliance Voyage No. 0545E.

We have forwarded your goods under Order No. 4689 via NAXIHE/060E today.

The goods you ordered have been delivered through CAPE CAMPBELL/0331E.

电文样式的装船通知

REUR PO NO TD-06788 LC NO YE34682390 5000DOZ LADIES JACKET IN

250CTNS SHPD BRIGHT SILVER V-0332E/W BL NO CN38452454 ETD AUG 7 SHANGHAI ETA AUG 11 TOKYO RGDS

REUR = regarding your
PO = Purchase Order
LC = Letter of Credit
SHPD = shipped
V-0332E/W = Voyage 0332E/W
BL = Bill of Lading
ETD = Estimated Time of Departure
ETA = Estimated Time of Arrival
RGDS = regards

出口商通知进口商货物已备妥待运

Your order is already finished, and we will deliver them in accordance with your instructions.

The goods you ordered will be ready for shipment soon, so please advise us of your shipping instructions quickly.

As to the goods of Order No. 3489, we have booked shipping space on the COSCO Container Lines. The estimated time of departure will be on May 14 and the estimated time of arrival will be on May 25.

Shipping space has been booked on the OOCL whose departure is scheduled for the 20th of this month.

出口商通知进口商货物无法如期装船

We regret to inform you that we can't ship the goods as you instructed due to the shipping space unavailable.

We are regretful to inform you that the goods can't be shipped according to your instructions due to the difficulty in booking shipping space.

We apologize that we can't deliver your ordered goods due to a shortage of shipping space.

We are unable to send your goods on time due to the seamen's strike.

It is impossible for us to ship your goods punctually due to the unforeseen shortage of raw material.

There's no vessel available in this week, so we are not in a position to ship your goods in time.

The first available vessel will be in next week, therefore shipping your goods on time is not possible.

进口商询盘并随寄样品

We have a large demand for the supply of 50,000 meters brown serge, whose sample is enclosed to show you the shade and quality we require. Please send your samples corresponding to our samples with the most reasonable price C. I. F. Shanghai if you can supply within three months from now.

This is an URGENT inquiry, please do your best to answer as soon as possible.

进口商介绍公司情况示例

我们是中国化工产品的主要进口商之一。

We are one of the leading importers in the field of chemical products in China.

基于十多年经营农产品的经验，我们不仅在各地区拥有很多分销商，而且也有很好的直接销售渠道。

With more than 10 years' experience in handling agricultural products, we not only have many distributors in each area but also have very good direct sales channels.

我方与本地经销商有很好的关系，因为他们依赖我公司从世界各地进口他们所需要的各种产品。因此，我方确信，如果贵方的价格富有竞争性，我方定能从我方客户那里得到大订单。

We have close relations with local dealers and distributors, who depend on our services to import all various products they need from all over the world. For this reason, we are confident that we can obtain large orders from our customers, if your prices are competitive enough.

我方是经验丰富而且专业的进口商，在中国各地区都有经销商，有很强的销售渠道和很好的商业关系，能很快很好地推广贵公司的产品。

We are a well-experienced and professional importer. With many distributors spreading in China, we also have strong sales channels, and good business relations. We are able to promote your products quickly and well.

进口商介绍市场需求示例

本地市场对此类产品需求很大。

There is a considerable demand for these articles in our local markets.

中国对高品质的鞋子和手套有稳定的需求。

There is a steady demand for high quality shoes and gloves in China.

我国国内市场对贵方的水果需求很大。

Your fruits are in great demand in our domestic market.

市场上对进口时尚用品的需求变得十分巨大。

Our market demand for imported fashion products has become very heavy.

这两年我方对于贵方皮具的需求将会大大增长。

Our requirement for your leather products will increase greatly in the current years.

我们每年对于金属工具的需求量是很可观的，并且这种需求呈稳定上升趋势。

Our annual requirements for metal tooling are considerable, and will increase steadily.

中国对这种产品的优质品种有稳定的需求，销售量虽不会很大，但流行款式能有很好的售价。

There is a steady demand in China for high-quality goods of this kind. Sales are not high, but a very good price can be ensued for fashionable designs.

展览会后进口商主动询盘

We were impressed by the selection of sweaters displayed on your stand at the Menswear Exhibition that was held in Chicago last month.

We are a large chain of retailers and looking for a manufacturer who could supply us with a wide range of sweaters for the teenage market.

As we usually place very large orders, we would expect a quantity discount in addition to a 5% trade discount off net list prices, and our terms of payment are normally 30 days bill of exchange, documents against payment.

If these conditions interest you, and you can meet orders of over 1,000 garments at one time, please send us your current catalogue and price-list.

We hope to hear from you soon.

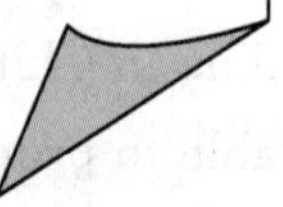

进口商告知久未询盘的原因

> We regret that our lack of inquiries has caused you some concern. Please rest assured this silence was completely due to an accumulation of stock and not due to any dissatisfaction with your goods or your service.
>
> Your new catalogue and your circulars will, of course, continue to have our best attention.

进口商要求降低价格

1. 为增强竞争力，要求降价。

Your price is higher than those we got from elsewhere.

We have had some difficulties in obtaining the orders as the price you quoted exceeds the limit given us by our customers. You will also be aware of the growing competition in this market from Korean products, all of which are of excellent quality and much lower than yours.

Our customers say they can not stand the slightly higher prices because quick deliveries of national products have been much supplied.

Please note it is already very difficult to promote your blankets under your original offered prices, if you raise again the prices, it will be more difficult for us to compete in Chinese market.

We have been giving your goods special preference till now, but we must buy at more competitive price to increase our sales. Unless you can reduce your prices substantially, we will have to place our orders elsewhere.

（含威胁性的理由，应谨慎使用，尤其不宜用在新建立业务关系的供应商）

2. 顺应市场价格趋势，要求降价。

In view of the prevailing prices in the market, your quotation is really expensive. We trust you can see your way clear to give us a price reduction.

The price you offered is about 5% higher than the level workable to us, and we can't but make a counter offer.

Thank you for answering our enquiry. Unfortunately, your prices are too high for our market. As business has been rather slack, we would ask you to requote better price.

Analysis of these prices in the market will clearly reflect the reason why it is so difficult to sell your goods at the current price.

3. 费用上涨,要求降价。

The local wages and overhead cost(营销费用)have been much increased, so, in fact, we almost have no profit in selling your products here.

进口商要求变更付款方式

1. 以长久交易关系为由要求变更。

After several years of satisfactory trade with you, we feel that we need easier payment terms. Most of our suppliers are drawing on us by D/A 60 days and we will be grateful if you can grant us the same terms.

By now as we have done business with you for 5 years on the basis of payment on invoice, we would like to ask you to grant us open account terms, with half a year settlement.

2. 以促进销售为由要求变更。

However, we also found that the payment term on an L/C basis have constrained our marketing capacity. Therefore we would like to ask you to give us the payment by D/A 60 days. If you need bank references, we will be glad to supply them.

3. 以市场行情为由要求变更。

Please consider our present market situation in the off peak season and assist us with more workable terms of payment.

4. 以立即付款有困难为由要求变更。

In view of our difficulty with payment, we ask you to extend the sight draft to 90 days.

进口商要求提前交货

Your shipping date of 7/15 is not good enough. Our customer needs all 4,000pcs much sooner. What can you do to improve the shipping date? We need all 4,000pcs via air. Please review and advise your very best shipping date by return.

Please advance the delivery time to October because we have to catch the Christmas sale.

进口商收到报价后要求出口商等待

I have not yet had a decision from the client. They have a number of layers of people to go through for final decision. As soon as I have any information, I will advise you. I expect the decision will be made this week or as late as next week. I apologize for any inconvenience.

进口商收到报价后回复出口商已另有选择

I just talked to my client, Jones, and unfortunately that her company chose a different item than your product. Jones said that the company is targeting at 19-24 age group and tried to find some unique item for them. It is nothing to do with the price. Anyhow, there might be other chances to work with this company in the future.

有关订单的短语

trial order	试销订单
initial order	初次订单
sample order	样品订单
small order	小量订单
minimum order	起码订单
large order	大订单
big order	大订单
substantial order	大订单
formal order	正式订单
firm order	正式订单
official order	正式订单
repeat order	重复订单
regular order	定期采购订单

进口商径直下订单

It is our pleasure to place the order No. BOL/34 with you as attached. Please confirm your acceptance of the price and the delivery time ASAP. The formal order will be sent to you by Federal Express upon receipt of your confirmation.

进口商要求变更订单

Can we make a change on order No. 29734?

We are sorry to ask you to reduce 1,000pcs from P/C No. YW459 due to economic depression.

We want to increase the quantity of AR-26s on order No. 99725.

Due to high market demand, we would like to increase the quantity to 5,000pcs. Please revise the P/C quantity and confirm by return.

进口商通知出口商已开立信用证

Referring to our P/C No. EC285, we have instructed our bank, Bank of China Shanghai Branch, to issue a SWIFT L/C at sight in your favor. We believe you will receive it within 5 days and hope you can arrange the shipment right away.

We are glad to inform you that we have opened L/C No. 4895438 through Bank of Communications Shanghai Branch. Please proceed the order and confirm the receipt.

Concerning P/C No. 5821-4, we have authorized our banker to issue an irrevocable letter of credit at 30 days' sight in your favor.

进口商表示接受瑕疵单据

We will accept your discrepant documents as there is no enough time to amend it.

Because this is an urgent shipment, we will not amend the L/C. But we will instruct our bank to accept your discrepant documents.

参考答案

第一章　国际贸易操作流程

1.

(1) 交易前准备。

(2) 交易磋商。

(3) 合同签订。

(4) 合同履行。

2.

(1) 询盘。

(2) 发盘。

(3) 还盘。

(4) 接受。

3.

(2) 上海盛达委托货代向船公司订舱。

(3) 上海盛达向出入境检验检疫局报检。

(4) 舱位订妥后，上海盛达向保险公司投保。

(5) 上海盛达向贸促会申办商会原产地证。

(6) 报检合格后，上海盛达向海关报关。

(7) 海关验讫放行后，上海盛达出运货物。

(8) 上海盛达向美国 JB 发装运通知。

(9) 上海盛达至银行办理议付。

(10) 开证行付款到账后，上海盛达办理收汇核销。

(11) 核销后，上海盛达办理出口退税。

4.

(2) 上海利普委托货代向船公司订舱，或委托德国 FLS 订舱。

(3) 舱位订妥后，或收到装运通知后，上海利普向保险公司办理保险。

(4) 上海利普向开证行付款赎单，取得提单及其他单据。

(5) 货到上海港后，上海利普凭提单向船公司换取提货单。

(6) 上海利普向出入境检验检疫局报检。

(7) 检验检疫放行后，上海利普向海关报关、缴纳税费。

(8) 海关验讫放行后，上海盛达提取货物。

5. (1) A　(2) B　(3) A　(4) A　(5) A　(6) B　(7) C　(8) D　(9) C　(10) D

6.

(2) 上海鑫威<u>出运货物，取得提单，备妥其他相关单据</u>。

(3) 上海鑫威向中行上海提交托收申请书、即期汇票及提单等单据，申请托收。
(4) 中行上海向国民马赛寄交全套单据，委托其代收货款。
(5) 国民马赛向法国查尔斯提示单据。
(6) 法国查尔斯向国民马赛付款赎单。
(7) 法国查尔斯凭提单提货。
(8) 国民马赛向中行上海转交货款。
(9) 中行上海贷记上海鑫威账户。

7.

(2) 澳洲 BHP 出运货物，取得提单，备妥其他相关单据。
(3) 澳洲 BHP 向澳新悉尼提交托收申请书、远期汇票及提单等单据，申请办理托收。
(4) 澳新悉尼向交行上海寄交全套单据，委托其代收货款。
(5) 交行上海向上海祥源提示单据。
(6) 上海祥源在远期汇票上做承兑。
(7) 上海祥源取得提单及其他单据后办理进口手续、提货。
(8) 30 天后汇票到期，交行上海向上海祥源提示，要求付款。
(9) 上海祥源向交行上海支付款项。
(10) 交行上海向澳新悉尼转交款项。
(11) 澳新悉尼贷记澳洲 BHP 账户。

第二章　进出口价格核算

1.

实际成本：1200 ×（1 + 17% − 13%）/（1 + 17%）= ￥1066.6667
垫款利息：1200 × 1/12 × 6% = ￥6.0000
出口定额费：1200 × 3% = ￥36.0000

订购 40 把时：
尺码吨：3.2 × 0.78 × 0.65/4 = 0.4056，重量吨：0.136/4 = 0.034，0.4056 > 0.034
因此，其他单位国内费用：（100 + 150 + 100）/40 = ￥8.7500
单位国内包干费为：0.4056 × 55 = ￥22.3080
单位海洋运费为：0.4056 × 70 × 8.11 = ￥230.2591
所以：
FOBC3 =（1066.6667 + 8.75 + 36 + 22.308 + 6）/（1 − 0.1% − 3% − 10%）/8.11
　　　= US＄161.72
CFRC3 =（1066.6667 + 8.75 + 36 + 22.308 + 6 + 230.2591）/（1 − 0.1% − 3% − 10%）/8.11
　　　= US＄194.39
CIFC3 =（1066.6667+8.75+36+22.308+6+230.2591）/（1−0.1%−3%−10%−1.1×0.3%）/8.11
　　　= US＄195.13

订购 1 个 20 英尺整箱时：

25/(3.2×0.78×0.65) = 15 箱,17500/136 = 128 箱,故出口数量为　15×4 = 60 把

因此,其他单位国内费用:(100+150+100)/60 = ￥5.8330

单位国内包干费为:800/60 = ￥13.3333

单位海洋运费为:1000×8.11/60 = ￥135.1670

所以:

FOBC3 = (1066.6667+5.833+36+13.3333+6)/(1−0.1%−3%−10%)/8.11
　　　= US$160.03

CFRC3 = (1066.6667+5.833+36+13.3333+6+135.167)/(1−0.1%−3%−10%)/8.11
　　　= US$179.21

CIFC3 = (1066.6667+5.833+36+13.3333+6+135.167)/(1−0.1%−3%−10%−1.1×0.3%)/8.11
　　　= US$179.89

订购 1 个 40 英尺整箱时:

55/(3.2×0.78×0.65) = 33 箱,24500/136 = 180 箱,故出口数量为 33×4 = 132 把

因此,其他单位国内费用:(100+150+100)/132 = ￥2.6515

单位国内包干费为:1300/132 = ￥9.8485

单位海洋运费为:1600×8.11/132 = ￥98.3030

所以:

FOBC3 = (1066.6667+2.6515+36+9.8485+6)/(1−0.1%−3%−10%)/8.11
　　　= US$159.09

CFRC3 = (1066.6667+2.6515+36+9.8485+6+98.3030)/(1−0.1%−3%−10%)/8.11
　　　= US$173.03

CIFC3 = (1066.6667+2.6515+36+9.8485+6+98.3030)/(1−0.1%−3%−10%−1.1×0.3%)/8.11
　　　= US$173.69

2.

(1) 首先,计算 20 英尺整箱的容纳数量:

25/(0.61×0.2×0.48) = 426 箱,17500/38 = 460 箱　因此,订购数量为 426×1 = 426 pcs

销售收入:　350×8.1×426 = ￥1207710.00

采购成本:　2800×426 = ￥1192800.00

退税收入:　2800×426/(1+17%)×13% = ￥132533.33

国内费用:　1000+800+100+150+100+1500 = ￥3650.00

海洋运费:　1000×8.1 = ￥8100.00

保险费:　350×8.1×426×1.1×0.20% = ￥2656.96

佣金:　350×8.1×426×5% = ￥60385.5

利润:　1207710−1192800+132533.33−3650−8100−2656.96−60385.5 = ￥72650.87

销售利润率:72650.87/1207710.00 = 6.02%

(2)

销售收入：　350 × 8.1 = ￥2835.0000

国内费用：　3650/426 = ￥8.5681

海洋运费：　8100/426 = ￥19.0141

保险费：　350 × 8.1 × 1.1 × 0.20% = ￥6.2370

佣金：　350 × 8.1 × 5% = ￥141.7500

利润：　350 × 8.1 × 10% = ￥283.50

实际成本：　2835 − 8.5681 − 19.0141 − 6.2370 − 141.75 − 283.50 = ￥2375.9308

采购成本：　2375.9308 × 1.17/1.04 = ￥2672.92

(3) 首先，计算 40 英尺整箱的容纳数量：

55/(0.61 × 0.2 × 0.48) = 939 箱，24500/38 = 644 箱　因此，订购数量增加为 644 × 1 = 644 pcs

实际成本：2800/(1 + 17%) × (1 + 17% − 13%) = 2488.8889

国内费用：(1200 + 1000 + 100 + 150 + 100 + 1500)/644 = 6.2888

海洋运费：1500 × 8.1/644 = 18.8665

CIFC5 = (2488.8889 + 6.2888 + 18.8665)/(1 − 1.1 × 0.2% − 5% − 8%)

= ￥2897.0318

= US$357.66

3.

(1) 首先，计算 20 英尺整箱的容纳数量：

25/(1.09 × 0.35 × 0.48) = 136 箱，17500/26 = 673 箱　因此，订购数量为 136 × 1 = 136 sets

销售收入：　105 × 8.1 × 136 = ￥115668.00

采购成本：　780 × 136 = ￥106080.00

退税收入：　780 × 136/(1 + 17%) × 13% = ￥11786.67

出口定额费：　780 × 136 × 3.5% = ￥3712.80

内运包干费：　￥900.00

垫款利息：　780 × 136 × 6% × 2/12 = ￥1060.80

银行手续费：　105 × 8.1 × 136 × 0.15% = ￥173.50

其他国内费用：150 + 200 + 100 = ￥450.00

海洋运费：　1100 × 8.1 = ￥8910.00

保险费：　105 × 8.1 × 136 × 1.1 × 0.25% = ￥318.09

佣金：　105 × 8.1 × 136 × 3% = ￥3470.04

利润：　115668 − 106080 + 11786.67 − 3712.80 − 900 − 1060.80 − 173.50 − 450 − 8910 − 318.09 − 3470.04 = ￥2379.44

销售利润率：　2379.44/115668 = 2.06%

(2) 设采购成本为 A，则：

销售收入：　105 × 8.1 = ￥850.5000

实际成本：　1.04/1.17 × A

出口定额费：　3.5% × A

内运包干费：　900/136 = ￥6.6176

海运费：　1100×8.1/136 = ￥65.5147

垫款利息：　6%×1/6×A

其他国内费用：450/136 = ￥3.3088

保险费：　105×8.1×1.1×0.25% = ￥2.3389

银行手续费：　105×8.1×0.15% = ￥1.2758

佣金：　105×8.1×3% = ￥25.5150

利润：　105×8.1×8% = ￥68.0400

1.04/1.17×A+3.5%×A+6%×1/6×A=

850.5−6.6176−65.5147−3.3088−2.3389−1.2758−25.515−68.04

采购成本：A为￥725.87

4.

报价核算：

	计算过程	计算结果	
货物总体积	36.5×33×88/1000000×100	10.5996	立方米
货物总毛重	20.5/1000×100	2.0500	公吨
实际成本	110×(1+17%−13%)/(1+17%)	97.7778	人民币元/台
退税收入	110×13%/(1+17%)	12.2222	人民币元/台
贷款利息	110×7%×30/360	0.64167	人民币元/台
定额费	110×3%	3.3000	人民币元/台
包干费	4.5	4.5000	人民币元/台
海洋运费	10.5996×52/100×8.01	44.1495	人民币元/台
海运保险费	20.8620×(1+10%)×0.65%×8.01	1.1948	人民币元/台
FOB报价	(97.7778+0.64167+3.3+4.5)/(1−2%−0.3%−7%)/8.01	14.6206	美元/台
CFR报价	(97.7778+0.64167+3.3+4.5+44.1495)/(1−2%−0.3%−7%)/8.01	20.6975	美元/台
CIF报价	(97.7778+0.64167+3.3+4.5+44.1495)/(1−2%−(1+10%)×0.65%−0.3%−7%)/8.01	20.8620	美元/台

还价核算1：出口商报价后收到客户还价，表示其能够接受的单价为US＄20.00CIFC2，订购数量为100台。试完成以下还价利润核算(按总量计)：

	计算过程	计算结果	
销售收入	20×100×8.01	16020.0000	人民币元
退税收入	110×100×13%/(1+17%)	1222.2222	人民币元
实际成本	110×100×(1+17%−13%)/(1+17%)	9777.7778	人民币元
采购成本	110×100	11000.0000	人民币元

（续表）

	计算过程	计算结果	
贷款利息	110×100×7%×30/360	64.1667	人民币元
定额费	110×100×3%	330.0000	人民币元
包干费	4.5×100	450.0000	人民币元
海洋运费	36.5×33×88/1000000×100×52×8.01	4414.9454	人民币元
海运保险费	20×100×(1+10%)×0.65%×8.01	114.5430	人民币元
客户佣金	20×100×2%×8.01	320.4000	人民币元
银行费用	20×100×0.3%×8.01	48.0600	人民币元
利润总额	16020－9777.7778－64.1667－330－450－4414.9454－114.543－320.4－48.06	500.1071	人民币元
销售利润率	500.1071/16020	3.12%	（百分比）
成本利润率	500.1071/11000	4.55%	（百分比）

还价核算2：如果接受客户还价，同时出口商又必须保持7%的销售利润率，在其他费用和订购数量不变的情况下，完成以下还价成本核算（按单位商品计）：

	计算过程	计算结果	
销售收入	20×8.01	160.2000	人民币元/台
退税收入	103.2813×13%/(1+17%)	11.4757	人民币元/台
海洋运费	(36.5×33×88)/1000000×52×8.01	44.1495	人民币元/台
海运保险费	20×(1+10%)×0.65%×8.01	1.1454	人民币元/台
客户佣金	20×2%×8.01	3.2040	人民币元/台
银行费用	20×8.01×0.3%	0.48060	人民币元/台
包干费	4.5000	4.5000	人民币元/台
利润额	20×8.01×7%	11.2140	人民币元/台
贷款利息	103.2813×7%×30/360	0.60247	人民币元/台
定额费	103.2813×3%	3.0984	人民币元/台
实际成本	103.2813×(1+17%－13%)/(1+17%)	91.8056	人民币元/台
采购成本	(160.2－44.1495－1.1454－3.2040－0.4806－4.5－11.2140)/(1+3%+7%×30/360－13%/(1+17%))	103.2813	人民币元/台

成交核算：经过磋商，买卖双方最终以每台US$18.00 CIFC2达成交易，成交数量为1个40英尺集装箱。试完成以下成交核算（按总量计）：

	计算过程	计算结果	
成交数量	55000000/(36.5×33×88)×1×1	518.0000	台
销售收入	18×518×8.01	74685.2400	人民币元
退税收入	110×518×13%/(1+17%)	6331.1111	人民币元
实际成本	110×518×(1+17%−13%)/(1+17%)	50648.8889	人民币元
采购成本	110×518	56980.0000	人民币元
贷款利息	110×518×7%×30/360	332.3833	人民币元
定额费	110×518×3%	1709.4000	人民币元
包干费	1150×1	1150.0000	人民币元
海洋运费	1800×1×8.01	14418.0000	人民币元
海运保险费	18×518×(1+10%)×0.65%×8.01	533.9995	人民币元
客户佣金	18×518×2%×8.01	1493.7048	人民币元
银行费用	18×8.01×0.3%×518	224.0557	人民币元
利润总额	74685.24−50648.8889−332.3833−1709.4−1150−14418−533.9995−1493.7048−224.0557	4174.8078	人民币元
销售利润率	4174.8078/74685.24	5.59%	(百分比)
成本利润率	4174.8078/56980	7.33%	(百分比)

5.　　货币单位:人民币元

核算项目	核　算　过　程	核算结果
总收入	154368+13400	167768.0000
总销售收入	19.2×8×1005	154368.0000
总退税收入	120×13%/(1+17%)×1005	13400.0000
总支出	1400+804+4824+20800+1443.3408+7718.4+694.656+120600	158284.3968
国内包干费	1400	1400.0000
贷款利息支出	120×8%×30/360×1005	804.0000
定额费支出	120×4%×1005	4824.0000
海洋运费支出	2600×8	20800.0000
保险费支出	19.2×(1+10%)×0.85%×8×1005	1443.3408
客户佣金支出	19.2×5%×8×1005	7718.4000
银行费用支出	19.2×0.45%×8×1005	694.6560
采购成本支出	120×1005	120600.0000
总利润	167768−158284.3968	9483.6032
销售利润率(%)	9483.6032/154368	6.14%

6.

(1)

货物总体积：600/10 × (62 × 24 × 46)/1000000 = 4.1069 立方米

货物总毛重：600/10 × 15/1000 = 0.9 公吨

实际成本：　60 × (1 + 17% − 13%)/(1 + 17%) = 53.3333 元 / 套

退税收入：　60 × 13%/(1 + 17%) = 6.6667 元 / 套

贷款利息：　60 × 6% × 45/360 = 0.45 元 / 套

定额费：　　60 × 3% = 1.8 元 / 套

出口包装费：10/10 = 1 元 / 套

通关费用：　500/600 = 0.83333 元 / 套

海洋运费：　4.1069 × 62/600 × 8.01 = 3.3993 元 / 套

FOB：(53.3333 + 4.5 + 5 + 1 + 0.83333 + 1.8 + 0.45)/(1 − 4% − 0.3% − 7%)/8.01
　　= 9.4184 美元 / 套

CFR：(53.3333 + 4.5 + 5 + 1 + 0.83333 + 1.8 + 0.45 + 3.3993)/(1 − 4% − 0.3% − 7%)/8.01
　　= 9.8969 美元 / 套

CIF：(53.3333 + 4.5 + 5 + 1 + 0.83333 + 1.8 + 0.45 + 3.3993)/(1 − (1 + 10%) × 0.9% − 4% − 0.3% − 7%)/8.01
　　= 10.0086 美元 / 套

(2)

总销售收入：　9.5 × 2000 × 8.01 = 152190 元

总退税收入：　60 × 2000 × 13%/(1 + 17%) = 13333.3333 元

总采购成本：　60 × 2000 = 120000 元

总国内包干费：4.5 × 2000 = 9000 元

总公司业务费：5 × 2000 = 10000 元

总出口包装费：10 × 2000/10 = 2000 元

商检海关费用：500

总定额费：　　60 × 2000 × 3% = 3600 元

总贷款利息：　60 × 2000 × 6% × 45/360 = 900 元

总银行费用：　9.5 × 2000 × 0.3% × 8.01 = 456.57 元

总海洋运费：　2000/10 × (62 × 24 × 46)/1000000 × 62 × 8.01 = 6798.5292 元

总海运保险费：9.5 × 2000 × (1 + 10%) × 0.9% × 8.01 = 1506.6810 元

总客户佣金：　9.5 × 2000 × 4% × 8.01 = 6087.6 元

利润总额：　　152190 + 13333.3333 − 120000 − 9000 − 10000 − 2000 − 500 − 3600 − 900 − 456.57 − 6798.5292 − 1506.681 − 6087.6
　　= 4673.9531 元

(3)

销售收入：　9.5 × 8.01 = 76.095 元 / 套

出口包干费：4.5 元/套

海洋运费：　(62 × 24 × 46)/1000000 × 62 × 8.01/10 = 3.3993 元 / 套

公司业务费：5 元/套

出口包装费：10/10 = 1 元 / 套

商检报关费：500/2000 = 0.25 元 / 套

定额费：　　采购成本 × 3%

贷款利息：　采购成本 × 6% × 45/360

银行费用：　9.5 × 0.3% × 8.01 = 0.22829 元 / 套

海运保险费：9.5 × (1 + 10%) × 0.9% × 8.01 = 0.75334 元 / 套

客户佣金：　9.5 × 4% × 8.01 = 3.0438 元 / 套

预期利润：　9.5 × 7% × 8.01 = 5.3267 元 / 套

采购成本：　(76.095 − 4.5 − 3.3993 − 5 − 1 − 0.25 − 0.22829 − 0.75334 − 3.0438 − 5.3267)/
(1 + 3% + 6% × 45/360 − 13%/(1 + 17%))
= 56.7727 元 / 套

(4)

成交数量：25000000/(62 × 24 × 46) × 1 × 10 = 3650 套

收入：

总销售收入：3650 × 9.2 × 8.01 = 268975.80 元

总退税收入：3650 × 60 × 13%/(1 + 17%) = 24333.3333 元

支出：

采购成本：　3650 × 60 = 219000 元

出口包干费：820 元

海洋运费：　1450 × 1 × 8.01 = 11614.5 元

公司业务费：5 × 3650 = 18250 元

出口包装费：3650/10 × 10 = 3650 元

商检报关费：500 元

定额费：　　60 × 3650 × 3% = 6570 元

贷款利息：　60 × 3650 × 6% × 45/360 = 1642.5 元

银行费用：　9.2 × 3650 × 0.3% × 8.01 = 806.9274 元

海运保险费：268975.8 × (1 + 10%) × 0.9% = 2662.8604 元

客户佣金：　268975.8 × 4% = 10759.0320 元

利润：

利润额：　268975.80 + 24333.3333 − 219000 − 820 − 11614.5 − 18250 − 3650 − 500 −
6570 − 1642.5 − 806.9274 − 2662.8604 − 10759.0320
= 17033.3135 元

销售利润率：17033.3135/268975.80 = 6.33%

7.

(1)

关税完税价格(元/台)：

(8900 + 1235) × 8.01/(1 − 110% × 0.85%) = 81947.5597

进口保险费(元/台)：

(8900＋1235)×8.01/(1－110%×0.85%)×110%×0.85%＝766.2097

关税税额(元/台)：

81947.5597×18%＝14750.5608

进口增值税(海关代征)(元/台)：

(81947.5597＋14750.5608)×17%＝16438.6805

垫款利息(元/台)：

8900×8.01×6%×30/360＝356.4450

共缴增值税税额(元/台)：

124669.9297/1.17×17%＝18114.4342

实缴增值税额(元/台)：

18114.4342－16438.6805＝1675.7537

国内销售价格(元/台)：

(81947.5597＋18000/5＋1750/5＋350×8.01/5＋14750.5608＋356.4450＋8900×8.01×7%)×(1＋17%)＝124669.9297

(2)

销售收入：123000×5＝615000

销售税款：123000×5/1.17×17%＝89358.9744

采购成本：8900×5×8.01＝356445

业务费用：18000

进口手续费：1750

进口运费：1235×5×8.01＝49461.75

进口保险费：(8900＋1235)×5×8.01/(1－1.1×0.85%)×1.1×0.85%＝3831.0484

银行费用：350×8.01＝2803.5

贷款利息：8900×5×8.01×6%×30/360＝1782.225

进口关税：(8900＋1235)×5×8.01/(1－1.1×0.85%)×18%＝73752.8037

利润：615000－89358.9744－356445－18000－1750－49461.75－3831.0484－2803.5－1782.225－73752.8037

＝17814.6985

销售利润率：17814.6985/615000＝2.90%

成本利润率：17814.6985/356445＝5.00%

(3)

销售收入(CNY/SET)：123000

销售税款(CNY/SET)：123000/(1＋17%)×17%＝17871.7949

利润额(CNY/SET)：123000×4%＝4920

公司业务费用(CNY/SET)：18000/5＝3600.0000

进口手续费用(CNY/SET)：1750/5＝350.0000

银行费用(CNY/SET)：350×8.01/5＝560.7000

进口运费(CNY/SET)：1235×8.01＝9892.35

进口保费(CNY/SET)：(采购成本＋9892.35)/(1－110%×0.85%)×110%×0.85%

关税税额(CNY/SET)：　　(采购成本＋9892.35)/(1－110％×0.85％)×18％

FOB汉堡(US＄/SET)：

$$\frac{(123000-17871.7949-4920-3600-350-560.7-9892.35\times(1+18\%)/(1-1.1\times0.85\%)/8.01}{(1+18\%)/(1-1.1\times0.85\%)+6\%\times30/360}$$

＝8758.3601

8.

(1)

商品总数量：　25000000/(66×34×28)×20＝7940 盒

采购成本：　2×8＝16 元/盒

CIF 完税价格：2×8/(1－1.1×0.6％)＝16.1063 元/盒

进口包干费：　1600/7940＝0.20151 元/盒

进口手续费：　1200/7940＝0.15113 元/盒

银行费用：　2×8×0.35％＝0.056 元/盒

进口保险费：　16.1063×1.1×0.6％＝0.10630 元/盒

进口关税：　16.1063×10％＝1.6106 元/盒

进口利润：　2×8×12％＝1.92 元/盒

国内售价：　(16.1063＋0.20151＋0.15113＋0.056＋1.6106＋1.92)×1.17＝23.4533 元/盒

(2)

销售收入：　23×7940＝182620 元

销售税收：　182620/1.17×17％＝26534.5299 元

采购成本：　2×8×7940＝127040 元

进口包干费：　1600 元

进口手续费：　1200 元

银行费用：　127040×0.35％＝444.64 元

进口保险费：　127040/(1－1.1×0.6％)×1.1×0.6％＝844.0346 元

进口关税：　127040/(1－1.1×0.6％)×10％＝12788.4035 元

利润额：　182620－26534.5299－127040－1600－1200－444.64－844.0346－12788.4035
＝12168.3920 元

(3)

销售收入：　23 元/盒

销售税额：　23/1.17×17％＝3.3419 元/盒

进口包干费：　1600/7940＝0.20151 元/盒

进口手续费：　1200/7940＝0.15113 元/盒

银行费用：　CFR×0.35％

进口保险费：　CFR/(1－1.1×0.6％)×1.1×0.6％

进口关税：　CFR/(1－1.1×0.6％)×10％

进口利润：　CFR×12％

采购成本：　(23－3.3419－0.20151－0.15113)/((1＋10％)/(1－1.1×0.6％)＋0.35％＋12％)/8
＝1.9606 美元/盒

(4)

销售收入：　23元/盒

销售税额：　23/1.17×17％＝3.3419元/盒

进口包干费：1600/7940＝0.20151元/盒

进口手续费：1200/7940＝0.15113元/盒

银行费用：　CFR×0.35％

进口保险费：CFR/(1－1.1×0.6％)×1.1×0.6％

进口关税：　CFR/(1－1.1×0.6％)×10％

进口利润：　23×12％＝2.76元/盒

采购成本：　(23－3.3419－0.20151－0.15113－2.76)/((1＋10％)/(1－1.1×0.6％)＋0.35％)/8＝1.8619美元/盒

9.(1)　　单位:人民币元/吨

核算项目	核　算　过　程	结　　果
关税完税价格	568×8	4544.0000
关税税额	4544×22％	999.6800
消费税税额	(4544＋999.68)/(1－30％)×30％	2375.8629
海关代征增值税	(4544＋999.68＋2375.8629)×17％	1346.3223
进口包干费	2000/10	200.0000
进口手续费	1500/10	150.0000
港杂费	600/10	60.0000
银行费用	4544×0.65％	29.5360
定额费用	4544×6％	272.6400
国内销售价格	(4544＋999.68＋2375.8629＋200＋150＋60＋29.5360＋272.64＋4544×10％)×1.17	10630.7591
共缴增值税税额	10630.7591/1.17×17％	1544.6402
实缴增值税税额	1544.6402－1346.3223	198.3179

(2)　　单位:人民币元/吨

核算项目	核　算　过　程	结　　果
关税完税价格	568×8	4544.0000
关税税额	4544×22％	999.6800
消费税税额	(4544＋999.68)/(1－30％)×30％	2375.8629
海关代征增值税	(4544＋999.68＋2375.8629)×17％	1346.3223
进口包干费	2000/10	200.0000

（续表）

核算项目	核　算　过　程	结　　果
进口手续费	1500/10	150.0000
港杂费	600/10	60.0000
银行费用	4544×0.65％	29.5360
定额费用	4544×6％	272.6400
国内销售价格	(4544＋999.68＋2375.8629＋200＋150＋60＋29.5360＋272.64)×1.17/(1－10％×1.17)	11437.2719
共缴增值税税额	11437.2719/1.17×17％	1661.8258
实缴增值税税额	1661.8258－1346.3223	315.5035

(3)　　单位：人民币元

核算项目	核　算　过　程	结　　果
销售收入	10000×25	250000.0000
共缴增值税	250000/1.17×17％	36324.7863
采购成本	568×25×8	113600.0000
关税完税价格	568×25×8	113600.0000
关税税额	113600×22％	24992.0000
消费税税额	(113600＋24992)/(1－30％)×30％	59396.5714
海关代征增值税	(113600＋24992＋59396.5714)×17％	33658.0571
银行费用	113600×0.65％	738.4000
定额费用	113600×6％	6816.0000
利润额	250000－36324.7863－113600－24992－59396.5714－2000－1500－600－738.4－6816	4032.2423
成本利润率(％)	4032.2423/113600	3.55％
销售利润率(％)	4032.2423/250000	1.61％

(4)　　单位：人民币元/吨

核算项目	核　算　过　程	结　　果
进口包干费	2000/25	80.0000
进口手续费	1500/25	60.0000
港杂费	600/25	24.0000
关税税额	548.8109×8×22％	965.9072
消费税税额	548.8109×8×122％/(1－30％)×30％	2295.5976

（续表）

核算项目	核 算 过 程	结 果
银行费用	548.8109×8×0.65%	28.5382
定额费用	548.8109×8×6%	263.4292
CIF 采购成本（美元/吨）	(10000/1.17－80－60－24)/((1＋22%)/(1－30%)＋0.65%＋6%＋10%)/8	548.8109

(5) 单位：人民币元/吨

核算项目	核 算 过 程	结 果
进口包干费	2000/25	80.0000
进口手续费	1500/25	60.0000
港杂费	600/25	24.0000
关税税额	510.0574×8×22%	897.7010
消费税税额	510.0574×8×122%/(1－30%)×30%	2133.4972
银行费用	510.0574×8×0.65%	26.5230
定额费用	510.0574×8×6%	244.8276
CIF 采购成本（美元/吨）	(10000/1.17－80－60－24－10000×10%)/((1＋22%)/(1－30%)＋0.65%＋6%)/8	510.0574

第三章 进出口合同签订

1.

(1) Art. No.KB2043 Long Hair as per Seller's sample No.3SC4.

(2) Long-shaped White Rice, Broken Grains (max.) 25%, Admixture (max.) 0.25%.

(3) 12 cm Wedding Double Bear with the quality and design as per samples dispatched by the Seller on Jan 18th, 2005.

(4) 豪华地砖

型号：81903 规格：2 mm×300 mm×300 mm

型号：1109 规格：2 mm×300 mm×300 mm

2.

(1) Rice from Northeast of China, 6000 Metric Tons, subject to a tolerance of 4% more or less in quantity at seller's option.

(2) 20000 英尺无缝钢管外套，卖方可溢短装 5%。

3.

(1) USD200.00 per M/T CIF San Francisco, including 2% commission.或 USD200.00 per M/T CIFC2 San Francisco.

(2) EUR150.00 per set CFR London.

(3) J￥75000.00 per dozen FOB Dalian Net.

(4) 每台 7737.4 欧元成本加保险费运费至上海价。

合同总值：

(小写) 23212.2 欧元

(大写)贰万叁仟贰佰拾贰欧元贰拾欧分

(5) 每件 65 美元东京港船上交货价并含 3%佣金

总值为:16250 美元

(大写:美元壹万陆仟贰佰伍拾圆整)

4.

(1) CIFC 表示该价格是含佣价，但却未指明佣金率，而且也未指明币种。应改为:USD5.40 per yard CIF Kobe 或 USD5.40 per yard CIFC5 Kobe。

(2) 未指明计价单位。应改为:EUR430 per pc CFR Hamburg including 5% commission 或 EUR430 per pc CFRC5 Hamburg。

(3) FOB 后应跟装运港，而我国出口交易中一般不会出现在洛杉矶装运的情况，所以价格术语错误。应改为:USD34.60 per set FOB Shanghai。

5.

(1) For Art. No. SB55-883 and Art. No. SB57-020, 4 dozens to a carton; For Art. No. SB55-880, 2 dozens to a carton; Total 850 cartons.

(2) 20 pieces to a box, 10 boxes to an export cartons, total 500 cartons.

(3) 纸箱装，每箱 4 盒，每盒 9 磅，每只涂蜡并包纸。

(4) 新单层麻袋装，每袋约 100 千克。

(5) 包装必须用坚固的新木箱/纸箱包装，适合长途海运，防湿、防潮、防震、防锈。凡由于不当包装所产生的任何费用和/或损失由卖方负担。

(6) 卖方应在每个包装箱上用不褪色的颜色标明尺码、毛重、净重及“请勿倒置”、“防潮”、“小心轻放”等标记。

6.

运输标志通常包括：

(1) 收货人或买方的简称；

(2) 参考号码，如合同/订单号码、信用证号码或发票号码等；

(3) 目的港或目的地；

(4) 包装序号和总件数。

例如:ARTOANC
SC0507043
LIVERPOOL
C/NO.1-540

7.

合同的装运条款一般应包含以下四个方面的内容：

(1) 装运时间；

(2) 装运港(地)和目的港(地)；

(3) 运输方式；

(4) 装运附加条件(如分批装运和转运等)。

例如,To be effected during May 2005 from Shanghai to Los Angeles through sea transportation with partial shipments and transshipment allowed.

8.

(1) Shipment from Shanghai, China to New York, U.S.A by sea not later than Aug. 31st, 2005 with partial shipments allowed and transshipment prohibited.

(2) Shipment from Dalian, China to Rotterdam, the Netherlands during Nov. 2005 with partial shipments and transshipment shipment not allowed.

(3) Shipment from Ningbo, China to Sydney, Australia during April/May/June 2005 in three equal monthly lots with transshipment not allowed.

(4) 装运/交货日期:2005 年 7 月 10 日前

装运港:荷兰鹿特丹或阿姆斯特丹港

运输方式:海运

目的港:中国上海

分批装运:不允许

转运:允许

(5) 卖方应在合同规定的装运日期前 30 天,以传真方式通知买方合同号码、品名、数量、金额、包装件数、毛重、尺码及装运日期,以便买方安排租船/订舱。装运船只按期到达装运港后,如卖方不能按时装船,由此产生的全部费用,包括空舱费或滞期费,均由卖方负担。

(6) 卖方必须按时在装运期限内将货物由装运港装船运往目的港。在 CFR 成交条件下,卖方应在装船前 2 天以传真方式通知买方合同号码、品名、发票金额及发货日期,以便买方能及时安排保险。

(7) 在 FOB 或 FCA 贸易术语项下,货运代理必须由买方安排或指定,并且买方应至少于装运前 2 周将此确认信息通知卖方。

(8) 卖方必须在提单日后的 2 天内传真给买方一套运输单据,如提单、经签署的商业发票、装箱单等。

(9) 卖方必须在提单日后的 3 天内通过 DHL 等快递公司直接寄给买方至少 1 份正本提单、3 份经签署的商业发票、装箱单、木质包装的熏蒸证明等。

9.

(1) Insurance to be covered by the Buyer.

(2) The Seller should cover insurance for 120% of the total invoice value against All Risks as per Ocean Marine Cargo Clauses of PICC dated 1/1/1981.

(3) 卖方按发票金额的 110%,根据 1982 年 1 月 1 日的协会货物保险条款,投保协会货物 A 险和战争险。

(4) 凡以 CIF 条件成交的业务,保险金额为发票金额的 110%,投保本售货确认书规定的险别。若买方提出额外的保险险别,应于装船前得到卖方同意,并负担由此增加的保险费。

(5) 除非另行约定保险由买方办理以外,一般均由卖方按发票金额 110%向中国的保险公司投保。如买方需增加保险金额和/或加保其他险种,必须于装船前告知卖方并要征得卖方同意,由此增加的保险费由买方负担。

10.

(1) The Buyer should pay 100% of sales proceeds in advance by T/T to reach the Seller not later than the end of February 2005 and within 3 weeks after this contract coming into force.

(2) The Buyer should pay 100% of the contract value by T/T upon the receipt of the copy of the original B/L faxed by the Seller.

(3) After shipment, the Seller shall draw a sight Bill of Exchange on the Buyer and deliver the documents through the Seller's bank and collecting bank to the Buyer against payment, i.e. D/P. The Buyer shall effect the payment immediately upon the first presentation of the Bill of Exchange for getting the documents.

(4) The Buyer shall duly accept the documentary draft drawn by the Seller payable at 60 days' sight upon first presentation and make the payment on its maturity. The shipping documents are to be delivered against acceptance.

(5) The Buyer shall duly accept the documentary draft drawn by the Seller payable at 30 days after the B/L date upon first presentation and make the payment on its maturity. The shipping documents are to be delivered against payment only.

(6) The Buyer shall open through a bank acceptable to the Seller an Irrevocable sight Letter of Credit to reach the Seller 30 days before the month of shipment, valid for negotiation in China until the 15th day after the date of shipment.

(7) The Buyer shall open through a first-class bank to the Seller an Irrevocable Letter of Credit payable at 45 days after sight to reach the Seller by the end of Sept. 2005, valid for negotiation in China until the 21st day after the date of shipment.

(8) 信用证付款：在货物装运前一个月，买方应通过中国银行开立以卖方为受益人的不可撤销即期信用证，要求提交本合同第 14 条所列货运单据，凭此付款。

(9) 跟单托收付款：货物装运后，卖方应将以买方为付款人的即期汇票连同本合同第 14 条所列的货运单据，由其银行通过中国银行上海分行向买方交单收款。

11.

(1) 卖方必须保证货物的品质、规格及数量均符合本合同及质量保证书的规定。保证期为货达目的港后 2 个月。在保证期内，凡因制造厂商在设计、制造过程中的缺陷而造成的损失应由卖方负责赔偿。

(2) 卖方保证交货质量均与其提供的样品一致。如交货质量略次于样品，买方仍应提货，但合同价格需酌情减让，具体数额由双方共同商定。除非已征得卖方同意，否则买方不得退回货物。

(3) 双方同意将装运港当地中国出入境检验检疫局签发的品质和(或)数量(重量)检验证书作为信用证项下议付单据的一部分。买方有权对货物的品质和数量(重量)进行复验，复验费由买方负担。如发现品质和(或)数量(重量)与合同不符，买方有权向卖方索赔，但必须提供经卖方认可的公证机构出具的检验报告。

(4) 卖方交付给买方的货物数量，若多于合同所规定的数量，买方有权拒收合同数量以外的部分。若买方接受全部所交货物，则必须按合同所规定的价格支付货款。

(5) 货物在目的港卸毕 60 天内(如果用集装箱装运则在开箱后 60 天内)经中国出入境检验检疫局复验，如发现其品质、数量或重量与本合同规定不符，除非属于承保人或承运人的责任外，否则买方有权凭上述检验机构出具的检验证书向卖方提出退货或索赔。卖方承担由此产生的全部费用，包括但不仅限于检验费、利息、退货或索赔引起的损失。

(6) 除因不可抗力而延迟交货或不能交货的情况以外，如果卖方不能按合同规定的条款和/或条件交货，卖方应负责向买方赔偿由此而引起的一切损失和遭受的损害，包括但不仅限于买价及/或买价的差价、空舱费、滞期费，以及由此引起的直接或间接损失。买方有权撤销全部或部分合同，并保留向卖方提出损害赔偿的权利。

(7) 不可抗力：对于因公认的不可抗力原因造成的不能交货或延迟交货，卖方或买方均不承担责任。在此情况下，卖方应立即用传真或电子邮件通知买方，并在事件发生后的 15 天内，将事件所在地权威政府机构或商会所出具的证明，通过航空邮寄交给买方作为证据。如果上述不可抗力事件持续60天以上，买方有权撤销全部合同或撤销合同项下尚未交货的部分。

(8) 仲裁：双方同意，对一切因执行和解释本合同条款而发生的争议，应努力通过友好协商解决。在争议发生之日起一段合理的时间内，最多不超过90天，仍无法通过协商取得买卖双方都满意的结果时，如买方决定不向他认为合适的有管辖权的法院提出诉讼，则该争议应提交仲裁。除非双方另有协议，否则仲裁应在中国北京进行，并遵循中国国际贸易促进委员会对外贸易仲裁委员会所制订的仲裁规则和程序。该仲裁为终局裁决，对双方均有约束力。除非裁决书中另有决定，否则仲裁费用应由败诉一方负担。

12.

(1) Name of Commodity and Specifications:

Baby Carriage Art. No. BC-HLG-20

(2) Unit Price:

US$72.8 per set CIF Hamburg(as per Incoterms2000)

(3) Quantity:

360 Sets

(4) Total Amount(both in figures and in words):

US$26,208.00

Say U.S. dollars twenty six thousand two hundred and eight only.

(5) Packing:

To be packed in cartons of 1 set each, total 360 cartons.

(6) Shipment:

To be effected by the seller during Nov. 2005 from Ningbo, China to Hamburg, Germany through sea transportation with partial shipments and transshipment allowed.

(7) Insurance:

To be covered by the seller for 110% of total contract value against W.P.A. and War Risk as per and subject to C.I.C. dated 1/1/1981.

(8) Payment:

The buyer should open through a bank acceptable to the seller an irrevocable sight letter of credit for 100% contract value, to reach the seller by the end of August 2005, valid for negotiation in China until the 15th day after the date of shipment.

13.

(1) 成交条件。

品名：14LED手电筒	5LED铝合金手电筒	
货号：HL-199	HL-197	
数量：3000只	1500只	
价格：每只12美元	每只20美元	成本加保险费运费至东京价
包装：150只装一纸箱	100只装一纸箱	

装运：最迟装运期为2005年11月20日，不允许分批装运

保险：保险金额为发票金额的120%，投保协会货物A险

支付：即期信用证

（2）填制售货确认书。

SALES CONFIRMATION

S/C No.: 05-JY045

Date: 23-Jul-05

The Seller: SHANGHAI JINGYUAN TRADING CO., LTD
Address: RM 1809-1819, HONGYUN PLAZA, 1688 HONGQIAO RD, SHANGHAI, CHINA

The Buyer: HIGHLAND INTERNATIONAL CO., LTD
Address: 2-15-1 KOENJIKITA, SUGINAKI-KU, TOKYO, JAPAN

Art. No.	Name of Commodity & Specifications	Quantity	Unit Price	Amount
			CIF TOKYO (INCOTERMS2000)	
HL-199	14LED FLASHLIGHT	3000 PIECES	USD 12.00	USD 36,000.00
HL-197	5LED ALUMINIUM ALLOY FLASHLIGHT	1500 PIECES	USD 20.00	USD 30,000.00
			TOTAL:	USD 66,000.00
Total Amount in Words:	SAY UNITED STATES DOLLARS SIXTY SIX THOUSAND ONLY			

PACKING: HL-199 TO BE PACKED IN CARTON OF 150 PIECES EACH, TOTAL 20 CARTONS. HL-197 TO BE PACKED IN CARTON OF 100 PIECES EACH, TOTAL 15 CARTONS. TOTAL 35 CARTONS.

SHIPMENT: TO BE EFFECTED BY THE SELLER THROUGH SEA TRANSPORTATION FROM SHANGHAI, CHINA TO TOKYO, JAPAN NOT LATER THAN NOV. 20, 2005 WITH PARTIAL SHIPMENTS PROHIBITED AND TRANSHIPMENT ALLOWED.

INSURANCE: TO BE COVERED BY THE SELLER FOR 120% OF INVOICE VALUE AGAINST INSTITUTE CARGO CLAUSES(A) AS PER I.C.C. DATED 1/1/1982.

PAYMENT: THE BUYER SHOULD OPEN THROUGH A BANK ACCEPTABLE TO THE SELLER AN IRREVOCABLE LETTER OF CREDIT AT SIGHT FOR TOTAL CONTRACT VALUE, TO REACH THE SELLER 30 DAYS BEFORE THE MONTH OF SHIPMENT, VALID FOR NEGOTIATION IN CHINA UNTIL THE 15TH DAY AFTER THE DATE OF SHIPMENT.

Confirmed by:

THE SELLER
SHANGHAI JINGYUAN TRADING CO., LTD.
X X X
(signature)

THE BUYER

(signature)

14.

SALES CONFIRMATION

S/C No.: ZYWBJ-MA139
Date: MAR. 18, 2005

The Seller: ZHEJIANG YIWU JIA BEI TRADING COMPANY
Address: FLOOR 4-7, NO. 643, CHOUZHOU N. ROAD, YIWU, ZHEJIANG PROVINCE 322000, P.R.C.

The Buyer: MIAMI CORDAGE CO., INC.
Address: 4000 NORTHWEST 31ST AVENUE, MIAMI, FL 33142 U.S.A

Art. No.	Name of Commodity and Specifications	Quantity	Unit Price	Amount
				CIF MIAMI
AN-103	LEATHER GLOVES IN BLUE	1320 DOZ	US$7.68	US$10,137.60
AN-105	LEATHER GLOVES IN RED	1560 DOZ	US$8.40	US$13,104.00
				US$23,241.60
Total Amount in Words:	SAY US DOLLARS TWENTY THREE THOUSAND TWO HUNDRED AND FORTY ONE AND CENTS SIXTY ONLY.			

PACKING: TO BE PACKED IN CARTONS OF 12 DOZENS EACH ONLY.
TOTAL 2880 DOZENS IN 240 CARTONS.

SHIPMENT: FROM: NINGBO, CHINA
TO : MIAMI, U.S.A
DURING JULY 2005
WITH PARTIAL SHIPMENTS AND TRANSSHIPMENT NOT ALLOWED.

PAYMENT: THE BUYER SHOULD OPEN THROUGH A BANK ACCEPTABLE TO THE SELLER
AN IRREVOCABLE L/C AT 30 DAYS' SIGHT
FOR 100% OF CONTRACT VALUE
TO REACH THE SELLER BY THE END OF APRIL 2005
AND VALID FOR NEGOTIATION IN CHINA
UNTIL THE 15TH DAY AFTER THE DATE OF SHIPMENT.

INSURANCE: THE SELLER SHOULD COVER INSURANCE
FOR 110% OF THE TOTAL INVOICE VALUE
AGAINST ICC(B)
AS PER I.C.C DATED 1/1/1982.

Confirmed by:

THE SELLER
ZHEJIANG YIWU JIA BEI TRADING COMPANY
XXX
(signature)

THE BUYER
(signature)

15.

销 售 合 同

SALES CONTRACT

卖方：
The Sellers: 宁波海天国际贸易有限公司
NINGBO HAITIAN INTERNATIONAL TRADE CO., LTD

编号：
No.: ZFDAM-0509

地址：
Address: 宁波市鄞奉路 560 弄 14 号星河湾 789 室(315000)
Rm 789, Xinhewan, No.14, Lane 560,Yinfeng Road,
Ningbo, Zhejiang 315000, China

日期：
Date: 2005-9-4

地址：
Place: NINGBO

买方：
The Buyers: NICI AG

地址：
Address: LANGHEIMER STR. 94, ALTENKUNSTADT,
BAVARIA, GERMANY

兹经买卖双方同意达成交易并订立下列条款：
The Buyers and the Sellers have agreed to conclude the following transaction according to the terms and conditions stipulated below:

(1) 商品名称及规格 Commodity and Specifications	(2) 数量 Quantity	(3) 单价 Unit Price	(4) 金额 Amount	(5) 装运期 Time of Shipment
		CIF Hamburg (Incoterms 2000)		
Art. No. FD-01 DC 12V Car Heated Mug	**1800 pcs**	**EUR4.28**	**EUR7,704.00**	**During Dec. 2005**
Art. No. FD-303 Plastic Travel Mug	**3200 pcs**	**EUR3.25**	**EUR10,400.00**	
金额和数量允许：************% 上下幅度 Percentage of allowance for amount and quantity: ****% More or Less		(6) 总值 Total Amount	**EUR 18,104.00** **SAY EURO EIGHTEEN THOUSAND ONE HUNDRED AND FOUR ONLY**	
(7) 起运地和目的地：从 Dispatch and Destination: From: **Ningbo, China**		至： To: **Hamburg, Germany**		装 By: **Sea**

(8) 包装：
PACKING:
FD-01　TO BE PACKED IN CARTONS OF 36 PCS EACH ONLY
FD-303　TO BE PACKED IN CARTONS OF 40 PCS EACH ONLY
TOTAL 130 CARTONS

(9) 运输标志：
SHIPPING MARKS: WILL BE INDICATED IN THE LETTER OF CREDIT

(10) 付款：
PAYMENT:

凭不可撤销的____信用证付款，信用证以_____为受益人并_____分批装运和____转船。该信用证必须在__________________开到卖方，信用证的有效期应为上述装船期满后第______天，在中国______到期，否则卖方将有权无需另行通知就取消本合同，并保留因此而产生的一切损失的索赔权。

BY IRREVOCABLE LETTER OF CREDIT IN FAVOUR OF **THE SELLERS** PAYABLE AT ******* SIGHT WITH PARTIAL SHIPMENT **PROHIBITED** AND TRANSSHIPMENT **ALLOWED**. THE COVERING LETTER OF CREDIT MUST REACH THE SELLERS **30 DAYS BEFORE THE MONTH OF SHIPMENT** AND IS TO REMAIN VALID IN **NINGBO**, CHINA UNTIL THE **15TH** DAY AFTER THE AFORESAID TIME OF SHIPMENT, FAILING WHICH THE SELLERS RESERVE THE RIGHT TO CANCEL THIS SALES CONTRACT WITHOUT FURTHER NOTICE AND TO CLAIM FROM THE BUYERS FOR LOSSES RESULTING THEREFROM.

(11) 保险：
INSURANCE:

由______方负责，按本合同总值________投保____________________险。如果买方要求加投险种或保险金额超出上述金额，必须提前征得卖方的同意；超出的保险费由买方承担。

TO BE COVERED BY THE SELLERS FOR **110%** OF THE INVOICE VALUE AGAINST **ICC (B) AND INSTITUTE WAR CLAUSES**. IF THE BUYERS DESIRE TO COVER FOR ANY OTHER EXTRA RISKS BESIDES AFOREMENTIONED OR AMOUNT EXCEEDING THE AFOREMENTIONED LIMIT, THE SELLERS' APPROVAL MUST BE OBTAINED BEFOREHAND AND ALL THE ADDITIONAL PREMIUMS THUS INCURRED SHALL BE FOR THE BUYERS' ACCOUNT.

(12) 检验：
INSPECTION:

以中国__________所签发的品质/数量/重量/包装/卫生证明作为卖方的交货依据。

THE INSPECTION CERTIFICATE OF QUALITY ~~/ QUANTITY / WEIGHT / PACKING /~~ SANITATION ISSUED BY **ENTRY-EXIT INSPECTION AND QUARANTINE BUREAU** OF CHINA SHALL BE REGARDED AS EVIDENCE OF THE SELLERS' DELIVERY.

其他条款的翻译：

(1) 异议：品质异议必须于货到目的口岸之日起30天内提出，数量异议必须于货到目的口岸之日起15天内提出，并且均需提供卖方认可的公证机构出具的检验证明。如责任属于卖方，则卖方应于收到异议20天内答复买方并提出处理意见。

(3) 信用证内容必须严格符合本销售合约的规定，否则修改信用证的费用由买方负担。卖方并不承担因等待信用证修改书而延误装运的责任，并保留因此而发生的一切损失的索赔权。

(5) 因不可抗力事件使卖方不能在本售货合约规定期限内交货或不能交货，卖方不负责任，但是卖方必须立即以电报通知买方。如果买方提出要求，卖方应以挂号函向买方提供由中国国际贸易促进委员会或权威机构出具的证明，证明事件的存在。买方无法取得进口许可证，不能作为不可抗力事件。

(6) 仲裁：凡因执行本合约或有关本合约所发生的一切争执，双方应以友好方式协商解决；如果协商不能解决，应提交中国国际经济贸易仲裁委员会，根据该会的仲裁规则进行仲裁。仲裁裁决是终局的，对双方都有约束力。

16.

(1) 进口商的公司名称拼写错误；应改为"Kelly & Miley Housing Company"，而不是"Kely & Miley Housing Company"。

(2) 商品货号CK-05A1对应的货物描述错误；应改为"3-pc Vacuum Mug Set"，而不是"5-pc Vacuum Mug Set"。

(3) 价格未注明价格术语；应加上：CIF Los Angeles。

(4) 装运条款不完整，未注明装运港、目的港及对分批装运和转运规定；应加上：From Shanghai, China to Los Angeles, USA with partial shipments and transshipment allowed。

(5) 支付条款与成交条件不符；应改为即期付款交单，并且最好能列出跟单明细。

The Buyer shall pay upon first presentation against sight drafts drawn by the Sellers together with shipping documents listed below:

a. original commercial invoices in duplicate.

b. packing list in duplicate.

c. full set of original bill of lading made out to order with blank endorsement marking freight prepaid.

d. insurance policy or certificate.

(6) 保险条款中投保加成率与成交条件不符，应按发票金额的110%投保，投保险种中遗漏了战争险，并且最好应注明根据何种保险条款办理；应改为：To be covered by the Seller for 110% invoice value against All Risks and War Risks as per Ocean Marine Cargo Clauses of PICC dated 1/1/1981。

17.

PURCHASE CONTRACT

Contract No.: 05NF1/0614SM
Contract Date: 2005-3-27

The Buyers: Shanghai Ningfei Trading Co., Ltd.
Address: Rm.407, No.2, Lane 117, Xietu Rd., Shanghai 200023, China

The Sellers: Sam Hydraulik S.p.A.
Address: VIA MOSCOVA,10-42100 REGGIO EMILIA, ITALY

This Contract is made by and between the Buyers and the Sellers, whereby the Buyers agree to buy and the Sellers agree to sell the under-mentioned goods according to the terms and conditions stipulated below:

1.

Commodity		Qty.	Unit Price	Total
			C&F SHANGHAI	
PUMP	HCV125S D HL350 T1 MNBR TP 250 + HCV70 S D HL 350 NMBR	3PCS	USD 3500.00	USD 10500.00
MOTOR	HIC75 S LM2 R M NBR VSC10F	3PCS	USD 800.00	USD 2400.00
TOTAL: SAY US DOLLARS TWELVE THOUSAND NINE HUNDRED ONLY				USD 12900.00

2. Country of Origin and Manufacturers:
ITALY　SAM HYDRAULIK S.P.A.

3. Packing:
PUMP:　1 PIECES PER WOODEN CASE,
MOTOR:　1 PIECES PER WOODEN CASE,
TOTAL:　6 WOODEN CASES
The goods are packed solidly suitable for long distance transportation and well protected against dampness, moisture, shock, rust etc. The Seller shall be liable for any damage and loss attributable to inadequate packing by the Seller.

4. Time of shipment:
BEFORE 20TH MAY 2005

5. Port of Shipment:
ITALIAN MAIN SEAPORT.

6. Port of Discharging:
SHANGHAI, CHINA.

7. Partial Shipments / Transshipment:
PROHIBITED / PROHIBITED

8. Insurance:
TO BE COVERED BY THE BUYER

9. Payment:
BY LETTER OF CREDIT PAYABLE AT SIGHT TO REACH THE SELLER BEFORE 10TH APR. 2005

10. Remarks:
1. The Seller shall send the fumigation certificate of the wooden packing to the Buyer by express couriers within 48 hours from the shipment.
2.The Seller shall guarantee that the commodities are completely in conformity to all respects with the quality, specifications and performances stipulated in this contract. The guarantee period shall be 12 month from the date of relevant invoice.

The Buyers:
Shanghai Ningfei Trading Co., Ltd.
沈小坤

The Sellers:

18.

青岛斯诺进出口有限公司

QINGDAO SINUO IMPORT & EXPORT CO., LTD.

进 口 合 同

IMPORT CONTRACT

合同编号：
Contract: **QD04147-HW**
日期：
Date: **2005-2-2**

买方：
THE BUYERS:
青岛斯诺进出口有限公司
QINGDAO SINUO IMPORT & EXPORT CO., LTD.
NO.1245, FADA MANSION, NO.12
ZHONGSHAN ROAD, QINGDAO, SHANDONG, CHINA

卖方：
THE SELLERS:
HANWHA L&C CORPORATION
16F, HANWHA Bldg, Janggyo-Dong, Jung-Gu, Seoul, 049-800, KOREA

本合同由买卖双方订立，根据本合同规定的条款，买方同意购买，卖方同意出售下列商品：
This Contract is made by and between the Buyers and the Sellers, whereby the Buyers agree to buy and the Sellers agree to sell the under-mentioned commodity on the terms and conditions:

(1) 品名规格 Commodity and Specifications	(2) 数量 Quantity	(3) 单价 Unit price	(4) 金额 Amount	(5) 装运期 Shipment
DELUXE TILE		**C&F QINGDAO**		
81903 2mm x 300mm x 300mm	**2250 M2**	**US$2.00**	**US$4,500.00**	**Not later than Apr. 30, 2005**
MVP TILE				
815 3mm x 450mm x 450mm	**7290 M2**	**US$3.80**	**US$27,702.00**	
DELUXE GOLD TILE				
737 3mm x 450mm x 450mm	**7290 M2**	**US$5.68**	**US$41,407.20**	
		TOTAL:	**US$73,609.20**	
数量和总值允许有 ****** 的增减 With ** more or less in quantity and amount allowed.	**SAY US DOLLARS SEVENTY THREE THOUSAND SIX HUNDRED AND NINE AND 20/100 ONLY**			

(6) 生产国别和制造厂商：
Country of Origin and Manufactures: **Korea**

(7) 装运口岸：
Port of Loading: **Busan, Korea**

(8) 到货口岸：
Port of Destination: **Qingdao, China**

(9) 包装：
Packing:

Deluxe Tile	**50 pcs/box**	**500 Boxes**
MVP Tile	**45 pcs/box**	**800 Boxes**
Deluxe Gold Tile	**45 pcs/box**	**800 Boxes**
	Total:	**2100 Boxes**

On the surface of each package, the package number, measurements, gross weight, net weight, the cautions such as "THIS SIDE UP","HANDLE WITH CARE" shall be stenciled with fadeless pigment.

(10) 保险：
Insurance: **To be covered by the Buyers.**

(11) 付款条件：
Term of Payment: **The Buyers shall pay 20% of contract value by T/T in advance to reach the Sellers within 2 weeks after the signing of this contract, and remaining 80% will be paid through irrevocable Sight L/C.**

(12) 特别条款：（如特别条款与印刷条款有抵触时，应以此特别条款为准。）
Special Conditions: (These shall prevail over all printed terms in case of any conflict.)
N/A

本合同一式二份，买卖双方各执一份为证。
The Contract is made out in two original copies, one copy to be held by each party.

卖方
SELLERS

买方
BUYERS
青岛斯诺进出口有限公司
QINGDAO SINUO IMPORT & EXPORT CO., LTD.
X X X

19.

湖北江永机械进出口公司

Hubei Jiangyong Machinery Import & Export Corporation

中国湖北省武汉市珞喻路804号 (邮政编码：430079)　No.804 Luoyu Road, Wuhan, Hubei Province 430079, P.R.China

TEL: 0086-27-87409488　　FAX: 0086-27-87409578

PURCHASE ORDER (订货单)

To Messrs(致):
KOVAKO Materials Handling B.V.
P.O. Box 48, 2767 AA Waddinxveen
The Netherlands

Order No.(订单号): HBMQ0523-KOV

Date (日期): Apr.17, 2005

We hereby place the order for the following goods with you on the terms and conditions set forth hereunder:

Item (项次)	Description (品名及规格)	Quantity (数量)	Unit Price (单价)	Amount (金额)
1	Complete Hydraulic Cylinder Pos.1-14 Grw 600.400.351	1 set	EUR 7740.00	EUR 7740.00

Delivery Term (交货条件): CIF Shanghai

Total Amount (合计金额): EUR 7,740.00
SAY EURO SEVEN THOUSAND SEVEN HUNDRED AND FORTY ONLY

Payment (付款): By T/T
10% shall be paid as downpayment within 1 month after reaching agreement
80% to be paid within 7 days after receiving the original B/L
and the remaining 10% to be paid within 60 days after arrival of the goods at port of destination.

Shipment (装运): Before Jul. 10, 2005

Port of Loading (装运港): Rotterdam, the Netherlands

Port of Destination (目的港): Shanghai, China

Partial Shipments (分批装运): Not allowed

Transshipment (转运): Not allowed

Insurance (保险): The Seller should cover the goods for 110% of total invoice value against ICC (C) and ICC Strike Clauses as per I.C.C dated 1/1/1982.

Special Clauses (特别条款):

1 Country of Origin: the Netherlands
2 The Seller must forward at least one original B/L plus three copies of signed commercial invoice and packing list and the fumigation certificate of the wooden packing and etc. directly to the Buyer by express couriers within 48 hours from the shipping date.
3 The Seller warrants that the goods supplied shall be free from any defect in material and / or workmanship and to conform to the specification and requirements of the order for 3 months after the Buyer's receiving the goods.

Accepted and Confirmed by (双方签章确认):

Seller (卖方)

Buyer (买方)
Hubei Jiangyong Machinery Import & Export Corporation
X X X

第四章 信用证业务操作

1.

阿拉伯联合酋长国，迪拜，邮政信箱 9271，外贸中心

电话：2224497
电传：45429 MSHQCM EM
传真：2233546 / 2230554
SWIFT：BOMLAEAD

不可撤销跟单信用证

信用证号码：	到期日：	到期地点：
IE40316	2005 年 12 月 30 日	在受益人所在国

2005 年 10 月 26 日

通知行：
中国银行
中国上海市中山东一路 23 号

开证申请人：
LAFA EMIRATES TRADING CO. LTD.
P. O. BOX 5239，DUBAI，U. A. E.

受益人：
上海汉诚贸易公司
中国上海市华山路 443 号

信用证金额： 美元 14,177.50
大写：壹万肆千壹佰柒拾柒美元伍拾美分

汇票付款期限：提单日后 30 天
汇票付款人： MASHREQBANK
汇票金额为发票全额，并需注明“凭 MASHREQBANK PSC 开立的第 IE40316 号信用证出具”
在中国银行议付

允许分批装运
禁止转运
启运港： 中国
目的港： 阿巴斯港，海运
最迟装运日： 2005 年 12 月 15 日
价格术语： CFR

所需单据：
全套清洁已装船海运提单，作成凭 MASHREQBANK PSC 指示，并注明“运费已付”，通知开证申请人（注明其名称和详细地址）。此外，本信用证的号码和目的港船代的名称、地址、电话、传真也要标注在提单上。

保险由开证申请人办理。装船通知应在装运日后 1 天内传真至 NASCO KARAOG（阿拉伯联合酋长国，迪拜，邮政信箱：7108，传真：009714-3520544），通知上需载明本信用证号码及预约保单号码 64/MCO/2000/50475/000。该通知的传真副本将随附整套单据议付。

由中国国际贸易促进委员会签发的原产地证明，正本加一份副本，证明该批货物系中国原产，并注明制造商/生产商的详细名称和地址。

经受益人签署的装箱单，正本加两份副本。

经签署的商业发票，正本加两份副本，注明制造商/生产商/加工商的名称和地址，并证明货物及其他细节与 2005 年 10 月 19 日的 JX2009YN 号形式发票一致。

货物描述：
合同号 IDJ8EI 项下电子产品

运输标志：
LAFA\IDJ8EI\BANDAR ABBAS\C/NO. 1-UP

特别条款：
(1) 该批货物必须以集装箱运送。海运提单上需作相应证明，并在提单上注明集装箱号和封志号。
(2) 不接受第三方作为托运人。
(3) 本信用证的偿付遵循国际商会 525 号出版物《跟单信用证银行间偿付统一规则》。
(4) 本信用证项下要求提交的所有单据都必须有签发日期，而且不接受签发日期早于信用证开证日的单据。

议付行注意事项：
所有单据必须一次性以快递方式寄交 MASHREQBANK PSC(地址为：FOREIGN TRADE CENTRE, OFFICE TOWER SUITE NO. 736/739, AL GHURAIR CENTRE, P.O. BOX 9271, DEIRA, DUBAI, U.A.E.)。
议付行的面函中应证明议付单据均严格符合信用证条款。
单据必须在装运单据签发后 15 天内提交，但最迟不得超过信用证有效期。
发生在阿拉伯联合酋长国以外的所有银行费用(包括手续费、佣金等，但开证费除外)均由受益人承担。

本信用证受《跟单信用证统一惯例》1993 年修订本(国际商会第 500 号出版物)的约束。

谢谢
MASHREQBANK PSC

2.
致：中国 上海 中国银行
自：荷兰 阿姆斯特丹 F. VAN LANSCHOT BANKIERS N. V.
日期：2005 年 4 月 9 日

我行在此开立不可撤销跟单信用证，号码为 AM/VAO515ILC
开证申请人：　TIVOLI PRODUCTS PLC
　　　　　　　BERSTOFSGADE 48, AMSTERDAM, THE NETHERLANDS
受益人：　　　环宇贸易有限公司
　　　　　　　中国上海东方路 131 号美陵广场 1201-1216 室
金额：　　　　91,061.90 美元
有效期：　　　2005 年 6 月 15 日在中国议付
本证凭受益人出具的见票后 45 天付款、以荷兰阿姆斯特丹 F. VAN LANSCHOT BANKIERS N. V. 为付款人的汇票议付，并随附以下单据：
(1) 经签署的商业发票，一式五份，注明受益人合同号码及申请人订单号 05-CS004；

(2) 装箱单/重量单,一式三份,注明总箱数及每箱的毛重和尺码;
(3) 清洁已装船海运提单,三份正本中的二份、加三份副本,做成"凭指示"抬头,空白背书,注明"运费已付"并通知申请人(全名,地址及电话);
(4) 海运保险单或保险凭证,全套正本,作空白背书,按CIF金额的110%投保协会货物(A)险及协会货物战争险;
(5) 普惠制格式A原产地证明,一式两份,注明货物系中国原产;
(6) 受益人证明,证实其已在货物装运后48小时内、将一整套副本装运单据连同一份正本海运提单及正本格式A原产地证明,通过DHL快递寄交申请人;
(7) 受益人在货物装船后两个工作日内发给申请人的电传或传真副本,其中注明了离港日期、运输标志、信用证号码、提单号码、合同号码、订单号码、总箱数、总毛重和货物价值。

货物:
毛绒玩具,共计5个品种,2960套、8405只,参照申请人订单05-CS004号及受益人合同HY05CS004号
货号KB7900、KP2273和KB0278的标签:CE / IMP.087
货号KB0677和KC2048的标签:F-TOYS 2280
用适合于长途海洋运输的中性出口纸箱包装
运输标志:CE / IMP.087
CHRISTIAENS
VIA AMSTERDAM
CARTON NO.1 AND UP
附注货号

F-TOY 2280
GROBBENDONK
VIA AMSTERDAM
CARTON NO.1 AND UP
附注货号

交货条件:CIF AMSTERDAM(遵循国际贸易术语解释通则2000)
所有上述信息必须在发票和装箱单上标注
分批装运:不允许
转运:不允许
最迟装运日:2005年5月31日
从上海运往阿姆斯特丹
所有发生在荷兰以外的银行费用将由受益人承担。
所有单据必须于相关的运输单据签发后15天内提交,而且须在信用证的有效期内。
寄单指示如下(用╳表示):
☐ 用航空挂号一次性寄交
☐ 用航空挂号分两次寄交
☐ 用国际快递一次性寄交
☒ 分两次将单据寄交,第一次用快递,第二次用航空挂号
单据寄交F. VAN LANSCHOT BANKIERS N. V.,邮政地址为:P. O. BOX 75509, 1070 AM AMSTERDAM, THE NETHERLANDS.
一旦我方收到正确单据,我方将根据议付行的指示、以本信用证的币种进行偿付。
请通知受益人,不加具你方保兑。
本信用证遵循《跟单信用证统一惯例》(1993年修订本,国际商会第500号出版物)。
本电传为信用证的有效文件,不再另有邮件通知。

3.

(1) 保险单,按发票全额的110%投保一切险、战争险,按中国人民保险公司1981年1月1日的海运货物保险条款办理。

(2) 保险单,按发票全额的110%投保协会货物(A)险和战争险。

(3) 保险单一式两份,做成"凭ABC公司指示"抬头或背书为"凭ABC公司指示",按货物的CIF价值加10%,用信用证货币,投保中国人民保险公司的一切险、战争险。

(4) 保险单或保险凭证一式两份,按发票金额的110%投保协会货物A险和战争险,注明在荷兰由赔付代理赔付。

(5) 清洁已装船的海运提单,全套(三份)正本加三份不可转让副本,凭指示抬头,空白背书,注明"运费预付",注明目的港船运代理,通知开证申请人,并证明货物以集装箱整箱的方式装运。

(6) 清洁已装船提单,全套(三份)正本,凭指示抬头,空白背书,通知买方,注明"运费预付",CIF热那亚再运至瑞士。

(7) 分三批等量装运,不得同船装运,每批装运之间至少相隔30天,单据分三次向银行提交议付。

(8) 不接受第三方作为提单的发货人。

(9) 经受益人签署的商业发票正本一式五份,注明商品名称、产地和其他相关信息。

(10) 经签署的商业发票一式六份,其正本必须经商会证实。

(11) 商业发票一式八份,显示CIF Bangkok价格,并分别注明FOB货值、运费及保险费。

(12) 发票必须显示货物的实际价格,并证实不存在其他已经或将被签发的发票、所有信息均真实正确。

(13) 即期汇票一式两份,注明"根据XYZ银行的第34956号信用证"。

(14) 见票后30天付款的远期汇票,以我方为付款人,金额为100%发票金额。

(15) 汇票必须在提单日后15天内议付,并且不得迟于信用证的到期日。

(16) 本信用证项下开具的汇票必须于2005年8月12日或早于该日在中国议付,该日之后本信用证到期。

(17) 随附汇票的单据如下所列。这些单据必须在海运提单或其他可证明货物发运的单据的签发日后10天内提交议付。

4.

(1) C (2) A (3) B (4) C (5) B (6) C (7) B (8) A (9) B (10) C (11) B (12) C (13) A (14) B (15) A (16) A (17) B (18) A (19) A (20) C

5:

(1) B (2) C (3) B (4) B (5) A (6) B (7) C (8) A (9) B (10) C (11) B (12) A (13) B (14) B (15) A (16) C (17) B (18) A (19) B (20) B

6.

信用证分析单

信用证号码	312/901571	开证日期	17-Nov-05	开证行	STANDARD CHARTERED BANK, KUALA LUMPUR
申请人	G.S.GILL SDN BHD, 106 JALAN TUANKU ABDUL RAHMAN, 50100 KUALA LUMPUR, MALAYSIA	受益人	YUANDA STATIONERY & SPORTING GOODS IMP & EXP.CORP., 128 CAIHONG N. ROAD, NINGBO 327004, ZHEJIANG, PEOPLE'S REPUBLIC OF CHINA	合同号码	J83KD
通知行	STANDARD CHARTERED BANK, SHANGHAI	保兑行	—	议付行	ADVISING BANK ONLY

（续表）

<table>
<tr><td>信用证金额</td><td>US$ 11,785.00</td><td>增减幅度</td><td colspan="2">—</td><td>有效期</td><td>15-Jan-06</td><td>到期地</td><td colspan="2">IN CHINA</td></tr>
<tr><td>是否需要提交汇票</td><td>YES</td><td>汇票付款人</td><td colspan="2">STANDARD CHARTERED BANK, KUALA LUMPUR</td><td>汇票付款期限</td><td>AT SIGHT</td><td>汇票金额</td><td colspan="2">US$11,785.00</td></tr>
<tr><td>装运港</td><td>SHANGHAI</td><td>目的港</td><td colspan="2">KELANG, MALAYSIA</td><td>可否转运</td><td>YES</td><td>可否分批</td><td colspan="2">YES</td></tr>
<tr><td>装运期限</td><td>NOT LATER THAN 31DEC2005</td><td>运输标志</td><td colspan="4">GSG/J83KD/KELANG/C/NO. 1-UP</td><td>交单期</td><td colspan="2">15 DAYS AFTER THE DATE OF ISSUANCE OF TRANSPORT DOCUMENTS</td></tr>
<tr><td>货物描述</td><td colspan="9">2500 DOZ. "G. S. GILL" BRAND SHUTTLECOCKS CIF KELANG DETAILS AS PER CONTRACT NO. J83KD</td></tr>
<tr><td>单据名称</td><td>提交银行份数</td><td colspan="8">信用证项下单据条款的证明文句</td></tr>
<tr><td>发票</td><td>3</td><td colspan="8">SHOWING VALUE IN U. S. DOLLARS AND INDICATING THE CREDIT NO. AND CONTRACT NO.
(注明美元金额、信用证号码、合同号码)</td></tr>
<tr><td>装箱单</td><td>3</td><td colspan="8">SHOWING GROSS/NET WEIGHT AND MEASUREMENT OF EACH CARTON
(注明每个纸箱的毛重、净重和尺码)</td></tr>
<tr><td>提单</td><td>3份正本+1份副本</td><td>抬头</td><td>TO ORDER OF STANDARD CHARTERED BANK, KUALA LUMPUR</td><td>通知</td><td>APPLICANT</td><td>背书</td><td>—</td><td>证明文句</td><td>FREIGHT PREPAID</td></tr>
<tr><td>保单</td><td>2</td><td>加成</td><td>10%</td><td>险别</td><td>ICC (A) AND ICC WAR RISK CLAUSES</td><td>赔付规定</td><td>IN KUALA LUMPUR IN THE CURRENCY OF THE DRAFTS</td><td>证明文句</td><td>—</td></tr>
<tr><td>商会产地证</td><td>2</td><td colspan="8">—</td></tr>
<tr><td>From A</td><td>—</td><td colspan="8">—</td></tr>
<tr><td>商检证</td><td>—</td><td colspan="8">—</td></tr>
<tr><td>寄单证明</td><td>—</td><td colspan="8">—</td></tr>
<tr><td>其他证明</td><td>—</td><td colspan="8">—</td></tr>
<tr><td>—</td><td>—</td><td colspan="8">—</td></tr>
<tr><td>—</td><td>—</td><td colspan="8">—</td></tr>
<tr><td>—</td><td>—</td><td colspan="8">—</td></tr>
<tr><td colspan="2">所有单据必须注明的内容</td><td colspan="8">THE NO., DATE AND ISSUING BANK OF THE CREDIT</td></tr>
</table>

7.

序号	存 在 问 题	修 改
1	信用证为可撤销(revocable)	应改为不可撤销(irrevocable)
2	到期地点在申请人所在国(in the country of applicant)	应改为在受益人所在国(in the country of beneficiary)
3	信用证金额未考虑到按合同溢装	应改为 USD12,965.70
4	货物描述中 A 项货物的数量(2,766 pieces)有误	应改为 2,776 pieces
5	货物描述中的价格条款(CIF)错误	应改为 CFR
6	系 CFR 交易,受益人无需提交保单	应删去保险单据条款
7	附加条款中关于溢短装数量(5% more or less)与合同规定不符	应改为 10%
8	交单期为 5 天,过短	应改为 15 天
9	指示条款中有限制信用证生效的规定(This credit is non-operative unless the opening bank give further advise.)	应删除

8.

序号	存 在 问 题	应 改 为
1	到期日(Dec.31, 2005)过早	Jan.15, 2006
2	大写金额有误	U.S. Dollars Two Hundred and Twenty Two Thousand Seven Hundred and Sixty Eight Only
3	不允许转运	Transhipment: Allowed
4	汇票的付款期限(at 30 days' sight)有误	At sight
5	2/3 正本提单提交银行,1/3 正本提单直接寄给开证申请人,对受益人有很大风险	全套 3/3 正本提单提交银行,另寄 1 份 N/N 副本提单给开证申请人
6	保险加成(110 percent of the invoice value)有误	120 percent of the invoice value
7	要求提交客检证书(Inspection certificate issued by the applicant or his agent)	删除该条款,或改为由中国检验检疫局签发
8	最迟装运日(Dec.15, 2005)过早	Dec.31, 2005
9	所有银行费用均由受益人承担	All banking charges outside the country of issuing bank are for beneficiary's account.

9.

序号	存 在 问 题	应 改 为
1	开证申请人地址(42 SG KUDAT)有误	KADUT

（续表）

序号	存 在 问 题	应 改 为
2	受益人公司名称(Trading Company)有误	Imp. & Exp. Corporation
3	金额(USD139,100.00)有误	USD139,104.00 United States Dollar One Hundred Thirty Nine Thousand One Hundred and Four Only
4	提单抬头(To the order of Applicant)有误	To Order and Blank Endorsed
5	提单标注的运费条款(Freight To Collect)有误	Freight Prepaid
6	货物描述中的商品名称(Silk)有误	Silk Garments
7	货物描述中的销售合同号码(QICY04593)有误	QJCY04593

10.

(1) 汇票的付款期限(见票后 45 天付款)与成交约定(见票后 30 天付款)不符。

(2) 保险条款要求保险加成率为发票金额的 120%，与成交条件(发票金额的 110%)不符。

(3) 保险条款要求投保协会货物 B 险和战争险，与成交条件(一切险和战争险)不符，宜与客户确认可改为协会货物 A 险和协会战争险。

(4) 提单条款要求标注“运费到付”，但此笔系 CIF 交易，应由卖方支付运费，即标注“运费预付”。

(5) 货物描述中第三个货号(LA-4728)错误，应为 LA-4278。

(6) 不允许分批装运，这与成交条件不符。

(7) 指定由马士基承运，不得由中远等船公司承运，此要求在实际履行中可能会给受益人带来问题，应与客户协商确认。

(8) 汇票条款中的信用证号码(FETF-109243)错误，应为 109234。

11.

序号	存 在 问 题	修 改
1	信用证性质为可撤销(Revocable)	将 40A Form of DC 改为 Irrevocable
2	到期地点在国外(Dubai)	将 31D Expiry Date and Place 改为 20050409 in China
3	既规定不允许转运(Transshipment: Not allowed)，又规定必须从香港转运(For transportation to: Dubai via Hong Kong)，互相矛盾	将 43T Transshipment 改为 Allowed
4	发票条款中的信用证号码 ELC-TES-981520 错误	改为 ELC-TFS-981520
5	47A 附加条款的第四条规定开证行必须在货到目的地后方能付款，属于软条款性质，不利于受益人	删除
6	交单期仅为 5 天，过紧	将 48 Period for Presentation 改为… within 15 days after B/L on board date but within credit validity

12.

APPLICATION FOR IRREVOCABLE DOCUMENTARY CREDIT

TO: BANK OF CHINA **DATE:** Aug. 22, 2005

<table>
<tr><td colspan="2">Beneficiary (full name and address)
Teddy's International Trading Co., Ltd.
99 Magic Boulevard
New Jersey
U.S.A</td><td>L/C NO.

Contract No. TJY007</td></tr>
<tr><td colspan="2"></td><td>Date and place of expiry of the credit
Oct. 10, 2005 New Jersey, USA</td></tr>
<tr><td>Partial shipments
( ) allowed
(X) not allowed</td><td>Transshipment
(X) allowed
( ) not allowed</td><td>( ) Issue by airmail
( ) Issue with brief advice by teletransmission
( ) Issue by express delivery
(X) Issue by teletransmission (which shall be the operative instrument)</td></tr>
<tr><td colspan="2">Loading on board/dispatch/taking in charge at/from New Jersey
Not later than Sept.30, 2005
for transportation to Shanghai, China</td><td>Amount (both in figures and words) :
USD43,200.00
Say US Dollars Forty Three Thousand Two Hundred Only</td></tr>
<tr><td colspan="2">Description of goods:
36,000 pcs of Ornaments
USD 1.20/pc CIF Shanghai
12 pcs packed in one carton,
3,000 ctns in one 20'FCL</td><td>Credit available with
( ) by sight payment
( ) by acceptance (X) by negotiation
( ) by deferred payment at ________________ .
against the documents detailed herein
(X) and beneficiary's draft for _100_% of the invoice value
at ___sight___________ ,
on _Bank of China, Shanghai Branch___ .</td></tr>
<tr><td colspan="2"></td><td>( ) FOB ( ) CFR (X) CIF
( ) or other terms</td></tr>
</table>

Documents required: (marked with X)

1. (X) Signed Commercial Invoice in _3_ copies indicating invoice no. and contract no.
2. (X) Full set (3/3) of clean on board ocean Bills of Lading made out to order and blank endorsed, marked "freight ( ) to collect / (X) prepaid" ( ) showing freight amount and notifying __applicant____.
3. ( ) Air Waybills showing "freight ( ) to collect / ( ) prepaid" ( ) indicating freight amount and consigned to _________.
4. ( ) Memorandum issued by ________________ consigned to ___________ .
5. (X) Insurance Policy / Certificate in _3_ copies for _110_ % of the invoice value showing claims payable in China in currency of the draft, blank endorsed covering (X) Ocean Marine Transportation / ( ) Air Transportation / ( ) Over Land Transportation __ICC (A) and ICC Strike Clauses____ .
6. (X) Packing List / ~~Weight Memo~~ in _3_ copies indicating quantity, gross and net weights of each package and packing conditions as called for by the L/C.
7. ( ) Certificate of Quantity / Weight in _ copies issued by an independent surveyor at the loading port, indicating the actual surveyed quantity / weight of shipped goods as well as the packing condition.
8. ( ) Certificate of Quality in _copies issued by ( ) manufacturer / ( ) public recognized surveyor / ( ) __________ .
9. ( ) Beneficiary's certified copy of FAX dispatched to the accountee within __ days after shipment advising ( ) name of vessel / ( ) date, quantity, weight and value of shipment.
10. ( ) Beneficiary's Certificate certifying that extra copies of the documents have been dispatched according to the contract terms.
11. ( ) Shipping Co's Certificate attesting that the carrying vessel is chartered or booked by the accountee or their shipping agents.
12. (X) Other documents, if any:

a) Certificate of Origin in _2_copies issued by authorized institution.
b) Certificate of Health in___copies issued by authorized institution.

Additional instructions:

1. (X) All banking charges outside the opening bank are for beneficiary's account.
2. (X) Documents must be presented within _10_ days after the date of issuance of the transport documents but within the validity of this credit.
3. ( ) Third party as shipper is not acceptable. Short Form / Blank Back B/L is not acceptable.
4. ( ) Both quantity and amount ___% more or less are allowed.
5. ( ) Prepaid freight drawn in excess of L/C amount is acceptable against presentation of original charges voucher issued by Shipping Co. / Air line / or its agent.
6. ( ) All documents to be forwarded in one cover, unless otherwise stated above.
7. (X) Other terms, if any: Advising bank: Alliance Bank Inc, New Jersey Branch

Account No.: 05-15702145124
Transacted by: Jiu Yang Imp. & Exp. Co., Ltd. 黄永康
(Applicant: name, signature of authorized person)

13.

IRREVOCABLE DOCUMENTARY CREDIT APPLICATION

TO: BANK OF COMMUNICATIONS SHANGHAI BRANCH　　L/C No.　　Date: Jul.18, 2005

Applicant	Beneficiary (full name, address and tel etc.)
Anfu Imp. & Exp. Co., Ltd. C-719,World Trade Centre Office Building 122 Shuguang Road, Shanghai, China Tel: 0086-21-67631686　　Fax: 0086-21-67950611	Samsung Corporation Samsung-Plaza Building 263, Seohyeon-dong, Bundang-gu, Seongnam, Gyeonggi-do, Korea 463-721 TEL: 82-2-2145-2500　　FAX: 82-2-2145-2596
Partial shipments (X) allowed ( )not allowed Transhipment ( )allowed (X) not allowed	issued by (X) full cable ( )express delivery
Loading on board/dispatch/ taking in charge at/from Any Korean port Not later than　　Aug 10, 2005 For transportation to　　Shanghai, China	Contract No.:　SMST/24116 Credit Amount (both in figures and words): USD374,694.00 US DOLLARS THREE HUNDRED SEVENTY FOUR THOUSAND SIX HUNDRED AND NINETY FOUR ONLY. Trade Term: ( ) FOB (X) CFR ( ) CIF ( ) Others:
Description of goods: 204 MT of HDPE Grade No. 9004 198 MT of HDPE Grade No. 3234	Date and place of expiry: Aug. 30, 2005 in Korea Credit available with Aurora Lite Bank Co., Seoul Branch ( ) by sight payment ( ) by acceptance (X) by negotiation ( ) by deferred payment at against the documents detailed herein (X) and beneficiary's draft for 100 % of invoice value at 30 days' sight on Bank of Communications Shanghai Branch

Documents reauired: (marked with X)

1. (X) Signed commercial invoice in 3 copies indicating L/ C No. and Contract No. SMST/24116 ________.
2. (X) Full set of clean on board Bills of Lading made out [X]to order/[ ] to the order of ________ and blank endorsed, marked " freight [X] prepaid/ [ ] to collect" showing freight amount and notifying [X]the applicant/ [ ] ________.
3. ( ) Air Waybills showing "freight [ ]prepaid/ [ ] to collect" indicating freight amount and consigned to ________.
4. ( ) Insurance Policy / Certificate in ___ copies for ___% of the invoice value showing claims payable in China in currency of the draft, blank endorsed, covering ([ ] Ocean Marine Transportation / [ ] Air Transportation / [ ] Over Land Transportaion) ________.
5. (X) Packing list / ~~Weight Memo~~ in 3 copies indicating ________.
6. (X) Certificate of Quantity/ ~~Weight~~ in 3 copies issued by [X] manufacturer / [ ] Seller / [ ] independent surveyor at the loading port, indicationg the actual surveyed quantity / weight of shipped goods as well as the packing condition.
7. (X) Certificate of Quality in 3 copies issued by [X] manufacturer / [ ] public recognized surveyor / [ ] ________.
8. (X) Beneficiary's Certified copy of fax dispatched to the applicant within 1 days after shipment advising the contract number, name of commodity, quantity, invoice value, bill of lading number, bill of lading date, the ETA date and shipping Co.
9. ( ) Beneficiary's Certificate certifying that extra copies of the documents have been dispatched to the [ ] applicant/ [ ] ________.
10. (X) Certificate of Origin in 2 copies certifying Goods are made in Korea .
11. ( )Other documents, if any:

Additional instruction: (marked with X)

1. (X)All banking charges outside the opening bank are for beneficiary's account.
2. (X)Documents must be presented within 21 days after the date of issuance of the transport documents but within the validity of this credit.
3. ( ) Third party as shipper is not acceptable. Short Form / Blank Back B/L is not acceptable.
4. ( ) Both quantity and amount ___% more or less are allowed.
5. (X) All documents to be forwarded in one lot by express delivery unless otherwise stated above.
6. (X) Other terms, if any:　　Advising bank: Aurora Lite Bank Co., Seoul Branch

For banks use only	我公司承担本申请书背面所列责任及承诺，并保证按照办理。
Seal and / or Signature　checked by ( ) L/C Margin　%　checked by ( ) Credit Facility　checked by ( ) Ent ( ) Ver ( ) App ( ) Date:	（申请人名称及印鉴章） Anfu Imp. & Exp. Co., Ltd. RMB A/C No. 06-2593276094850423 USD or ( ) A/C No. 联系人:　　电话: 梅雨灵　　67631686

14.

不可撤销跟单信用证申请书

APPLICATION FOR IRREVOCABLE DOCUMENTARY CREDIT

TO:INDUSTRIAL AND COMMERCIAL BANK OF CHINA

Shanghai municipal Branch ____________________District Branch Date 2005.6.30

Please establish ( )by airmail ( )by brief cable (X)by full cable an Irrevocable (X)transferable Credit as per followings

Applicant : (Full name and detailed address) SHANGHAI JINKE IMPORT & EXPORT CORP. 15/F., SHANGHAI BUND TOWER, 399 HUANGPU ROAD, SHANGHAI 200080, CHINA	**IRREVOCABLE DOCUMENTARY CREDIT No.** Valid in U.S.A until Sept. 30, 2005 Advising Bank: (Left for bank to fill) FAR EAST NATIONAL BANK CORPORATE HEADQUARTERS 350S. GRAND AVENUE, LOS ANGELES, CA90071 SWIFT: FENBUS6L TEL:(213)687-1200 FAX:(213)687-8511
Beneficiary: (full name and detailed address) GLAMOUR INTERNATIONAL CORP. 60 MARKET SQUARE, PO BOX 364 NEW YORK USA	Amount (In figures and words) USD30,000.00 SAY US DOLLARS THIRTY THOUSAND ONLY Price term: CFR SHANGHAI

Credit available with (X) ANY BANK ( ) ____________________

by (X) NEGOTIATION ( ) ACCEPTANCE ( ) SIGHT PAYMENT ( ) DEFERRED PAYMENT at ________

against the documents detailed herein (X) and beneficiary's draft(s) for 100 % invoice value

at ************** sight drawn on us.

Documents required: (marked with x)

(X)Signed Commercial Invoice in 3 copies indicating L/C No. and Contract No. JKG001 .

(X)Full set of clean on board ocean Bills of Lading made out to order of shipper ~~and blank endorsed~~ marked " freight prepaid "

(X) showing freight amount notifying ( ) China National Foreign Trade Transportation Corp. at destination (X)Applicant.

( ) Air Waybills showing "freight ( ) to collect ( ) prepaid "( ) indicating freight amount and consigned to ( ) Applicang ( ) Issuing Bank ( ) ________________ .

( ) Forwarding agent's Cargo Receipt ____________________ .

( ) Insurance Policy / Certificate in ____ for ___ % of the invoice value showing claims payable in China in currency of the draft. blank endorsed, covering [( ) Ocean Marine Transportation ( ) Air Transportation ( ) Over Land Transportation] All Risks, War Risks, including ________________ as per ____________________ Clauses.

(X) Packing List / ~~Weight Memo~~ in 2 copies indicating quantity / gross weight of each package and packing conditions as called for by the L/C.

( ) Certificate of Quantity / Weight in ____ copies.

( ) Certificate of Quality in ____ copies issued by ( ) Beneficiary ( ) public recognized surveyor ( ) manufacturer.

(X) Beneficiary's certified copy of Fax / Telex advising applicant within 12 hours after shipment indicating (X) name of vessel (X) B/L No. ( ) flight No. ( ) wagon No. (X) Shipping date (X) contract No. (X) L/C No., commodity, quantity, weight and value of shipment.

(X)

10% MORE OR LESS OF QUANTITY AND AMOUNT ARE ALLOWED.

BILL OF LADINGS ARE TO BE ENDORSED TO ORDER OF ISSUING BANK.

Evidencing Shipment of:

IPE LUMBER, K/D, S4S

SIZE: 20x130x600-900mm

Packing:

Manufacturer:

Shipping Marks:

Documents to be presented within 15 days after the date of issuance of the transport document(s) but within the validity of the credit.

Shipment from NEW YORK to SHANGHAI, CHINA not later than Sept. 15, 2005	Partial shipments (X) allowed ( )not allowed	Transhipment (X) allowed ( ) not allowed

( ) Documents issued earlier than L/C issuing date are not acceptable.

(X) All banking charges except issuing charge and acceptance commission if any are for account of beneficiary.

For banks use only Seal and / or Signature checked by ( ) L/C Margin % checked by ( ) Credit Facility checked by ( ) Ent ( ) Ver ( ) App ( ) Date:	我公司承担本申请书背面所列责任及承诺，并保证按照办理。 SHANGHAI JINKE IMPORT & EXPORT CORP. （申请人名称及印鉴章） RMB A/C No. 05-247593478590218409213 5 USD or ( ) A/C No. 联系人: 赵笑灵 电话: 68675329

第五章　单据缮制与审核

1.

提交单据清单

名称	汇票	发票	装箱单	重量单	尺码单
份数	1式2联	1正4副	1份		
名称	船公司证明	航程证明	受益人证明	寄单证明	装船通知
份数	1份	1份			
名称	海运提单	空运提单	产地证	商会产地证	普惠制产地证
份数	全套3份正本			1份	
名称	商检证	官方商检证	商会商检证	保险单	投保通知
份数					

BILL OF EXCHANGE

No. FP051120

For US$45,850.00 (amount in figure)　　　　SHANGHAI 25-DEC-2005 (place and date of issue)

At *********** sight of this FIRST Bill of exchange(SECOND being unpaid)

pay to the Order of BANK OF CHINA, SHANGHAI

the Sum of SAY U.S. DOLLARS FORTY FIVE THOUSAND EIGHT HUNDRED AND FIFTY ONLY (amount in words)

Value received for 55 CARTONS (quantity) of ALARM LCD CLOCK WITH CALENDAR (name of commodity)

Drawn under QATAR NATIONAL BANK

L/C No. ILC/2005/00739　　Dated 06-NOV-2005

To: QATAR NATIONAL BANK
FOREIGN TRADE DEPARTMENT
P.O. BOX 1002, DOHA, QATAR

For and on behalf of
SHANGHAI HUI YUAN TRADE CO., LTD.
袁灵
(Authorized Signature)

COMMERCIAL INVOICE

1) SELLER **SHANGHAI HUI YUAN TRADE CO., LTD.** **1660 DA DU HE ROAD, 200333 SHANGHAI** **CHINA**	3) INVOICE NO. **FP051120**	4) INVOICE DATE **NOV. 30, 2005**
	5) L/C NO. **ILC/2005/00739**	6) DATE **NOV. 6, 2005**
	7) ISSUED BY **QATAR NATIONAL BANK**	
2) BUYER **TAMIM AI MARRI** **PO BOX 23334** **DOHA, QATAR**	8) CONTRACT NO. **GYMJ05Q021-05**	9) DATE **OCT. 28, 2005**
	10) FROM **SHANGHAI**	11) TO **DOHA**
	12) SHIPPED BY **CHANGHE　V.38**	13)PRICE TERM **CFR DOHA**

14)MARKS	15)DESCRIPTION OF GOODS	16)QTY.	17)UNIT PRICE	18)AMOUNT
	ALARM LCD CLOCK WITH CALENDAR **PANDA BRAND**		**CFR DOHA**	
TAMIM	**CC4553**	**1800 PCS**	**US$8.40**	**US$15,120.00**
TAM3478	**CC5435**	**1500 PCS**	**US$8.90**	**US$13,350.00**
DOHA	**CC6764**	**2200 PCS**	**US$7.90**	**US$17,380.00**
C/NO.1-55				
	Total:	**5500 PCS**		**US$45,850.00**

ORIGIN OF GOODS:
P.R.CHINA
TOTAL VALUE IN WORDS:
SAY U.S. DOLLARS FORTY FIVE THOUSAND EIGHT HUNDRED AND FIFTY ONLY.

WE HEREBY CERTIFY THAT THE VALUE AND ORIGIN OF GOODS ARE TRUE AND CORRECT.

WE HEREBY CERTIFY THAT GOODS SHIPPED ARE STRICTLY AS PER ORDER TAM 3478 DATED 26/10/2005 OF M/S. MAMOON IMPORT & EXPORT CO., DOHA, AND BENEFICIARY'S S/C NO. GYMJ05Q021-05 DATED 28/10/2005.

WE HEREBY CERTIFY THAT EACH PC. IS INSERTED IN POLYBAG AND PANDA BRAND HAS BEEN MARKED ON EACH PC.

WE HEREBY CERTIFY THE PACKING AS 100 PCS PER STRONG SEA WORTHY CARTON.

19) ISSUED BY
SHANGHAI HUI YUAN TRADE CO., LTD.

20) SIGNATURE
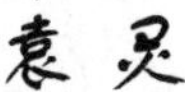

PACKING LIST

<table>
<tr><td rowspan="3">1) SELLER
SHANGHAI HUI YUAN TRADE CO., LTD.
1660 DA DU HE ROAD, 200333 SHANGHAI
CHINA</td><td>3) INVOICE NO.
FP051120</td><td>4) INVOICE DATE
NOV. 30, 2005</td></tr>
<tr><td>5) FROM
SHANGHAI</td><td>6) TO
DOHA</td></tr>
<tr><td colspan="2">7) TOTAL PACKAGES(IN WORDS)
SAY FIFTY FIVE CARTONS ONLY</td></tr>
<tr><td>2) BUYER
TAMIM AI MARRI
PO BOX 23334
DOHA, QATAR</td><td colspan="2">8) MARKS & NOS.
TAMIM
TAM3478
DOHA
C/NO.1-55</td></tr>
</table>

9) C/NOS.	10) NOS. & KINDS OF PKGS.	11) ITEM	12)QTY.	13) G.W.	14) N.W.	15) MEAS
		ALARM LCD CLOCK WITH CALENDAR				
1-18	18 CTNS	CC4553	1800 PCS	189.0kg	122.4kg	0.853 M^3
19-33	15 CTNS	CC5435	1500 PCS	157.5kg	102.0kg	0.711 M^3
34-55	22 CTNS	CC6764	2200 PCS	231.0kg	149.6kg	1.043 M^3
TOTAL:	55 CTNS		5500 PCS	577.5kg	374.0kg	2.607 M^3

16) ISSUED BY
SHANGHAI HUI YUAN TRADE CO., LTD.

17) SIGNATURE

1)SHIPPER SHANGHAI HUI YUAN TRADE CO., LTD. 1660 DA DU HE ROAD, 200333 SHANGHAI CHINA	10)B/L NO. TD207583 *CARRIER*
2)CONSIGNEE TO ORDER OF QATAR NATIONAL BANK	COSCO
3)NOTIFY PARTY TAMIM AI MARRI PO BOX 23334 DOHA, QATAR	中国远洋运输（集团）总公司 CHINA OCEAN SHIPPING (GROUP) CO.

4)PLACE OF RECEIPT	5)OCEAN VESSEL CHANGHE	*ORIGINAL*
6)VOYAGE NO. V.38	7)PORT OF LOADING SHANGHAI	
8)PORT OF DISCHARGE DOHA	9)PLACE OF DELIVERY	Combined Transport BILL OF LADING

11)MARKS	12) NOS. & KINDS OF PKGS.	13)DESCRIPTION OF GOODS	14) G.W.(kg)	15) MEAS(m^3)
TAMIM TAM3478 DOHA C/NO.1-55	55 CTNS	ALARM LCD CLOCK WITH CALENDAR FREIGHT PREPAID	577.5kg	2.607 M^3

16)TOTAL NUMBER OF CONTAINERS OR PACKAGES(IN WORDS)　SAY FIFTY FIVE CARTONS ONLY

FREIGHT & CHARGES	REVENUE TONS	RATE	PER	PREPAID	COLLECT

PREPAID AT	PAYABLE AT	17)PLACE AND DATE OF ISSUE SHANGHAI DEC. 20, 2005
TOTAL PREPAID	18)NUMBER OF ORIGINAL B(S)L THREE	21) 上海中远集装箱船务代理有限公司 COSCO SHANGHAI CONTAINER SHIPPING AGENCY CO. LTD. AS AGENT for the Carrier, China Ocean Shipping (Group) Co.

LOADING ON BOARD THE VESSEL

19)DATE DEC. 20, 2005	20)BY 上海中远集装箱船务代理有限公司 COSCO SHANGHAI CONTAINER SHIPPING AGENCY CO. LTD. AS AGENT for the Carrier, China Ocean Shipping (Group) Co.

ORIGINAL

1. Exporter
Shanghai Hui Yuan Trade Co., Ltd.
1660 Da Du He Road, 200333 Shanghai
China

Certificate No. 050987223

CERTIFICATE OF ORIGIN

OF

THE PEOPLE'S REPUBLIC OF CHINA

2. Consignee
Tamim Al Marri
PO Box 23334
Doha, Qatar

3. Means of transport and route
From Shanghai To Doha
By Sea

4. Country/region of destination
Qatar

5. For certifying authority use only

6. Marks and Numbers	7. Number and kind of packages; description of goods	8. H.S. Code	9. Quantity	10. Number and date of invoices
TAMIM TAM3478 DOHA NO. 1-55	Alarm LCD Clock With Calendar Panda Brand Fifty Five (55) Cartons Only ************************************	91051100	5500 pcs	FP051120 Nov. 30, 2005

11. Declaration by the exporter

The undersigned hereby declares that the above details and statements are correct; that all the goods were produced in China and that they comply with the Rules of Origin of the People's Republic of China.

Shanghai Hui Yuan Trade Co., Ltd.

袁灵

Shanghai　　Dec. 10, 2005

Place and date. signature and stamp of authorized signatory

12. Certification

It is hereby certified that the declaration by the exporter is correct.

中国国际贸易促进委员会
单据证明专用章
(沪)
CHINA COUNCIL FOR THE PROMOTION
OF INTERNATIONAL TRADE
(SHANGHAI)

李远达

Shanghai　　Dec. 10, 2005

Place and date. signature and stamp of certifying authority

CERTIFICATE

TO WHOM IT MAY CONCERN　　　　　　　　　　　　　　DATE: DEC. 20, 2005

WE HEREBY CERTIFY THAT THE CARRYING VESSEL AS BELOW WILL NOT PASS BY ANY ISRAELI PORT THROUGH ITS PRENSENT VOYAGE AND THAT IT IS PERMITTED TO ENTER ARAB PORTS.

NAME OF THE CARRYING VESSEL:　CHANGHE　V. 38
FLAG:　P. R. C. NATIONAL FLAG
NATIONALITY:　CHINESE
L/C RELATED:　LETTER OF CREDIT NO. ILC/2005/00739
ISSUED BY THE QATAR NATIONAL BANK
DATED NOV. 6, 2005

ISSUED BY:

上海中远集装箱船务代理有限公司
COSCO SHANGHAI CONTAINER SHIPPING AGENCY CO. LTD.

AS AGENT
for the Carrier, China Ocean Shipping (Group) Co.

CERTIFICATE

TO WHOM IT MAY CONCERN　　　　　　　　　　　　　　DATE: DEC. 20, 2005

WE HEREBY CERTIFY THAT THE CARRYING VESSEL AS BELOW IS A CONFERENCE LINE VESSEL.

CARRYING VESSEL:　CHANGHE　V. 38
L/C RELATED:　LETTER OF CREDIT NO. ILC/2005/00739
ISSUED BY THE QATAR NATIONAL BANK
DATED NOV. 6, 2005

ISSUED BY:

上海中远集装箱船务代理有限公司
COSCO SHANGHAI CONTAINER SHIPPING AGENCY CO. LTD.

AS AGENT
for the Carrier, China Ocean Shipping (Group) Co.

2.

提交单据清单

名称	汇票	发票	装箱单	重量单	尺码单
份数	1 式 2 联	1 正 2 副	1 正 1 副		
名称	船公司证明	航程证明	受益人证明	寄单证明	装船通知
份数				1	
名称	海运提单	空运提单	产地证	商会产地证	普惠制产地证
份数	3				1
名称	商检证	官方商检证	商会商检证	保险单	投保通知
份数				2	

BILL OF EXCHANGE

No. HMINV2585

For US$74,380.00
(amount in figure)

SHANGHAI 9 SEP 2005
(place and date of issue)

At 60 DAYS AFTER sight of this FIRST Bill of exchange(SECOND being unpaid)

pay to the Order of HSBC BANK PLC, SHANGHAI OFFICE

the Sum of SAY U.S. DOLLARS SEVENTY FOUR THOUSAND THREE HUNDRED AND EIGHTY ONLY
(amount in words)

Value received for 780 CARTONS of STAINLESS STEELWARE
(quantity) (name of commodity)

Drawn under HSBC BANK PLC (SWIFT ADDRESS: MIDLGB22)

L/C No. TR-MHLC01 dated 11 JUL 2005

To: HSBC BANK PLC
(SWIFT ADDRESS: MIDLGB22)

For and on behalf of
SHANGHAI HUAMEI LIGHT INDUSTRIAL PRODUCTS
I. & E. COMPANY

全亦文
(Authorized Signature)

Shanghai Huamei Light Industrial Products I.& E. Company

No. 210 Beijing East Rd, Shanghai 200221, P.R.China

COMMERCIAL INVOICE

To: MTY (UK) LIMITED
566, BOROUGH HIGH STREET,
LONDON, SE1 1HR, UNITED KINGDOM
TEL: +44 207 407 4035
FAX: +44 207 407 4080

Invoice Date: 5 AUG 2005
Invoice No.: HMINV2585
Contract No.: HMSC2005321
Contract Date: 21 MAR 2005

Shipping Marks	Quantity and Descriptions			Amount	
	CHEER BRAND STAINLESS STEELWARE ASSORTED ITEMS AS PER SC NO. HMSC2005321 OF 21MAR2005				
				CIF FELEXSTOWE	
MTY	ART. NO.	S4950	4600 PCS	@US$6.50	US$29900.00
HMSC2005321	ART. NO.	S4728	2400 PCS	@US$5.20	US$12480.00
FELEXSTOWE	ART. NO.	S4101	2500 PCS	@US$12.80	US$32000.00
C/NO.1-780					
		Total:	9500 PCS		US$74380.00

Total Amount in Words:
SAY US DOLLAR SEVENTY FOUR THOUSAND THREE HUNDRED AND EIGHTY ONLY

L/C NO. TR-MHLC01 OF 11 JULY 2005 ISSUED BY HSBC BANK PLC

F.O.B. VALUE: USD72324.00
FREIGHT CHARGES: USD1400.00
INSURANCE PREMIUM: USD656.00

SHANGHAI HUAMEI LIGHT INDUSTRIAL PRODUCTS I. & E. COMPANY

全亦文

Shanghai Huamei Light Industrial Products I.& E. Company

No. 210 Beijing East Rd, Shanghai 200221, P.R.China

PACKING LIST

To: MTY (UK) LIMITED
566, BOROUGH HIGH STREET,
LONDON, SE1 1HR, UNITED KINGDOM
TEL: +44 207 407 4035
FAX: +44 207 407 4080

Invoice Date: 5 AUG 2005
Invoice No.: HMINV2585

Contract No.: HMSC2005321
Contract Date: 21 MAR 2005

Shipping Marks: MTY
HMSC2005321
FELEXSTOWE
C/NO.1-780

Package No.	Packages	Item	Quantity	Gross Weight	Net Weight	Measurements
	CHEER BRAND STAINLESS STEELWARE ASSORTED ITEMS					
C/NO. 1-230	230 CTNS	S4950	4600 PCS	5750 KGS	5290 KGS	5.175 M^3
C/NO. 231-530	300 CTNS	S4728	2400 PCS	5400 KGS	4800 KGS	7.500 M^3
C/NO. 531-780	250 CTNS	S4101	2500 PCS	3750 KGS	3250 KGS	10.875 M^3
Total:	780 CTNS		9500 PCS	14900 KGS	13340 KGS	23.550 M^3

Total Packages in Words:
SAY SEVEN HUNDRED AND EIGHTY CARTONS ONLY

SHANGHAI HUAMEI LIGHT INDUSTRIAL PRODUCTS I. & E. COMPANY

全亦文

1. Shipper SHANGHAI HUAMEI LIGHT INDUSTRIAL PRODUCTS I. & E. COMPANY NO. 210 BEIJING EAST RD SHANGHAI 200221, P.R. CHINA		 B/L No. TD359790 中外运集装箱运输有限公司 SINOTRANS CONTAINER LINES CO., LTD BILL OF LADING For Combined Transport Shipment or Port to Port Shipment		
2. Consignee (Non-negotiable Unless Consigned to Order) TO SHIPPERS ORDER				
3. Notify Party (Carrier not to be Responsible for Failure to Notify) MTY (UK) LIMITED 566, BOROUGH HIGH STREET, LONDON, SE1 1HR, UNITED KINGDOM TEL: +44 207 407 4035 FAX: +44 207 407 4080		RECEIVED by the Carrier from the Shipper in apparent good order and condition unless otherwise indicated herein, the Goods, or the container(s) or package(s) said to contain the cargo herein mentioned, to be carried subject to all the term(s) and conditions provided for on the face and back of this Bill of Lading by the Vessel named herein or any substitute at the Carrier's option and/or other means of transport, from the place of receipt or the port of loading to the port of discharge or the place of delivery shown herein and there to be delivered to Consignee or on-carrier on payment of all charges due. In accepting this Bill of Lading the Merchant hereby expressly accept and agree to all printed, written or stamped provisions, exceptions and conditions of this Bill of Lading, including those on the hereof. IN WINESS whereof the number of original Bills of Lading stated below have been signed, one of which being accomplished, the other(s) to be void. ORIGINAL		
4. Pre-Carriage by*	5. Place of Receipt*			
6. Vessel & Voyage. No. ANGLAIS V.296	7. Port of Loading SHANGHAI			
8. Port of Discharge FELEXSTOWE	9. Place of Delivery*			
10. Point and Country of Origin	Forwarding Agent References	Service Contract No.	Document No.	Export References

PARICULARS FURNISHED BY SHIPPER

11. Marks & Nos.Container/Seal No.	No. of Packages or Containers	Description of Contens for Shipper's Use only (not part of this B/L contract) Description of Goods	Gross Weight(Kgs)	Measurement(Cbm)
MTY HMSC2005321 FELEXSTOWE C/NO.1-780	780 CTNS	STAINLESS STEELWARE	14900.000	23.550
TENU4719468 /51384		FREIGHT PREPAID SHIPPER'S LOAD, COUNT AND SEAL CY / CY		

12. Total Number of Packages or Containers (in words)	SAY ONE TWENTY FEET CONTAINER ONLY		
13. Freight & Charges Optional Declared value for Increased Freight Charges to Avoid Packages Limitation US$		19. No. of Original B(s)/L THREE 20. Place and Dated of Issue SHANGHAI 23 AUG 2005	Regarding Transhipment Information Please Contact
14. Prepaid/Collect	15. Prepaid at	16. Payable at	21. Signed for the Carrier, Sinotrans Container Lines Co., Ltd. CHINA MARINE SHIPPING AGENCY SHANGHAI COMPANY LTD.(A8) 何彬 AS AGENT(S) FOR THE CARRIER NAMED ABOVE
17. Total Prepaid ON BOARD	18. Laden on board the Vessel 23 AUG 2005		

(Stamp: CHINA MARINE SHIPPING AGENCY SHANGHAI CO. LTD. (A8) SHANGHAI) 何彬

* Applicable Only When Document Used as a Combined Transport B/L
Sinotrans Standred Form SNL0101

提单背面：

SHANGHAI HUAMEI LIGHT INDUSTRIAL
PRODUCTS I. & E. COMPANY
全亦文

货 物 运 输 保 险 单
CARGO TRANSPORTATION INSURANCE POLICY

总公司设于北京 Head Office Beijing　　一九四九年创立 Established in 1949

发票号 (INVOICE NO.) **HMINV2585**　　保单号次 POLICY NO. **ICC610426057**
合同号 (CONTRACT NO.)
信用证号 (L/C NO.)
被保险人 INSURED **SHANGHAI HUAMEI LIGHT INDUSTRIAL PRODUCTS I. & E. COMPANY**

中国人民财产保险股份有限公司（以下简称本公司）根据被保险人的要求，由被保险人向本公司缴付约定的保险费，按照本保单承保险别和背面所载条款与下列特款承保下述货物运输保险，特立本保险单。
THIS POLICY OF INSURANCE WITNESSES THAT PICC PROPERTY AND CASUALTY COMPANY LIMITED (HEREINAFTER CALLED "THE COMPANY") AT THE REQUEST OF THE INSURED AND IN CONSIDERATION OF THE AGREED PREMIUM PAID TO THE COMPANY BY THE INSURED, UNDERTAKES TO INSURE THE UNDERMENTIONED GOODS IN TRANSPORTATION SUBJECT TO THE CONDITIONS OF THIS POLICY AS PER THE CLAUSES PRINTED OVERLEAF AND OTHER SPECIAL CLAUSES ATTACHED HEREON.

标　记 MARKS & NOS	包装及数量 QUANTITY	保险货物项目 DESCRIPTION OF GOODS	保险金额 AMOUNT INSURED
AS PER INVOICE NO. HMINV2585 of 5 AUG 2005	**780 CTNS**	**CHEER BRAND STAINLESS STEELWARE**	**USD81,818.00**

ORIGINAL

总保险金额: TOTAL AMOUNT INSURED **SAY US DOLLARS EIGHTY ONE THOUSAND EIGHT HUNDRED AND EIGHTEEN ONLY**
保费: PREMIUM **AS ARRANGED**　启运日期: DATE OF COMMENCEMENT **AS PER B/L**　装载运输工具: PER CONVEYANCE **ANGLAIS V.296**
自 FROM **SHANGHAI, CHINA**　经 VIA ____　至 TO **FELEXSTOWE, U.K.**
承保险别: CONDITIONS

COVERING INSTITUTE CARGO CLAUSES (A) DATED 1/1/1982.

所保货物，如发生保险单项下可能引起索赔的损失或损坏，应立即通知本公司下述代理人查勘。如有索赔，应向本公司提交保单正本（本保单共有 叁 份正本）及有关文件。如一份正本已用于索赔，其余正本自动失效。
IN THE EVENT OF LOSS OR DAMAGE WHICH MAY RESULT IN A CLAIM UNDER THIS POLICY, IMMEDIATE NOTICE MUST BE GIVEN TO THE COMPANY'S AGENT AS MENTIONED HEREUNDER. CLAIMS, IF ANY, ONE OF THE ORGINAL POLICY WHICH HAS BEEN ISSUED IN **3** ORIGINAL(S) TOGETHER WITH THE RELEVENT DOCUMENTS SHALL BE SURRENDERED TO THE COMPANY. IF ONE OF THE ORIGINAL POLICY HAS BEEN ACCOMPLISHED, THE OTHERS TO BE VOID.

INSURECARGO INSURANCE SERVICES, INC.
67 MARK LANE, LONDON
EC3R 4NE, U.K.
TEL: 0044-207-204-4500
FAX: 0044-207-204-5577

中国人民财产保险股份有限公司 上海市分公司
PICC Property and Casualty Company Limited, Shanghai Branch

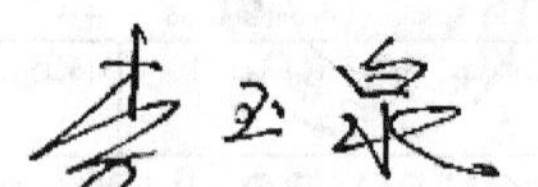

赔款偿付地点 CLAIM PAYABLE AT/IN **U.K. IN USD**

出单日期 ISSUING DATE **20 AUG 2005**

GENERAL MANAGER

地址：中国上海中山南路700号
ADD: 700 ZHONGSHAN ROAD（S）SHANGHAI CHINA
邮编（POST CODE）：200010
经办：冯可　复核：林晓平
Settling & Customer Service Centre: (理赔/客户服务中心) 86 21 63674274

保单顺序号 PICC **0190265**

保单背面:

SHANGHAI HUAMEI LIGHT INDUSTRIAL PRODUCTS I. & E. COMPANY

全亦文

ORIGINAL

1. Goods consigned from (Exporter's business name, address country) **SHANGHAI HUAMEI LIGHT INDUSTRIAL PRODUCTS I. & E. COMPANY NO. 210 BEIJING EAST RD SHANGHAI 200221, P.R. CHINA**	Reference No. **050894735** **GENERALIZED SYSTEM OF PREFERENCES** **CERTIFICATE OF ORIGIN** **(Combined declaration and certificate)** **FORM A** **Issued in** THE PEOPLE'S REPUBLIC OF CHINA **(country)** See Notes overleaf
2. Goods consigned to (Consignee's name, address, country) **MTY (UK) LIMITED 566, BOROUGH HIGH STREET, LONDON, SE1 1HR, UNITED KINGDOM TEL: +44 207 407 4035 FAX: +44 207 407 4080**	
3. Means of transport and route (as far as known) **FROM SHANGHAI, CHINA TO FELIXSTOWE, UK BY SEA**	4. For official use

5. Item number	6. Marks and numbers of packages	7. Number and kind of packages; description of goods	8. Origin criterion (See Notes overleaf)	9. Gross weight or other quantity	10. Number and date of invoices
1	**MTY HMSC2005321 FELEXSTOWE C/NO.1-780**	**CHEER BRAND STAINLESS STEELWARE 780 (SEVEN HUNDRED AND EIGHTY) CARTONS ONLY** **	**"P"**	**14900KGS**	**Invoice No.: HMINV2585 Date: 5 AUG 2005**

11. Certification It is hereby certified, on the basis of control carried out, that the declaration by the exporter is correct. SHANGHAI ENTRY-EXIT INSPECTION AND QUARANTINE BUREAU 中华人民共和国 上海 出入境检验检疫局 THE PEOPLE'S REPLIC OF CHINA **SHANGHAI 20 AUG, 2005** Place and date. signature and stamp of certifying authority	12. Declaration by the exporter The undersigned hereby declares that the above details and statements are correct; that all the goods were produced in **CHINA** (country) and that they comply with the origin requirements specified for those goods in the Generalized System of Preferences for goods exported to **UNITED KINGDOM** (importing country) **SHANGHAI HUAMEI LIGHT INDUSTRIAL PRODUCTS I. & E. COMPANY SHANGHA 20 AUG, 2005** 全亦文 Place and date, signature of authorized signatory

Shanghai Huamei Light Industrial Products I.& E. Company

No. 210 Beijing East Rd, Shanghai 200221, P.R.China

CERTIFICATE

L/C No.: TR-MHLC01　　　　Invoice Date: 5 AUG 2005
L/C Date: 11 JUL 2005　　　　Invoice No.: HMINV2585
L/C Issuing Bank: HSBC Bank PLC

TO WHOM IT MAY CONCERN

WE HEREBY CERTIFY THAT ONE SET OF COPIES OF SHIPPING DOCUMENTS HAS BEEN SENT TO THE APPLICANT HEREUNDER WITHIN 7 DAYS AFTER SHIPMENT.

APPLICANT: MTY (UK) LIMITED
566, BOROUGH HIGH STREET,
LONDON, SE1 1HR, UNITED KINGDOM
TEL: +44 207 407 4035
FAX: +44 207 407 4080

SHANGHAI HUAMEI LIGHT INDUSTRIAL
PRODUCTS I. & E. COMPANY

全亦文

3.

审 单 记 录 表

	不符点：	应改为：
汇票	1. 出票日晚于信用证规定的最迟交单日	2005 年 11 月 27 日之前
	2. 货物数量错误	4840 PCS
	3. 付款人错误	HONGKONG BANK MALAYSIA BERHAD, PENANG BRANCH
	4. 缺少授权签字人的签名	补签
商业发票	1. 合同号码错误	TSESC2005910
	2. 价格条款错误	CIFC5 PENANG
	3. 总毛重错误	2440 KGS
	4. 运输标志第二行信息错误	TSESC2005910
	5. 运输标志未列明实际总包装件数	C/NO. 1-230
装箱单	1. SELLER 地址有误	NO. 47, ZIZHONG ROAD

（续表）

	不符点：	应改为：	
	2. 箱号错误	1-60；61-110；111-170；171-190；191-230	
	3. 第4个货号的包装件数错误	20 CTNS	
	4. 未按信用证要求显示每个包装的毛重、净重及体积	Each Package	G.W./N.W./Meas. (kg) (kg) (m^3)
		SM-1361 350 ML	8.0/7.0/0.032
		SM-1281 500 ML	9.0/8.0/0.040
		SM-1281 750 ML	14.5/12.5/0.058
		TM-2021 420 ML	13.0/11.0/0.046
		TM-2042 260 ML	9.5/8.0/0.030
	5. 未按信用证要求显示L/C号码、日期和开证行名称	L/C NO.: DC PGM050930 DATE: 30-SEP-05 ISSUING BANK: HONGKONG BANK MALAYSIA BERHAD, PENANG BRANCH	
产地证	1. 收货人名称有误	HUP WAT SDN BHD	
	2. 目的地所在国错误	MALAYSIA	
	3. 货物描述有误	VACUUM FLASK	
保险单	1. 标记栏引用的发票号码错误	TSEINV20051025	
	2. 赔付货币与信用证规定不符	IN USD	
	3. 保单日期晚于提单日	应在2005年11月12日之前	
	4. 未按信用证要求空白背书	SHANGHAI TAISUO TRADING COMPANY 张青	
提单	1. 抬头不符合信用证规定	TO ORDER	
	2. 被通知人不符合信用证规定	应为开证申请人	
	3. 货物总体积错误	9.520 M^3	
	4. 缺少运费条款	FREIGHT PREPAID	
	5. 未按信用证要求证明货物由集装箱运输	WE HEREBY CERTIFY THAT SHIPMENT IS EFFECTED BY CONTAINER.	

4.

审 单 记 录 表

	不符点	修改意见
提单	1. 被通知人未与信用证严格相符	APSM LIMITED, TEL 64 9 479 8995 AUCKLAND, NEW ZEALAND
	2. 卸货港错误	AUCKLAND
	3. 货物总毛重错误	16010.50 KGS
	4. 货物总尺码错误	51.404 M^3
	5. 运费条款与信用证规定不符	FREIGHT COLLECT
	6. 提单正本份数不符合信用证规定	THREE (3)
	7. 提单背书不符合信用证规定	应作空白背书： SHANGHAI TIAN HUA INTERNATIONAL TRADING CO.

（续表）

	不符点：	修改意见
		许练
产地证	1. 收货人填写错误	APSM LIMITED, 3/ 25 PANNILL PLACE, BROWNS BAY 1311, AUCKLAND, NEW ZEALAND
	2. 税则号错误	6114.2000
	3. 发票日期错误	4-AUG-05
	4. 发证机构未注明签署地点和日期	SHANGHAI, 18-SEP-05

COMMERCIAL INVOICE

1) SELLER	3) INVOICE NO.	4) INVOICE DATE
SHANGHAI TIAN HUA INTERNATIONAL TRADING CO. 11/F, WEN XIN PLAZA NO.755 WEI HAI ROAD, SHANGHAI 200041, P.R.CHINA	SHTH0507	4-Aug-05
	5) L/C NO. DPCXCH020359	6) DATE 25-Jul-05
	7) ISSUED BY HSBC, CHRISTCHURCH, NEW ZEALAND	
2) BUYER APSM LIMITED 3/ 25 PANNILL PLACE, BROWNS BAY 1311 AUCKLAND NEW ZEALAND	8) CONTRACT NO. SH-LBH4716	9) DATE 10-Jul-05
	10) FROM SHANGHAI, CHINA	11) TO AUCKLAND, NEW ZEALAND
	12) SHIPPED BY LIN HUI V.34	13) PRICE TERM FOB SHANGHAI

14) MARKS	15) DESCRIPTION OF GOODS	16) QTY.	17) UNIT PRICE	18) AMOUNT
	COTTON YARN CROCHETED VEST AS PER PURCHASE ORDER 47032		FOB SHANGHAI	
APSM	YGLX037	10000PCS	US$0.58	US$5,800.00
P/O 47032	YGL032	15500PCS	US$0.57	US$8,835.00
AUCKLAND	YGS034	24000PCS	US$0.53	US$12,720.00
C/NO. 1- 555	YGM054	11000PCS	US$0.56	US$6,160.00
	TOTAL:	60500PCS		US$33,515.00

TOTAL VALUE IN WORDS:
SAY U.S. DOLLARS THIRTY THREE THOUSAND FIVE HUNDRED AND FIFTEEN ONLY

WE HEREBY STATE THAT THE DETAILS OF CONTENT ARE TRUE.

19) ISSUED BY
SHANGHAI TIAN HUA INTERNATIONAL TRADING CO.

20) SIGNATURE
许练

PACKING LIST

1) SELLER	3) INVOICE NO.	4) INVOICE DATE
SHANGHAI TIAN HUA INTERNATIONAL TRADING CO. 11/F, WEN XIN PLAZA NO.755 WEI HAI ROAD, SHANGHAI 200041, P.R.CHINA	SHTH0507	4-Aug-05
	5) FROM SHANGHAI, CHINA	6) TO AUCKLAND, NEW ZEALAND
	7) TOTAL PACKAGES(IN WORDS) SAY FIVE HUNDRED AND FIFTY FIVE CARTONS ONLY	
2) BUYER APSM LIMITED 3/ 25 PANNILL PLACE, BROWNS BAY 1311 AUCKLAND NEW ZEALAND	8) MARKS & NOS. APSM P/O 47032 AUCKLAND C/NO. 1- 555	

9) C/NOS.	10) NOS. & KINDS OF PKGS.	11) ITEM	12)QTY.	13) G.W.	14) N.W.	15) MEAS
	COTTON YARN CROCHETED VEST					
1-100	100 CARTONS	YGLX037	10000PCS	1940.0KGS	1850.0KGS	11.825M^3
101- 255	155 CARTONS	YGL032	15500PCS	4510.5KGS	4433.0KGS	18.833M^3
256- 455	200 CARTONS	YGS034	24000PCS	7660.0KGS	7400.0KGS	12.880M^3
456- 555	100 CARTONS	YGM054	11000PCS	1900.0KGS	1830.0KGS	7.866M^3
TOTAL:	555 CARTONS		60500PCS	16010.5KGS	15513.0KGS	51.404M^3

16) ISSUED BY

SHANGHAI TIAN HUA INTERNATIONAL TRADING CO.

17) SIGNATURE

许练

5.

COMMERCIAL INVOICE

<table>
<tr><td rowspan="3">1) SELLER
SHANGHAI CHENGQING IMP. & EXP. CORP.
NO. 213 JIANAN ROAD
SHANGHAI , CHINA</td><td>3) INVOICE NO.
CQ0502</td><td>4) INVOICE DATE
20-Aug-05</td></tr>
<tr><td>5) L/C NO.
CA2S769801</td><td>6) DATE
8-Aug-05</td></tr>
<tr><td colspan="2">7) ISSUED BY
STANDARD CHARTERED BANK, BARCELONA BRANCH</td></tr>
<tr><td rowspan="3">2) BUYER
GOLDEN LION INDUSTRIAL CO., LTD
NO. 783 STONE STREET,
BARCELONA, SPAIN</td><td>8) CONTRACT NO.
GL2508</td><td>9) DATE
31-Jul-05</td></tr>
<tr><td>10) FROM
SHANGHAI</td><td>11) TO
BARCELONA</td></tr>
<tr><td>12) SHIPPED BY
TUO HE V.25</td><td>13) PRICE TERM
CIF BARCELONA</td></tr>
</table>

14) MARKS	15) DESCRIPTION OF GOODS	16) QTY.	17) UNIT PRICE	18) AMOUNT
	3 ITEMS OF DESKTOP SET AS PER SALES CONTRACT NO.53 307 03199 DATED 05-7-31 DELIVERY: CIF BARCELONA			
GOLDEN LION	TK338	3600 SETS	US$7.20	US$25,920.00
GL2508	TK402	6000 SETS	US$8.50	US$51,000.00
BARCELONA	TK491	6000 SETS	US$9.00	US$54,000.00
C/NO. 1- 650				
	TOTAL:	15600 SETS		US$130,920.00

TOTAL VALUE IN WORDS:
SAY U.S. DOLLARS ONE HUNDRED AND THIRTY THOUSAND NINE HUNDRED AND TWENTY ONLY

WE HEREBY EVIDENCE THAT GOODS SHIPPIED AND INVOICED ALL CONFORM TO THOSE DESCRIBED ON PROFORMA INVOICE NO.CHQ050611 DATED 05-7-4.

19) ISSUED BY
SHANGHAI CHENGQING IMP. & EXP. CORP.

20) SIGNATURE
崔亿文

提交份数：　3 份

PACKING LIST

1) SELLER SHANGHAI CHENGQING IMP. & EXP. CORP. NO. 213 JIANAN ROAD SHANGHAI , CHINA	3) INVOICE NO. CQ0502 5) FROM SHANGHAI 7) TOTAL PACKAGES(IN WORDS) SAY SIX HUNDRED AND FIFTY CARTONS ONLY	4) INVOICE DATE 20-Aug-05 6) TO BARCELONA
2) BUYER GOLDEN LION INDUSTRIAL CO., LTD NO. 783 STONE STREET, BARCELONA, SPAIN	8) MARKS & NOS. GOLDEN LION GL2508 BARCELONA C/NO. 1-650	

9) C/NOS.	10) NOS. & KINDS OF PKGS.	11) ITEM	12)QTY.	13) G.W.	14) N.W.	15) MEAS
		DESKTOP SET				
1-150	150 CARTONS	TK338	3600 SETS	2400KGS	1800KGS	15.900M^3
151-400	250 CARTONS	TK402	6000 SETS	4000KGS	3000KGS	26.500M^3
401-650	250 CARTONS	TK491	6000 SETS	4000KGS	3000KGS	26.500M^3
TOTAL:	650 CARTONS		15600 SETS	10400KGS	7800KGS	68.900M^3

16) ISSUED BY

SHANGHAI CHENGQING IMP. & EXP. CORP.

17) SIGNATURE

崔亿文

提交份数：　3 份

保险单：

(1) 标记栏引用的发票号码错误，应改为"CQ0502"。

(2) 货物描述与信用证及其他单据不符，应改为"Desktop Set"。

(3) 保险金额不符合信用证规定，应为发票金额加成10%，即USD144012.00。

(4) 承保险别不符合信用证规定，应为"I.C.C. All Risks"。

(5) 赔付地点不符合信用证规定，应为"Barcelona"。

(6) 未作背书，将影响进口商向保险公司索赔，应补做空白背书。

产地证：

(1) 发货人公司名称错误，应为"Chengqing"。

(2) 运输标志与其他单据不符，第三行应改为"Barcelona"。

(3) 商品描述中包装总件数的大写错误，应为"Six Hundred and Fifty Cartons Only"。

(4) 未按信用证要求显示合同号码，应补上"CONTRACT NO. GL2508"。

(5) 提交份数不符合信用证规定，应为一正一副，即2份。

6.

商业发票：

(1) 装运港与提单及其他单据不符。

(2) 航次与提单及其他单据不符。

(3) 货物描述中未按信用证要求写明贸易术语。

提单：

(1) 托运人为受益人以外的第三方，不符合信用证的规定。

(2) 抬头与信用证规定不符。

(3) 未按信用证要求注明"Final Destination: Ningbo Free Trade Zone"。

(4) 引用的信用证号码与信用证不符。

(5) 提单无需 Trees Chemical Ltd 背书。

装箱单：

(1) 引用的发票号码和日期与发票不符。

(2) 货物描述与信用证及其他单据不符。

(3) 总尺码与提单不符。

数量/重量证明书：

无不符点。

质量证明书：

无不符点。

原产地证明：

未按信用证要求证明货物的原产地。

非木质包装申明：

未提交。

装船通知：

(1) 未按信用证要求在装船后的48小时内发出。

(2) 未按信用证要求显示相关合同号码。

第六章　商务函电草拟

1.

上海锦昌机械有限公司

Shanghai Jinchang Machinery Co., Ltd.

Maritima Heinlein S. A.
Peru 359, C1067AAG,
Ciudad de Buenos Aires, Argentina

June 5, 2005

Subject: Hydraulic Jacks Made in China

Dear Mr. Marcelo Sticco,

From the *International Business Daily*, we got your name and know your interest in the subject products, which are the main export items of our company. So we are glad to enclose the relevant illustrated catalog for your reference and wish to set up business relationship with you very soon.

We have been engaged in the machinery field for more than 10 years and have earned a very good reputation worldwide. Apart from serving clients in Asia and Africa, we have also explored the European and American markets by the reliable quality, outstanding performance and competitive prices. Furthermore, you can be assured of our strong after-sale service and fast movement toward your every proposal.

Besides the common jacks, our product lines also include some featured ones. For your information, YZB Slim Hydraulic Jack (on page 7—8), our latest product, is now receiving increasing popularity in the market. It can lift quickly and strongly because of the excellent materials and the advanced structure design. It is easy to install and maintain and ideal for small space application.

We are waiting for your early reply with specified inquiry and the valuable comments.

Sincerely yours,
Shanghai Jinchang Machinery Co., Ltd.
×××

点评：

- 公司介绍和产品介绍旨在凸现优势、增加吸引力，一般都会列举三、四点。
- 公司介绍和产品介绍中均有许多套话，类似于中文中的“价廉物美”、“誉满全球”、“行销海内外”等等，平日应多积累这类英文表达词汇。
- 附寄、另寄的资料应在正文中加以说明。

2.

上海丰联贸易有限公司

Shanghai Fenglian Trading Co., Ltd.

上海市漕宝路318号(200233) Tel: 86-21-64368810 Fax: 86-21-64368812 Email: inquiry@sh-fl.com

To: COBB & Co. A/S fax: 45-75-885266

Fm: Shanghai Fenglian Trading Co., Ltd. fax: 86-21-64368812

Date: November 17, 2005

Dear Mr. Jens Nielsen,

Many thanks for your fax today and we are glad to quote you our best prices and terms as below:

Art. No.	Commodity	Quantity	Unit Price	Amount
			CIF Copenhagen	
TP-788	Dog Bed	300 pcs	US$20.00	US$6,000.00
KS-666	Cat Sofa	300 pcs	US$18.00	US$5,400.00

Total: US$11,400.00

Packing: standard export packing, 1 pc/ctn, total 600 cartons

Payment: by L/C at sight reaching us before the middle of January 2006

Shipment: during February 2006

Insurance: for 110% CIF value against F.P.A as per C.I.C.

For your reference, we usually need about 4 weeks to arrange the delivery, so if you need February shipment, please decide your order soon and open the L/C no later than the middle of January. We believe these 600 pcs will attract to the discriminating buyers for their lovely designs, fashionable colours and superior workmanship.

Meanwhile, we sincerely welcome your visit and would like to know your schedule. Please fax us if you need us to meet you at the airport or prepare anything in advance.

Thanks for your kind attention and looking forward to seeing you soon.

Best regards,

Shanghai Fenglian Trading Co., Ltd.

Allen Li

点评：

- 本题旨在考察对发盘函结构及内容要点的掌握。具体交易条件可以自定，但通常品名、数量、价格、包装、装运、付款六个方面缺一不可。
- 如果客户指定了某项交易条件，发盘函中时应予以确认为妥。
- 在发盘函中，对询盘产品再作推介，有利于推动客户下单。
- 收到客户询盘，最好当天或隔天马上回复，以示效率及诚意。
- 客户来函中的任何要求、问题，在回函时都必须给予回应。即使其中有一两项问题无法马上答复，也应在信函中告知对方大致可做回答的预计时间。

3.

寄件人：Jack. xu@xindi. com
收件人：john _ light@tt. com
日　期：2005 年 12 月 11 日　下午 17:03
主　题：Offer for Cordless Telephone

Dear Mr. Light,

Thank you for your message but we are sorry to hear that you think our last offer is not good enough.

In fact, as the continual appreciation of RMB has caused the sharp rise in our export cost, the prices we quoted are exceptionally low. We trust that an investigation of current market prices would persuade you to believe this.

However, after careful consideration and discussion with our manager, we finally agree to allow you a 2% discount on our original quotation in order to support you to promote our cordless telephones into your market. Any further reduction will not be possible without a sacrifice of quality.

As to the payment, it is the usual practice of our company to accept sight L/C for the first transaction. We would be prepared to review this once we have established a firm trading association with you. Please kindly understand and cooperate.

We hope our above support will help you to place your initial order soon.

Best wishes,

Shanghai Xindi Trading Co., Ltd.
Jack Xu

点评：

- 交易磋商函中谈的最多的还是价格，因此，平日应多关注此类语句的表达方式，从不同角度、不同方面来说服客户。

- 除了还价之外，客户通常也会就付款方式、装运期、最小订量等问题提出不同意见，简单地拒绝或接受都会显得过于随便，而合适的理由和解释往往可以提高达成交易的可能性。
- 在很多时候，并不会将真正的理由直白地写在信函中，所以，需要在好的信函中寻找、积累委婉而得体的表述。

4.

上海安圣贸易有限公司

Shanghai Ansheng Trading Co., Ltd.

To: Sanders & Lowe Ltd. Fax: 44-20-88580825
Fm: Shanghai Ansheng Trading Co., Ltd. Fax: 86-21-68613210
Date: May 20, 2005

Dear Mr. Lowe,

Thank your for your order No. R1432.

We have carefully noted all the requirements in your fax and are glad to confirm the colours you chosen are all available. Please rest assured that we will follow your packing instructions strictly and keep you informed of the order status. We sincerely hope this transaction will lead us to the mutual profitable cooperation in future.

Attached is the relevant Sales Confirmation No. SL439. Please check and fax back with your signature. The original S/C will be sent to you by TNT in duplicate. Please sign and return one copy for our file upon receipt. Thank you!

Meanwhile, in order to ship before July, please contact your bank without delay for L/C application.

We hope to receive your L/C on time and promise the result of our executing order will meet your satisfaction.

Yours sincerely,
Shanghai Ansheng Trading Co., Ltd.
Leon Gao

地址：上海市德平路278号 电话：86-21-68613200 传真：86-21-68613210

点评：

- 尽管大量的业务交流现已采用传真和电子邮件的方式，但一些关键性的贸易文件还应以正本会签为妥。
- 在信用证结算方式下，出口商一般在证到后才开始备货备运。因此，在装运期临近之际，需要提醒客户及时申请开证。

5.

寄件人：sunxiaolong@@shenlianc. com
收件人：kimdjung@artemis. com
日　期：2005 年 8 月 6 日　上午 9:25
主　题：Inquiry for lightweight batteries

Dear Mr. Kim Dae Jung,

Mr. Johnson from DALE & SONS, our mutual friend, gave us your name and address and recommend your new line in lightweight batteries which we can use to power our vehicles.

Our company manufactures and markets two types of battery-driven electric vehicles: short-delivery vehicles and one-person cars for disabled people. After the years of dedication, we have set up an absolutely strong position with good reputation in the Chinese market. Now we have a steady demand for the imported parts, say at least 2000 units of batteries per month.

Attached is the technical brochure of our vehicles and please give a full specification of all your matched products. We would like to know the technical features, best CIF price, monthly supplying capacity and the discount for regular orders. For your information, we usually settle the payment with new suppliers by D/P at sight.

Of course our technical department would need to have some samples of the batteries to test in our laboratories before we could place a firm order.

Assuming the lab tests go well, and you can quote us a competitive price and guarantee prompt delivery, we'd certainly be able to place more substantial orders on a regular basis.

Looking forward to your quick reply.

Best regards
Fred A. North
Buying Manager

点评：

- "明确(clearly)"和"简单(simply)"是询盘函的特色。
- 询盘函必须明确、清晰地表达询价要求，一般也会介绍询盘的背景、采购的前景、期望的交易条件等，因为这些通常能增强询盘的可信度和吸引力。
- 询盘函中的交易条件一般很"简单"，常常只提及贸易术语，除非进口商对付款方式、装运期限、采购数量另有明确的要求。因为进口商通常更倾向于在收到出口商的发盘后，才提出自己的交易条件，进一步磋商。

6.

寄件人：maria.liu@shenda.com
收件人：felix_hartman@mwf.com
日　期：2005 年 10 月 31 日　上午 10:07
主　题：Your quotation of TEG05K

Dear Mr. Hartmann,

Thank your for your message of Oct. 25.

Having studied your quotation and the specifications, we are glad to find the product matches our needs and the price is reasonable.

However, you asked for 1/3 T/T down payment with the order and the balance to be paid against a confirmed irrevocable L/C, which we suppose is too much costly and unnecessary.

Our usual terms of payment are irrevocable sight L/C issued by Bank of China, the leading state bank with high prestige at home and abroad. Moreover, we are a state-owned corporation and our payment terms have been widely accepted by most suppliers including some big firms in your country, such as TREIF Maschinenbau, Kern Shmidt, etc., to whom, we suggest, you may refer.

Please take this into kind consideration and looking forward to your favorable reply.

Yours sincerely,
Shanghai Shenda Machinery & Equipment Trading Co., Ltd.
Maria Liu

点评：

- 要求开立保兑信用证，其实就是对开证行的资信有疑问。
- 从四方面说服客户接受付款方式：第一，国有银行，资信良好；第二，国有贸易公司，资信良好；第三，付款方式已为供应商广泛接受；第四，其他供应商可提供资信信息。

附录

一、常用公司名称缩写及含义

<table>
<tr><th>缩　写</th><th>全　称</th><th>语　言</th><th>含　义</th></tr>
<tr><td>A/B</td><td>Aktiebolaget</td><td>Swedish</td><td>股份公司</td></tr>
<tr><td>A. G.</td><td>Aktiengesellschaft</td><td>German</td><td>股份公司</td></tr>
<tr><td>A/S</td><td>Aktieselskabet</td><td>Danish</td><td>股份公司</td></tr>
<tr><td>B. V.</td><td>Besloten Vennootschap</td><td>Dutch</td><td>私人有限公司</td></tr>
<tr><td>Ca.</td><td>Compagnia</td><td>Italian</td><td>公司</td></tr>
<tr><td>Cia.</td><td>Companhia</td><td>Portuguese</td><td>公司</td></tr>
<tr><td>Cía.</td><td>Compañia</td><td>Spanish</td><td>公司</td></tr>
<tr><td>Cie.</td><td>Compagnie</td><td>French</td><td>公司</td></tr>
<tr><td>C. V.</td><td>Commanditaire Vennootschap</td><td>Dutch</td><td>有限合伙公司</td></tr>
<tr><td>Ges.</td><td>Gesellschaft</td><td>German</td><td>公司</td></tr>
<tr><td>G. K.</td><td>Gomei Kaisha</td><td>Japanese</td><td>无限合伙公司</td></tr>
<tr><td>G. m. b. H.</td><td>Gesellschaft mit beschränkter Haftung</td><td>German</td><td>有限责任公司</td></tr>
<tr><td>Handelsges.</td><td>Handelsgesellschaft</td><td>German</td><td>贸易公司</td></tr>
<tr><td>H. B.</td><td>Handelsbolaget</td><td>Swedish</td><td>贸易公司</td></tr>
<tr><td>K.</td><td>Kaisha</td><td>Japanese</td><td>公司</td></tr>
<tr><td>K. G.</td><td>Kommanditgesellschaft</td><td>German</td><td>有限合伙公司</td></tr>
<tr><td rowspan="2">K. G. K.</td><td rowspan="2">Kabushiki Goshi Kaisha</td><td rowspan="2">Japanese</td><td>股份</td></tr>
<tr><td>有限合伙公司</td></tr>
<tr><td>K. K.</td><td>Kabushiki Kaisha</td><td>Japanese</td><td>股份公司</td></tr>
<tr><td>Komp.</td><td>Kompagnie</td><td>German</td><td>公司</td></tr>
<tr><td>Lda.</td><td>Limitada</td><td>Portuguese</td><td>有限</td></tr>
<tr><td rowspan="2">Ltda.</td><td rowspan="2">Limitada</td><td>Portuguese</td><td rowspan="2">有限</td></tr>
<tr><td>Spanish</td></tr>
<tr><td>N. V.</td><td>Naamloze Vennootschap</td><td>Dutch</td><td>有限公司</td></tr>
<tr><td>Oy</td><td>Osakeyhtiõ</td><td>Finnish</td><td>有限公司</td></tr>
<tr><td>PLC</td><td>Public Limited Company</td><td>U. K.</td><td>公众有限公司</td></tr>
</table>

（续表）

缩 写	全 称	语 言	含 义
Pty.	Proprietary	Australia	公 司
		Singapore	
		South Africa	
Pty. Ltd.	Proprietary Limited	Australia	有限责任公司
S. A.	Sociedad Anónima	Spanish	公众有限公司
S. A.	Sociedade Anónima	Portuguese	公众有限公司
S. A.	Société Anonyme	French	公众有限公司
S. A. R. L.	Société À Responsabilité Limitée	French	私人有限公司
S. C. A.	Sociedad en Comandita por Acciónes	Spanish	有限合伙公司
S. p. A.	Società per Azioni	Italian	公众有限公司
S. R. L.	Società à Responsabilità Limita	Italian	私人有限公司
S. R. L.	Sociedad de Responsabilidad Limitada	Spanish	私人有限公司

二、常用外贸英语缩写及含义

缩写	英文含义	中文含义
@	at	每;以(价格)
Abt	about	大约
A/C	Account Current	往来账户
Acpt	acceptance	承兑
add.	address	住址
adv.	advice	通知
A. F.	Advanced Freights	预付运费
A/M	above mentioned	上述的
amt.	amount	金额;总数;共计
Anon	anonymous	不记名
app.	appendix	附录
approx.	approximately; approximate	大约
A. R.	All Risks	一切险
art.	Article	商品、条款、货号
ASAP	as soon as possible	尽快
atten.	attention	注意
A. W. B.	Air Way Bill	空运运单
B. D.	Bank Draft	银行汇票
b. e. ; B/E; B. EX.	Bill of Exchange	汇票
B/L	Bill of Lading	提单
C. A. D. ; C/D	cash against documents	付款交单
canc.	cancelled	取消;注销
C. & F.	Cost and Freight	成本加运费
C/B	clean bill	光票
C. B. D.	cash before delivery	先付款后交货
C/D	Customs Declaration	报关单
Cert.	certificate	证明书;证明
c. f.	cubic feet	立方英尺
CFR	Cost and Freight	成本加运费
CFS; C. F. S.	container freight station	集装箱中转站;货运站
CIF	Cost, Insurance and Freight	成本加保险费、运费
CIP	Carriage and Insurance Paid To	运费、保险费付至
C. I. O.	cash in order	订货时付款
CLP	Container Load Plan	集装箱装箱单

（续表）

缩写	英文含义	中文含义
CMI	Committee Maritime International	国际海事委员会
C/N	Cover Note	暂保单
Co.	Company	公司
C/O; c.o.	Certificate of Origin	原产地证明
C.O.D.; c.o.d.	cash on delivery	交货时付款
Comm.	Commission	佣金
Corp.	corporation	公司
CPT	Carriage Paid To	运费付至
C.T.B/L	Combined Transport Bill of Lading	联合运输提单
C.T.D.	combined transport document	联合运输单据
CTN; CTNS	carton; cartons	纸箱
C.W.O.	cash with order	订货时付款
CY	container yard	集装箱堆场
D/A	document against acceptance	承兑交单
DAF	Delivered At Frontier	边境交货
D.D.	Demand Draft	即期汇票
DDP	Delivered Duty Paid	完税后交货
DDU	Delivered Duty Unpaid	未完税交货
dept.	department	部门;处
DES	Delivered Ex Ship	目的港船上交货
DEQ	Delivered Ex Quay	目的港码头交货
D/F	dead freight	空舱费
disct.	discount	折扣
DL; DLS	dollar/dollars	美元
D/N	debit note	欠款账单
DOC	document	文件;单据
doc. att.	document attached	附单据;附件
DOZ; DZ	dozen	一打
D/P	document against payment	付款交单
drt.	draft	汇票
dup.; dupl.	duplicate	誊本;第二份;两份
EA	each	每个;各
E/D	Export Declaration	出口申报单
Eg.	example	例子
EMS	express mail service	邮政特快传递
e.t.a.; eta; ETA	estimated/expected time of arrival	预计到达时间
e.t.d.; etd; ETD	estimated/expected time of departure	预计离港时间
ex.	excluding	除外

（续表）

缩写	英文含义	中文含义
Exch	exchange	兑换;汇兑
EXP	export	出口
EXW	Ex Works	工厂交货
FAS	Free Alongside Ship	船边交货
FAX	Facsimile	传真
FCA	Free Carrier	货交承运人
FCL	Full Container Load	整箱货
f. i. o.	free in and out	船方不负担装卸费
f. i. o. s.	free in, out and stowed	船方不负担装卸费及理舱费
f. i. o. s. t.	free in, out, stowed and trimmed	船方不负担装卸费、理舱费及平舱费
f. i. w.	free in wagon	承运人不负担装入货车费
FOB	Free On Board	离岸价,装运港船上交货
FOBS	FOB stowed	FOB 包括理舱
FOBT	FOB trimmed	FOB 包括平舱
f. o. c.	free of charges	免费
F. P. A.	Free from Particular Average	平安险
frt.	freight	运费
FYI	for your information	供贵方参考
G. A. ; G/A	General Average	共同海损
G. M. Q.	good merchantable quality	上好可销品质
G. S. P.	Generalized System of Preferences	普惠制
G. W.	gross weight	毛重
I. C. C.	International Chamber of Commerce	国际商会
I. C. C.	Institute Cargo Clauses	协会货物条款
i. e.	that is (id est)	即;就是
IMP	import	进口
insp.	inspection	检验
insur. ; ins.	insurance	保险
INT	international	国际的
INV	invoice	发票
I/P	Insurance Policy	保险单
ISO	International Organization for Standardization	国际标准化组织
L/C	Letter of Credit	信用证
LCL	Less than Container Load	拼箱货
L/G	Letter of Guarantee	保证书
M; MED	medium	中等,中级
MAX	maximum	最大,最大限度
Memo	memorandum	备忘录

（续表）

缩写	英文含义	中文含义
Messrs.	Messieurs	先生（复数）
M.I.C.C.	marine insurance cargo clause	海上运输货物保险条款
MIN	minimum	最小，最低限度
M/R	Mate's Receipt	大副收据
m.s.; m/s	motorship	轮船
MT; M/T	metric ton	公吨
M/V	merchant vessel	商船
N/A	not applicable	不适用
N.M.	No Marks	无运输标志
N/P	No payment	拒绝付款
N.W.	net weight	净重
o/a	on account of	记……账
Oc.B/L	Ocean Bill of Lading	海洋运输提单
OEM	Original Equipment Manufacturer	原始设备制造商
O.P.	Open policy	预保单
orig.	original	正本
P/A; P/AV.	Particular Average	单独海损
PCE/PCS	piece; pieces	只、个、支等
PCT	percent	百分比
P'd; pd.	paid	已付
PKG	package	一包，一捆，一扎，一件等
P.I.C.C.	the People's Insurance Company of China	中国人民保险公司
P/L	packing list	装箱单、明细表
PLS	Please	请
P.O.B.	post office box	邮政信箱
ppd.	prepaid	预付
PR; PRC	price	价格
P.T.O.	please turn over	请阅背面
PUR	purchase	购买、采购
recpt.	receipt	收据
REF	reference	参考
Reg.; Regd.	registered	登记；挂号
RM.	remittance	汇款
RMB	renminbi	人民币
S/C	Sales Contract/Confirmation	销售合同；销售确认书
SHEX	Sundays and holidays excepted	星期天和假日除外
S/M	shipping marks	运输标志
S.O.	Shipping Order	装货单

（续表）

缩写	英文含义	中文含义
S. R. C. C.	Strikes, Riots and Civil Commotions	罢工、暴动、民变险
s. s. ; ss. ; s/s	steamship	轮船
std.	standard	标准
STL.	style	式样；款式；类型
T/R	Trust Receipt	信托收据
T/S	transshipment	转船
T/T	telegraphic transfer	电汇
U. C. P.	Uniform Customs and Practice for Documentary Credits	跟单信用证统一惯例
Via	by way of	经过，经由
Voy	voyage	航海；航行；航次
W	with	具有
W. A.	With Average	水渍险
W. P. A.	With Particular Average	水渍险
W/O	without	没有
W. R.	War Risk	战争险
WT	weight	重量
W/T.	with transshipment	转运；转船
w/w; w-w	warehouse to warehouse	仓至仓

三、各国主要港口

北美洲：

国家/地区	港口名称			
加拿大（Canada）	Halifax	哈里法克斯	Saint John	圣约翰
	Hamilton	哈密尔顿	Toronto	多伦多
	Montreal	蒙特利尔	Vancouver	温哥华
	Quebec	魁北克	Victoria	维多利亚
墨西哥（Mexico）	Acapulco	阿卡普可科	Manzanillo	曼沙尼罗
	Campeche	康皮基	Mazatlan	马萨特兰
	Ensenada	英赛那达	Tampico	坦比哥
	Guaymas	瓜马斯	Tijuna	第加纳
美国（USA）	东岸港口		西岸港口	
	Albany	奥尔巴尼	Bellingham	贝灵汉
	Annapolis	安纳波利斯	Oakland	奥克兰
	Atlanta	亚特兰大	Long Beach	长滩
	Baltimore	巴尔的摩	Los Angeles	洛杉矶
	Boston	波士顿	San Diego	圣地亚哥
	Camden	卡姆登	San Francisco	旧金山
	Charleston	查尔斯顿	Seattle	西雅图
	Jacksonville	杰克逊维尔	Tacoma	塔科马
	Miami	迈阿密		
	New Heaven	纽黑文	南岸港口	
	New Jersey	新泽西	Arthur	阿瑟港
	New York	纽约	Houston	休斯敦
	Norfolk	诺福克	Longview	朗维
	Philadelphia	费城	Mobile	墨比尔
	Portland	波特兰	New Orleans	新奥尔良
	Providence	普罗维登斯	St. Petersburg	圣彼得斯堡
	Richmond	里奇蒙	Tampa	坦帕
	Savannah	萨凡纳		
	Wilmington	威尔明顿		
	北岸港口			
	Buffalo	布法罗	Milwaukee	密尔沃基
	Chicago	芝加哥	Pittsburgh	匹兹堡
	Cleveland	克利夫兰	Saint Louis	圣路易斯
	Columbus	哥伦布	Saint Paul	圣保罗
	Detroit	底特律		

南美洲：

国家/地区	港口名称			
阿根廷 （Argentina）	Buenos Aires Comodoro Rivadavia	布宜诺斯艾利斯 里瓦达维亚	Mar Del Plata	马德普拉塔
巴巴多斯 （Barbados）	Bridgetown	布里奇顿		
巴西 （Brazil）	Manaus Salvador	马瑙斯 萨尔瓦多	Santos	圣多斯
智利 （Chile）	Arica Iquique	阿里卡 伊基克	Valparaiso	瓦尔帕莱索
哥伦比亚 （Colombia）	Barranquilla Buenaventura	巴兰基亚 布埃纳文图拉	El Bosque Sea Santa Marta	埃尔鲍斯克海港 圣马塔
萨尔瓦多 （El Salvador）	Acajutla	阿卡胡特拉	Cutuco	库图科
巴拿马 （Panama）	Colon	科隆	Panama	巴拿马市
秘鲁 （Peru）	Callao	卡亚俄	Lima	利马

非洲：

国家/地区	港口名称			
安哥拉 （Angola）	Lobito	洛比都	Luanda	卢安达
肯尼亚 （Kenya）	Mombasa	蒙巴萨		
摩洛哥 （Morocco）	Casablanca Ceuta	卡萨布兰卡 休达	Melilla	梅利利亚
尼日利亚 （Nigeria）	Lagos	拉各斯	Port Elizabeth	伊丽莎白
塞拉利昂 （Sierra Leone）	Freetown	弗里敦		
南非 （South Africa）	Cape town Durban	开普敦 德班	East London	东伦敦
苏丹 （Sudan）	Port Sudan	苏丹港		

大洋洲：

国家/地区	港口名称			
澳大利亚 （Australia）	Adelaide Brisbane Burnie Darwin	阿得雷德 布里斯班 波宜 达尔文	Femantle Melbourne Sydney	佛利曼特 墨尔本 悉尼
新西兰 （New Zealand）	Auckland Napier Tauranga	奥克兰 纳皮尔 陶兰加	Timaru Wellington	提马鲁 惠灵顿

欧洲：

国家/地区	港口名称			
比利时（Belgium）	Antwerp Ghent	安特卫普 根特	Zeebrugge	泽布吕赫
克罗地亚（Croatia）	Split	斯普利特		
丹麦（Denmark）	Aabenraa Aalborg	奥本罗 奥尔堡	Aarhus Copenhagen	奥尔胡斯 哥本哈根
芬兰（Finland）	Finnish Hamina Helsinki Kemi Kokkola Kotka	芬恩 哈米纳 赫尔辛基 盖密 科科拉 科特卡	Oulu Pietsarsaari Pori Raahe Tornio	奥卢 彼太萨立 波里 腊黑 托尔尼奥
法国（France）	Bordeaux Brest	波尔多 布雷斯特	Le Havre Marseilles	勒阿弗尔 马赛
德国（Germany）	Bremerhaven	布莱梅港	Hamburg	汉堡
直布罗陀（Gibraltar）	Gibraltar	直布罗陀		
希腊（Greece）	Piraeus Salonika	比雷埃夫斯 萨洛尼卡	Thessaloniki	塞萨洛尼基
冰岛（Iceland）	Reykjavik	雷克雅未克		
意大利（Italy）	Ancona Augusta Genoa La Spezia Napoli	安科纳 奥古斯塔 热那亚 拉斯佩齐亚 那不勒斯	Ravenna Salerno Savona Venice	拉文纳 萨莱诺 萨沃纳 威尼斯
爱尔兰（Ireland）	Dublin	都柏林		
拉脱维亚（Latvia）	Liepaja	利耶帕亚	Riga	里加
荷兰（Netherlands）	Rotterdam	鹿特丹	Amsterdam	阿姆斯特丹
挪威（Norway）	Oslo	奥斯陆	Sola	苏拉
波兰（Poland）	Gdansk	格但斯克	Swinoujscie	斯文诺斯切
葡萄牙（Portugal）	Setubal	塞图巴尔	Sines	锡尼什
罗马尼亚（Romania）	Constantza	康斯坦萨		
俄罗斯（Russia）	Novorossiysk St. Petersburg	诺沃西比尔斯克 圣彼得堡	Vladivostok	海参崴

（续表）

国家/地区	港口名称			
西班牙（Spain）	Almeria	阿尔梅里亚	Las Palmas	拉斯帕尔马斯
	Barcelona	巴塞罗那	Malaga	马拉加
	Bilbao	毕尔巴鄂	Santander	桑坦德
	Cadiz	加卡的斯	Tarragona	塔拉戈那
	Cartagena	卡塔赫纳	Valencia	瓦伦西亚
	La Coruna	拉·科鲁尼亚		
瑞典（Sweden）	Falkenberg	法尔肯贝里	Malmoe	马尔默
	Goteborg	哥德堡	Norrkopings	诺尔彻平
	Halmstad	哈尔姆斯塔德	Sodertalje	塞德特里耶
	Harnsosand	赫纳散德	Stockholm	斯德哥尔摩
	Helsingborg	赫尔辛堡	Wallhamn	瓦尔汉姆
土耳其（Turkey）	Istanbul	伊斯坦布尔	Latakia	拉塔基亚
英国（UK）	Associated British	英吉利	King's Lynn	金斯林
	Ayr and Troon	埃尔和特隆	Leith	利斯
	Barrow	巴罗	Liverpool	利物浦
	Barry	巴里	London	伦敦
	Belfast	贝尔法斯特	Lowestoft	洛斯托夫特
	Birmingham	伯明翰	Manchester	曼彻斯特
	Cardiff	加的夫	Newport	纽波特
	Colchester	科尔切斯特	Plymouth	普列茅斯
	Felixstowe	佛列斯多	Silloth	锡洛斯
	Fleetwood	弗利特伍德	Southampton	南安普顿
	Garston	加斯顿	Swansea	斯旺西
	Glasgow	格拉斯哥	Talbot	塔尔伯特
	Goole	古耳	Teignmouth	廷默思
	Grangemouth	格蓝茅斯	Thames	泰晤士港
	Grimsby	格里姆斯比	Whitby	惠特比
	Hull	赫尔		

亚洲：

国家/地区	港口名称			
中国（China）	Dalian	大连	Shanghai	上海
	Fuzhou	福州	Shantou	汕头
	Guangzhou	广州	Shenzhen	深圳
	Haikou	海口	Taichung	台中
	Hongkong	香港	Tianjin	天津
	Hualien	花莲	Wenzhou	温州
	Kaohsiung	高雄	Xiamen	厦门
	Keelung	基隆	Yantai	烟台
	Lianyungang	连云港	Yingkou	营口
	Nanjing	南京	Zhanjiang	湛江
	Nantong	南通	Zhenjiang	镇江
	Ningbo	宁波	Zhoushan	舟山
	Qingdao	青岛	Zhuhai	珠海
	Qinhuangdao	秦皇岛		

（续表）

国家/地区	港口名称			
印度（India）	Bombay Calcutta	孟买 加尔各答	Jawaharlal	贾瓦哈拉
印度尼西亚（Indonesia）	Jakarta Medan Semarang	雅加达 棉兰 三宝垄	Surabaya Tanjung Priok Yoggakarta	泗水 丹戎不碌 日惹
以色列（Israel）	Ashdod	亚实突	Haifa	海法
日本（Japan）	Chiba Hachinohe Hiroshima Hitachi Kagoshima Kawasaki Kitakyushu Kobe Miyako	千叶 八户 广岛 日立 鹿儿岛 川崎 北九州 神户 宫古	Moji Nagoya Naha Osaka Shimizu Tokyo Yokkaichi Yokohama	门司 名古屋 那霸 大阪 清水 东京 四日市 横滨
约旦（Jordan）	Aqaba	亚喀巴		
韩国（Korea）	Busan Inchon	釜山 仁川	Mokpo	木蒲
科威特（Kuwait）	Kuwait	科威特		
黎巴嫩（Lebanon）	Saida	赛达		
马来西亚（Malaysia）	Kuching Kelantan Labuan Malacca	古晋 吉兰丹 纳闽 马六甲	Penang Sandakan Sibu	槟城 山打根 诗巫
巴基斯坦（Pakistan）	Karachi	卡拉奇		
菲律宾（Philippines）	Manila	马尼拉		
卡塔尔（Qatar）	Doha	多哈		
沙特阿拉伯（Saudi Arabia）	Dammam Jeddah	达曼 吉达	Riyadh Sharjah	利雅得 沙加
新加坡（Singapore）	Singapore	新加坡		
斯里兰卡（Sri Lanka）	Colombo	科伦坡		
泰国（Thailand）	Bangkok	曼谷		
阿联酋（UAE）	Abu Dhabi	阿布答比	Dubai	迪拜
也门（Yemen）	Aden	亚丁	Hodeidah	荷迪达

四、各国主要银行及标识

标　识	中文名称	英文名称	国家/地区
	中国银行	Bank of China	中国
	中国工商银行	Industrial and Commercial Bank of China	中国
	中国农业银行	Agricultural Bank of China	中国
	中国建设银行	China Construction Bank	中国
	交通银行	Bank of Communications	中国
Bank	中国光大银行	China Everbright Bank	中国
	中国民生银行	China Minsheng Banking Corp., Ltd.	中国
	上海浦东发展银行	Shanghai Pudong Development Bank	中国
	中国招商银行	China Merchants Bank	中国
	华夏银行	Hua Xia Bank	中国
	兴业银行	Industrial Bank Co., Ltd.	中国
	深圳发展银行	Shenzhen Development Bank Co., Ltd.	中国
	恒生银行	Hang Seng Bank	中国香港

（续表）

标　识	中文名称	英文名称	国家/地区
	大新银行	Dah Sing Bank	中国香港
	富邦银行	Fubon Bank	中国香港
	永亨银行	Wing Hang Bank	中国香港
	集友银行	Chiyu Banking Corporation Ltd.	中国香港
	第一银行	First Bank	中国台湾
	中华商业银行	The Chinese Bank	中国台湾
	庆丰银行	Chinfon Bank	中国台湾
	板信商业银行	Bank of Panhsin	中国台湾
SMBC	三井住友银行	Sumitomo Mitsui Banking Corporation	日本
MUFG	东京三菱银行	Bank of Tokyo-Mitsubishi UFJ	日本
NOMURA	野村信托银行	The Nomura Trust & Banking Co., Ltd.	日本
KB	韩国国民银行	Kookmin Bank	韩国
	韩汇银行	Hanvit Bank	韩国
	韩国外换银行	Korea Exchange Bank	韩国
	曼谷银行	Bangkok Bank	泰国

（续表）

标　识	中文名称	英文名称	国家/地区
DBS	星展银行	DBS Group	新加坡
	华侨银行	Overseas Chinese Banking Corporation	新加坡
National	澳大利亚国家银行	National Australia Bank	澳大利亚
	澳大利亚联邦银行	Commonwealth Bank	澳大利亚
Standard Chartered	渣打银行	Standard Chartered Bank	英国
HSBC	汇丰银行	The Hongkong and Shanghai Banking Corporation Limited	英国
RBS The Royal Bank of Scotland Group	苏格兰皇家银行	The Royal Bank of Scotland Group	英国
HBOSplc	哈利法克斯银行	Halifax and Bank of Scotland	英国
	荷兰银行	ABN Amro Bank	荷兰
KBC Banking & Insurance	比利时联合银行	KBC Bank	比利时
BNP PARIBAS	巴黎国民银行	BNP Paribas	法国
	法国兴业银行	Société Générale Group	法国
CA	法国农业信贷银行	Crédit Agricole	法国
	德意志银行	Deutsche Bank	德国
	德雷斯顿银行	Dresdner Bank Corporation	德国
HypoVereinsbank	联合抵押银行	HypoVereinsBank	德国

（续表）

标　识	中文名称	英文名称	国家/地区
UBS	瑞士联合银行	United Bank of Switzerland	瑞士
CREDIT SUISSE	瑞士信贷集团	Credit Suisse Group	瑞士
BMO	蒙特利尔银行	Bank of Montreal	加拿大
RBC	加拿大皇家银行	Royal Bank of Canada	加拿大
TD	加拿大道明信托银行	TD Canada Trust	加拿大
	加拿大丰业银行	Scotiabank	加拿大
citibank	花旗银行	Citibank	美国
	美洲银行	Bank of America	美国
BANK ONE.	美一银行	Bank One	美国
usbank	美国银行公司	U. S. Bancorp	美国
	美联银行	Wachovia Corporation	美国

五、各国主要航运公司及标识

标　识	中文名称	英文名称	简称	注册地
	中国远洋集装箱运输有限公司	COSCO Container Lines Co., Ltd.	COSCO	中国
	中国外运股份有限公司	SINOTRANS Container Lines Co., Ltd.	SINOTRANS	中国
	中海集装箱运输股份有限公司	China Shipping Container Lines Co., Ltd.	CSCL	中国
	天海海运有限公司	Tinhai Marine Shipping Co., Ltd.	TMSC	中国
	海丰国际航运集团有限公司	SITC Maritime（Group）Co., Ltd.	SITC	中国
	上海浦海航运有限公司	Shanghai Puhai Shipping Co., Ltd.	PUHAI	中国
	万海航运有限公司	Wan Hai Lines Co., Ltd.	WHL	中国台湾
	阳明海运股份有限公司	Yangming Marine Transport Corp.	YML	中国台湾
	长荣海运股份有限公司	Evergreen Marine Co., Ltd.	EVG	中国台湾
	立荣海运股份有限公司	Uniglory Marine Corporation	UNG	中国台湾
	正利航业股份有限公司	Cheng Lie Navigation Co., Ltd.	CNC	中国台湾
	东方海外货柜航运有限公司	Orient Overseas Container Line, Ltd.	OOCL	中国香港
	京汉海运有限公司	CO HEUNG Shipping Co., Ltd.	CO-HEUNG	中国香港

（续表）

标　识	中文名称	英文名称	简称	注册地
	韩进海运有限公司	Hanjin Shipping Co., Ltd.	HJS	韩国
	长锦商船船务有限公司	Sinokor Merchant Marine Co., Ltd.	SKR	韩国
	现代商船有限公司	Hyundai Merchant Marine Co., Ltd.	HMM	韩国
	高丽海运有限公司	Korea Marine Transport Co., Ltd.	KMTC	韩国
	日本邮船有限公司	Nippon Yusen Kaisha Line Ltd.	NYK	日本
	川崎汽船有限公司	Kawasaki Kisen Kaisha Ltd.	K LINE	日本
	大阪商船三井船舶有限公司	Mitsui O.S.K. Lines, Ltd.	MOSK	日本
	太平船务有限公司	Pacific International Lines Ltd.	PIL	新加坡
	萨姆达拉船务有限公司	Samudera Shipping Line Ltd.	SSLSA	新加坡
	马来西亚国际船运有限公司	Malaysia International Shipping Corporation	MISC	马来西亚
	以星综合航运公司	Zim Integrated Shipping Service Ltd	ZIM	以色列
	沙特阿拉伯国际航运有限公司	National Shipping Co. of Saudi Arabia	NSCSA	沙特阿拉伯
	阿拉伯联合国家轮船公司	United Arab Shipping Co. S.A.G.	UASC	科威特
	澳洲国家航运	Australian National Line	ANL	澳大利亚
	远东国际海运公司	Far Eastern Shipping Company PLC	FESCO	俄罗斯

（续表）

标　识	中文名称	英文名称	简称	注册地
NORASIA	北欧亚航运有限公司	Norasia Container Lines Ltd.	NOR	马耳他
P&O Nedlloyd	铁行渣华有限公司	P&O Nedlloyd Co., Ltd.	P&O Nedlloyd	英国
	马士基海陆有限公司	Maersk Sealand Co., Ltd.	MSK	丹麦
W&W	华轮威尔森航运公司	Wallenius Wilhelmsen ASA	WALLENIUS	挪威
CMA CGM	达飞海运集团	CMA CGM Group	CMA	法国
	达贸国际轮船公司	Delmas S. A.	DMS	法国
	赫伯罗特航运公司	Hapag-Lloyd Container Line GmbH	HLC	德国
	胜利航运公司	Senator Lines GmbH	SENATOR	德国
msc	地中海航运有限公司	Mediterranean Shipping Company S. A.	MSC	瑞士
ITALIA	意大利海运公司	Italia Marittima SpA.	ITS	意大利
APL	美国总统轮船股份有限公司	American President Lines Co., Ltd.	APL	美国
TMM	墨西哥航运有限公司	Grupo TMM	TMM	墨西哥
CSAV	南美邮船公司	Compania Sud Americana de Vapores S. A.	CLAN. SA/CSAV	智利
	智利国家航运公司	Compania Chilena de Navegacion Interoceanica S. A.	CCNI	智利

六、各国主要保险公司及标识

标　识	中文名称	英文名称	注册地
	中国人民财产保险股份有限公司	PICC Property and Casualty Company Limited	中国
	中国太平洋财产保险股份有限公司	China Pacific Property Insurance Co., Ltd.	中国
	中国平安财产保险股份有限公司	Ping An Property & Casualty Insurance Company of China, Ltd.	中国
	太平保险有限公司	The Tai Ping Insurance Company Ltd.	中国
	天安保险股份有限公司	Tianan Insurance Co., Ltd.	中国
	安邦财产保险股份有限公司	Anbang Property & Casualty Insurance Co., Ltd.	中国
	中华联合财产保险公司	China United Property Insurance Company	中国
	华泰财产保险公司	Huatai Insurance Co., Ltd.	中国
	永安财产保险股份有限公司	Yong An Insurance Co., Ltd.	中国
	中国大地财产保险股份有限公司	China Continent Property & Casualty Insurance Company Ltd.	中国
	华安财产保险股份有限公司	Sinosafe Insurance Company Ltd.	中国
	香港民安保险有限公司	The Ming An Insurance Co. Ltd.	中国香港
	东京海上火灾保险株式会社	Tokio Marine & Nichido Fire Insurance Co., Ltd.	日本
	三井住友海上火灾株式会社	Mitsui Sumitomo Insurance Co., Ltd.	日本

（续表）

标　识	中文名称	英文名称	注册地
	日本财产保险公司	Sompo Japan Insurance Inc.	日本
AIG	美国国际集团	American International Group Inc.	美国
CHUBB	丘博保险集团 美国联邦保险股份有限公司	Federal Insurance Company (Chubb Group)	美国
THE HARTFORD	哈特福德金融服务集团	The Hartford Financial Services Group, Inc.	美国
Liberty Mutual.	自由相互保险集团	Liberty Mutual Insurance Group	美国
LLOYD'S	伦敦劳合社	Lloyd's of London	英国
AVIVA	英杰华保险	Aviva Plc.	英国
ROYAL & SUNALLIANCE	皇家太阳联合保险公司	Royal & Sun Alliance Insurance Company	英国
AXA	安盛保险集团	AXA Group	法国
Allianz	安联保险集团	Allianz Group	德国
ING	荷兰国际集团	ING Group	荷兰
FORTIS	福尔蒂集团	Fortis Group	荷兰/比利时
GRUPPO GENERALI	忠利保险有限公司	Assicurazioni Generali SpA	意大利
ZURICH	苏黎世金融服务集团	Zurich Financial Service	瑞士
winterthur	丰泰保险集团	Winterthur Group	瑞士
AMP	安保集团	AMP Group	澳大利亚

七、国际贸易操作能力考试(初级)样卷及答案

国际贸易操作能力考试(初级)

Proficiency Test for International Trade Operation

PTITO Junior

样　　卷

考试说明：

一、考试时间为180分钟。

二、考试试卷为计算机试卷,所有答题均须在计算机中的指定位置完成。

三、考生不得使用纸、笔及带有翻译功能的计算器。

四、在答题过程中,不得输入考生姓名或其他相关个人信息。

五、请注意及时妥善保存:每完成一小题,请点击“保存该题”按钮;保存后,可反复修改答题,每次修改后,请再次点击“保存该题”按钮。

六、在试卷各板块间切换时,请务必先确认当前页面的各小题均已妥善保存,否则,页面切换后,未保存的答题将会丢失。

函电草拟　价格核算　合同操作　信用证操作　单据操作　流程操作

Mohammad A. Enayet Est. 一年前曾向本公司购买了一批PVC乳皮(PVC Sponge Leather),价值二万多美元。此后偶有信函往来,但一直未有成交。不久前,该客户来函要求针对曾经供应的PVC乳皮再次报价,并需要提供各种色样,公司即予照办。

3月10日收到该客户回函如下:

Thank you for your letter dated March 3, enclosing therewith your cut sample pieces and quotation for the supply of PVC Sponge leather of 1.00 mm thickness.

We note that there is a steep increase in your price. We observe from our file that you supplied us this type of material at US $ 1.57 per meter under your Invoice No. CW78205 dated Feb 24, 2005. But now you quoted US $ 2.24 per meter which, we feel, is too high.

Further, the quantity involved is substantial, i.e. 15,000 meters. We now request you to recalculate your price and inform us the lowest possible CFR Kuwait price.

Also please send us larger samples (about a foot in length) of brown, green, red and other available colors. The samples you sent were too small.

Looking forward to receiving your revised (lowest possible) CFR Kuwait price so that we can again cooperate together in the promotion of sale of your PVC in Kuwait.

Yours sincerely,
Mohammad A. Enayet Est.
Yassine Al-Mustafa

鉴于目前的原料价格上涨了一倍,公司决定可接受的最低价格为US$2.15/米,否则将无法保证产品品质;与工厂联系后,得知无法提供客户需要的大片样品。

试根据以上情况回复客户。

上海国丰贸易有限公司

Shanghai Guofeng Trading Company, Limited

上海市北京西路 102 号(邮编 200003)电话:021-63192310　传真:021-63192315

102 West Beijing Road, Shanghai 200003, P. R. China Tel: 021-63192310 Fax: 021-63192315

商品名称：　葡萄酒冷藏柜(Wine Refrigerator)
货　　号：　HK-140C
报价数量：　1 个 20 英尺集装箱
包装方式：　1 台 / 纸箱
纸箱尺码：　755×900×570 mm(长×宽×高)
纸箱重量：　47/43.2(毛重 / 净重)
国内采购成本：　￥2,100.00 / 台 (含 17%增值税)
各项出口费用：　每个 20 英尺集装箱的国内包干费为￥1,800.00
交易的垫款时间为 90 天，银行贷款年利率为 8%(一年按 360 天计)
出口定额费用率为采购成本的 3%
海运 20 英尺集装箱的美元包箱费率为 US$2,200.00
保险加成率为 10%，保险费率为 0.80%
出口退税率为 13.00%
银行结算手续费率为 0.3%
汇率为 1 美元兑换人民币 8.01 元
预期利润：　出口报价的 10%

1. 报价核算(计算中保留 4 位小数)

	计算过程	计算结果	
实际成本			人民币元/台
报价数量			台
海洋运费			人民币元/台
海运保险费			人民币元/台
垫款利息			人民币元/台
FOB 报价			美元/台
CFR 报价			美元/台
CIF 报价			美元/台

2. 出口商发盘后收到国外客户反馈，表示其能够接受的 CIF 价格为每台 305 美元。试计算如果接受客户还价，出口商此笔交易的利润额将为多少？(计算中保留 4 位小数)

	计算过程	计算结果	
总销售收入			人民币元
总退税收入			人民币元
结算手续费总额			人民币元
利润总额			人民币元

3. 如果接受客户上述还价，同时出口商又要保持10%的销售利润率，在其他费用不变的情况下，试计算采购成本应为每台多少元人民币？（计算中保留4位小数）

	计算过程	计算结果	
利润			人民币元/台
出口定额费			人民币元/台
海运保险费			人民币元/台
含税采购成本			人民币元/台

试根据客户订单填写售货确认书，号码为 TY-SAM22DE，日期为 2006 年 2 月 28 日。

SAMPO CORPORATION

2-3 FLOOR, 217 NANLING E. RD., SEC. 3, TAIPEI, TAIWAN

TEL: (02)771-2111 FAX: (02)771-2115 EMAIL：SAMCO@ETRADE.COM

Date: Feb 28, 2006

To: Shanghai Tengyue Import & Export Co., Ltd.
388 Xianxia West Road,
Shanghai 200336

CONFIRMATION OF PURCHASE

Dear Mr. Wang,

We confirm having this day bought from you the following:
12" B/W VIDEO SETS
1200 sets Model Weltblick 6722 @ USD56.50　1 set/carton
800 sets Model Sparkling 5530 @ USD62.50　1 set/carton

Packing: By strong and seaworthy carton
Delivery: CIF, from Shanghai to Cairo
Payment: By L/C at sight
Insurance: for 144% invoice value against All Risks
Shipping Schedule:　Apr.　Model 6722/600, Model 5530/400
　　　　　　　　　　May　Model 6722/600, Model 5530/400

Please process the above order duly and keep us well informed.

Yours sincerely,
Sampo Corporation

Leon Heng

Purchase Manager

SALES CONFIRMATION

S/C No.: ________

Date: ________

The Seller: The Buyer:

Address: Address:

Item No.	Commodity & Specifications	Unit	Quantity	Unit Price	Amount
Total Amount in Words:					

Packing:

Shipment:

Payment:

Insurance:

Confirmed by:

The Seller　　　　The Buyer

(signature)　　　　(signature)

函电草拟　价格核算　合同操作　**信用证操作**　单据操作　流程操作

试根据以下信用证做出正确选择(单项或多项),并用中文写出信用证中阴影条款的含义。

Union Bank

TEL: 25343333
FAX:(852) 28051183
TELEX:73264 UNIBK HX
CABLE:BANKUNION
SWIFT:UBHKHKHH

122-126 QUEEN'S ROAD CENTRAL, HONG KONG

IRREVOCABLE DOCUMENTARY CREDIT NO.: HLC062859SP

PLACE AND DATE OF ISSUE:
HONG KONG 30 JAN 2006

OPERATIVE CREDIT INSTRUMENT CONFIRMING OUR PREADVICE BY SWIFT OF ****

DATE AND PLACE OF EXPIRY:
15 MAY 2006 IN COUNTRY OF BENEFICIARY

APPLICANT:
SOUTH PACIFIC IMPORT AND EXPORT CO.
5/F., FLAT B, SHUN PONT COMM. BLDG.
5-11 THOMSON ROAD, WANCHAI,
HONG KONG

BENEFICIARY:
SHANGHAI TIANYU TECH. I/E CORP.
NO.47, NANCHANG RD.,
SHANGHAI 200020, P.R.CHINA

ADVISING BANK:
BANK OF CHINA
SHANGHAI BR
CHINA

AMOUNT:
USD14,025.56 (5% MORE OR LESS)
COVERING 100 % OF INVOICE VALUE

THIS CREDIT IS AVAILABLE WITH ANY BANK BY NEGOTIATION AGAINST PRESENTATION OF YOUR DRAFT(S) AT SIGHT DRAWN ON UNION BANK OF HONG KONG LTD., HONG KONG BEARING THE CLAUSE "DRAWN UNDER DOCUMENTARY CREDIT NO. HLC062859SP OF UNION BANK OF HONG KONG LTD., HONG KONG DATED 30 JAN 2006" ACCOMPANIED BY THE FOLLOWING DOCUMENTS:

1 PACKING LIST IN 4 COPIES.

2 FULL SET (3/3) OF CLEAN ON BOARD MARIN BILL(S) OF LADING MADE OUT TO ORDER, BLANK ENDORSED, MARKED FREIGHT PREPAID AND NOTIFY TEL : 4721688 FAX : 4726103 TELEX : 42500 SUPERVL.

3 CERTIFIED COPY OF BENEFICIARY'S FAX ADDRESSED TO THE APPLICANT (FAX NO. 852-28650236 OR 852-25290086) ADVISING AMOUNT, ART NO., QUANTITY, VESSEL'S NAME, B/L NO., EACH ART NO. CTN. MEASUREMENT, TOTAL PACKAGES MEASUREMENT, H.K. SHIPPING AGENT'S NAME AND TELEPHONE NO., DEPARTURE DATE WITHIN 3 DAYS AFTER SHIPMENT EFFECTED AND ALSO MENTIONING APPLICANT'S REF NO.SP910

4 SIGNED COMMERCIAL INVOICE IN 4 COPIES SHOWING 5 PCT DISCOUNT DEDUCTION.

COVERING :
GOODS AS PER CONTINUATION SHEET NO. 1 ATTACHED FORMING AN INTEGRAL PART OF THIS CREDIT.

DELIVERY TERMS :
CFR LAE, PAPUA NEW GUINEA

INSURANCE : TO BE COVERED BY THE APPLICANT.

OTHER CONDITIONS/DOCUMENTS:
1 BILLS OF LADING MUST SHOW THAT GOODS ARE SHIPPED IN 20'CONTAINER LOAD.

```
SHIPMENT FROM ANY CHINESE PORT TO LAE, PAPUA NEW GUINEA NOT LATER THAN 30 APR 2006.
PARTIAL SHIPMENTS ALLOWED . TRANSSHIPMENT ALLOWED

DOCUMENTS MUST BE PRESENTED WITHIN 15 DAYS AFTER THE DATE OF SHIPMENT BUT
WITHIN THE VALIDITY OF THE CREDIT AND SENT TO US BY REGISTERED AIRMAIL IN ONE COVER.
ALL BANKING CHARGES INCLUDING NEGOTIATION INTEREST AND ADVISING CHARGES
OUTSIDE HONG KONG ARE FOR ACCOUNT OF BENEFICIARY.

REIMBURSEMENT INSTRUCTIONS:
    UPON RECEIPT OF THE DOCUMENTS WHICH CONFORM TO THE TERMS AND
    CONDITIONS OF THIS CREDIT, WE SHALL REMIT THE PROCEEDS TO THE
    NEGOTIATING BANK ACCORDING TO THEIR INSTRUCTIONS.
    NOTWITHSTANDING ANY TERMS AND CONDITIONS IN THIS CREDIT, AN
    ADDITIONAL HANDLING FEE OF USD33.- WHICH IS BORNE BY THE
    BENEFICIARY, WILL BE DEDUCTED FROM THE DRAWING(S) FOR EACH
    SET OF DISCREPANT DOCUMENTS PRESENTED HEREUNDER.

WE HEREBY ISSUE THIS DOCUMENTARY CREDIT IN YOUR FAVOUR. IT IS SUBJECT TO THE
UNIFORM CUSTOMS AND PRACTICE FOR DOCUMENTARY CREDITS (1993 REVISION),
INTERNATIONAL CHAMBER OF COMMERCE PUBLICATION NO. 500 AND ENGAGES US IN
ACCORDANCE WITH THE TERMS THEREOF.
IF THIS CREDIT IS AVAILABLE BY NEGOTIATION EACH PRESENTATION MUST BE NOTED ON
THE REVERSE OF THIS ADVICE BY THE BANK WHERE THE CREDIT IS AVAILABLE.
```

1. 开证银行以(　　)的方式将该信用证经通知银行传递给受益人。

A. SWIFT

B. MAIL

C. FAX

D. TELEX

2. 该信用证允许受益人使用的最高金额是(　　)。

A. HK$14,025.56

B. US$14,025.56

C. HK$14,726.84

D. US$14,726.84

3. 该信用证要求汇票上的付款人为(　　)。

A. 进口商

B. 开证银行

C. 未作具体规定

D. 未要求提供汇票

4. 该信用证项下的全套正本海运提单共有(　　)。

A. 2份

B. 3份

C. 4份
D. 未作具体规定

5. 该信用证将于(　　)到期。
A. 2006年1月30日在香港
B. 2006年5月15日在香港
C. 2006年5月15日在中国
D. 2006年4月30日在中国

6. 该信用证要求(　　)。
A. 开证行审单后,如单证相符,则应见票付款
B. 受益人必须在中国银行上海分行议付
C. 受益人必须提交向银行提交商业发票、装箱单、海运提单、保险单、装船通知副本
D. 受益人必须采用海运集装箱方式发运货物

7. 阴影条款的中文含义:
(1)

(2)

试根据以下出口货物明细及信用证，缮制汇票、商业发票、装箱单，审核提单，并将审单意见一一列明在提单下方。

出口货物明细

货号	数量	计量单位	单价(US$)	包装种类	装箱方式(打/箱)	包装重量(KGS)		包装尺码(CM)		
						毛重	净重	长	宽	高
HW405	1000	打	18.20	纸箱	8	24	22	44	60	58
HW410	1200	打	15.60	纸箱	6	25	23	52	48	45
HW411	600	打	16.80	纸箱	6	22	20	60	44	32
HW442	800	打	17.40	纸箱	8	22	20	64	52	52

承运船名	航次	发票号码	发票日期
MEISHA	V.19	NL-ALJT9183	28-Jun-01
汇票号码	装运港	装船日期	交单日期
AL-SDIEC983	上海	11-Jul-01	20-Jul-01

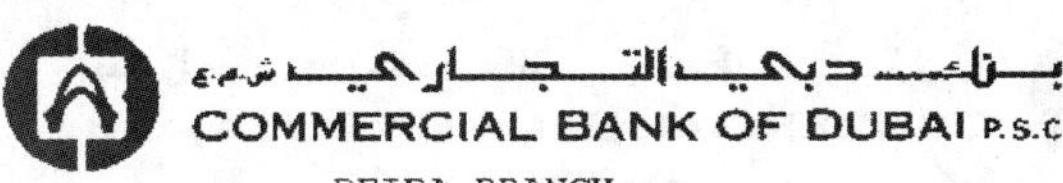

DEIRA BRANCH
P.O.BOX: 1709, DUBAI, U.A.E

PAGE NO. : [1]

IRREVOCABLE DOCUMENTARY		Swift :	CBDUAEAD DER
LETTER OF CREDIT NO. :	02DLC003079	Telex :	45468 TRBNK EM,
DATE OF ISSUE :	MAY 19, 2001	Telefax :	251089 / 254565
DATE OF EXPIRY :	AUGUST 01, 2001	Telephone :	253222 (10 Lines)
PLACE OF EXPIRY :	CHINA		

BENEFICIARY	***APPLICANT***
M/S. SHANGHAI DONGXING IMPORT & EXPORT CORP., ROOM 235, 78, XINHUA ROAD SHANGHAI, CHINA	NALIESH TRADING CO. LLC. P.O. BOX 25671, DUBAI U A E
ADVISING BANK	***CURRENCY AND AMOUNT***
BANK OF CHINA 23, CHUNG SHAN ROAD E.1 SHANGHAI, CHINA	USD******60,920.00 USD SIXTY THOUSAND NINE HUNDRED AND TWENTY ONLY ***TERMS OF DELIVERY*** CFR DUBAI ***DETAILS OF SHIPMENT*** Transhipment : ALLOWED Partshipment : ALLOWED Shipment : From : CHINA To : DUBAI By : VESSEL Not later than : JULY 17, 2001

AVAILABLE WITH

Any bank in CHINA by negotiation against presentation of the documents described herein and and beneficiary's draft(s) at 30 days after B/L date drawn on us.

DESCRIPTION OF GOODS:

Household Wares

All other details as per Indent No. ALNLSH21/363/HW-5 of M/s. AL Jakamin Trading (LLC) and invoice must certify to this effect.

SHIPPING MARKS:

NALIESH/DUBAI/TEL: 2245325/C/NO. 1- UP

DOCUMENTS REQUIRED:

01- Signed commercial invoice in [THREE] copies certified to be true and correct mentioning full name and address of the manufacturer and Terms of Delivery.

02- Certificate of origin stating goods are of China origin issued by China Council for The Promotion of International Trade, mentioning name and address of the manufacturer / producer & exporter.

03- Complete set of clean on board shipping company's Bill of Lading issued to the order of COMMERCIAL BANK OF DUBAI PSC. [DUBAI] marked "Freight Prepaid " and notify applicant.

04- Packing list in [THREE] copies.

05- INSURANCE COVERED IN DUBAI.
Shipment advice must be sent to M/S. Iran Insurance Co., P.O.Box 2004 , Dubai by Fax on Fax No. 217660 quoting their Open Policy No. YET/832/98 and stating our L/C No., amount, vessel name and shipping marks therein and a copy of such shipment advice alongwith the original fax copy must accompany the documents.

OTHER CONDITIONS:

01- Shipment must be effected in 1x40' HQ container and B/L must evidence compliance.

Continued On Page No. : 2

DEIRA BRANCH
P.O.BOX: 1709, DUBAI, U.A.E

PAGE NO. : [2]

IRREVOCABLE DOCUMENTARY
LETTER OF CREDIT NO. : 02DLC003079 DATED MAY 19, 2001
FOR USD******60,920.00

02- Commission @1% of the invoice value must be deducted from the payment to the beneficiary at the time of negotiation for payment to Mr. A.R.G. Neid. Qunji, P O Box 78293, Dubai which must be certified in the negotiating bank's covering schedule.
03- B/L should bear Vessel agent's name, address and telephone number at port of destination.
04- Short form B/L not acceptable .
05- Invoice & Transport documents should bear shipping marks.
06- Shipment must only be effected by Conference/Regular line vessel covered by Institute Classification Clause and the B/L must certify the same.
07- The number and the date of this Credit and name and address of our bank must be quoted on all documents.
08- Certificate of origin should include the name of the country from where the goods are exported.
09- All documents to be issued in English language.

All charges including reimbursing charges except L/C issuing charges are on account of beneficiary.

INSTRUCTIONS TO NEGOTIATION BANK:

-- Note each presentation on the reverse of this Letter of Credit.
-- Dispatch the full set of the negotiated documents to us in one lot by Courier Service.
-- On receipt of credit complied documents payment shall be effected by us per credit terms as per negotiation bank's covering schedule.

Except as otherwise stated herein , this Credit is subject to Uniform Customs and Practice for Documentary Credits [1993 Revision] , International Chamber of Commerce Publication No. 500

For COMMERCIAL BANK OF DUBAI P. S. C.

Authorized Signature Authorized Signature

BILL OF EXCHANGE

No. ____________________

For ____________________ (amount in figure)

____________________ (place and date of issue)

At ____________________ of this **FIRST** Bill of Exchange (Second of Bill of Exchange being unpaid) Pay to the order of ____________________

the sum of ____________________

(amount in words)

Value received for ____________________ of ____________________

Drawn under ____________________

L/C No. ____________________ dated ____________________

To: ____________________

For and on behalf of ____________________

COMMERCIAL INVOICE

1) SELLER	3) INVOICE NO.	4) INVOICE DATE
	5) L/C NO.	6) DATE
	7) ISSUED BY	
2) BUYER	8) CONTRACT NO.	9) DATE
	10) FROM	11) TO
	12) SHIPPED BY	13) PRICE TERMS

14) MARKS & NOS.	15) DESCRIPTION	16) QUANTITY	17) UNIT PRICE	18) AMOUNT

19) ISSUED BY

20) SIGNATURE

提交份数：

PACKING LIST

<table>
<tr><td rowspan="3">1) SELLER</td><td>3) INVOICE NO.</td><td>4) INVOICE DATE</td></tr>
<tr><td>5) FROM</td><td>6) TO</td></tr>
<tr><td colspan="2">7) TOTAL PACKAGES(IN WORDS)</td></tr>
<tr><td>2) BUYER</td><td colspan="2">8) MARKS & NOS.</td></tr>
</table>

9) C/NOS.	10) NOS. & KINDS OF PKGS.	11) ITEM	12) QTY.	13) G.W.	14) N.W.	15) MEAS

16) ISSUED BY

17) SIGNATURE

提交份数：

中远集装箱运输有限公司
COSCO CONTAINER LINES

ORIGINAL

TLX:33057 COSCO CN
FAX: +86(021)65458984

PORT TO PORT OR COMBINED TRANSPORT BILL OF LADING

1. Shipper Insert Name Address and Phone/Fax SHANGHAI DONGXING IMPORT & EXPORT CORP. ROOM 235, 78, XINHUA ROAD, SHANGHAI, CHINA		Booking No.	Bill of Lading No. 2078055767
		Export References	
2. Consignee Insert Name Address and Phone/Fax TO ORDER OF SHIPPER		Forwarding Agent and References	
		Point and Country of Origin	
3. Notify Party Insert Name Address and Phone/Fax (It is agreed that no responsibility shall attach to the Carrier or his agents for failure to notify) NALIESH TRADING CO. LLC. P.O. BOX 25671 DUBAI U A E		Also Notify Party-routing & Instructions	
4. Combined Transport* Pre-Carriage by	5. Combined Transport* Place of Receipt		
6. Ocean Vessel Voy. No. MEISHA V.19	7. Port of Loading SHANGHAI, CHINA	Service Contract No.	Commodity Code
8. Port of Discharge DUBAI	9. Combined Transport* Place of Delivery	Type of Movement FCL/FCL	

Marks & Nos. Container/Seal No.	No. of Container or Packages	Description of Goods (If Dangerous Goods, See Clause 20)	Gross Weight	Measurement
NALIESH DUBAI TEL:2245325 C/NO. 1- 525	525 CARTONS	HOUSE WARES	12400.000 KGS	67.385 CBM
OCEAN FREIGHT PREPAID SHIPPER'S LOAD, COUNT AND SEAL ON CY-CY TERM				
YEKB9347924	/ 189458 /	525 CARTONS / FCL/FCL	/ 40 HQ /	

Declared Cargo Value US$	Description of Contents for Shipper's Use Only (Not part of This B/L Contract)
10. Total Number of Containers and/or Packages (in words) Subject to Clause 7 Limitation	SAY ONE FORTY FEET HIGH CUBE CONTAINER ONLY

11. Freight & Charges	Revenue Tons	Rate	Per	Amount	Prepaid	Collect	Freight & Charges Payable at/by
	ON BOARD 上海中远集装箱船务代理有限公司 COSCO SHANGHAI CONTAINER SHIPPING AGENCY CO., LTD. AS AGENT for the Carrier, COSCO Container Lines						

Received in external apparent good order and condition except as otherwise noted. The total number of the packages or units stuffed in the container, the description of the goods and the weights shown in this Bill of Lading are furnished by the merchants, and which the carrier has no reasonable means of checking and is not a part of this Bills of Lading contract. The carrier has issued 3 original Bill of Lading, all of this tenor and date, one of the original Bills of lading must be surrendered and endorsed or signed against the delivery of the shipment and whereupon any other orginal Bills of Lading shall be void. The merchants agree to be bound by the terms and conditions of this Bill of Lading as if each had personally signed this Bill of lading.
*Applicable Only When Document Used as a Combined Transport Bill of Lading.

Date Laden on Board 11 JULY 2001

Signed by: 上海中远集装箱船务代理有限公司 COSCO SHANGHAI CONTAINER SHIPPING AGENCY CO., LTD.

许可证号：JTL0008 Standard Form 9805

Date of Issue 11 JULY 2001
Place of Issue SHANGHAI

Signed for AS AGENT COSCO CONTAINER LINES for the Carrier, COSCO Container Lines

提单背面： 提交份数：3份正本

SHANGHAI DONGXING IMPORT & EXPORT CORP.

赵灵

卖方:上海文祥进出口公司　　　　　买方:Northlake Propeller Corporation

卖方往来银行:中国银行上海分行　　买方往来银行:Cathay Bank LA U.S.A.

交易概况:海运 CIF,30 天远期承兑交单。

试根据上述交易背景,简要回答以下问题:

(1) 本交易项下的汇票,其出票人、付款人和收款人分别是谁?

(2) 何时出票?出票人是否需要作背书?如需要,应作何种背书?

(3) 该汇票是否需要附单据?如需要,必须随附的单据有哪些?

(4) 在该汇票的流转过程中,应由谁向谁提示汇票、要求承兑?

(5) Northlake Propeller Corporation 何时付款?何时获得单据?

(6) 上海文祥进出口公司何时取得货款?如何取得?

参考答案 函电草拟

上海国丰贸易有限公司

Shanghai Guofeng Trading Company, Limited

Mohammad A. Enayet Est.

Mar. 11, 2006

Dear Mr. Yassine Al-Mustafa,

Thank you very much for your letter of today.

As we all are aware, raw materials of PVC sponge leather have doubled in price. So, the US$2.24 per meter price today as compared to $1.57 last year can only represent a gentle increase, not a steep increase.

However, at any rate, we note that 15,000 meters is a substantial figure and that we want to keep things moving, so we especially accept $2.15 per meter.

If you want us to downgrade the product quality, we can supply at much lower prices. Maybe, there are quite a few suppliers who employ such trick, but we are not willing to do so, unless we hear from you to the contrary.

As to the sample pieces, our factory does not keep those big enough currently. However, we can guarantee to supply you with matching colors to the samples which we have sent to you.

We are expecting to continue our cooperation in the promotion of PVC sales in Kuwait.

Yours sincerely,

Shanghai Guofeng Trading Company, Limited

×××

上海市北京西路102号(邮编200003) 电话:021-63192310 传真:021-63192315

102 West Beijing Road, Shanghai 200003, P. R. China Tel: 021-63192310 Fax: 021-63192315

价格核算

1.

	计算过程	计算结果	
实际成本	2100×(1+17%－13%)/(1+17%)	1866.6667	人民币元/台
报价数量	25/(0.755×0.9×0.57)取整×1	64	台
海洋运费	2200×8.01/64	275.3438	人民币元/台
海运保险费	319.7893×8.01×1.1×0.8%	22.5413	人民币元/台
垫款利息	2100×8%×90/360	42.0000	人民币元/台
FOB报价	(1866.6667+1800/64+42+2100×3%)/(1－10%－0.3%)/8.01	278.3299	美元/台
CFR报价	(1866.6667+1800/64+42+2100×3%+275.3438)/(1－10%－0.3%)/8.01	316.6521	美元/台
CIF报价	(1866.6667+1800/64+42+2100×3%+275.3438)/(1－10%－0.3%－1.1×0.8%)/8.01	319.7893	美元/台

2.

	计算过程	计算结果	
总销售收入	305×8.01×64	156355.2000	人民币元
总退税收入	2100×64/(1+17%)×13%	14933.3333	人民币元
结算手续费总额	305×8.01×64×0.3%	469.0656	人民币元
利润总额	156355.2+14933.3333－2100×64－1800－2100×64×8%×90/360－2100×64×3%－2200×8.01－305×8.01×64×1.1×0.8%－469.0656	8901.5419	人民币元

3.

	计算过程	计算结果	
利润	305×8.01×10%	244.3050	人民币元/台
出口定额费	1987.9331×3%	59.6380	人民币元/台
海运保险费	305×8.01×1.1×0.8%	21.4988	人民币元/台
含税采购成本	(305×8.01－1800/64－2200×8.01/64－21.4988－305×8.01×0.3%－244.305)/(1－13%/1.17+8%×90/360+3%)	1987.9331	人民币元/台

合同操作

SALES CONFIRMATION

S/C No.: **TY-SAM22DE**
Date: **Feb.28, 2006**

The Seller: **Shanghai Tengyue Import & Export Co., Ltd.**
Address: **388 Xianxia West Road, Shanghai 200336**

The Buyer: **Sampo Corporation**
Address: **2-3 Floor, 217 Nanling E. Rd., Sec. 3, Taipei, Taiwan**

Item No.	Commodity & Specifications	Unit	Quantity	Unit Price	Amount
	12" B/W Video Sets			**CIF Cairo**	
1	**Model Weltblick 6722**	**set**	**1200**	**US$56.50**	**US$67,800.00**
2	**Model Sparkling 5530**	**set**	**800**	**US$62.50**	**US$50,000.00**
					US$117,800.00
Total Amount in Words: **Say U.S. Dollars One Hundred Seventeen Thousand Eight Hundred Only.**					

Packing: **To be packed in strong and seaworthy cartons of one set each. Total 2000 cartons.**

Shipment: **From Shanghai, China to Cairo, Egypt during Apr./May 2006 with each model in two monthly equal lots with transshipment allowed.**

Payment: **The buyer shall open through a bank acceptable to the seller an irrevocable letter of credit payable at sight for 100% S/C value to reach the seller 30 days before the date of shipment and valid for negotiation in China until the 15th day after the shipment.**

Insurance: **To be covered by the seller for 144% of the invoice value against All Risks as per Ocean Marine Cargo Clauses of PICC dated 1/1/1981.**

Confirmed by:

The Seller ____________ The Buyer ____________

Shanghai Tengyue Import & Export Co., Ltd.

(signature) (signature)

信用证操作

1. D　2. D　3. B　4. B　5. C　6. A、D

7.

(1) 经证实的受益人发给开证申请人(传真号码为:852-28650236 或 852-20290086)的传真副本,显示该传真系装运后 3 天内发出,内容包括货物的金额、货号、数量、船名、提单号码、各货号每箱的尺码及总尺码、香港船代的名称和电话、起运日,并注明开证申请人的参考编号 SP910。

(2) 单据必须装运日后 15 天内提交,但最迟不得晚于信用证有效期。单据必须一次性以航空挂号的方式邮寄给我行。发生在香港以外的所有银行费用(包括议付利息、通知费)均由受益人承担。

单据操作

BILL OF EXCHANGE

No. NL-ALJT9183

For US$60,920.00 (amount in figure)　　SHANGHAI, JUL. 20, 2001 (place and date of issue)

At 30 DAYS AFTER B/L DATE of this **FIRST** Bill of Exchange (Second of Bill of Exchange being unpaid) Pay to the order of BANK OF CHINA, SHANGHAI BRANCH

the sum of SAY U.S. DOLLARS SIXTY THOUSAND NINE HUNDRED AND TWENTY ONLY

(amount in words)

Value received for 525 CARTONS of HOUSEHOLD WARES

Drawn under COMMERCIAL BANK OF DUBAI P. S. C., DEIRA BRANCH

L/C No. 02DLC003079　dated MAY 19, 2001

To:
COMMERCIAL BANK OF DUBAI P. S. C.
DEIBR BRANCH
P.O.BOX:1709, DUBAI. U.A.E.

For and on behalf of
SHANGHAI DONGXING IMPORT &
EXPORT CORP.
XXX

COMMERCIAL INVOICE

1) SELLER	3) INVOICE NO.	4) INVOICE DATE
SHANGHAI DONGXING IMPORT & EXPORT CORP. ROOM 235, 78, XINHUA ROAD, SHANGHAI, CHINA	**NL-ALJT9183**	**28-Jun-01**
	5) L/C NO. **02DLC003079**	6) DATE **19-May-01**
	7) ISSUED BY **COMMERCIAL BANK OF DUBAI P. S. C., DEIRA BRANCH P.O.BOX: 1709, DUBAI, U.A.E.**	
2) BUYER **NALIESH TRADING CO. LLC. P.O. BOX 25671 DUBAI U A E**	8) CONTRACT NO.	9) DATE
	10) FROM **SHANGHAI, CHINA**	11) TO **DUBAI**
	12) SHIPPED BY **MEISHA V.19**	13) PRICE TERMS **CFR DUBAI**

14) MARKS & NOS.	15) DESCRIPTION	16) QUANTITY	17) UNIT PRICE	18) AMOUNT
	HOUSEHOLD WARES ALL OTHER DETAILS AS PER INDENT NO. ALNLSH21/363/HW-5 OF M/S. AL JAKAMIN TRADING (LLC)			
NALIESH	**ARTICLE NO. HW405**	**1000DOZ**	**US$18.20**	**US$18,200.00**
DUBAI	**ARTICLE NO. HW410**	**1200DOZ**	**US$15.60**	**US$18,720.00**
TEL:2245325	**ARTICLE NO. HW411**	**600DOZ**	**US$16.80**	**US$10,080.00**
C/NO. 1- 525	**ARTICLE NO. HW442**	**800DOZ**	**US$17.40**	**US$13,920.00**
	TOTAL:	**3600DOZ**		**US$60,920.00**

TOTAL AMOUNT IN WORDS:
SAY USD SIXTY THOUSAND NINE HUNDRED AND TWENTY ONLY

WE HEREBY CERTIFY THAT THIS COMMERCIAL INVOICE IS TRUE AND CORRECT.

MANUFACTUERER:
FULL NAME: ZHEJIANG YONGKANG MEIGU PLASTIC FACTORY
ADDRESS: LANXIN INDUSTRIAL ZONE, YONGKANG, ZHEJIANG PROVINCE 321300, CHINA

TERMS OF DELIVERY: CFR DUBAI

19) ISSUED BY
SHANGHAI DONGXING IMPORT & EXPORT CORP.

20) SIGNATURE
X X X

提交份数： 3份

PACKING LIST

1) SELLER	3) INVOICE NO.	4) INVOICE DATE
SHANGHAI DONGXING IMPORT & EXPORT CORP. ROOM 235, 78, XINHUA ROAD, SHANGHAI, CHINA	**NL-ALJT9183**	**28-Jun-01**
	5) FROM **SHANGHAI, CHINA**	6) TO **DUBAI**
	7) TOTAL PACKAGES(IN WORDS) **SAY FIVE HUNDRED AND TWENTY FIVE CARTONS ONLY**	
2) BUYER **NALIESH TRADING CO. LLC. P.O. BOX 25671 DUBAI U A E**	8) MARKS & NOS. **NALIESH DUBAI TEL:2245325 C/NO. 1- 525**	

9) C/NOS.	10) NOS. & KINDS OF PKGS.	11) ITEM	12) QTY.	13) G.W.	14) N.W.	15) MEAS
		HOUSEHOLD WARES				
1- 125	125 CTNS	ART. NO. HW405	1000 DOZ	3000KGS	2750KGS	19.140M^3
126-325	200 CTNS	ART. NO. HW410	1200 DOZ	5000KGS	4600KGS	22.464M^3
326-425	100 CTNS	ART. NO. HW411	600 DOZ	2200KGS	2000KGS	8.448M^3
426-525	100 CTNS	ART. NO. HW442	800 DOZ	2200KGS	2000KGS	17.306M^3
TOTAL:	525 CTNS		3600 DOZ	12400KGS	11350KGS	67.358M^3

THE NUMBER OF THE CREDIT:

02DLC003079

THE DATE OF THE CREDIT:

MAY 19, 2001

THE NAME OF THE ISSUING BANK:

COMMERCIAL BANK OF DUBAI P. S. C., DEIRA BRANCH

THE ADDRESS OF THE ISSUING BANK:

P.O.BOX: 1709, DUBAI, U.A.E.

16) ISSUED BY

SHANGHAI DONGXING IMPORT & EXPORT CORP.

17) SIGNATURE

X X X

提交份数：3份

提单存在的问题：

(1) 收货人不符合信用证规定，应为 To the order of Commercial Bank of Dubai psc. Dubai；

(2) 货物品名与信用证不符，应为 Household Wares；

(3) 货物总尺码有误，应为 67.358CBM；

(4) 未按信用证规定列明目的港船代的名称、地址和电话；

(5) 未按信用证规定证实对船只的要求；

(6) 未按信用证规定显示信用证号码、日期和开证行名称、地址；

(7) 受益人不应在提单上作背书。

流程操作

(1) 出票人为上海文祥进出口公司，付款人为 Northlake Propeller Corporation，收款人为 Pay to the order of Bank of China, Shanghai Branch 或 Pay to the order of Shanghai Wenxiang Imp. & Exp. Corp。

(2) 出票时间应不晚于向银行交单托收的日期。如收款人为由中国银行指定，文祥公司无需作背书；如收款人规定为由文祥公司指定，文祥公司必须作背书。背书可以是空白背书，也可以是指示背书。

(3) 需要随附单据。必须随附的单据有商业发票、海运提单和保险单据。

(4) 应由 Cathay Bank LA U.S.A 向 Northlake Propeller Corporation 提示汇票，要求承兑。

(5) 经其承兑后的汇票在 30 天期满时，Northlake Propeller Corporation 付款；对汇票承兑后即可获得单据。

(6) 在汇票到期时，Cathay Bank LA U.S.A 收到 Northlake Propeller Corporation 支付的货款后交中国银行上海分行，由该行交给文祥公司。

八、国际贸易操作能力考试(中级)样卷及答案

国际贸易操作能力考试(中级)

Proficiency Test for International Trade Operation

PTITO Senior

样　卷

考试说明：

一、考试时间为180分钟。

二、考试试卷为计算机试卷，所有答题均须在计算机中的指定位置完成。

三、考生不得使用纸、笔及带有翻译功能的计算器。

四、在答题过程中，不得输入考生姓名或其他相关个人信息。

五、请注意及时妥善保存：每完成一小题，请点击“保存该题”按钮；保存后，可反复修改答题，每次修改后，请再次点击“保存该题”按钮。

六、在试卷各板块间切换时，请务必先确认当前页面的各小题均已妥善保存，否则，页面切换后，未保存的答题将会丢失。

我公司为一家经营轻工业日用品的进出口公司。

3月中旬，我公司赴汉堡参加2006年度全球 Personal Care Products Exhibition，在展览会上对 F. Lynch & Co., Ltd. 公司的精油产品(Essential Oils)颇感兴趣，但未及详谈。

回国后决定主动去函联系，希望进一步了解其精油产品的具体信息，包括数量折扣等其他贸易条件，并告知对方我公司的通常付款方式为即期 D/P。请据此拟函。

SHANGHAI MINHUA TRADING CO., LTD.

21st Floor Friendship Building, 199 Xikang Road, Shanghai 200234, P.R.C.

Telephone: 021 62221154 Fax: 021 62221153

函电草拟 | 价格核算 | 合同操作 | 信用证操作 | 单据操作 | 流程操作

1.

商品名称：　葡萄酒冷藏柜(Wine Refrigerator)

货　　号：　MT-57B

报价数量：　1个40英尺集装箱

包装方式：　1台/纸箱

纸箱尺码：　41.5×67×56 cm(长×宽×高)

纸箱重量：　17.5/16 kg(毛重/净重)

国内采购成本：　¥1,200.00/台(含增值税17%)

各项出口费用：　每个40英尺集装箱的国内包干费为¥2,000.00

出口定额费为采购成本的4.00%

海运40英尺集装箱的美元包箱费率为US$3,500.00

保险加成率为10%，保险费率为0.90%

出口退税率为13.00%

客户要求报价含佣2.00%

汇率为1美元兑换人民币8.00元

出口商报价后收到客户还价，表示其能接受的价格为US$160.00 per set CIFC2。如果接受此还价，而出口商又需维持12%的销售利润率，在订购数量不变的条件下，试完成以下出口还价核算，计算采购成本应控制在每台多少元人民币。(计算中保留4位小数)

(计算单位：台/人民币元)

	计算过程	计算结果
销售收入		
退税收入		
销售利润		
海洋运费		
出口定额费		
客户佣金		
采购成本		

2.

某进口公司拟为国内客户从法国进口工业仪器。法国供货商的报价为每台5780美元FOB马赛，木箱包装，每箱装一台，木箱的尺码为102×85×96厘米，毛重为54公斤；货物拟采用海运方式，运费计算标准为W/M，运费率为每运费吨96美元；保险加成率为10%，保险费率为0.8%；该仪器的进口关税税率为10%，增值税率为17%；其他进口费用合计约为每台人民币 960 元；进口商的预期利润定为进口采购成本的 15%；美元对人民币的汇率为 1∶8.00。试完成以下进口报价核算。（计算中保留 4 位小数）

（计算单位：台/人民币元）

	计算过程	计算结果
采购成本		
海洋运费		
进口保险费		
关税完税价格		
进口关税额		
进口利润额		
国内销售价格		
实缴增值税额		

根据以下谈判记录,草拟购货确认书,编号为 SCHK-CRO22,日期为 2006 年 3 月16 日。

上海凯威礼品公司
SHANGHAI KAIWEI GIFTS COMPANY

中国上海吴中路 1249 号 电话:(0)21-62705566 传真:(0)21-62705577
Address: No.1249 Wuzhong Road, Shanghai, China Tel: (0)21-62705566 Fax: (0)21-62705577

谈 判 记 录

卖方:Smart Charming Ltd.
(11F, EW Int'l Tower, 112-116 Texaco Road, Tsuen Wan, Hong Kong, China)

商品:阿斯芙牌水晶玻璃制品(ASFOUR Crystal Products)
2700 件 3D Laser Gift 1168/150/49 @US$35.00
1200 件 Figurine 345/55 @US$50.00
CIF 上海
埃及阿斯芙水晶(ASFOUR CRYSTAL)制造,每件商品均附原厂质量保证书
品质与 Smart 公司于 06 年 2 月 20 日提供的第 GS/006、HS/002 号样品相同

包装:每件必须原厂包装,1168/150/49 每 36 件装一纸箱,345/55 每 24 件装一纸箱

装运:2006 年 4 月底前装船,从埃及亚历山大港至上海,允许转运,不允许分批

付款:提单日后 30 天付款的远期信用证,3 月底前开抵卖方,装运日后 10 天在香港到期

保险:加成 10%,投保协会货物 A 险、罢工险、战争险,上海赔付

PURCHASE CONFIRMATION

P/C No.: ____________
Date: ____________

The Buyer:
Address:

The Seller:
Address:

Commodity & Specifications	Unit	Quantity	Unit Price	Amount
Total Amount in Words:				

Country of Origin and Manufacturers:

Packing:

Shipment:

Insurance:

Payment:

Remarks:

Confirmed by:

The Buyer ____________ (signature)

The Seller ____________ (signature)

2006年2月20日,上海永达进出口有限公司与澳大利亚欧希尼酒业公司签署了合同No. TIT005。试根据以下背景资料填写开证申请书,申请日期为2006年3月2日。

交易双方:

Yong Da Imp. & Exp. Co., Ltd.
252 Ningxia Road
Shanghai 200063
China
Tel: +86-21-52353020

Ocenia World Wines Pty Ltd.
Suite 12, 1st Bay Tower,
11 Beach Street, Melbourne,
VIC2307 Australia
Tel: +61-3-98221366

交易商品:

Kilikanoon Covenant Shiraz 2003 (750 ml)
USD292.00 per dozen　　CIF Shanghai
1打/纸箱,共300打,集装箱海运。

交易条件:

4月20日前在墨尔本装运,不可分批,可以转运;

发票金额加二成投保协会货物B险和罢工险;

见票后30天付款的自由议付信用证,3月10日前开到,装运日后15天在受益人所在地到期。

开证要求:

通过汇丰银行上海分行开立,开证方式为SWIFT;

海运提单做成开证行指示抬头,通知申请人,并须注明其电话,显示已付运费的具体金额;

保险单作空白背书;

受益人必须提交由生产厂商Kilikanoon Wines出具的原产地证明,以及澳大利亚SGS公司签署的质量证明;

所有单据一式三份。

IRREVOCABLE DOCUMENTARY CREDIT APPLICATION

1. Applicant

8. Issuing Bank

9. DC Number (for Bank's Only)

2. Date of this application ____

10. Expiry Date ____ in ____

3. DC to be dispatched by:
   1. □ (air) mail (□ with / □ without brief teletransmission)
   2. □ SWIFT
   3. □ Courier

11. Beneficiary

4. Confirmation of credit to the beneficiary
   1. □ not requested 2. □ requested

12. DC to be Transferable □ Yes □ No

13. Currency and Amount in Words and Figures

14. Allowance of Variance in Credit Amount +/− %

5. Partial shipments: 1. □ allowed 2. □ not allowed
   Transshipment: 1. □ allowed 2. □ not allowed

6. □ Insurance will be covered by us

7. Loading on board/dispatch/taking in charge at/from ____ not later than ____ for transportation to ____

15. Credit available with ____
   1. □ by sight payment 2. □ by acceptance 3. □ by negotiation
   against the documents detailed herein and beneficiary's draft at ____ sight drawn on ____

16. Goods (brief description without excessive details)

17. 1. □ FOB ____ 2. □ CFR ____
    3. □ CIF ____

18. Other terms

19. Commercial Invoice in ____

20. Packing List in ____

21. □ For shipment by sea, □ full set / □ ___ / 3 set original clean 'On Board' marine bills of lading made out ____ □ endorsed ____ marked "Freight □ Prepaid / □ Collect" and "Notify ____", □ mentioning this DC Number.
    □ For shipment by air, original air waybill marked " For the consignor /shipper" signed by the carrier or his agent, consigned to ____ marked "Freight □ Prepaid / □ Collect" and " Notify ____", □ mentioning this DC Number.

22. □ Marine / □ Air Insurance Policy or Certificate in ____ □ endorsed ____
    for full CIF value plus ___ % covering ____
    with claims payable at ____.

23. □ Certificate of Origin in ____ issued by ____ □ stating ____.

24. Additional Conditions / Other Documents Required

Charges		
Type	To be paid by	
	Applicant	Beneficiary
DC Opening Commission		
Issuing Bank's Other Charges		
Correspondent Bank's Charges		
Transit Interest Charges		
DC Confirmation Charges		

25. Documents to be presented within ____ days after the date of issuance of the transport document(s)but within the validity of the credit.

26. We request you to issue your irrevocable documentary credit for our account in accordance with the above instructions (marked with an X where appropriate) The credit will be subject to the current Uniform Customs and Practice for Documentary Credit, International Chamber of Commerce, insofar as there are applicable.
    We agree to be bound by the General Conditions appearing on the reverse hereof.

27. Import Account No.

28. Authorized Signature(s) and Rubber Stamp

试根据以下出口货物明细及信用证，缮制商业发票、原产地证明，审核提单、保险单，并将审单意见一一列明在单据下方。

出口货物明细

货号	数量	计量单位	CIFC2 单价(US$)	包装种类	装箱方式(打/箱)	包装重量(KGS)		包装尺码(CM)		
						毛重	净重	长	宽	高
YW4002	128	打	48.50	纸箱	2	20	18	46	68	62
YW4004	340	打	25.00	纸箱	4	23	21	68	48	45
YW4006	822	打	32.00	纸箱	6	22	20	75	38	32
YW4008	288	打	35.00	纸箱	4	22	20	64	52	52

合同日期	合同号码	发票日期	发票号码
3-Jan-06	SC060103	22-Feb-06	BB-SC060103
装船日期	**承运船名**	**航次**	**提单号码**
10-Mar-06	P. LUDER	V.38	Q65498769353
产地证申请日期	**产地证号**	**税则号**	**保单号码**
4-Mar-06	834573892	95059000	69857540020

运输标志

B. B. TRADING

TIANSHI 649572

LONG BEACH

C/NO. 1-UP

```
2006JAN18 05:01:52                                    LOGICAL TERMINAL    1052
MT S710      ADVICE OF A THIRD BANK'S DOCUMENTARY CREDIT         PAGE        00001
                                                                 FUNC        SWPR3
                                                                 UMR         18502759
MSGACK ERH285J AUTH OK, KEY   C23768395EH92945,     BKCHCNBJ USBKUS ★★      RECORD
BASIC HEADER           F  01    BKCHCNBJA202 4720 837505
APPLICATION HEADER     0  710   1229 060117      USBKUS26EHID 7295 3053756 060118 0500 N
                                               ★ U.S. BANK
                                               ★ PORTLAND, OR
                                               ★ (PORTLAND INTERNATIONAL DEPARTMENT)
USER HEADER            SERVICE CODE     103:
                       BANK. PRIORITY   113:
                       MSG USER REF.    108:
                       INFO. FROM CI    115:

SEQUENCE OF TOTAL              ★27   : 1/1
FORM OF DC. CREDIT             ★40B  : IRREVOCABLE
                                       WITHOUT OUR CONFIRMATION
SENDER'S REF.                  ★20   : ULCLMW002836
DOC. CREDIT NUMBER             ★21   : 83955729
DATE OF ISSUE                  ★31C  : 060117
EXPIRY                         ★31D  : DATE 060328 PLACE AT BENEFICIARY'S COUNTRY
ISSUING BANK                   ★52D  : FIRST NATIONAL BANK OF SAN DIEGO
                                       401 WEST A STREET
                                       SAN DIEGO CA 92101
APPLICANT                      ★50   : BROWN BROTHERS TRADING CO.
                                       1056 LOMA AVE.
                                       CORONADO, CA 91228
BENEFICIARY:                   ★59   : SHANGHAI TIANSHI TOYS CO., LTD.
                                       NO.88 HUANGPI N. ROAD
                                       SHANGHAI, CHINA
AMOUNT                         ★32B  : CURRENCY USD AMOUNT 50070,16
MAX. CREDIT AMOUNT              39B  : NOT EXCEEDING
AVAILABLE WITH/BY              ★41D  : ANY BANK
                                       BY NEGOTIATION
DRAFTS AT …                     42C  : SIGHT
DRAWEE                          42D  : FIRST NATIONAL BANK OF SAN DIEGO
                                       401 WEST A STREET
                                       SAN DIEGO CA 92101
PARTIAL SHIPMENTS               43P  : ALLOWED
TRANSSHIPMENT                   43T  : ALLOWED
LOADING IN CHARGE               44A  :
                       SHANGHAI, CHINA PORT
FOR TRANSPORTATION TO …         44B  :
                       LONG BEACH CALIFORNIA USA
LATEST DATE OF SHIP.            44C  : 060313
DESCRIPT. OF GOODS              45A  :
                       1578 DOZENS WOODEN TOYS
                       AS PER PO NO. 649572
                       SHIPPING TERMS: CIF LONG BEACH CALIFORNIA USA
DOCUMENTS REQUIRED              46A  :
                       + ONE ORIGINAL COMMERCIAL INVOICE MANUALLY SIGNED CERTIFYING
                       THAT MERCHANDISE IS AS PER PO NO. 649572 AND MUST SHOW THAT
                       LOGOS HAVE BEEN IMPRINTED ON EACH ITEM AS INDICATED BY B.B.,
                       AND COPIES IN DUPLICATE
                       + ONE ORIGINAL PACKING LIST AND COPIES IN DUPLICATE
                       + ONE ORIGINAL COUNTRY OF ORIGIN CERTIFICATE ISSUED BY CHAMBER
                       OF COMMERCE AND COPIES INDUPLICATE
```

中国银行上海 SWIFT 收电专用

2006JAN18 05:01:52 LOGICAL TERMINAL 1052
MT S710 ADVICE OF A THIRD BANK'S DOCUMENTARY CREDIT PAGE 00002
FUNC SWPR3
UMR 18502759

+ FULL SET OF CLEAN 'ON BOARD' BILLS OF LADING MARKED FREIGHT PREPAID CONSIGNED TO THE ORDER OF APPLICANT AND NOTIFY APPLICANT AND COPIES IN DUPLICATE
+ ORIGINAL INSURANCE POLICY OR CERTIFICATE FOR 120 PERCENT OF INVOICE VALUE COVERING ALL RISKS AND WAR RISKS AND COPIES IN DUPLICATE

ADDITIONAL CONDITIONS 47A : ALL DOCUMENTS MUST INDICATE LETTER OF CREDIT NOS. 83955729 AND ULCLMW002836.

DETAILS OF CHARGES 71B : BENEFICIARY RESPONSIBLE FOR ALL BANKING CHARGES OUTSIDE OF OUR COUNTERS.

PRESENTATION PERIOD 48 : DOCUMENTS MUST BE PRESENTED FOR NEGOTIATION WITHIN 15 DAYS AFTER THE DATE OF SHIPMENT, BUT NOT LATER THAN THE EXPIRY DATE.

CONFIRMATION ★49 : WITHOUT

中国银行 上海 S.W.I.F.T. 收电专用

INSTRUCTIONS 78 :
THE AMOUNT OF THE DRAFTS MUST BE ENDORSED ON THE REVERSE OF THIS CREDIT. COURIER ALL DOCUMENTS IN ONE MAILING UNDER ONE COVER LETTER FOR PAYMENT TO FIRST NATIONAL BANK OF SAN DIEGO, 111 SW FIFTH AVE., SUITE 500, PORTLAND, OR 97204 PHONE (503) 275-6059. THE ISSUER HEREBY UNDERTAKES TO HONOR ALL DEMANDS FOR PAYMENTS MADE IN ACCORDANCE WITH THE TERMS AND CONDITIONS OF THIS CREDIT. ALL REFERENCES IN THE UCP 500 TO ISSUING BANK, AND TO BANK WHERE THE TERMS INCLUDING AN ISSUING BANK SHALL BE DEEMED TO BE REFERENCES TO THE ISSUER OF THIS CREDIT AND THE ISSUER SHALL HAVE ALL OF THE RIGHTS, DUTIES AND OBLIGATIONS OF AN ISSUING BANK UNDER THE UCP GUIDELINES.
DRAFTS MUST SHOW LETTER OF CREDIT NOS.83955729 AND ULCLMW002836.
WE WILL ASSESS A HANDLING CHARGE OF USD75.00 FOR EACH SET OF DOCUMENTS PRESENTED FOR PAYMENT UNDER THIS CREDIT, IN WHICH DISCREPANCIES ARE NOTED AFTER EXAMINATION.
IN THE EVENT OF OUR PAYMENT DESPITE DISCREPANCIES, IT MUST NOT BE CONSTRUED AS WAIVER OF SIMILAR DISCREPANCIES ON FUTURE DRAWINGS.
THIS HANDLING CHARGE WILL BE DEDUCTED WHEN THE RESPECTIVE REMITTANCE IS MADE UNDER THIS CREDIT.

"ADVISE THROUGH" 57D : BANK OF CHINA, SHANGHAI BRANCH
20F, BANK OF CHINA TOWER, 200 MID YINCHENG RD,
SHANGHAI, CHINA 200120

TRAILER ORDER IS <MAC:><PAC:><ENC:><CHK:><TNG:><PDE:>
MAC: XHE1B973
CHK: E7BO64ZEVH65

COMMERCIAL INVOICE

<table>
<tr><td rowspan="3">1) SELLER</td><td>3) INVOICE NO.</td><td>4) INVOICE DATE</td></tr>
<tr><td>5) L/C NO.</td><td>6) DATE</td></tr>
<tr><td colspan="2">7) ISSUED BY</td></tr>
<tr><td rowspan="3">2) BUYER</td><td>8) CONTRACT NO.</td><td>9) DATE</td></tr>
<tr><td>10) FROM</td><td>11) TO</td></tr>
<tr><td>12) SHIPPED BY</td><td>13) PRICE TERM</td></tr>
</table>

14) MARKS	15) DESCRIPTION OF GOODS	16) QTY.	17) UNIT PRICE	18) AMOUNT

19) ISSUED BY

20) SIGNATURE

提交份数：

ORIGINAL

<table>
<tr><td colspan="3">1. Exporter</td><td colspan="3" rowspan="2">Certificate No.

CERTIFICATE OF ORIGIN
OF
THE PEOPLE'S REPUBLIC OF CHINA</td></tr>
<tr><td colspan="3">2. Consignee</td></tr>
<tr><td colspan="3">3. Means of transport and route</td><td colspan="3" rowspan="2">5. For certifying authority use only</td></tr>
<tr><td colspan="3">4. Country/region of destination</td></tr>
<tr><td>6. Marks and Numbers</td><td colspan="2">7. Number and kind of packages; description of goods</td><td>8. H.S. Code</td><td>9. Quantity</td><td>10. Number and date of invoices</td></tr>
<tr><td></td><td colspan="2"></td><td></td><td></td><td></td></tr>
<tr><td colspan="3">11. Declaration by the exporter
The undersigned hereby declares that the above details and statements are correct; that all the goods were produced in China and that they comply with the Rules of Origin of the People's Republic of China.

Place and date. signature and stamp of authorized signatory</td><td colspan="3">12. Certification
It is hereby certified that the declaration by the exporter is correct.

中国国际贸易促进委员会单据证明专用章(沪)
CHINA COUNCIL FOR THE PROMOTION OF INTERNATIONAL TRADE (SHANGHAI)
李运达

Place and date. signature and stamp of certifying authority</td></tr>
</table>

提交份数：

1. Shipper SHANGHAI TIANSHI TOYS CO., LTD. NO.88 HUANGPI N. ROAD SHANGHAI, CHINA	 B/L No. Q65498769353
2. Consignee(Non-negotiable Unless Consigned to Order) TO ORDER OF BROWN BROTHERS TRADING CO.	中外运集装箱运输有限公司 SINOTRANS CONTAINER LINES CO., LTD **BILL OF LADING** For Combined Transport Shipment or Port to Port Shipment

3. Notify Party(Carrier not to be Responsible for Failure to Notify) BROWN BROTHERS TRADING CO. 1056 LOMA AVE. CORONADO, CA 91228		RECEIVED by the Carrier from the Shipper in apparent good order and condition unless otherwise indicated herein, the Goods, or the container(s) or package(s) said to contain the cargo herein mentioned, to be carried subject to all the term(s) and conditions provided for on the face and back of this Bill of Lading by the Vessel named herein or any substitute at the Carrier's option and/or other means of transport, from the place of receipt or the port of loading to the port of discharge or the place of delivery shown herein and there to be delivered to Consignee or on-carrier on payment of all charges due. In accepting this Bill of Lading the Merchant hereby expressly accept and agree to all printed, written or stamped provisions, exceptions and conditions of this Bill of Lading, including those on the hereof. IN WINESS whereof the number of original Bills of Lading stated below have been signed, one of which being accomplished, the other(s) to be void. **ORIGINAL**		
4.Pre-Carriage by*	5.Place of Receipt*			
6.Vessel & Voyage. No. P. LUDER V.38	7.Port of Loading SHANGHAI, CHINA PORT			
8.Port of Discharge LOS ANGELES CALIFORNIA USA	9.Place of Delivery*			
10.Point and Country of Origin	Forwarding Agent References	Service Contract No.	Document No.	Export References

PARICULARS FURNISHED BY SHIPPER

11.Marks & Nos.Container/Seal No.	No. of Packages or Containers	Description of Contens for Shipper's Use only (not part of this B/L contract) Description of Goods	Gross Weight(Kgs)	Measurement(Cbm)
B.B.TRADING TIANSHI 649572 LONG BEACH C/NO. 1-358	358 CTNS	WOODEN TOYS	7833.000	49.851
JEPT3694592 /74952		FREIGHT PREPAID SHIPPER'S LOAD, COUNT AND SEAL CY / CY		

12. Total Number of Packages or Containers(in words) SAY ONE FORTY FEET CONTAINER ONLY

13. Freight & Charges Optional Declared value for Increased Freight Charges to Avoid Packages Limitation:US$			19.No. of Original B(s)/L FOUR 20.Place and Dated of Issue SHANGHAI 10 MAR 2006	Regarding Transhipment Information Please Contact
14.Prepaid/Collect	15.Prepaid at	16.Payable at	21.Signed for the Carrier, Sinotrans Container Lines Co., Ltd.	
17.Total Prepaid	18.Laden on board the Vessel		CHINA MARINE SHIPPING AGENCY SHANGHAI COMPANY LTD.(A8) 何彬 AS AGENT(S) FOR THE CARRIER NAMED ABOVE	

* Applicable Only When Document Used as a Combined Transport B/L
Sinotrans Standred Form SNL0101

提单背面：
SHANGHAI TIANSHI TOYS CO., LTD.
胡佳敏

提交份数：
3份正本2份副本

太平保险有限公司
THE TAI PING INSURANCE COMPANY, LTD.

创立于1929年
Since 1929

MEMBER OF CIH 中國保險成員
总公司地址：中国深圳福田区益田路江苏大厦17楼
Address: 17/F Jiangsu Building, Yitian Road, Futian District, Shenzhen, P.R.C.
电话Tel:(86-755)82960919　传真Fax:(86-755)82960909
邮编Post Code：518026　网址Website：www.etaiping.com

货物运输保险单
Cargo Transportation Insurance Policy

保单号：
Policy No: **69857540020**

太平保险有限公司（以下称保险人）根据投保人的要求，在投保人向保险人缴付约定的保险费后，按照本保险单险别和背面所载条款与下列特别条款承保下述货物运输险，特立本保险单。

This Policy of Insurance witnesses that The Tai Ping Insurance Company Limited (hereinafter called "the Underwriter") at the request of the Applicant named hereunder and in consideration of the agreed premium paid to the Underwriter by the Applicant, undertakes to insure the under-mentioned goods in transportation subject to the conditions of this policy as per the printed overleaf and other special clauses attached hereto.

被保险人
Insured: **SHANGHAI TIANSHI TOYS CO., LTD.**

标　记 Marks & Numbers	包装及数量 Packing & Quantity	保险货物项目 Description of Goods	保险金额 Amount Insured
AS PER INVOICE NO. BB-SC060103	**385 CTNS**	**WOODEN TOYS** **LETTER OF CREDIT NOS. 8395729 AND ULCLMW002836**	**US$55,078.00**

总保险金额：
Total Amount Insured: **USD FIFTY FIVE THOUSAND SEVENTY EIGHT ONLY**

保费：
Premium: **AS ARRANGED**

发票号或提单号或运单号
Invoice No./B/L No./AWB No. **----/ B/L NO. Q65498769353**

装载运输工具：
Per Conveyance: **P. LUDER V.38**

起运日期：
Date of Commencement: **MAR. 10, 2006**　自 From **SHANGHAI**　经 Via ______　至 To **LONG BEACH USA**

承保险别：
Terms & Conditions:
COVERING ALL RISKS AS PER OCEAN MARINE CARGO CLAUSES OF THE PEOPLE'S INSURANCE COMPANY OF CHINA DATED 1/1/1981.

所保货物，如发生保险单项下可能引起索赔的损失或损坏，应立即通知本公司下述代理人勘查。
本保单共有正本 **2** 份。如一份已用于索赔，其余自动失效。

In the event of loss or damage which may result in a claim under this policy, immediate notice must be given to the company's agent as mentioned hereunder. This policy has been issued in **2** original(s). If one of the original(s) has been surrendered to this company for claim purpose, the others shall be void.

MGT INSURANCE INC.
263 EAST OCEAN BOULEVARD,
LONG BEACH, CA90802
TEL: (+) 562-423-3647
FAX: (+) 562-423-3635

ORIGINAL

赔款偿付地点：
Claim payable at: **LONG BEACH, U.S.A.**

日期：
Date: **MAR. 5, 2006**

太平保险有限公司上海分公司
THE TAI PING INSURANCE COMPANY, LTD.
SHANGHAI BRANCH

章海峰

General Manager　　*For Policy or Endorsement Only*

重要提示：
Important Notice:

如发现被保险货物整件短少或有明显残损痕迹，应立即向承运人、受托人或有关当局（海关、港务当局等）索取货损货差证明。如果货损货差是由于承运人、受托人或其他有关方面的责任所造成，应以书面方式向他们提出赔偿，必要时还须取得延长时效的认证。

If the insured goods are found short in entire package or packages or to show apparent trace of damage, the insured shall obtain from the carrier, bailee or other relevant authorities (Customs and Port Authorities ect.) certificate of loss or damage and/or shortlanded memo. Should the carrier, bailee or the relevant authorities be responsible for such shortage or damage, the Insured shall lodge a claim with them in writing and, if necessary, obtain their confirmation of extension of the time limit validity of such claim.

制单：
Made by: 李贝蓓

复核：
Check by: 刘凌

出单公司地址及电话：
Tel & Add: **13/F Zhong Bao Mansion, No.166 Lu Jia Zui Rd(E), Pudong, Shanghai, P.R.C. 021-58877888**

保单背面
TIANSHI TOYS CO., LTD.
胡佳敏

提交份数：
1份正本2份副本

卖　　方:上海豪天进出口公司　　　　　买　　方:Southwall Pacific Corporation

议 付 行:交通银行上海分行　　　　　　开 证 行:Wachovia Corporation, Seattle

货运代理:上海远征货运代理有限公司

船 公 司:中海集装箱运输股份有限公司

交易概况:CIF 价格条件成交,远期议付信用证,见票后 30 天付款,信用证中对提单的规定是"Full set of clean on board B/L(s) made out to order and endorsed in blank"。

试根据上述交易背景,简要回答以下问题:

(1) 上海豪天进出口公司委托谁办理订舱手续? 订舱时提交哪些单据? 之后可获得何种确认单据?

(2) 此笔交易项下的提单中的托运人、收货人和承运人分别是谁?

(3) 上海豪天进出口公司将提单提交给谁? 是否需要作背书? 如需要,应作何种背书?

(4) 上海豪天进出口公司何时办理结汇手续?

(5) Wachovia Corporation, Seattle 何时取得货运单据?

(6) Southwall Pacific Corporation 何时付款?

参考答案　函电草拟

21st Floor Friendship Building, 199 Xikang Road, Shanghai 200234, P.R.C.

Telephone: 021 62221154　Fax: 021 62221153

F. Lynch & Co., Ltd.

Mar. 20, 2006

Dear Sir or Madam,

We were impressed by the selection of Essential Oils displayed on your stand at the *Personal Care Products Exhibition* held in Hamburg last week.

We are a well-experienced and professional trading company, who specialize in the light industrial products. With many distributors spreading in China, we also have strong direct sales channels, therefore can promote new products quickly and well.

From last year we have been frequently receiving local inquiries for personal care products, and now are looking for a reliable partner who can supply a wide range of essential oils for the high-end market.

So, we would like to have your detailed catalogue introducing all the functional lines as well as your favorable price list.

As we usually place large orders, we would expect a reasonable quantity discount, and our terms of payment are normally sight bill of exchange, documents against payment.

If these conditions interest you, please reply to us without delay. Your best quotation is expected.

Yours faithfully,

Shanghai Minhua Trading Co., Ltd.

×××

价格核算

1.

（计算单位:台/人民币元）

	计算过程	计算结果
销售收入	160×8	1280.0000
退税收入	1079.9378×13%/(1+17%)	119.9931
销售利润	160×8×12%	153.6000
海洋运费	3500×8/353	79.3201
出口定额费	1079.9378×4%	43.1975
客户佣金	160×8×2%	25.6000
采购成本	(1280－79.3201－160×8×1.1×0.9%－2000/353－153.6－25.6)/(1＋4%－13%/(1＋17%))	1079.9378

2.

（计算单位:台/人民币元）

	计算过程	计算结果
采购成本	5780×8	46240.0000
海洋运费	96×8×1.02×0.85×0.96	639.2218
进口保险费	(46240＋639.2218)/(1－1.1×0.8%)×1.1×0.8%	416.1997
关税完税价格	(46240＋639.2218)/(1－1.1×0.8%)	47295.4215
进口关税额	47295.4215×10%	4729.5422
进口利润额	5780×8×15%	6936.0000
国内销售价格	(47295.4215＋4729.5422＋6936＋960)×1.17	70107.5275
实缴增值税额	70107.5275/(1＋17%)×17%－(47295.4215＋4729.5422)×17%	1342.3200

合同操作

PURCHASE CONFIRMATION

P/C No.: **SCHK-CRO22**
Date: **MAR. 16, 2006**

The Buyer: **SHANGHAI KAIWEI GIFTS COMPANY**
Address: **NO. 1249 WUZHONG ROAD SHANGHAI, CHINA**

The Seller: **SMART CHARMING LTD.**
Address: **11F, EW INT'L TOWER, 112-116 TEXACO ROAD, TSUEN WAN, HONG KONG, CHINA**

	Commodity & Specifications	Unit	Quantity	Unit Price	Amount
	ASFOUR CRYSTAL PRODUCTS			**CIF SHANGHAI**	
1	**3D LASER GIFT 1168/150/49**	**PC**	**2700**	**US$35.00**	**US$94,500.00**
2	**FIGURINE 345/55**	**PC**	**1200**	**US$50.00**	**US$60,000.00**
				TOTAL:	**US$154,500.00**
Total Amount in Words:	**SAY US DOLLARS ONE HUNDRED FIFTY FOUR THOUSAND AND FIVE HUNDRED ONLY**				

Country of Origin and Manufacturers: **EGYPT, MANUFACTURED BY ASFOUR CRYSTAL**

Packing: **EVERY PIECE IN ITS ORIGINAL MANUFACTURER'S PACKAGE**
FOR ART. NO. 1168/150/49, THIRTY SIX PIECES TO A CARTON
FOR ART. NO. 345/55, TWENTY FOUR PIECES TO A CARTON
TOTAL ONE HUNDRED TWENTY FIVE CARTONS

Shipment: **FROM ALEXANDRIA, EGYPT TO SHANGHAI, CHINA**
NOT LATER THAN APRIL 30, 2006
WITH PARTIAL SHIPMENTS PROHIBITED AND TRANSSHIPMENT ALLOWED.

Insurance: **TO BE COVERED BY THE SELLER FOR 110% INVOICE VALUE AGAINST INSTITUTE CARGO CLAUSES (A), INSTITUTE STRIKE CLAUSES AND INSTITUTE WAR CLAUSES AS PER I.C.C OF 1/1/1982 WITH CLAIMS PAYABLE IN SHANGHAI.**

Payment: **BY LETTER OF CREDIT PAYABLE AT 30 DAYS AFTER B/L DATE TO REACH THE SELLER BY THE END OF MARCH 2006 AND TO EXPIRE AT HONG KONG ON THE 1OTH DAY AFTER THE SHIPMENT DATE.**

Remarks: **QUALITY SHALL BE THE SAME AS THE SAMPLE NO. GS/006 AND HS/002 RESPECTIVELY PRESENTED BY THE SELLER ON FEB. 20, 2006**

LETTER OF QUALITY GUARANTEE ISSUED BY ASFOUR CRYSTAL SHALL BE ACCOMPANIED WITH EVERY PIECE OF PRODUCTS.

Confirmed by:

The Buyer	The Seller
SHANGHAI KAIWEI GIFTS COMPANY	
(signature)	(signature)

信用证操作

IRREVOCABLE DOCUMENTARY CREDIT APPLICATION

1. Applicant
Yong Da Imp. & Exp. Co., Ltd.
252 Ningxia Road, Shanghai 200063, China
Tel: +86-21-52353020

8. Issuing Bank
HSBC Bank Shanghai Branch

9. DC Number (for Bank's Only)

2. Date of this application **Mar. 2, 2006**

10. Expiry Date **May 5, 2006** in **Melbourne, Australia**

3. DC to be dispatched by:
1. ☐ (air) mail (☐ with / ☐ without brief teletransmission)
2. ☒ SWIFT
3. ☐ Courier

11. Beneficiary
Ocenia World Wines Pty Ltd.
Suite 12, 1st Bay Tower, 11 Beach Street, Melbourne,
VIC2307 Australia Tel: +61-3-98221366

4. Confirmation of credit to the beneficiary
1. ☒ not requested 2. ☐ requested

12. DC to be Transferable ☐ Yes ☒ No

13. Currency and Amount in Words and Figures
USD87,600.00
Say US Dollars Eighty Seven Thousand Six Hundred Only

14. Allowance of Variance in Credit Amount +/– **N/A** %

5. Partial shipments
1. ☐ allowed 2. ☒ not allowed

Transshipment
1. ☒ allowed 2. ☐ not allowed

6. ☐ Insurance will be covered by us

7. Loading on board/dispatch/taking in charge at/from **Melbourne, Australia** not later than **Apr. 20, 2006**
for transportation to **Shanghai, China**

15. Credit available with **any bank in Australia**
1. ☐ by sight payment 2. ☐ by acceptance 3. ☒ by negotiation
against the documents detailed herein and beneficiary's draft at **30 days after** sight drawn on **issuing bank**

16. Goods (brief description without excessive details)
300 dozens of Kilikanoon Covenant Shiraz 2003 (750ml)
Packing: 1 dozen / carton, transported by containers

17. 1. ☐ FOB 2. ☐ CFR 3. ☒ CIF **Shanghai**

18. Other terms

19. Commercial Invoice in **triplicate**

20. Packing List in **triplicate**

21. ☒ For shipment by sea, ☐ full set / ☒ **3** / 3 set original clean 'On Board' marine bills of lading made out **to the order of issuing bank** ☐ endorsed marked "Freight ☒ Prepaid / ☐ Collect" and "Notify **applicant with his telephone number**", ☐ mentioning this DC Number.
☐ For shipment by air, original air waybill marked " For the consignor /shipper" signed by the carrier or his agent, consigned to marked "Freight ☐ Prepaid / ☐ Collect" and "Notify", ☐ mentioning this DC Number.

22. ☒ Marine / ☐ Air Insurance Policy or Certificate in **triplicate** ☒ endorsed **in blank**
for full CIF value plus **20** % covering **Institute Cargo Clauses (B) and Institute Strike Clauses as per ICC dated 1/1/1982**
with claims payable at **destination**.

23. ☒ Certificate of Origin in **triplicate** issued by **Kilikanoon Wines** ☐ stating.

24. Additional Conditions / Other Documents Required
Certificate of Quality issued by SGS Australia in triplicate.
B/L must show the Freight amount actually prepaid.

Charges

Type	To be paid by: Applicant	To be paid by: Beneficiary
DC Opening Commission	X	
Issuing Bank's Other Charges	X	
Correspondent Bank's Charges		X
Transit Interest Charges		X
DC Confirmation Charges		

25. Documents to be presented within **15** days after the date of issuance of the transport document(s)but within the validity of the credit.

26. We request you to issue your irrevocable documentary credit for our account in accordance with the above instructions (marked with an X where appropriate) The credit will be subject to the current Uniform Customs and Practice for Documentary Credit, International Chamber of Commerce, insofar as there are applicable.
We agree to be bound by the General Conditions appearing on the reverse hereof.

27. Import Account No.
XXXXXX - XXXXXXXXXXXXXX

28. Authorized Signature(s) and Rubber Stamp
Yong Da Imp. & Exp. Co., Ltd. (with stamp)
X X X

单据操作

COMMERCIAL INVOICE

<table>
<tr><td rowspan="3">1) SELLER
SHANGHAI TIANSHI TOYS CO., LTD.
NO.88 HUANGPI N. ROAD
SHANGHAI, CHINA</td><td>3) INVOICE NO.
BB-SC060103</td><td>4) INVOICE DATE
22-Feb-06</td></tr>
<tr><td>5) L/C NO.
83955729</td><td>6) DATE
17-Jan-06</td></tr>
<tr><td colspan="2">7) ISSUED BY
FIRST NATIONAL BANK OF SAN DIEGO</td></tr>
<tr><td rowspan="3">2) BUYER
BROWN BROTHERS TRADING CO.
1056 LOMA AVE.
CORONADO, CA 91228</td><td>8) CONTRACT NO.
SC060103</td><td>9) DATE
3-Jan-06</td></tr>
<tr><td>10) FROM
SHANGHAI, CHINA PORT</td><td>11) TO LONG BEACH
CALIFORNIA USA</td></tr>
<tr><td>12) SHIPPED BY
P. LUDER V.38</td><td>13) PRICE TERM CIF LONG
BEACH CALIFORNIA USA</td></tr>
</table>

14) MARKS	15) DESCRIPTION OF GOODS	16) QTY.	17) UNIT PRICE	18) AMOUNT
	1578 DOZENS WOODEN TOYS AS PER PO NO. 649572 SHIPPING TERMS: CIF LONG BEACH CALIFORNIA USA			
B.B.TRADING	YW4002	128 DOZ	US$48.50	US$6,208.00
TIANSHI 649572	YW4004	340 DOZ	US$25.00	US$8,500.00
LONG BEACH	YW4006	822 DOZ	US$32.00	US$26,304.00
C/NO. 1-358	YW4008	288 DOZ	US$35.00	US$10,080.00
	TOTAL:	1578 DOZ		US$51,092.00
			LESS 2%:	US$1,021.84
			TOTAL:	US$50,070.16

ORIGINAL

TOTAL AMOUNT IN WORDS:
SAY US DOLLARS FIFTY THOUSAND AND SEVENTY AND CENTS SIXTEEN ONLY.

WE HEREBY CERTIFY THAT MERCHANDISE IS AS PER PO NO. 649572 AND THAT LOGOS HAVE BEEN IMPRINTED ON EACH ITEM AS INDICATED BY B.B.

LETTER OF CREDIT NOS. 83955729 AND ULCLMW002836

19) ISSUED BY
SHANGHAI TIANSHI TOYS CO., LTD.

20) SIGNATURE
X X X （手签）

提交份数：　1份正本2份副本

ORIGINAL

1. Exporter SHANGHAI TIANSHI TOYS CO., LTD. NO.88 HUANGPI N. ROAD SHANGHAI, CHINA	Certificate No. 834573892 CERTIFICATE OF ORIGIN OF THE PEOPLE'S REPUBLIC OF CHINA
2. Consignee BROWN BROTHERS TRADING CO. 1056 LOMA AVE. CORONADO, CA 91228	
3. Means of transport and route FROM SHANGHAI, CHINA PORT TO LONG BEACH CALIFORNIA USA BY SEA	5. For certifying authority use only
4. Country/region of destination U.S.A.	

6. Marks and Numbers	7. Number and kind of packages; description of goods	8. H.S. Code	9. Quantity	10. Number and date of invoices
B.B.TRADING TIANSHI 649572 LONG BEACH C/NO. 1-358	WOODEN TOYS THREE HUNDRED AND FIFTY EIGHT (358) CARTONS ONLY ************************************ LETTER OF CREDIT NOS. 83955729 AND ULCLMW002836	95059000	1578DOZENS	BB-SC060103 22-Feb-06

11. Declaration by the exporter The undersigned hereby declares that the above details and statements are correct; that all the goods were produced in China and that they comply with the Rules of Origin of the People's Republic of China. SHANGHAI TIANSHI TOYS CO., LTD. X X X SHANGHAI 4-Mar-06 Place and date. signature and stamp of authorized signatory	12. Certification It is hereby certified that the declaration by the exporter is correct. 中国国际贸易促进委员会 单据证明专用章 (沪) CHINA COUNCIL FOR THE PROMOTION OF INTERNATIONAL TRADE (SHANGHAI) 李运达 SHANGHA 4-Mar-06 Place and date. signature and stamp of certifying authority

提交份数：1份正本2份副本

提单存在的问题：

(1) 目的港与信用证不符,应为 Long Beach, California, USA;

(2) 没有已装船的日期、标注,不符合信用证'On Board' Bills of Lading 的要求;

(3) 未按信用证规定提交全套正本提单,提交份数应为 4 份正本、2 份副本;

(4) 发货人无需作背书;

(5) 未按信用证规定注明信用证号码,应显示 Letter of Credit Nos. 83955729 and UL-CLMW002836。

保单存在的问题：

(1) 包装数量与提单不符,应为 358CTNS;

(2) 信用证号码与信用证不符,应为 83955729;

(3) 保险金额与信用证不符,应为 US$60,085.00;

(4) 投保险别与信用证不符,应增加 War Risks;

(5) 背书人与被保险人名称不符,应为 Shanghai Tianshi Toys Co., Ltd。

流程操作

(1) 上海豪天进出口公司委托上海远征货运代理有限公司办理订舱手续;订舱时需提交订舱委托书、商业发票及装箱单;之后可获得经中海集装箱运输股份有限公司签章的配舱回单确认订妥舱位。

(2) 提单中的托运人为上海豪天进出口公司,收货人为 To Order(凭指示),承运人为中海集装箱运输股份有限公司。

(3) 上海豪天进出口公司将提单提交给交通银行上海分行(议付行);需要作背书;应作空白背书。

(4) 自其作出付款承诺之日起 30 天期满,Wachovia Corporation, Seattle(开证行)付款,上海豪天进出口公司收妥后办理结汇手续。

(5) Wachovia Corporation, Seattle 审核单据无误并承诺到期付款后即取得货运单据。

(6) Southwall Pacific Corporation 将于 30 天远期汇票到期,Wachovia Corporation, Seattle 要求其履行付款责任时付款。

图书在版编目（CIP）数据

国际贸易操作能力实用教程/祝卫等著.
—上海：上海人民出版社，2006（2008.1 重印）
ISBN 978-7-208-06277-1

Ⅰ. ①国… Ⅱ. ①祝… Ⅲ. ①国际贸易-贸易实务-高等学校-教材 Ⅳ. ①F740.4

中国版本图书馆 CIP 数据核字（2006）第 051208 号

责任编辑 苏贻鸣 张晓玲
封面装帧 杨德鸿

国际贸易操作能力实用教程
祝 卫 程 洁 谈 英著

出 版 上海人民出版社
（200001 上海福建中路 193 号）
发 行 上海人民出版社发行中心
印 刷 上海商务联西印刷有限公司
开 本 787×1092 1/16
印 张 32.5
插 页 2
字 数 786,000
版 次 2006 年 8 月第 1 版
印 次 2020 年 1 月第 6 次印刷
ISBN 978-7-208-06277-1/F·1419
定 价 98.00 元